정신과 의사가 들려주는

불교 사용 설명서

일러두기

- 니까야, 주석서, 단행본, 단독 경전 등의 제목은 겹꺾쇠표《 》,
  니까야에 포함된 경의 제목은 홑꺾쇠표〈 〉로 구분했다.
- 사성제, 칠각지, 팔정도 등 법수(法數)가 들어간 교리 용어는
  4성제, 7각지, 8정도와 같이 아라비아 숫자로 표기했다.
- 이 책에 인용된 빨리 경전은 초기불전연구원에서 번역한 것을 인용하였다.
  인용 게재를 허락해 주신 각묵 스님, 대림 스님께 감사의 말씀을 드린다.

약어

A	Aṅguttara Nikāya	앙굿따라 니까야
D	Dīgha Nikāya	디가 니까야
M	Majjhima Nikāya	맛지마 니까야
S	Saṁyutta Nikāya	상윳따 니까야

- 예) D25는 《디가 니까야》 25번째 경을 의미한다.

정신과 의사가
들려주는

삶과
수행으로
검증한
초기불교의
가르침

불교
사용
설명서

전현수 지음

불광출판사

서문

1985년 내 나이 서른 살, 불교를 통해 세상 돌아가는 원리를 알고 불교가 진리라는 것을 확신하면서 평생 불교를 배우겠다고 다짐했다.

불교 공부가 깊어질수록 나의 전공이자 직업인 정신의학은 불교와 많은 유사성이 있음을 크게 깨달았다. 불교 공부와 수행을 하면서 나 자신과 세상을 이해하는 사고의 폭이 넓어졌고, 이를 바탕으로 괴로움도 점점 줄어들었다. 그렇게 불교는 내 인생과 직업의 중심에 자리를 잡았다. 그리고 수행을 더 노력한 결과 2014년 불교와 나 자신에 대한 의문이 사라지면서 세속의 괴로움을 떨쳐낼 수 있었다. 불교 그 자체가 훌륭한 정신치료라는 것을 알게 된 것이다.

불교는 부처님 당시에는 부처님과 부처님의 가르침에 따라 수행하는 불교만 있었지만, 2,600여 년의 세월이 흐르면서 부처님의 가르침에 대해 생각을 달리하는 사람들이 생겨났고, 다른 지역으로 전해지면서 세 가지의 불교로 늘어났다고 볼 수 있다. 크게 부처님 당시의 불교인 초기불교, 동북아시아 한자문화권의 대승불교, 그리고 독자적인 밀교 전통을 이룬 티베트 불교 이렇게 세 가지 흐름으로 구분된다. 이 중에서 나는 초기불교를 공부하고 수행해 왔다.

지금까지의 공부를 통해 부처님이 어떤 존재인지, 어떻게 깨달음을 이루게 되었는지, 제자들은 부처님의 가르침을 어떻게 받아들였는지, 그리고 어떻게 그 가르침이 전해져 왔는지를 깊게 이해하게 되었다. 생각할수록 부처님의 제자들이 가르침을 실천하면서 불교를 후대에 전한 것이 놀랍기만 하다.

정신의학과 정신치료를 하는 나에게 초기불교는 세상의 이치를 밝히는 궁극적 과학이고, 사람들의 괴로움과 정신 문제를 완벽하게 치료하는 궁극의 치료법이다. 그래서 나는 초기불교에 바탕을 둔 '불교정신치료'라는 새로운 치료 체계를 세울 수 있었다. 지금 서양에서 불교의 마음챙김이나 명상으로 인간의 정신 문제를 해결하려고 시도하는 이유도 불교의 이러한 면을 보았기 때문이라고 생각한다.

불교를 공부하면서 부처님이 한 말이니까 그대로 믿어야 한다고 생각한 적은 한 번도 없었다. 부처님이 말씀하신 것이 과연 맞는지 알아보려고 노력했다. 물론 내가 가늠하기 쉽지 않은 부분도 있었다. 그럴수록 경전과 전문 서적을 열심히 읽으며 수행에 집중했고, 나보다 먼저 공부하고 수행한 사람들을 만나 법문도 경청했다.

그렇게 40여 년이 흘렀다. 이제는 내가 지금까지 수행하면서 경험을 통해 검증된 진리로서의 불교를 사람들과 같이 나누고 싶다. 그렇게 이 책을 계획하게 되었다. 이 책은 몇 년 전에 불교 TV에서 방영한 '전현수 박사가 풀어주는 초기불교'라는 프로그램에 기반을 두고 있다. 이 프로그램에서 부처님과 제자들이 공유한 지혜를 초기불교 경전인 니까야를 통해 구체적으로 설명하였고, 그것을 정리하여 이 책으로 묶었다.

이 책은 모두 5장으로 구성되어 있다. 1장에서는 고따마 부처님이 깨달음을 이룬 구체적 과정과 부처님의 능력은 무엇이고, 어떤 분인지에 대해 알아보았다. 2장은 초기불교의 가르침, 즉 교리에 관해 알아보았다. 예를 들면 대승불교에서 중요시하는 공(空)에 대한 부처님의 가르침은 무엇인지 니까야를 통해 살펴보았다. 부처님의 가르침은 항상 명쾌하고 질문하는 사람에게 어떤 의문도 남기지 않는데 '이 세상은 영원한지, 세상의 끝은 있는지, 생명과 몸은 같은지 다른지, 여래는 사후에도 존재하는지' 등의 10가지 질문에 대해서는 설명하지 않았던 것에 대해서도 부처님의 말씀과 제자들의 생각을 자세히 알아보았다.

신통(神通)에 관해서도 살펴보았다. 신통은 자칫하면 오해를 부를 수도 있는데 오늘날의 말로 표현하면 '인간이 엄청나게 바른 노력을 하면 가질 수 있는 특별한 능력이나 지혜'이다. 이러한 것을 경전을 통해 실제로 알아보았다. 신통의 원리를 부처님의 가르침으로 확인할 수 있다. 화나 갈등 해결에 대한 부처님의 처방전도 살펴보았다.

3장은 우리의 삶에 크게 영향을 미치지만, 이해하기 어려운 윤회와 업에 대해서 자세히 알아보았다. 나 자신이 경험한 윤회와 업, 천신 등 여러 존재들의 모습도 담아보았다. 무엇이 업인지, 업에는 어떤 종류가 있으며 어떤 원리로 작용하는지를 주석서에 언급된 실제 사례를 통해 알아보았다.

4장은 부처님 가르침의 핵심인 4념처 수행, 즉 몸, 느낌, 마음, 법 관찰의 수행을 심도 있게 다루었다. 4념처 수행은 마음챙김을 닦는 수행인데 마음챙김은 각 개인이 가진 온갖 사유, 사변, 이념, 입장이 담기지 않은 누구나 공감할 수 있는 실제적인 공통의 기반을 우리에게 제공한다. 이 장에서 4념처의 구체적 내용과 실제 수행에 대해서

정신과 의사가 들려주는 불교 사용 설명서

자세히 알아보았다.

5장은 부처님의 마지막을 《대반열반경》을 통해서 알아보았다. 시간 순서에 따라 무슨 일들이 벌어졌고, 부처님의 마지막 가르침이 무엇이었는지를 마치 영화 보듯이 살펴볼 수 있도록 노력하였다. 부처님이라는 위대한 인물이 어떻게 세상을 떠났는지를 보고, 사리 수습과 분배의 과정도 알아보았다.

부처님의 가르침은 종교의 테두리를 넘어서 인간의 노력으로 도달할 수 있는 가장 정확하고 심오한 경지라고 생각한다. 초기불교가 종교의 테두리에 갇히지 않고 누구나 자신의 삶에 이용할 수 있는 지혜의 보고가 되었으면 한다. 이 책이 여기에 이바지할 수 있다면 더없이 기쁘고 보람이 되겠다.

이 책이 나오기까지 많은 사람들의 도움이 있었다. 누구보다도 불교 공부, 수행으로 가정에 소홀했던 남편을 이해하고 뒷바라지해준 집사람의 도움이 컸다. 항상 고맙게 생각한다. 또 나와 같이 불교 공부, 수행의 여정을 같이 한 많은 도반, 그리고 진료실에서 불교 이야기를 같이 나눈 사람들에게도 고마움을 전한다.

방송을 풀어쓴 것이라 방대한 구어체 자료를 읽기 쉽게 정리해준 불광출판사 편집부에게 심심한 감사를 드린다. 그리고 어려운 출판 여건 속에서도 불서 간행에 매진하는 불광출판사 류지호 대표에게도 감사드린다. 끝으로 이 책이 나오기까지 도움을 준 모든 분들에게 감사한다.

2025년 1월
전현수 합장

차례

4 몸 · 느낌 · 마음 · 법

5 마지막 가르침

1

고따마
부처님

완전한 깨달음,
그리고 깨달음의 증명

불교를 역사적 관점으로만 본다면 부처님은 고따마 싯다르타 한 분이고, 우리는 고따마 부처님으로부터 성립한 불교의 시대에 살고 있다고 할 수 있다. 그런데 불교에서 부처님은 고따마 부처님 한 분만이 아니다. 고따마 부처님은 과거 수많은 윤회를 거치면서 이미 깨달음을 얻은 다른 부처님들을 만났고, 그분들에게 '부처가 될 것'이라는 수기(受記)를 받았다고 한다.

《디가 니까야》〈대전기경(大傳記經)〉(D14)에는 여러 부처님이 등장한다. 91겁 전에 위빳시 부처님이 있었고, 31겁 전에 시키 부처님과 웻사부 부처님이 있었다. 다음으로 이 겁에 까꾸산다 부처님, 꼬나가마나 부처님, 깟사빠 부처님과 고따마 부처님이 오셨다. 네 분의 부처님이 오셨기 때문에 우리 고따마 부처님은 이 시기를 '행운의 겁'이라고 설했다. 그러나 이게 다가 아니다. 《디가 니까야》〈전륜성왕 사자후경〉(D26)에 따르면, 고따마 부처님은 이 겁에 미륵 부처님이 출현한다고 말씀했다. 미륵 부처님은 아직 이 세상에 나투지 않은 미래의 부처님이시다. 이 예언이 이루어지면 이 행운의 겁에는 다섯 분의 부처님이 출현하시게 된다.

불교에는 무시무종(無始無終), 즉 시작도 없고 끝도 없다는 말이 있다. 이렇듯 시작도 없고 끝도 없는 시간 속에 부처님이 오직 한 분밖에 없다는 것은 믿기 어렵다. 가늠하지 못할 무수한 겁 동안 여러 부처님이 계셨다는 것이 오히려 자연스러운 믿음이고, 우리 세상에도 부처님이 출현하셨다는 일은 매우 기쁜 일이다.

《자따까》는 고따마 부처님이 깨달음에 이르기까지의 이야기들을 담고 있다. 고따마 부처님은 깨달음을 이루고 전생을 볼 수 있는 숙명통(宿命通)이 생기자, 스스로 자신의 전생을 바라본 후 4아승기 10만 겁 전에 자신이 부처가 될 결심을 했던 생을 발견했다. 아승기(阿僧祇, asaṅkha)란 '셀 수 없이 많은'이라는 뜻이다. 가늠할 수조차 없을 만큼 먼 과거부터 고따마 부처님이 되는 인연이 시작되었다고 한다. 그 생에서 고따마 부처님의 이름은 수메다였다.

수메다는 훌륭한 바라문 가문에 태어났다. 7대에 걸쳐《베다》를 공부하고, 재산도 많았다. 부모님이 일찍 돌아가시고 어린 나이에 집안의 주인이 된 수메다는 부모님이 물려준 재산을 확인하고 재산관리인에게 말했다.
"부모님과 조상님들은 7대에 걸쳐 많은 재산을 모았지만 모두 놓아두고 가셨습니다. 나는 이 재산을 가져갈 수 있는 것으로 만들겠습니다."

그리고 이렇게 생각했다.

'사람은 태어나서 온갖 괴로움을 겪기 마련이지만, 태어남
도 없고 괴로움도 없는 열반의 세계가 있을 것이다. 길이 있
는데 찾지 않는 것은 길의 잘못이 아니라 찾지 않는 사람의
잘못이다.'

수메다는 물려받은 재산을 가난한 사람들에게 모두 나누어
주고 설산(雪山)으로 들어가 용맹정진하였다. 그리하여 마침
내 8선정(八禪定), 5신통(五神通)을 닦아 즐겁고 자유자재한
삶을 살았다.

8선정이란 색계 4선정과 무색계 4선정이고, 5신통은 신족통, 천이통,
천안통, 타심통, 숙명통을 말한다. 여기에 누진통까지 얻으면 아라한
이 되어, 더 이상의 윤회는 없다. 그래서 중생을 모두 구원할 때까지
부처가 되지 않겠다고 서원한 보살은 중생구제를 위해 누진통을 이루
지 않는다고 한다.

그때 연등 부처님이 세상에 출현하였다. 사람들은 환호하였
고, 그 소문을 들은 수메다도 연등 부처님을 친견하고자 하
였다. 연등 부처님이 오시는 그날은 비가 많이 내려 땅이 질
척하였다. 그 순간 수메다는 마음에 큰 전환이 일어난다. 지
금까지 '이 괴로운 생을 떠나 괴로움 없는 열반을 이루겠다'
고 생각했다면, 연등 부처님을 보는 순간 '모든 중생이 이 괴

로움의 바다를 건너게 할 수 있는 깨달음을 얻고 열반에 들어야겠다'는 마음으로 변한 것이다.

수메다는 연등 부처님이 다가오자 몸을 엎드려 자신의 머리카락을 진흙탕이 된 길 위에 풀어놓아 부처님이 자신의 머리카락을 밟고 지나가도록 하였다. 연등 부처님은 수메다가 미래에 부처가 될 사람임을 알아 보시고, "당신은 4아승기 10만 겁 후에 부처가 될 사람입니다"라고 수기를 내려주었다.

수기를 받은 수메다는 '나는 앞으로 부처가 될 사람이다. 부처는 절대 거짓말을 하지 않는다. 이제 부처가 되는 길을 찾아야겠다'고 다짐하였다.

수메다는 열 가지 덕목을 완성해야 부처가 될 수 있다는 사실을 알아냈다. 열 가지 덕목이란 보시, 지계, 출리(욕망을 멀리함), 지혜(paññā), 정진, 인욕(비난을 견딤), 진실, 결정, 자애, 평온을 말하는데, 이를 10바라밀(十波羅蜜)이라고 한다. 바라밀이란 '완성'이라는 뜻이다. 10바라밀 중에서 가장 중요한 것은 지혜이다. 지혜는 모든 덕목의 뿌리와도 같다. 이 열 가지 덕목을 완성하면 부처가 될 준비를 마치게 된다.

수메다는 4아승기 10만 겁이라는 상상할 수 없는 긴 시간 동안 이를 완성하여 고따마 부처님이 되었다. 수메다의 노력은 참으로 대단하고 완벽했다. 기나긴 시간 동안 치밀하게 부처가 되기 위해 준비했다.

고따마 부처님은 2,600여 년 전에 이 땅에 와서 29세에 출가했고, 수행 끝에 완전한 깨달음을 얻었다. 그리고 깨달음을 얻은 후에

도 '나의 깨달음이 완전한지' 철저하게 검증하였다. 부처님이 얼마나 자신을 돌아 보고 성찰하는 습관이 투철히 몸에 배었는지를 알 수 있다. 이러한 내용들이 니까야 곳곳에 담겨 있다. 깨달음을 이룬 후 부처님이 어떻게 자신의 깨달음을 엄격하게 증명했는지 《상윳따 니까야》 〈존중 경〉(S6:2)의 내용을 보면 알 수 있다. 부처님은 자신이 깨달은 법보다 더 의지하고 존중할 만한 법이 있다면 그 법을 의지하고 존중하겠다고 생각했지만, '자신이 곧 의지처'라고 증명하였다. 그러자 곧바로 천계에 있던 사함빠띠 범천이 나타나 모든 부처님이 그러하였듯 지금의 부처님도 자신이 깨달은 법에 의지해야 한다고 응답하였다.

> 처음 완전한 깨달음을 성취한 후 부처님은 한적한 곳에 홀로 앉아 이런 생각을 하였다.
> '아무도 존중하고 의지할 사람이 없다는 것은 참 힘든 일이다. 내가 경험해서 터득하고 체화된 계, 삼매, 지혜, 해탈, 해탈지견의 다섯 가지에 대해서 나보다 나은 사람이 있으면 그 사람을 의지하고 존중할 수 있을 테니 나에게 참으로 좋을 것이다. 그러나 나는 신과 마라와 범천을 포함한 세상에서, 사문·바라문과 신과 사람을 포함한 무리 중에 나보다 더 계, 삼매, 지혜, 해탈, 해탈지견을 구족한 이를 보지 못한다. 아! 내가 바르게 깨달은 바로 이 법이 최상이다. 이제 내가 지닌 이 계, 삼매, 지혜, 해탈, 해탈지견에 의지하면서 살겠다.'
> 이때 사함빠띠 범천이 부처님 앞에 나타나 말하였다.

"맞습니다. 그렇게 모든 부처님은 법을 존중하고 의지하고 머물렀습니다. 지금의 부처님께서도 오직 법을 존경하고 존중하고 의지하여 머무십시오."

부처님은 굉장히 솔직하다. 부처님이 오랜 겁 동안 수행하면서 겪은 수많은 시행착오를 가감 없이 들려준다. 그리고 완전한 깨달음을 이룬 후 "신과 마라와 범천, 그리고 사문과 바라문, 그 밖의 인간들 가운데 내가 위없는 깨달음을 이루었다"고 선언한다. 깨달음을 이룰 때까지는 침묵했다가 그것이 완전하고 위없는 깨달음이라는 확신을 얻은 후에야 비로소 선언한 것이다.

이 선언은 다섯 비구에게 설한 초전법륜으로 이어진다. 사실 부처님은 자신이 깨달은 자임을 선언한 후 깨달음을 다른 이에게 전하려 하지 않았다. 번뇌와 어리석음에 휩싸인 이들에게 법을 가르쳐 주어도 그들은 이해하지 못할 것이기 때문이다. 이때 사함빠띠 범천이 다시 부처님 앞에 나타나 법을 설하도록 간곡히 권청하였다.

사함빠띠 범천이 부처님에게 말씀드렸다.
"이 세상에는 눈에 먼지가 덜 낀 사람도 있습니다. 부처님께서 가르치시지 않으면 그들은 파멸할 것입니다. 그들을 가르치면 구경(究竟)의 지혜를 얻을 수 있습니다."
부처님은 그 말을 듣고 다시 생각하였다.
'이 세상에는 자질이 뛰어난 사람도 있고, 그렇지 않은 사람도 있다. 실로 저마다 가지각색의 근기를 지니고 있다. 이들에게 깨달음을 전하기 위해서는 어떻게 해야 할까? 그들을 각자 잘 살피고 성향에 맞게 가르치도록 해야겠다.'

이렇게 결심한 후 부처님은 제자를 찾아 나선다. 나는 이 순간이 불교의 첫 시작이라고 생각한다. 이후 많은 출가자와 재가자들이 불교 교단을 이루게 되었고, 그 속에서 수많은 아라한이 배출되었다. 이처럼 부처님 당시에는 아라한의 경지에 도달한 수행자들이 많았는데, 지금은 아라한이 되기가 쉽지 않은 세상이다. 부처님 재세 시의 가르침과 현재 경전에 기록으로만 남아 있는 불교의 차이가 아닌가 싶다.

간혹 "나는 혼자 깨달았다"는 말을 하는 사람을 보면 염려가 된다. 부처님처럼 4아승기 10만 겁 동안 수행하며 준비된 사람이라면 모를까 그렇지 않다면 큰 착각에 빠진 것이기 때문이다. 또는 "나는 깨달았는데, 제자들이 제대로 따르지 않아 깨닫지 못하는 것뿐이다"라고 위험한 발언을 하는 사람도 있다. 내 생각에는 자신이 깨달았다고 주장하는 그 사람의 가르침이 보편적이지 않을 가능성이 크다.

부처님은 당대의 많은 이들을 성자의 반열에 올려놓았다. 부처님은 철저한 준비와 깨달음을 바탕으로 한 보편적인 지혜가 있었기 때문이다. 당시 사리뿟따 존자와 마하 목갈라나 존자는 객관적으로 진리를 인식하는 것은 불가능하다는 회의론(懷疑論)과 불가지론(不可知論)을 주장한 산자야의 제자였다. 이들은 1아승기 10만 겁 동안 수행하였음에도 아라한이 될 수 없었다. 하지만 부처님의 제자가 되어서야 부처님의 가르침을 통해 아라한이 되었다.

니까야를 보면 부처님의 가르침이 진리임을 검증하는 내용이 많이 나온다. 이 중에서 〈장로게(長老偈)〉와 〈장로니게(長老尼偈)〉라는 경이 있는데, '3명(三明, 숙명통, 천안통, 누진통)을 깨쳤다'는 말이 나오고 '부처님의 말씀은 틀림이 없다'고 증언한다. 장로는 출가한 지 오래된 훌륭한 비구이고, 장로니는 출가한 지 오래된 훌륭한 비구니이다. 이분들이 각자의 경험을 게송으로 남긴 〈장로게〉와 〈장로니게〉는 제자들이 부처님을 검증한 후 남긴 보증서와 같은 경이라고 말할 수 있다.

　부처님의 가르침이 제자들에 의해 검증되었다는 것을 알려주는 경이 또 있다. 《소부 니까야》에 속해 있는 《빠띠삼비다막가(무애해도)》이다. 이것은 부처의 경지에 이르렀다고 알려질 정도로 탁월한 지혜를 가진 사리뿟따 존자의 저작이라고 전해진다. 그는 부처님의 가르침을 철저히 분석하고 해설한다. 이것은 사리뿟따 존자가 부처님의 가르침이 진리라고 확신했기 때문에 그렇게 할 수 있었다고 생각한다. 따라서 우리가 불교 공부와 수행을 통해 얻은 체험을 점검할 때 《빠띠삼비다막가》가 큰 도움이 된다.

　부처님의 가르침이 검증되었음을 알려주는 또 다른 경인 《밀린다왕문 경》은 나가세나 비구와 밀린다왕이 토론을 벌이는 내용이 기록되어 있다. 기원전 2세기 후반 인도 서북부를 지배했던 그리스의 밀린다왕은 뛰어난 학식을 지녔고 지식인들과의 토론을 즐겼다. 기록에 의하면 밀린다왕이 당시 내로라하는 지식인들은 물론 아라한들까지 모두 논파하였는데, 자신의 질문에 막힘없이 대답하는 나가세나에게 탄복하고 훗날 출가하여 아라한이 되었다고 한다.

　이러한 경들은 불교가 무엇인지 알고 싶은 사람이라면 반드시 읽어야 할 경으로 추천하고 싶다. 부처님은 누구에게도 자신을 따르라고 강요하지 않았지만, 많은 이들이 헤아릴 수 없는 덕과 지혜를 갖춘 부처님에게 몰려들어 가르침을 받았다. 부처님은 가르침을 듣는 이에게 참으로 유연하고 부드러운 태도를 보였고, 한편으로는 엄한 스승이기도 하였다. 지금도 불교에 귀의하는 사람들이 끊이지 않는 이유는 부처님 자신이 깨달음에 대해 철저하게 검증하였고, 또한 역사적으로 존재했던 인물들에 의해 부처님의 가르침이 충분히 검증되었기 때문이라고 생각한다.

부처님이 밝힌
깨달음의 과정

부처님이 직접 자신의 출가와 수행, 그리고 깨달음의 과정에 대해 구체적으로 설명한 경으로는 《맛지마 니까야》〈성스러운 구함 경〉(M26)이 거의 유일하다. 니까야에는 깨달음을 성취하기 전 부처님의 수행과 관련하여 단편적으로 언급한 경들이 곳곳에 보이고, 《숫따니빠따》〈출가 경〉과 〈정진 경〉처럼 일부 내용이 들어 있는 경을 찾아볼 수는 있다. 예를 들어 〈출가 경〉에는 갓 출가한 수행자 시절의 부처님과 빔비사라왕이 만나게 된 인연이, 〈정진 경〉에는 부처님이 깨달음을 성취하기 전에 정진했던 내용이 들어 있다. 하지만 〈성스러운 구함 경〉처럼 상세하지 않다.

〈성스러운 구함 경〉은 부처님이 오전에 탁발하러 나간 후 비구들이 아난다 존자를 찾아오면서 시작된다. 이들이 '부처님의 법문을 직접 들을 수 있는지'를 묻자, 아난다 존자는 어디로 가면 부처님의 법문을 직접 들을 수 있는지 알려주었다. 부처님이 탁발에서 돌아와 낮 동안의 일과와 목욕을 마치자, 아난다 존자가 그 장소를 방문해 주길 청하였고 부처님은 침묵으로 승낙하였다. 부처님이 그곳에 도착했을 때 비구들은 대화를 나누고 있었다. 부처님은 그들의 이야기가 끝날 때까지 잠자코 기다렸다가 '성스러운 구함'에 대하여 설하였다.

> 부처님이 말씀하였다.
> "장하다, 비구들이여. 비구들이 모여 있을 때 두 가지를 해야
> 하나니, 법담을 나누거나 성스러운 침묵을 지켜야 한다.
> 비구들이여, 두 가지 구함이 있다. 하나는 성스럽지 못한 구
> 함이고, 또 하나는 성스러운 구함이다.
> 무엇이 성스럽지 못한 구함인가? 태어날 수밖에 없는 존재
> 가 태어날 수밖에 없는 다른 존재를 구한다. 늙을 수밖에 없
> 는 존재가 늙을 수밖에 없는 다른 존재를 구하고, 병들 수밖
> 에 없는 존재가 병들 수밖에 없는 다른 존재를 구하고, 죽을
> 수밖에 없는 존재가 죽을 수밖에 없는 다른 존재를 구하고,
> 슬픔을 느낄 수밖에 없는 존재가 슬픔을 느낄 수밖에 없는
> 다른 존재를 구하고, 오염될 수밖에 없는 존재가 오염될 수
> 밖에 없는 다른 존재를 구한다."

태어날 수밖에 없는 존재가 그 한계를 벗어나지 못하고 또다시 태어날 수밖에 없는 다른 존재를 추구하는 것, 이것이 성스럽지 못한 구함이다. 늙고 병들고 죽기 마련이면서 늙고 병들고 죽는 존재를 추구하

정신과 의사가 들려주는 불교 사용 설명서

며 위안이나 의미를 찾는다. 또한 아들, 아내, 하인, 하녀, 소, 돼지, 닭, 금은처럼 오염될 수밖에 없는 존재들에게 마음을 빼앗기고 홀리고 집착해서 그들을 계속 추구하는 것이 성스럽지 못한 구함이다.

> "무엇이 성스러운 구함인가? 태어날 수밖에 없는 존재이지만 그것에서 재난을 알아 태어남이 없는 위없는 열반을 구한다. 늙을 수밖에 없는, 병들 수밖에 없는, 죽을 수밖에 없는, 슬픔을 느낄 수밖에 없는, 오염될 수밖에 없는 존재이지만 그것에서 재난을 알아 위없는 열반을 구한다.
> 내가 아직 정등각을 성취하지 못한 보살이었을 때, 나 또한 태어날 수밖에 없는 존재이면서 태어날 수밖에 없는 다른 존재를 구했다. … 오염되기 마련인 것을 구했다. 그런 내게 이런 생각이 들었다. '이런 것들의 재난을 알아 위없는 열반을 구하자'라고."

성스럽지 못한 구함을 버리고 '위없는 평화로운 상태인 열반을 구해야겠다'는 생각의 전환이 일어난 것이다. 성스러운 구함이란 열반을 구하는 것이다. 왕자로 태어나 결혼하고 안락하게 생활하던 부처님은 열반을 구하겠다고 결심한 후에 부모의 반대에도 불구하고 삭발하고 가사를 입고 집을 떠나 출가하였다. 열반을 구하는 수행자 시절에 두 명의 스승을 만났지만, 이들의 가르침은 열반으로 인도하지 못한다는 것을 깨닫게 된다. 바로 무소유처를 가르치는 알라라 깔라마와 비상비비상처를 가르치는 웃다까 라마뿟따이다.

보살(부처님)은 생각했다.

'알라라 깔라마에게만 믿음과 정진과 마음챙김과 삼매와 지혜가 있는 것이 아니다. 나에게도 믿음, 정진, 마음챙김, 삼매, 통찰지가 있다. 알라라 깔라마가 노력해서 얻은 것을 나도 노력해서 얻어야겠다.'

그리고 열심히 정진하여 오래지 않아 스스로 그것을 체득하였다. 그 뒤에 알라라 깔라마를 다시 찾아가 스스로 경험한 것을 이야기하자, 알라라 깔라마는 함께 교단을 지도하자고 했다. 그러나 보살(부처님)은 그의 청을 거절하고 떠났다. 무소유처의 법은 열반으로 인도하지 못하고 단지 무소유처에 다시 태어나게 할 뿐이라고 생각했기 때문이다.

부처님은 웃다까 라마뿟따에게서 교단을 지도해달라는 제안을 받았지만, 이 또한 같은 이유로 거절했다. 알라라 깔라마와 웃다까 라마뿟따는 한때 가르침을 받던 부처님이 자신들의 경지에 이르자 곧바로 지도자로 인정하고 함께 교단을 이끌자고 권하거나 무리를 지도해 달라고 하였다. 이런 상황으로 미루어 보면 당시 인도의 수행승들은 오로지 법을 소중히 하고, 자신보다 나은 사람에게는 배워야 한다고 생각하여 열린 마음으로 수행하였던 것 같다. 하지만 부처님은 그 경지의 한계를 경험하고 어떤 망설임도 없이 그들을 떠났다.

이후 부처님은 위없는 평화로운 열반을 찾아 마가다 지방을 유행하다가 우루웰라에 있는 세나니가마(장군촌)에 이르렀다. 그곳은 맑은 강이 유유히 흐르고 아름다운 강기슭과 숲이 있으며 마을이 가까워 탁발하기 좋은 매력적인 땅이었다. 부처님은 '용맹정진하기 적합한 곳'이라고 생각하고 그곳에 정착하여 마침내 성스러운 구함을 완성하였다.

> "나는 그곳에서 노력하여 태어남·늙음·병듦·죽음·슬픔·오염이 없는 위없고 평화로운 상태인 열반을 증득하였다. 내게는 지(앎)와 견(봄)이 생겼다. '나의 해탈은 확고부동하다. 이것이 나의 마지막 태어남이다. 더 이상 다시 태어남은 없다'라고."

성스러운 구함을 통해 열반을 증득한 부처님은 이런 생각을 하였다.

> '내가 증득한 이 법은 심오해서 보기 어렵다. 다른 이들이 깨닫기 어렵고 고요하고 수승하여 사유의 영역을 넘어섰다. 생각으로 될 수 있는 게 아니고 미묘하기 때문에 오로지 현자들만이 알아볼 수 있을 것이다.
> 그런데 사람들은 집착을 좋아하고 기뻐하고 즐긴다. 이런 이들이 연기를 보기는 어려울 것이다. 모든 형성된 것들의 가라앉음, 모든 재생의 근거를 완전히 놓아 버림, 갈애의 멸진, 탐욕의 빛바램, 소멸, 열반을 보기도 어려울 것이다.
> 내가 법을 가르친다고 해도 저들이 내 말을 이해하지 못한다면 그것은 나를 피로하게 하고 성가시게 만들 뿐이다.'

그렇지만 부처님은 중생을 연민의 마음으로 다시 살펴본 뒤 법을 설하리라 결심하였다. 이 결심에는 중생을 위해 설법하시기를 간청한 사함빠띠 범천의 노력이 있었다. 부처님은 첫 교화 대상으로 생각한 알라라 깔라마와 웃다까 라마뿟따가 이미 죽었기 때문에, 그다음으로 다섯 비구를 떠올렸다. 다섯 비구는 부처님이 고행을 중단하자 비난하며 떠난 이들이었지만, 부처님과 함께 고행했었고 부처님이 증득한 법을 잘 이해할 수 있는 수행자들이다.

부처님이 다가오는 모습을 본 다섯 비구는 부처님에게 '인사도 하지 말자'고 서로 약속했으나 부처님의 위신력에 그럴 수 없었다. 부처님에게 먼저 인사하고 발우와 가사를 받아주고 자리를 마련하고 발 씻을 물을 가져오는 등 예를 갖추었다. 그럼에도 여전히 다섯 비구는 부처님이 용맹정진을 중단한 타락한 수행자라고 여겼고, 어떻게 깨달음을 증득하였는지 이해하지 못했다.

> "비구들이여, 여래를 이름으로 불러서는 안 된다. 그리고 '도반이여'라고 불러서도 안 된다. 여래는 용맹정진을 포기하지도 않았고 사치스러운 생활에 젖지도 않았다. 여래는 아라한이고 바르게 완전한 깨달음을 성취한 사람이다."

다섯 비구가 용맹정진으로 여긴 수행은 몸을 혹사하는 고행이었다. 부처님은 그들에게 고행을 중단하고 나서 바르고 완전한 깨달음을 성취하였음을 확신시켰다. 즉 부처님이 평온한 열반을 증득한 방법이 '성스러운 구함'이었다고 선언한 것이다.

정신과 의사가 들려주는 불교 사용 설명서

"비구들이여, 귀를 기울여라. 불사는 성취되었다. 내가 이제 그대들에게 가르칠 것이다. 내가 가르친 대로 실천하면 그대들은 오래지 않아서 좋은 가문의 아들들이 바르게 집을 떠나 출가하는 목적인 그 위없는 청정 범행의 완성에 대해 지금 여기서 최상의 지혜로 알고 실천하고 구족하여 머물 것이다."

부처님의 말씀대로, 부처님의 가르침을 받은 다섯 비구에게 '우리의 해탈은 확고부동하다. 이것이 나의 마지막 태어남이다. 더 이상 다시 태어남은 없다'는 지와 견이 생겼다. 이로써 부처님이 '성스러운 구함'을 완성하여 열반을 증득한 것처럼, 다섯 비구도 아라한을 증득하였음이 증명되었다.

〈성스러운 구함 경〉의 마지막 가르침은 부처님의 법을 직접 듣고 싶어 한 비구들에게 설한 것으로, 성스러운 구함을 방해하는 다섯 가지 감각적 욕망의 대상에 대한 설법이다.

"비구들이여, 다섯 종류의 감각적 욕망의 대상이 있다. 사람들이 원하고 좋아하고 마음에 들어하고 굉장히 사랑스럽고 또 감각적 욕망을 자극하고 매혹적인, 우리 눈으로 인지하는 색, 귀로 인지하는 소리, 코로 인지하는 냄새, 혀로 인지하는 맛, 몸으로 인지하는 감촉이 있다.
어떤 사문이든 바라문이든 다섯 가지 감각적 욕망의 대상에 묶이고 홀리고 푹 빠져서 그것들의 재난을 보지 못하고, 그

것에서 어떻게 벗어나야 하는지를 모르고, 그것을 자꾸 즐
긴다면 그런 사람들은 '불행을 만나고, 재난을 얻었고, 사악
한 마라의 손아귀에 들어갔다'고 알아야 한다."

마라는 욕계천의 가장 위에 있는 타화자재천의 우두머리 천신이다.
존재들이 욕계를 벗어나지 못하도록, 바꿔 말하면 열반을 구하지 못
하도록 방해하는 존재이다. '마라의 손아귀에 들어갔다'라는 말은 욕
계를 벗어나지 못한다는 뜻이다. 부처님은 이런 상황을 사냥꾼이 만
들어 놓은 올가미에 걸린 사슴에 비유한다.
　　이와 반대로 올가미에 걸리지 않고 사냥꾼의 영역을 벗어난 사
슴처럼, 다섯 가지 감각적 욕망을 완전히 없애고 열반을 구하는 방법
은 아홉 단계의 색계 4선정과 무색계 4선정, 그리고 상수멸이다.

"비구가 감각적 욕망을 완전히 떨쳐 버리고 또 해로운 법들
을 떨쳐 버리고 난 뒤에 일으킨 생각, 지속적 고찰 그리고 떨
쳐 버리면서 생긴 희열과 행복이 있는 초선을 구족해서 머
문다. 그때 이 비구를 가리켜 '마라를 눈멀게 했다. 마라의
눈을 빼 버렸고 마라가 볼 수 없는 곳으로 갔다'고 말한다."

부처님은 초선에 이어 각 단계의 선정을 차례로 초월하고 다음 단계
의 선정을 구족하여 머문다고 설명한다. 이를 나열하면 색계의 '초
선-제2선-제3선-제4선', 제4선을 초월한 뒤에는 무색계의 '공무변
처-식무변처-무소유처-비상비비상처', 마지막으로 비상비비상처를

완전히 초월하여 '상수멸'을 구족하여 머문다. 이 아홉 단계 각각에 대해 '마라를 눈멀게 하고, 마라의 눈을 빼 버렸고 마라가 볼 수 없는 곳으로 갔다'고 한다. 그리하여 상수멸의 단계에 이르러 통찰지로 지혜를 보아 번뇌를 남김없이 소멸하게 된다.

《맛지마 니까야》〈성스러운 구함 경〉은 부처님의 출가 동기와 수행 과정, 깨달음을 증득한 후의 설법, 부처님의 가르침을 실천하면 열반을 증득할 수 있다는 증명, 마지막으로는 열반을 방해하는 다섯 가지 감각적 욕망을 아홉 단계의 색계 4선정과 무색계 4선정 그리고 상수멸로 완전히 없애야 한다는 가르침까지 자세하게 기술되어 있다.

여래십호, 여래십력,
네 가지 두려움 없음

우리는 부처님을 더 많이 이해할수록 불교를 더 정확하게 보게 되고, 부처님의 가르침을 내면으로 받아들일 수 있게 된다. 그러므로 부처님을 알고자 노력해야 한다. 우리가 부처님을 이해할 때 '상상할 수 없을 만큼의 노력을 하신 분'이라는 것에 초점을 맞춰야 한다고 생각한다. 단언컨대 부처님의 노력을 이해하려 할 때 불교가 정확히 보일 것이고, 그 길을 따른다면 비로소 무엇을 실천해야 하는지 알게 되며, 누구든지 부처님만큼 노력한다면 깨달을 수 있을 것이다.

여래십호(如來十號)라는 말이 있다. 부처님의 열 가지 명호, 즉 부처님을 부르는 이름들로서 응공(應供), 정변지(正徧知), 명행족(明行足), 선서(善逝), 세간해(世間解), 무상사(無上士), 조어장부(調御丈夫), 천인사(天人師), 불(佛), 세존(世尊)이다. 《맛지마 니까야》〈사자후의 긴 경〉(M12)에는 부처님이 직접 여래십호를 열거하였다.

"여래는 아라한이고 정등각이고 명행족이며 선서이고 세간해이며 무상사이고 조어장부이며 천인사이며 불이며 세존이시다."

아라한은 번뇌가 없어진 분, 공양받을 수 있는 분이라는 여러 뜻이 있다. 한문으로는 응공이라 한다. 정등각은 올바로 원만히 깨달으신 분이라는 뜻으로, 정변지라고도 한다. 명행족은 지혜와 행을 모두 갖췄다는 뜻이다. 선서는 잘 가신 분, 번뇌의 세계를 떠난 분을 말한다. 세간해는 세상에 대해서 모르는 게 없는 분이라는 의미인데, 부처님이 4아승기 10만 겁이라는 과거 생 동안 수행한 경험이 축적된 결과라고 보면 된다. 무상사는 위없는 스승, 최상의 스승을 뜻하므로 부처님보다 나은 스승은 없다는 의미이다. 조어장부는 마부가 말을 길들이는 데 최고이듯이 부처님은 사람을 단련시키는 데 최고인 분이라는 의미이다. 천인사는 천신과 인간의 스승이라는 말이고, 불은 깨달으신 분, 세존은 덕이 많은 어른이라는 의미가 있다.

여래십호는 10바라밀과 관계가 있다. 10바라밀을 닦았기 때문에 여래십호라는 부처님의 특성을 갖추게 됐다고 생각한다. 부처님이 이처럼 완벽하게 준비한 덕분에 2,600여 년이 지나도 가르침이 전해지고 있다. 여래십호에 담긴 부처님의 공덕을 잊지 않는다면 삼보에 대한 믿음을 가지며 살게 되고, 불선한 것들에 영향을 받지 않아서 더 나은 삶을 살 수 있다.

그리고 부처님만 가지는 열 가지 힘이 있는데, 이를 여래십력(如來十力)이라 한다. 여래십력의 내용은 가능하면 외우는 게 좋다. 재산은 잃기 쉬워도 머릿속 기억은 누구도 훔쳐갈 수 없다. 여담이지만, 불교의 중요한 개념은 암기하는 습관을 기르는 것도 부처님에게 다가가는 지름길이라고 생각한다.

부처님은 여래십력을 구족하였고 대웅의 위치에 올랐다고 스스로 밝히고 있다. 대웅은 큰 영웅, 즉 부처님의 자리이다.

> "여래는 대웅의 위치를 천명하고 회중에서 사자후를 토하고
> 신성한 법의 바퀴를 굴린다."

여래십력의 첫 번째는 원인을 원인이라고 알고, 원인 아닌 것을 원인 아니라고 있는 그대로 꿰뚫어 아는 힘이다. 꿰뚫어 안다는 건 확실히 안다는 것이다. 무슨 일이든 원인이 있기 때문에 발생한다. 그러므로 부처님이 무엇이 현상의 원인이고 원인이 아닌지를 정확히 안다는 것은, 다르게 표현하자면 세상 이치를 훤히 꿰뚫고 있다는 말이다. 우리는 자기 멋대로 생각하거나 괜한 헛다리를 짚기 마련이다. 숙고해 보면 참으로 감탄스러운 부처님의 능력이다.

두 번째는 과거, 현재, 미래의 업과 과보를 보는 능력이다. 부처님은 인과 관계를 그대로 안다. 원인이란 업, 즉 행위이다. 여러 조건이 모여서 일어난 행위를 부처님은 여실히 보고 정확히 안다. 부처님은 "업의 과보를 생각하면 매우 괴롭거나 정신이 미칠 수 있다"고 하였다. 업에 대해서 정확히 아는 일은 정말 쉽지 않다. 부처님을 제외하고는 이런 능력을 지니기가 굉장히 어렵다.

세 번째는 사람들이 다음 생에 어디에서 태어나는지를 아는 능

력이다. 쉽게 말하면 살인을 저지른 자는 지옥에서 태어나고, 수행을 열심히 한 사람이라면 천상에서 태어나는 것과 같은 이치이다. 부처님은 사람의 업을 보고 그 업에 따라 그가 죽은 후 어디에서 태어나는지를 볼 수 있다. 여기에는 열반의 길도 포함되어 있다.

네 번째는 세상을 정확히 아는 능력이다. 이때의 세상이란 5온, 6근, 18계를 말한다. 이는 세세생생 닦아서 바라밀을 완성해야만 알 수 있는 능력이다.

다섯 번째는 중생들의 다양한 성향을 있는 그대로 아는 능력이다. 저열한 중생도 있고 수승한 중생도 있으며, 가르침을 잘 받는 중생도 있고 가르치기 힘든 중생도 있다. 부처님은 이렇듯 다양한 중생의 성향을 그대로 꿰뚫어 안다.

여섯 번째는 중생이 가진 다섯 가지 근(根)을 정확히 아는 힘이다. 다섯 가지 근이란 믿음, 정진, 마음챙김, 삼매, 통찰지이며, 수행자가 갖춰야 하는 시스템 또는 능력이다. 부처님은 중생의 근이 수승한 상태인지 저열한 상태인지를 있는 그대로 정확히 아는 능력이 있다.

일곱 번째는 선, 해탈, 삼매, 증득의 오염원과 깨끗함과 벗어남을 있는 그대로 아는 힘이다. 이 힘은 모두 삼매와 관련이 있으므로 삼매를 통한 해탈이라고 볼 수 있다. 여기서 선이란 초선, 제2선, 제3선, 제4선을 가리킨다. 주석서에 의하면 삼매는 세 가지로 분류한다. 일으킨 생각과 지속적 고찰이 있는 삼매, 일으킨 생각과 지속적 고찰이 둘 다 없는 삼매, 일으킨 생각은 있지만 지속적 고찰은 없는 삼매이다. 증득은 9차제정인 색계 4선정, 무색계 4선정, 상수멸을 말한다. 9차제증득이라고도 한다. 이를 통해 심해탈을 얻을 뿐 아니라 다른 능력을 얻을 수 있다. 부처님은 선, 해탈, 삼매가 없는 상태인 오염에 대해 있는 그대로 알고, 또한 거기서 벗어나는 것에 대해서도 있는 그대로 아는 능력이 있다.

여덟 번째는 숙명통이다. 수많은 전생에서 이름이나 모습은 어떠하였고, 어떤 일을 하다가 어떻게 죽었으며 그다음의 생은 어떠하였는지를 모두 상세하게 기억하는 능력이다. 숙명통을 얻은 사람은 몇 겁 혹은 수없는 겁을 기억하는 등 능력의 정도에 따라 차이가 있다. 만약 과거 생이 있는지 없는지 모른다면 현생을 중심으로 생각할 수 있으므로 숙명통은 중요한 지혜 중 하나이다.

아홉 번째는 천안통이다. 멀리 떨어진 것을 보는 것도 천안통이라 하는데, 여래십력의 천안통은 중생이 업에 따라 여러 형태로 태어나는지를 아는 능력을 말한다. 부처님은 어떤 중생이 수승하게 태어나고 어떤 중생은 저열한 업에 의해 태어나는지, 지은 업에 따라 어떠한 선처와 악처에 나는지를 훤히 알고 본다.

열 번째는 누진통이다. 모든 번뇌가 소멸하여 어떠한 번뇌도 없는 마음의 해탈과 통찰지를 통한 해탈을 지금 여기서 최상의 지혜로 알고 실천해서 구족하여 머무는 지혜이다.

이러한 열 가지 능력을 갖췄기 때문에 부처님은 누구도 할 수 없는 대단한 일을 할 수 있는 것이다.

이어서 부처님은 네 가지에 대해 두려움이 없다고 스스로 말하였다. 부처님은 바르고 완전한 깨달음에 대해 확신이 있고, 모든 번뇌를 소멸했다는 확신이 있으며, 법에 대해서도 한 치의 의심이 없고, 잘못된 비난으로부터도 자유롭다. 부처님의 깨달음은 누구도 이의를 제기할 수 없는 완전한 깨달음이고, 그 누구도 부처님이 번뇌를 완전히 멸하지 못했다고 비난할 수 없는 완전한 번뇌의 소멸을 이루었다. 부처님이 장애가 되는 법에 대해서 두려움이 없다는 말은 성관계와 관련이 있다. 당시 성관계를 해도 깨닫는 데 아무 문제가 없다고 주장하는 사람들이 있었지만, 부처님은 이 사안에 대해서도 청정하다는 말이다.

이러한 네 가지에 대해 사문, 바라문, 신, 마라, 범천 등이 비난하더라도, 이들은 비난의 근거를 제시할 수 없기 때문에 부처님이 두려워하지 않는다. 그래서 어디서나 사자후를 토할 수 있고 법의 바퀴를 굴릴 수 있다고 스스로 천명한 것이다.

또한 부처님은 네 가지에 대해서 감출 필요가 없고, 세 가지에 대해서 비난받을 일이 없다고 스스로 말씀하였다. 몸으로 하는 행위, 말, 마음, 생계수단의 네 가지에 대해서 부처님은 청정하기 때문에 감출 필요가 없다. 또한 법을 잘 설했기 때문에, 열반으로 인도하는 도 닦음이 확실하기 때문에, 수백 명의 제자들이 모든 번뇌가 없어져 마음 해탈과 통찰지 해탈을 통해 최상의 지혜로 머문다는 것이 확실하기 때문에 비난받을 일도 없다.

> "이것에 관해 이 세상에 있는 천신이든 마라든 범천이든 사문이든, 세상 누구도 합당한 근거를 가지고 여래를 비난할 수 없다. 때문에 여래는 항상 두려움이 없고 마음이 편안하고 자신감이 있다."

당시 사람들이 부처님을 어떻게 인식하고 있었는지 짐작할 수 있는 열 가지가 있다.《앙굿따라 니까야》〈꼬살라 경2〉(A10:30)에는 꼬살라 국의 빠세나디왕이 전쟁에서 이긴 후 부처님이 머무는 정사로 찾아와 최상의 존경과 자애로움을 표현하였다. 빠세나디왕은 부처님과 같은 해에 태어났고 불교 교단에 많은 후원을 한 신심 있는 재가신도이다. 그는 열 가지 이유로 부처님의 발에 머리를 대고 입을 맞추는 최고의 존경을 표현했다고 한다. 이 중에는 여래십력과 중복되는 내용이 있다.

첫째는 부처님이 많은 사람의 이익과 행복을 위해 도를 닦고, 많은 사람을 이롭게 하는 성스러운 방법을 제시하여 그들이 확고하게 있도록 이익을 주기 때문이다. 성스러운 방법이란 위빠사나를 통한 도를 말한다.

둘째는 부처님이 부처님의 계, 성자의 계, 유익한 계를 구족한 분이기 때문이다. 여기서 '부처님의 계'는 다른 경에서는 찾기 어려운 특별한 표현이다.

셋째는 부처님이 오랫동안 숲속에 머물고, 또 숲이나 밀림의 외딴곳에 거주하기 때문이다. 당시 인도의 숲은 동물들이나 도둑 떼가 출몰하는 위험한 곳인데, 부처님이 그런 곳에 머물기 때문에 존경과 자애로움을 드러내었다는 뜻이다.

넷째는 부처님이 네 가지 필수품인 옷, 음식, 거처, 약품이 좋은 것이든 나쁜 것이든 만족하기 때문이다.

다섯째는 부처님이 공양받아 마땅한 분이고, 세상에 위없는 복밭이기 때문이다. 부처님에게 보시하면 큰 복이 있다는 의미이다.

여섯째는 부처님이 번뇌를 다스리고 마음을 맑게 하는 데 도움이 되는 이야기를 해주기 때문이다. 예를 들면 욕심이 적고, 만족하고, 혼자 떨어져 있고, 출가자의 경우 재가자들과 교제하지 않고, 정진·계·삼매·통찰지·해탈·해탈지견에 대한 이야기들이다. 반면에 외도는 왕, 대신, 세상이나 여자 이야기 등으로 시끄러웠다고 한다.

일곱째는 부처님이 4선정을 원하는 대로 언제나 얻을 수 있기 때문이다.

여덟째는 부처님이 과거 전생을 꿰뚫어 아는 숙명통을 지녔기 때문이고, 아홉째는 중생이 지은 업에 따라 태어나는 것을 아는 천안통을 지녔기 때문이며, 열째는 부처님이 번뇌가 다하여 심해탈과 혜해탈을 스스로 구족하였기 때문이다.

《앙굿따라 니까야》〈깔라까 경〉(A4:24)에는 부처님이 질문을 받지 않았는데도 비구들에게 설하는 장면이 있다.

"신들을 포함하고 마라를 포함하고 범천을 포함한 세상에서, 또 사문, 바라문, 신과 인간을 포함한 모든 생명체들이 본 것, 들은 것, 생각한 것, 안 것, 얻은 것, 탐구한 것, 마음으로 고찰한 것을 나는 전부 다 안다. 여래는 그것을 분명히 알았지만, 그것에 집착하지 않는다."

인간뿐 아니라 천신까지도 그들이 본 것이나 마음으로 고찰한 것까지 모두 부처님은 분명히 안다고 한다. 만약 부처님이 이것들을 알지 못한다거나, 또는 알기도 하고 알지 못하기도 한다고 말한다면 그것은 거짓이라고도 하였다.

"이와 같이 여래는 보아야 할 것을 보고서 그 본 것에 대해 집착하지 않는다. 보지 못한 것에 대해서도 집착하지 않는다. 보아야 할 것에 대해서도 집착하지 않는다. 보는 자에 대해서도 집착하지 않는다."

부처님은 보아야 하는 것은 보고, 보지 않아도 될 것은 보지 않는다. 들어야 할 것, 알아야 할 것에 대해서도 마찬가지이다. 부처님은 어떤 것을 더 중시하거나 중시하지 않는 것이 아니다. 그러므로 부처님은 여여한 분이다. 흔들리지 않는다는 의미이다.

"이러한 여여한 분 이외에 다른 더 높거나 더 수승한 여여한 분은 없다고 나는 말한다."

부처님은 자신이 수행하고 경험하고 터득한 것들을 설한다. 범부의 생각으로는 불가능해 보여서 믿기 어려울 수도 있다. 하지만 부처님은 사실이 아닌 것은 절대로 말씀하지 않았다. 극단적인 예이지만, 만약 부처님이 수행해 봤더니 윤회가 없었다면 부처님은 '윤회는 없다. 그러니 이렇게 사는 것이 최상이다'라고 분명히 말하였을 것이다. 그러므로 니까야 경전을 읽을 때 이해가 되지 않는 내용이 있다면, '이건 내가 아직 경험하지 못했지만, 부처님이 이것을 말씀하신 뜻이 있을 것이다'라고 생각하는 게 좋다.

정신과 의사가 들려주는 불교 사용 설명서

불교의 생명은 진실이다. 진실되지 않은 말을 해서 사람들을 혼란에 빠뜨리는 일은 절대로 하지 않는다. 적어도 니까야를 읽을 때는 이것이 부처님 말씀이고 제자들이 분명한 진리라고 생각했기 때문에 경전에 담겨 있다고 생각하여야 한다. 부처님이 말씀하셨다고 해서 그대로 받아적었다는 게 아니다. 그것이 분명한 진리이기 때문에 지금까지 전해 내려온 것이다.

믿음과 계

우리는 보통 경을 읽으면 '부처님과 나는 너무 다르다. 위대한 부처님의 이야기일 뿐 나와 관계가 없다'라고 생각하기 마련이다. 하지만 부처님도 처음에는 우리와 같은 상태에서 출발하여 엄청난 시간과 노력을 들여서 최상의 깨달음을 얻은 경지에 도달하였다. 우리가 지금 생각하는 것들을 부처님도 생각했던 때가 있었기 때문에 부처님이 하신 말씀들을 잘 듣고 이해하면 지금 나의 상황에 적용할 수 있고, 살아가는 데 도움이 되는 내용이 많다. 그런 의미에서 우리와 생각이 다르고 종교와 철학이 다른 사람을 만났을 때 서로 충돌하지 않고 대화하는 방법에 대해 알고 싶다면, 부처님은 어떻게 하였을까를 생각해 보자. 그러면 해답을 찾을 수 있을 것이다.

《디가 니까야》〈깟사빠 사자후 경〉(D8)은 나체수행자인 깟사빠와 부처님의 대화로 이루어져 있다. '사자후'란 사자가 내는 최상의 소리처럼, 다른 교설로는 깨뜨릴 수 없는 두려움 없는 소리라는 의미이다. 다른 종교나 사상에서 흉내 낼 수 없는, 부처님만이 할 수 있는 특별한 내용을 사자후에 비유한 것이다. 부처님이 외도인 나체수행자에게 질문을 받고 어떻게 답변하였는지를 보면, 부처님의 가르침과 다른 사상가의 차이점을 명확하게 이해할 수 있다.

하루는 나체수행자인 깟사빠가 부처님을 찾아와서 대화를 나눈 후 질문하였다.

> "고따마 존자시여, 저는 이렇게 들었습니다.
> '사문 고따마는 모든 고행을 비난한다. 이런저런 고행을 하면서 사는 사람들의 삶을 전적으로 비난한다.'
> 고따마 존자시여, 부처님께서 모든 고행을 비방하고 여러 종류의 고행의 삶을 사는 사람들을 다 힐난하고 비방한다고 말하는 자는 고따마 존자께서 말씀하신 대로 말한 자입니까? 아니면 거짓으로 헐뜯는 자입니까? 그들은 법에 따라서 법을 설명한 겁니까? 누구든 그렇게 말하면 나중에 문제가 되지 않습니까? 이렇게 말하는 것은 저는 고따마 존자를 헐뜯고 싶지 않기 때문입니다."

부처님의 가르침을 힐난하고 비난하고 비방하는 말을 들은 깟사빠가 그 내용의 사실 여부를 확인하려고 부처님을 찾아와 질문한 내용이다. 어찌 보면 그 당시에는 지금보다는 훨씬 열린 마음이었던 것 같다. 다른 사상가의 가르침이라도 올바르다고 생각하면 받아들일 마음의 준비가 되어 있었기 때문에 많은 종교와 사상이 공존할 수 있었던 게 아닐까 싶다. 깟사빠 역시 나체수행자이면서도 이미 부처님의 법을 받아들일 준비가 되어 있던 사람이라고 볼 수 있다.

부처님은 깟사빠의 질문에 대해 하나씩 옳고 그름을 지적하며 설명한다. 부처님은 많은 사람을 제도하고, 누가 보아도 받아들일 수밖에 없는 말을 하는 능력을 가진 분이기 때문이다. 부처님은 인간의 한계를 넘어서는 천안통, 타심통, 신족통 등의 능력을 갖추었기 때문에 사람들의 의문을 확실하게 풀어주고 잘못된 것을 그 자리에서 바로잡아 주었다.

> "깟사빠여, 그렇게 말하는 자들은 내가 말한 대로 말하는 자들이 아니다. 있지도 않은 거짓으로 나를 헐뜯는 것이다. 나는 신성한 하늘의 눈(천안)을 가지고 있고, 갖가지 어려운 고행을 하던 고행자가 죽어서 지옥이나 좋지 않은 곳으로 가는 것을 보았고, 또는 천상이나 좋은 세계에 태어나는 것을 보았다. 그러므로 나는 모든 고행을 비난하거나, 모든 고행과 갖가지 고행의 삶을 사는 고행자를 전적으로 힐난하고 비방하지 않는다."

부처님의 중생제도 능력이 탁월한 데에는 여러 이유가 있지만, 그중에 천안통이 있다. 사람이 어떻게 살다가 업에 의해서 다음 생으로 가는지를 볼 수 있는 능력이 천안통이다. 부처님이 천안으로 보니 난행이나 고행을 했던 사람이 나쁜 세계에서 태어나기도 하고 좋은 세계에서 태어나기도 하였다. 그러므로 모든 고행을 비난하지 않았다. 또한 부처님의 경지까지는 아니더라도 탁월한 능력을 갖춘 수행자들의 주장에 대해 옳은 것은 옳다고 하고 그른 것은 그르다고 구별하여 지적한다고 답변한다.

> "그들과 나는 어떤 점은 일치하고 어떤 점에서는 일치하지 않는다.
> 어떤 사문 바라문들이 옳다고 말한 것을 나도 어떤 때는 옳다고 말한다. 또 그들이 어떤 때는 옳지 않다고 말하는 것을 나도 옳지 않다고 말한다.
> 그런데 그들이 어떤 때는 옳다고 하는 것을 나는 옳지 않다고 말하기도 하고, 그들이 옳지 않다고 말할 때 나는 옳다고 말하기도 한다."

부처님은 상대방의 주장에서 옳은 것과 옳지 않은 것을 확실히 구분한다. 지금 우리도 나를 기분 나쁘게 하는 사람의 말은 무조건 옳지 않다고 받아들이는 경우가 많지만, 옳음과 옳지 않음은 가치판단이 아니라 사실에 따라서 분명히 구분해야 한다는 부처님의 말씀을 새겨들어야 한다.

위에서 부처님은 다른 사문, 바라문들이 옳다고 말한 것과 옳지 않다고 말한 것에 대해, 어떤 경우는 그들의 의견과 일치하고 어떤 경우는 일치하지 않은 경우로 나누어 말씀하신다. 이럴 때 부처님은 먼저 일치하는 부분에 대해 함께 숙고하자고 제안한다.

"나는 그들에게 다가가서 이렇게 말한다.
'서로 일치하지 않은 점에 대해서는 일단 그대로 둡시다. 서
로 일치한 점에 대해서 스승은 스승끼리 또 집단은 집단끼
리 서로 이유를 묻고 따져보고 깊이 한번 생각해 봅시다.'"

이때 부처님이 일치한 점이라고 한 내용은 이렇다. 해로운 것은 해로
운 것이고, 비난받아 마땅한 것은 비난받아 마땅한 것이고, 받들어 행
하지 말아야 하는 것은 받들어 행하지 말아야 하고, 성자들에게 적합
하지 않은 것은 성자들에게 적합하지 않은 것이라 하고, 검은 것은 검
은 것이라 한다. 이러한 법들에 대해서는 부처님과 다른 사상가들의
의견이 일치한다. 하지만 부처님과 그들의 주장에는 분명한 차이가
있다.

"누가 이런 법들을 남김없이 버렸습니까? 사문 고따마입니
까? 다른 스승들입니까?"

버려야 할 나쁜 법을 모두 버린 스승은 누구냐는 질문이다. 아무리 탁
월한 능력이나 지혜가 있는 스승이라도, 이들은 부분적으로밖에 버리
지 못했다. 이러한 법들에 대해 남김없이 버린 분은 오직 부처님이고,
부처님만이 칭송될 수밖에 없다. 또한 부처님의 제자들과 다른 사상가
의 제자들이 논의한다 하더라도, 부처님만이 칭송받게 된다. 부분적으
로만 유익한 법을 성취한 스승들과 달리 오직 부처님만이 해로운 법들
이 아닌 유익한 법들을 성취하였고, 비난받지 않는 법, 받들어 행해야

하는 법, 성자들에게 적합한 법을 성취한 분이기 때문이다. 부처님의 제자들과 다른 스승의 제자들에 대해 숙고하더라도, 부처님의 제자들은 해로운 법들을 남김없이 버렸고 유익한 법들은 남김없이 성취하였다고 결론이 나온다. 그러므로 이 논의에서도 부처님이 칭송된다.

이렇게 부처님과 다른 스승들, 부처님의 제자와 다른 스승들의 제자들이 일치하는 점과 일치하지 않는 점에 대해서 하나씩 따져본 다음에 부처님이 깟사빠에게 8정도에 대해 말하였다.

> "깟사빠여, 우리에게는 도가 있다. 그리고 그 도를 닦는 도
> 닦음이 있다. 내가 말한 대로 도를 닦으면 '사문 고따마는 적
> 절한 시기에 말하고, 있는 그대로의 사실을 말하고, 유익한
> 것을 말하고, 법을 말하고 율을 말하는 자'라는 사실을 스스
> 로 알게 된다."

스스로 안다는 것이 굉장히 중요하다. 스스로 안다는 것은 보편적인 진리라는 것이다. 도 닦음의 방법은 여덟 가지 성스러운 도, 즉 8정도를 말한다. 자기들에게만 통하는 도가 아니라, 누구나 와서 보고 할 수 있는 보편적인 진리가 8정도에 갖춰져 있다는 의미이다.

그러자 깟사빠는 '우리가 고행을 닦는 것은 사문, 바라문의 본업'이라고 말한다. 부처님이 8정도를 말씀하셨듯이, 자신들에게는 고행이라는 본업이 있다는 반문이다. 이에 대한 부처님의 가르침을 보면, 경의 첫 부분에서 '사문 고따마는 모든 고행을 비난한다'는 힐난에 대해 부처님이 왜 '모든 고행을 비난하는 것은 아니다'라고 답변하였는

지를 알 수 있다.

고행에는 종류가 매우 많다. 나체로 다니고, 관습을 거부하고, 음식을 손에 받아서 핥아먹고, 어떤 조건이 충족되지 않으면 보시도 받지 않고, 보름에 한 번 정도만 먹거나 떨어진 열매만 먹고, 시체를 싸매었던 헝겊으로 만든 옷을 입고, 머리카락과 수염을 뽑고, 가시로 만든 침상을 사용하는 등 깟사빠는 다양한 고행에 관해 설명하면서 이것들이 사문의 본업이고 바라문의 본업이라고 강조한다. 이에 대해 부처님은 이러한 고행이 왜 무의미한지 설명한다.

"깟사빠여, 그러한 고행에 몰두하며 살아봤자 계를 구족하
지 않으면, 마음의 구족과 통찰지의 구족을 얻을 수 없다."

마음의 구족이란 삼매를 말한다. 계를 구족하고 난 뒤 마음에 번뇌가 없는 상태인 삼매를 얻고, 그다음에 통찰지의 구족을 얻는다. 그러나 고행은 계, 삼매, 통찰지를 얻는 수행이 아니기 때문에 사문과 바라문의 본업으로부터 멀리 떨어져 있다고 한다. 그러자 깟사빠는 사문의 고행과 바라문의 고행도 행하기 어렵다고 다시 반문한다. 부처님은 깟사빠에게 '세속적으로 보면 이러한 고행을 행하기 어렵다는 말은 적절하지 않다'고 설명한다. 이러한 고행은 사문, 바라문만이 아니라 일반 장자나 하녀까지도 마음만 먹으면 할 수 있기 때문이다.

"세속에 있는 사람도 마음만 먹으면 할 수 있는 것을 어렵다
고 하면 안 된다. 그러한 고행에는 한계가 있다. 그것은 계의

정신과 의사가 들려주는 불교 사용 설명서

구족, 마음의 해탈, 통찰지의 해탈을 가져올 수 없다. 적의나 악의를 버린 자애의 마음을 닦고 난 뒤, 번뇌가 없는 마음의 해탈, 통찰지에 의한 해탈을 최상의 지혜로 지금 이 자리에서 얻고 머물 수 있다면 그것이 진정한 사문의 길이다.”

부처님은 외도들과 대화할 때 자애, 연민, 같이 기뻐함, 평온의 4무량심에 대해 자주 언급하신다. 4무량심은 그들이 쉽게 받아들일 수 있는 가르침이었던 것 같다. 부처님은 진정한 사문이나 바라문이란 적의나 악의를 버린 자애의 마음을 닦고, 심해탈과 혜해탈을 지금 여기에서 실현하고 머무는 자라고 명확하게 설명한다. '부처님은 모든 고행을 나쁘다고 하지 않는다'는 답변은 고행을 하면서 얻는 것도 있지만 고행에는 한계와 문제가 분명히 있기 때문에 그 점을 지적한 것이다.

깟사빠는 부처님의 가르침을 이해할 수 있는 지혜가 있었기 때문에 부처님의 말씀을 듣고 바로 계, 삼매, 통찰지의 구족에 대해 질문한다. 부처님은 여래가 세상에 출현하여 법을 설하고, 그 법을 듣고 믿음을 내어 출가한 이들이 가르침을 따르는 과정을 차례로 말씀하여 깟사빠의 질문에 답한다.

“여래가 세상에 출현한다. 여래는 신과 마라와 범천을 포함한 이 세상을 스스로 최상의 지혜로 알고 실현하여 드러낸다. 그는 법을 설한다. 시작도 좋고 중간도 좋고 끝도 좋은 그런 법을 훌륭하게 설하고, 또 좋은 의미와 표현을 구족해서 법을 설한다. 그리고 더할 나위 없이 완벽하고 지극히 청정한 범행을 드러낸다. 이 법을 장자나 장자의 아들이나 다른 가문에 태어난 자가 들으면 여래에게 믿음을 가진다."

'법을 믿음'이 첫 출발이다. 그다음에는 자연스럽게 출가를 결심하게 된다. 막혀 있고 때가 긴 재가의 삶에서 장애가 없고 청정범행을 실천하는 출가의 삶을 선택하는 것이다. 출가한 후에는 부처님의 가르침을 따르는데, 주로 여섯 가지이다. 네 가지 혹은 더 많은 내용도 나오지만, 이 여섯 가지 큰 틀에서 벗어나지 않는다.

먼저 계를 지키고, 감각기능의 문을 잘 보호하고, 마음챙김과 알아차림을 하면서, 얻은 필수품에 만족하는 것이다. 믿음과 계는 불교의 굳건한 토대이다. 계를 구족하면 어느 곳에서도 두려움을 보지 않고, 안으로는 스스로 비난받지 않는 행복을 경험한다. 진정한 행복을 맛보는 것이다. 필수품이란 음식, 의복, 거처, 약을 말한다. 네 가지 필수품을 얻은 후 만족한다는 것이 중요하다.

부처님에게 믿음을 가지고 출가하기 전에 속세에서 오랜 세월을 보냈기 때문에, 그동안 온갖 감각기관의 욕망을 추구했고 나쁜 마음도 가졌을 수 있다. 그러므로 출가했다고 해서 이런 경험들이 제거되는 것은 아니다. 출가 후에도 영향을 미칠 수 있는 이런 것들로부터 안전하게 보호받는 길이 바로 계이다. 계를 바탕으로 감각기능의 문을 잘 지키고 순간순간 마음챙김을 하면서 올바른 앎을 항상 가진다.

그다음에는 다섯 가지 장애를 제거하고 4선정에 든다. 우리를 덮고 있는 장애는 감각적 욕망, 악의, 해태와 혼침, 들뜸과 후회, 의심이라는 다섯 가지이다. 4선정에 든다는 것은 마음을 구족했다는 의미이다. 마음의 번뇌가 하나도 없는 상태이기 때문이다. 이렇게 계의 구족, 마음의 구족, 통찰지의 구족을 얻는다.

삼매에는 세 가지가 있는데 순간삼매, 근접삼매, 본삼매이다. 본삼매가 선정이다. 선정은 초선, 제2선, 제3선, 제4선이 있다. 제4선의 상태가 되면 굉장히 청정하고 깨끗하고 흠이 없다. 또한, 오염원이 전혀 없으면서 부드럽고 활발한 상태이다. 어떠한 작업을 충분히 할 수 있는 상태라 할 수 있다. 그때 내가 얻기를 원하는 대상으로 마음을 향하면 장애가 없기 때문에 그것을 얻을 수 있고, 신통 내지는 특별한 능력을 얻는다. 특별한 능력은 특별한 지혜라고도 하는데 여덟 가지가 있다. 이것이 통찰지의 구족이다.

첫째는 위빠사나 지혜이다. 이 몸은 4대(四大)로 되어 있고, 부모로부터 생겼고, 음식으로써 유지가 되며, 무상한 것이므로 순간순간 파괴되면서 결국 완전히 파괴되는 속성을 가진 물질이다. 식은 몸에 의지하고 몸에 묶여 있다는 것을 아는 것이 위빠사나의 지혜이다.

둘째는 마음에서 몸을 만든다. 장애와 번뇌가 없어지면 그때 마음에서 만든 몸을 여러 개 만들 수 있다. 니까야에는 쭐라빤타까 비구가 자신과 같은 몸을 500개 만든 이야기가 있다. 그 몸들은 각각 기능을 갖추고 있다.

셋째는 신족통, 넷째는 천이통, 다섯째는 타심통, 여섯째는 숙명통, 일곱째는 천안통이다. 여덟 번째 지혜인 누진통을 얻으면 감각적 욕망, 존재, 무명의 번뇌로부터 마음이 해탈한다. 해탈하고 나면 해탈했다는 지혜가 생긴다. '태어남은 다했다. 청정범행을 이루었다. 할 일을 모두 마쳤다. 다시는 어떤 존재로도 돌아오지 않을 것이다'라고 꿰뚫어 알게 된다. 이것이 여덟째 통찰지의 지혜이다.

부처님은 '이보다 더 높고 더 수승한 계, 마음(삼매), 통찰지의 구족은 존재하지 않는다'고 말씀한다. 그리고 성스러운 계와 고행을 통한 금욕, 통찰지와 해탈에서 부처님보다 더 뛰어난 자는 없다.

> "계를 설하는 어떤 사문, 바라문이 여러 가지로 계를 칭송한다. 그러나 성스러운 최상의 계에 관한 한 나보다 더 뛰어난 자는 없다.
> 고행을 통한 금욕을 설하는 어떤 사문, 바라문이 여러 가지로 고행을 통한 금욕을 칭송한다. 그러나 성스러운 최상의 고행을 통한 금욕에 관한 한 나보다 더 뛰어난 자는 없다.
> 통찰지를 설하는 어떤 사문, 바라문이 여러 가지로 통찰지를 칭송한다. 그러나 성스러운 최상의 통찰지에 관한 한 나보다 더 뛰어난 자는 없다.
> 해탈을 설하는 어떤 사문, 바라문이 여러 가지로 해탈을 칭송한다. 그러나 성스러운 해탈에 관한 한 나보다 더 뛰어난 자는 없다."

그런데 당시 세상에서 '부처님은 빈집에서 사자후를 토한다'며 비하하는 말이 떠돌았던 것 같다. 다른 외도 유행승들은 적극적으로 사람들을 찾아가고 모여서 자기주장을 펼쳤는데, 부처님은 인연이 되는 대로 법을 들으려는 마음으로 찾아온 사람들에게 법을 설하므로 용맹스럽지 않다는 것이다. 또 부처님이 말하고 나면 아무도 질문하지 않

정신과 의사가 들려주는 불교 사용 설명서

고 비판하지도 않는다면서 부처님의 사자후는 사람들을 흡족하게 하지 못한다고도 하였다. 부처님의 법문이 너무나 명확하기 때문에 질문거리가 없고, 의미 없는 질문에는 무기(無記)로써 대응하는 것인데도 그들은 겉으로 드러난 현상만을 떠들어낼 뿐이었다.

> "깟사빠여, 그들에게 나는 '사문 고따마는 사자후를 토한다.
> 대중들 가운데서 용맹스럽게 사자후를 토한다. 그들의 질문
> 을 설명하고 그들의 마음을 흡족하게 한다. 그들은 사자후
> 를 듣고 청정하게 믿고 믿음을 행하고 여여하게 닦는다. 도
> 닦음을 성취한 사람들을 흡족하게 한다'라고 말한다."

이렇게 부처님의 설법을 들은 깟사빠는 마음이 흡족해졌다. 그리고 부처님과 법과 비구 승가에 귀의하고 출가하여 구족계를 받으려는 마음이 일어났다. 그런데 당시에는 외도였던 자가 불교 승가에 출가하려면 넉 달의 견습 기간을 거쳐야 한다는 규정이 있었던 것 같다. 넉 달간 그를 지켜보다가 다른 비구들이 동의하면 비로소 출가하여 비구가 되는 구족계를 받아야 했다. 그런데 깟사빠는 넉 달이 아니라 4년 동안 견습 기간을 거치겠다고 하면서 부처님에 대한 확실한 믿음을 표시하였다. 부처님의 가르침대로 수행하겠다는 확고한 결심이 섰기 때문에, 다른 비구들이 조금이라도 의심하지 않을 때까지 노력하여 인정받겠다는 의지였다.

　　마침내 나체수행자였던 깟사빠는 부처님의 법 안에서 출가하여 구족계를 받았다. 그리고 얼마 되지 않아서 아라한이 되었다. 철저하

게 준비했기 때문이다. 그가 해 온 고행이 비록 바른 방법은 아니었지만, 그 과정에서 마음을 닦아 욕망이 많이 소멸했을 것이다. 단지 어리석음만 있는 상태에서 바르게 정진하여 어리석음의 자리에 지혜가 들어서고 나면, 탐진치를 완전히 없앨 수 있다.

이처럼 부처님은 중생을 제도할 때 항상 그의 상태를 잘 파악하여 가르침을 편다는 사실을 우리는 알아야 한다. 그에게 가장 적합한 가르침의 방편을 사용하여 그의 마음을 움직이고 바른길로 인도한다. 경에서 부처님과 깟사빠 사이에 오간 이야기들을 잘 보고 알아차린다면 깟사빠처럼 우리에게 지혜가 생기지 않을까 하는 생각이 든다.

타 종교와 외도에 대한
부처님의 배려

2000년 초반에 종교와 정신 치료에 대한 학술대회가 열렸다. 각 종교의 전문가가 개별 종교에 대해 발표하고, 그 종교에 관심이 있는 사람들이 토론을 하며 의견을 나누는 행사였다. 나는 토론자로 초청되어 불교와 정신 치료를 주제로 논평하였다. 그때 여러 종교에 대한 발표를 들으면서 나름대로 느낀 게 있다.

종교마다 내세우는 교설이 다르지만, 일치하는 점도 있다는 사실이다. 사람이 어떻게 태어나고 사는지, 행복과 불행은 어디에서 오는지, 죽은 후 어떻게 되어 어디로 가는지 등은 종교마다 설명이 다르다. 하지만 모든 종교에는 두 가지 공통점이 있었다. 첫째는 마음을 정화하라는 것, 둘째는 다른 사람을 도우며 살라는 것이다. 이러한 종교의 공통적인 가르침을 따른다면 믿는 종교가 다르더라도 욕심이나 화를 없애고 남을 배려하는 삶을 살 터이니, 종교는 사람들에게 필요한 것이라는 생각이 들었다.

달라이라마는 "내 종교는 친절입니다(My Religion is Kindness)"라고 언제나 강조한다. 참으로 우리 시대에 필요한 지침이 아닐까. 사람들은 타인이 자기를 친절하게 대해 주기를 바란다. 모든 종교가 친절함이라는 바탕 위에서 자기가 믿는 종교에 대한 것을 추구하면 좋을 듯하다.

부처님 시대에도 수많은 사상가가 각자의 가르침을 펴면서 활동하였다. 대표적으로 육사외도(六師外道)가 있었고, 그중 한 명이 자이나교 교주인 니간타 나따뿟따이다. 당시 사문 전통의 사상가들은 유행하며 걸식하였는데, 가르침을 들은 재가자들의 공양을 받지 못하면 교단을 유지하는 데 어려움을 겪게 된다. 만약 자기를 따르던 유력한 재가자가 다른 스승을 따르게 되면 큰 타격을 입고, 반대로 유력한 재가자가 자기 제자가 되면 교단의 위세나 영향력이 커지게 된다. 이런 사회 분위기였기 때문에 자기 가르침이 최고라고 주장하면서 다른 사상가들을 비방하는 경우도 많았던 것 같다.

하지만 부처님은 다른 종교나 사상을 악의적으로 비방하지 않았으며, 오히려 배려하였다. 《앙굿따라 니까야》〈시하 경〉(A8:12)에는 니간타 나따뿟따의 제자였던 시하 대장군이 불교로 개종하는 과정이 잘 설명되어 있다. 당시에는 리차이족의 시하 대장군을 모르는 사람이 거의 없을 정도로 상당히 유명한 권력자였다. 시하 대장군이 부처님의 가르침을 듣고 불교에 귀의하겠다고 결심하자 부처님은 그의 귀의를 오히려 만류하였다. 사회적으로 영향력이 컸던 그가 불교로 개종하면 불교의 입지가 넓어질 수 있지만 그만큼 다른 종교에 부정적 여

정신과 의사가 들려주는 불교 사용 설명서

파가 생기기 때문이었다.

시하 대장군은 많은 사람들이 집회소에 모여 부처님과 법과 승가를 칭송하는 말을 듣고, 부처님은 의심할 여지 없이 아라한이고 정등각자이므로 친견하고 싶다는 마음을 내었다. 처음에는 자기 스승인 니간타 나따뿟따가 만류하여 마음을 접었고, 두 번째도 그러하였다. 하지만 세 번째는 스승에게 묻지 않고 곧장 부처님이 머무는 웨살리로 찾아갔다. 그는 부처님에게 예를 올린 후, 니간타 나따뿟따가 자기를 만류하면서 이유로 들었던 '사문 고따마는 업 지음 없음을 말하는 자이고 그것으로 제자들을 인도한다'는 말이 사실인지 물었다. 부처님을 비방하고 싶지 않았기 때문이었다.

부처님은 시하 대장군의 질문을 포함하여 항간에 떠도는 여덟 가지 소문을 직접 언급한다. 여덟 가지란 업 지음 없음, 업 지음, 단멸, 혐오, 폐지, 고행, 모태에 들지 않음, 안식의 법이다. 어찌 보면 부처님의 가르침에 여러 측면이 있는데 한 단면만을 지적하여 비난하는 말들이다. 그렇다면 부처님이 설한 이런 가르침들은 어떤 의미일까. 부처님은 여덟 가지 모두를 가르친다고 확인한 후, 각각의 이유를 설명한다. 아래와 같이 세 단계로 구성된 부처님의 답변을 주제별로 재배치하면, 부처님의 가르침을 이해하기가 훨씬 쉽다.

> "어떤 사람이 어떤 이유 때문에 나에 대해 '사문 고따마는
> 업 지음 없음을 말하는 자라서 업 지음 없음의 법을 설하고
> 그것으로 제자를 인도한다'라고 말한다.
> 나는 어떤 이유 때문에 '사문 고따마는 업 지음 없음을 말하

는 자라서 업 지음 없음의 법을 설하고 그것으로 제자를 인
도한다'라고 말한다.
나는 업 지음 없음을 가르친다. 몸과 말과 마음으로 나쁜 행
위를 저지르는 자에게 여러 가지 나쁜 불선법을 짓지 말라
고 가르친다."

부처님은 불선법을 짓는 사람에게는 나쁜 업을 짓지 말라고 하므로
'업 지음 없음'을 설한다. 다시 말하면 몸으로 짓는 나쁜 업, 말로 짓는
나쁜 업, 마음으로 짓는 나쁜 업을 짓지 말라고 가르친다. 이와 반대로
부처님은 여러 가지 선법을 지으라고 '업 지음'을 설한다. 두 가르침
모두 바른 이유가 있다. 니간타 나따뿟따는 찬물 속에 생명체가 있으
니 어떤 상황이더라도 찬물을 마시지 말라고 하는 등 극단적인 가르
침을 준다. 바른 이유를 제시하며 '업 지음'과 '업 지음 없음' 모두를 가
르치는 부처님과 달리 그는 지혜가 완전하지 못하기 때문이다.
　부처님이 가르친 단멸과 폐지는 탐욕, 성냄, 어리석음의 단멸이
고 폐지이다. 또 여러 가지 나쁜 불선업을 단멸하고 폐지하라고 가르
친다. 부처님이 설한 혐오는 몸, 말, 마음으로 짓는 나쁜 행위의 혐오
이고 불선법의 혐오이다. 때문에 몸, 말, 마음으로 짓는 나쁜 행위와
불선법들을 없애려면 고행을 하라고 가르친다. 고행을 통해서 불선법
들을 제거하여, 뿌리가 잘리고 줄기만 남은 야자수처럼 다시는 불선
법들이 일어나지 않도록 완전히 멸절하라는 것이다. '모태에 들지 않
는 자'라는 것은 태어남을 제거하여 다시는 존재를 받아 태어나지 않
는다는 말이다. 마지막으로 부처님은 최고의 편안함, 최고의 안식을

얻은 자이므로 사람들이 편안하게 하는 법을 설하고 그것으로써 제자들을 인도한다.

부처님의 법문을 들은 시하 대장군은 자신이 가졌던 의문이 완전히 풀렸다. 그래서 부처님과 법과 승가에 귀의하겠다고 청한다.

> "경이롭습니다, 세존이시여. 경이롭습니다, 세존이시여. 마치 넘어진 자를 일으켜 세우듯이, 덮여 있는 것을 걷어내 보이시듯이, 방향을 잃은 자에게 길을 가르쳐 주시듯이, 눈 있는 자 형상을 보라고 어둠 속에서 등불을 비춰 주시듯이, 세존께서는 여러 가지 방편으로 법을 설해주셨습니다. 저는 이제 세존께 귀의하옵고 법과 비구 승가에 귀의합니다. 세존께서는 저를 재가 신자로 받아주소서. 오늘부터 목숨이 붙어 있는 그날까지 귀의하겠습니다."
>
> "시하여, 심사숙고한 후에 행하라."

시하 대장군이 귀의하겠다면서 한 말은 부처님에게 귀의하는 사람들이 항상 사용하는 표현이다. 니간타 나따뿟따를 떠나 불교에 귀의하겠다는 시하 대장군의 말을 들은 부처님은 '심사숙고한 후에 행하라'고 말씀하신다. 다른 종교에 대한 배려, 또는 다른 종교에 속한 사람에 대한 배려로 느껴진다. 어쩌면 사회의 안정과 관련이 있지 않겠냐는 생각도 든다. 만약 다른 종교였다면 '시하 대장군이 나의 제자가 되었다'면서 웨살리 곳곳에 깃발을 들고 다니며 자랑할 터인데, 부처님은 오히려 '심사숙고하라'고 말하자 시하 대장군은 더욱더 흡족하고 기뿐 마음이 되었다. 시하 대장군이 다시 부처님에게 귀의를 청하자 부처님은 이렇게 당부하였다.

> "시하여, 그대의 가문은 오랜 세월 동안 니간타들을 위하여
> 준비된 우물물이었다. 그러니 그들이 오면 음식을 공양해야
> 한다고 생각해야 한다."

우물물이란 니간타들의 생존을 위한 근거였다는 뜻이다. 그들이 먹고 살 수 있는 그런 곳이었다는 것이다. 부처님의 당부를 들은 시하 대장군은 또다시 마음이 흡족해졌다. 그리고 세 번째로 귀의를 청하였다.

> "저는 사문 고따마가 이런 말을 한다고 들었습니다.
> '내게만 보시해야 한다. 남에게 보시하면 안 된다. 내 제자에
> 게만 보시해야 한다. 남의 제자에게 보시하면 안 된다. 내게
> 보시한 것은 큰 과보가 있다. 남에게 보시한 것은 과보가 없
> 다. 내 제자에게 보시한 것은 큰 과보가 있다. 남의 제자에게
> 보시한 것은 큰 과보가 없다.'
> 그런데 부처님은 제게 니간타들에게도 보시하라고 하십니다.
> 만약 그럴 때가 오면 제가 어떻게 해야 하는지 알 것입니다.
> 저는 세 번째로 부처님과 법과 비구 승가에 귀의합니다."

그러자 부처님은 시하 대장군에게 순차적인 가르침을 설하였다. 보시의 공덕, 계를 지키는 이익, 천상에 태어남의 가르침에 이어 감각적 욕

정신과 의사가 들려주는 불교 사용 설명서

망들과 오염원의 위험, 세속적인 것을 떠난 출리와 출리의 공덕에 대해 차근차근 가르쳤다. 가르침을 들은 시하 대장군이 마음이 준비되고 마음이 부드러워지고 마음에 장애가 없어진 것을 보고, 마음에 굳건한 믿음이 생긴 것을 안 뒤에야 부처님은 4성제를 설하였다. 그리고 시하 대장군은 그 자리에서 예류자(預流者)가 되었다.

> 시하 대장군에게 '일어나는 법은 그 무엇이든 모두 멸하는 성격을 가진 법이다'라는 티 없고 때가 없는 법의 눈이 생겼다.

위 인용문은 예류자에 대한 정형구로서 자주 언급된다. 부처님이 가르침을 펼치자 시하 대장군에게 굳건한 바른 견해가 들어섰고, 예류자, 즉 성자의 흐름에 들어갔다. 시하 대장군은 부처님과 비구 승가에 공양을 올릴 수 있도록 허락을 받고 맛있는 음식을 준비하였다. 그 무렵 니간타들은 시하 대장군이 부처님을 위해 살찐 짐승을 잡아 음식을 만들었고, 그것을 알면서도 부처님이 그 음식을 먹었다면서 비난하는 말을 여기저기에 퍼뜨렸다. 세 가지 부정육에 해당하는 음식을 공양받았다는 비난이다.

부처님은 음식 공양을 받을 때 좋고 나쁨을 따지지 않았지만, 세 가지 깨끗하지 않은 음식은 받지 않았다. 나를 주려고 어떤 생명체를 죽이는 것을 직접 보았거나, 보지는 못했지만 죽이는 소리를 들었거나, 보지도 듣지도 못했지만 나를 대접하기 위해 죽였다고 추정되는 음식은 받지도 먹지도 않는다. 그러므로 음식 공양을 올릴 때는 이 세 가지 예외 조항을 잘 살펴야 한다. 나의 공덕을 위해 고의로 살아 있는 생명을 죽이지 않으며, 신선한 음식을 마련하려고 일부러 죽여서 구하지 않는다. 만약 강에서 잡아 올린 생선이라면, 이미 죽은 것 중에서도 싱싱한 상태의 것을 골라 공양 올린다.

니간타들이 비난하며 다닌다는 말을 들은 시하 대장군은 흔들리지 않았다. "그들이 오랫동안 근거도 없이 부처님을 비방하고 법을 비방하고 승가를 비방해 왔지만, 그들의 비방은 헛되고, 거짓이고, 사실과 다르다. 이런 비방으로는 세존을 해치지 못한다." 확고한 믿음이 있었던 시하 대장군에게 공양을 받은 부처님은 법을 설하고 격려하고 기쁘게 하였다.

〈시하 경〉과 내용이 비슷한 경으로는《앙굿따라 니까야》〈웨란자 경〉(A8:11)이 있다. 웨란자 바라문이 부처님을 찾아와 세간에 떠도는 세 가지를 언급하였다.

> "고따마 존자여, '사문 고따마는 늙고 나이 들고 노후하고 긴 세월을 보낸 노쇠한 바라문에게 인사를 하지도 않고 반기지도 않고 자리를 권하지도 않는다'고 들었습니다. 이것은 맞지 않습니다. 온당하지 않습니다. 예의가 아닙니다."
> "바라문이여, 나는 신을 포함하고 마라를 포함하고 범천을 포함하고 사문과 바라문을 포함하고 신과 인간을 포함한 이 세상에서 내가 인사를 하거나 또 내가 반기거나 자리를 권해야 하는 자를 보지 못했다. 그런 자를 보지 못했는데 여래가 어떤 사람한테 가서 절하고 또 자리를 권하면 받는 사람의 머리가 떨어진다."

머리가 떨어진다는 것은 죽는다는 의미이므로, 그런 일은 있을 수 없다는 말이다. 부처님이 일어나 인사를 하거나 자리를 권해야 하는 자는 인간이든 신이든 사문이든 바라문이든 아무도 없다. 그러므로 부처님이 그런 행동을 하지 않는 것은 당연하다. 이 대답을 들은 웨란자 바라문이 수긍하지 않고 다시 말하였다.

"고따마 존자는 맛이 없는 분입니다."
"바라문이여, 나에 대해 바르게 말하는 사람은 한 가지 이유 때문에 그렇게 말을 할 수도 있다. 여래는 형상, 소리, 냄새, 맛, 감촉의 맛을 제거하였고, 뿌리를 잘랐고, 미래에 다시는 일어나지 않게 하였다."

부처님은 눈으로 보는 형상, 귀로 듣는 소리, 코로 맡는 냄새, 혀로 느끼는 맛, 몸으로 느끼는 감촉이라는 맛을 완전히 제거하고, 뿌리를 잘라 줄기만 남은 야자수처럼 만들었기 때문에, 그런 맛이 다시는 일어나지 않게 하였기 때문에 '고따마 존자는 맛이 없는 분'이라고 바르게 말하는 사람이 있을 수 있다. 어떤 대상에서든 부처님은 맛을 보지 않는다. 하지만 웨란자 바라문은 이런 뜻으로 한 말이 아니었다. 그는 다시 부처님에게 말하였다.

"고따마 존자는 재물이 없는 분입니다."
"바라문이여, 나에 대해 바르게 말하는 사람은 한 가지 이유 때문에 그렇게 말할 수 있다. 여래는 형상, 소리, 냄새, 맛, 감촉의 재물을 제거하였고, 뿌리를 잘랐고, 미래에 다시는 일어나지 않게 하였다."

부처님은 형상, 소리, 냄새, 맛, 감촉의 재물을 추구하지도, 가지려고도 하지 않는다. 그러므로 재물이 없는 분이다. 웨란자 바라문은 계속해서 '고따마 존자는 단멸을 말한다, 혐오한다, 폐지한다, 고행자이다, 모태에 들지 않는 분이다'라고 말하는데, 이에 대한 부처님의 대답은 〈시하 경〉에서 설한 것과 같다. 부처님의 설법을 들은 웨란자 바라문은 부처님에게 귀의하였다.

정신과 의사가 들려주는 불교 사용 설명서

보시의 결실

《앙굿따라 니까야》에는 세 개의 〈시하 경〉이 있다. 앞에서는 부처님에 대한 잘못된 소문을 바로잡으면서도 외도를 배려한 부처님의 가르침을 담은 내용이었다면, 이번에 살펴볼 〈시하 경〉(A7:54)은 보시에 대한 내용이다.

부처님의 제자가 된 시하 대장군이 부처님을 찾아와 '내가 스스로 보아서 알 수 있는 보시의 결실'이 무엇인지를 물었다. 부처님은 항상 가장 효과가 있는 방법으로 설하는 것 같다. 보시에 관심이 많고, 실제로 보시도 많이 하는 시하 대장군에게 질문할 테니 옳다고 생각한 대로 답하라고 하였다.

> "여기 두 사람이 있다. 한 사람은 믿음이 없고 아주 인색하
> 며 또 비방을 일삼는다. 다른 사람은 믿음이 있고 보시의 주

인이고 끊임없이 베푸는 것을 좋아한다. 아라한들은 누구를 먼저 연민하겠는가?"

"당연히 믿음이 있고 보시의 주인이고 끊임없이 베푸는 것을 좋아하는 사람을 연민합니다."

지금은 아라한을 보기가 쉽지 않지만, 부처님 당시에는 아라한들이 많았을 것이다. 시하 대장군이 자기 생각을 답하자, 부처님은 다시 질문하였다.

"아라한들은 누구를 먼저 방문하겠는가?"
"아라한들은 누구의 보시를 먼저 받겠는가?"
"아라한들은 누구에게 먼저 법을 설하겠는가?"
"이 두 사람 중에 누구에게 좋은 명성이 따르겠는가?"
"이 두 사람이 어떤 회중에 들어갈 때, 그것이 끄샤뜨리야의 회중이든 바라문의 회중이든 장자의 회중이든 수행자의 회중이든, 누가 두려움 없이 당당하게 들어가겠는가?"
"몸이 무너져 죽은 뒤에 누가 좋은 곳인 인간이나 천상에 태어나겠는가?"

이 질문들에 대해 시하 대장군은 '당연히 믿음이 있고 보시의 주인이고 끊임없이 베풀기를 좋아하는 사람'이라고 동일한 대답을 하였다. 그러고 나서 시하 대장군이 부처님에게 이렇게 말하였다.

정신과 의사가 들려주는 불교 사용 설명서

"세존이시여, 앞에서 말씀하신 여섯 가지는 제가 지금 여기서 스스로 보아 알 수 있습니다. 그렇지만 몸이 무너져 죽은 뒤에 누가 좋은 곳에 태어나는가에 대해서는 부처님에 대한 저의 믿음으로 받아들입니다."

죽은 뒤에 어디에 태어나는지는 천안통이 있어야 볼 수 있다. 시하 대장군은 아직 천안통이 없기 때문에 알지도 보지도 못하는 영역이므로, 부처님에 대한 믿음으로 이런 사실을 받아들인다고 하였다. 이렇게 시하 대장군에게는 부처님에 대한 분명한 믿음이 있었다. 아는 건 알되, 모르는 건 믿음으로 받아들이는 것이다.

시하 대장군은 부처님의 제자가 된 후에도 니간타들에게 계속 보시하라는 부처님의 말씀을 그대로 따랐을 것이다. 그런데 정법이 아닌데도, 자기가 믿는 불교가 아닌데도 보시하는 것이 어떤 의미가 있을까. 이 의문을 밝혀주는 경이 《맛지마 니까야》〈보시의 분석 경〉(M142)이다.

어느 날 마하빠자빠띠 비구니가 부처님에게 새 옷 한 벌을 보시하였다. 마하빠자빠띠는 부처님을 키워준 이모였다. 어머니인 마야부인이 부처님을 낳은 지 7일 만에 돌아가셨기 때문에 이모인 그녀가 대신 보살핀 것이다. 숫도다나왕이 죽은 후 마하빠자빠띠는 석가족의 여인들과 함께 출가하여 비구니가 되었다. 마하빠자빠띠 비구니가 직접 만든 옷을 보시하자, 부처님은 세 번 거절하였다.

"승가에 보시하십시오. 승가에 보시하면 나에게도 공양하는 것이 되고 승가에도 공양하는 것이 될 것입니다."

승가에 보시하면 부처님과 승가 모두에게 보시하는 것이 된다. 옆에서 이 모습을 본 아난다 존자가 부처님에게 자기 생각을 말하였다. 부처님이 출가하기 전까지 이모로서 양모로서 도움이 되었고, 부처님도 마하빠자빠띠 비구니가 삼보에 귀의하고 믿음을 구족하여 도 닦음에 의심을 제거하도록 많은 도움을 주었다는 것이다. 아마도 이러한 관계의 마하빠자빠띠 비구니가 부처님을 위해 새 옷을 지었으니, 부처님이 공양을 받아주면 좋을 것 같다고 생각한 듯하다. 그런데 부처님은 왜 승가에 보시하도록 하였는지 이렇게 설명한다.

"아난다여, 개인을 위한 열네 가지 보시가 있고, 승가를 위한
일곱 가지 보시가 있다."

개인을 위한 열네 가지 보시 중 열 부류는 부처님, 벽지불, 부처님의 제자인 아라한, 아라한향, 불환자, 불환향, 일래자, 일래향, 예류자, 예류향이다. 아라한부터 예류향까지 여덟 부류는 4향4과(四向四果)라 하여 성자들을 말한다. 그런데 나머지 네 부류가 흥미롭다. 열한 번째는 감각적 욕망들에 대한 탐욕을 여읜 이교도, 열두 번째는 행실이 바른 범부, 열세 번째는 행실이 나쁜 범부, 열네 번째가 축생이다. 그러므로 개인을 위한 보시는 부처님으로부터 벽지불과 성자, 그리고 불교가 아닌 이교도, 행실이 나쁜 범부나 축생에 이르기까지 다양하다.

더욱 흥미로운 점은 보시의 공덕이다. 축생에게 보시하면 100배

의 보시의 과보가 있다. 행실이 나쁜 자에게 보시하면 1,000배의 과보가 있고, 행실이 바른 범부에게 보시하면 10만 배의 과보가 있다. 이교도라도 감각적 욕망에 대한 탐욕을 여읜 자라면 그에게 한 보시의 공덕은 천억 배나 된다. 시하 대장군이 부처님의 제자가 되었지만, 외도인 니간타들에게 보시를 해도 공덕이 있는 이유를 이 설법에서 알 수 있다. 그러므로 성자의 흐름에 드는 예류과의 실현을 향하는 예류향에게 보시한 과보는 이들보다 헤아릴 수 없이 크고, 그 이상의 성자들과 벽지불, 부처님에게 보시한 공덕은 너무나 엄청나서 말할 필요가 없다. 이렇게 보시는 누구에게 보시하는가에 따라 과보가 달라진다.

그러면 승가를 위한 일곱 가지 보시란 무엇일까.

"첫째는 부처님을 최상으로 하는 두 승가에 보시하는 것이다. 둘째는 부처님이 열반에 든 후 두 승가에 보시하는 것이다. 셋째는 비구 승가를 위한 보시이고, 넷째는 비구니 승가를 위한 보시이다. 다섯째는 승가가 정해준 비구와 비구니들에게 하는 보시이다. 여섯째는 승가가 정해준 비구들에게 보시하는 것이고, 일곱째는 승가가 정해준 비구니들에게 보시하는 것이다."

불교 교단은 부처님을 상수로 한다. 불교 교단의 승가에는 비구 교단과 비구니 교단이 있으므로, 두 승가란 비구 승가와 비구니 승가이다. 승가가 정해준 비구 또는 비구니란 보시를 하려는 사람이 보시를 받을 승가 구성원을 임의로 정하는 것이 아니라, 승가에 일임하여 승가가 정해준 분에게 보시하는 것을 말한다. 그런데 승가를 위한 일곱 가지 보시에 포함되지는 않지만, 부처님이 따로 언급한 승가가 있다.

> "앞으로 많은 세월이 지나고 나면, 계행이 청정하지 않으면서 삿된 법을 가졌고 가사를 목에만 두른 일족들이 나타날 것이다. 그런 승가라도 사람들은 승가를 위해서 보시를 베푼다. 계행이 청정하지 않은 이런 승가를 위한 보시라도 그 공덕이 헤아릴 수 없다.
> 아난다여, 개인에게 하는 보시가 승가에 하는 보시보다 과보가 크다고 나는 말하지 않는다."

상식적으로 생각해도, 승가가 계행이 청정하지 않다는 것은 있을 수 없다. 하지만 미래세에 삿된 법을 가지고 계행도 청정하지 않은 승가가 나타날 수 있는데, 그렇더라도 승가를 위해서 보시한다면 공덕이 크다고 한다. 그러므로 부처님은 개인을 위한 보시, 더 직접적으로는 부처님 한 분만을 위한 보시가 아니라 승가를 위한 보시를 권한 것이다.

어떤 사람에게 하는 보시가 더 중요한지에 대해서는 《앙굿따라 니까야》 〈웰라마 경〉(A9:20)에 잘 나온다. 아나타삔디까 장자의 가문에서 거친 것으로 보시한다고 하자, 부처님은 그것보다 더 중요한 것이 있다고 하였다. 아나타삔디까 장자는 가장 훌륭한 것으로 승가에 많은 보시를 하는 재력가이지만, 다른 곳에 보시할 때는 그러지 않았던 것 같다. 부처님은 거친 것이든 뛰어난 것이든 보시할 때의 마음이 어떠한가에 따라 과보가 달라진다고 하였다. 존중과 존경이 없이 하는 보시, 자기 손으로 직접 하지 않는 보시, 성의 없이 내버리듯 하는 보시, 보시의 과보가 없다고 생각하면서 하는 보시는 아무리 훌륭한 것을 보시한다고 해도 흡족한 결과를 얻기 어렵다. 존중하는 마음으로 하는 보시가 가장 중요하다는 가르침이다.

이어서 부처님은 웰라마 바라문의 이야기를 들려준다. 바로 부처님의 전생 이야기이다. 웰라마 바라문은 황금, 마차, 침상, 옷, 먹을 것 등 엄청나게 큰 보시를 한 사람이다. 하지만 그가 큰 보시를 하였더라도 아무도 그의 보시를 청정하게 하지 못했다. 보시를 받아 마땅한 사람이 없었기 때문이다. 부처님은 만약 그때 견해를 구족한 사람이 한 명이라도 있었다면 웰라마 바라문의 보시에 큰 과보가 있었을 것이라고 하였다. 견해를 구족한 사람이란 예류자를 말한다.

> "장자여, 웰라마 바라문이 큰 보시를 했지만, 견해를 구족한 한 사람에게 한 보시보다 못하다. 견해를 구족한 백 명에게 큰 보시를 하는 것보다는 일래자 한 사람에게 한 보시가, 일래자 백 명에게 큰 보시를 하는 것보다는 불환자 한 사람에게 한 보시가, 불환자 백 명에게 큰 보시를 하는 것보다는 아라한 한 사람에게 한 보시가, 아라한 백 명에게 큰 보시를 하는 것보다는 벽지불 한 사람에게 한 보시가, 벽지불 백 명에게 큰 보시를 하는 것보다는 여래에게 한 보시가 더 큰 과보를 가져온다."

예류자 100명보다 일래자 한 명에게 보시를 하면 과보가 더 크다. 산

술적으로 단순하게 보더라도, 예류자부터 부처님까지 성자의 단계별로 백 배씩 늘어난다. 그런데 부처님에게 보시하는 것보다 더 큰 과보를 기대할 수 있는 보시가 있다.

> "장자여, 여래에게 큰 보시를 하는 것보다 부처님을 상수로 하는 비구 승가에 하는 보시가 더 큰 과보가 있다. 부처님을 상수로 하는 비구 승가에 큰 보시를 하는 것보다 사방승가를 위해 승원을 짓는 것이 더 큰 과보가 있다."

개인을 위한 보시보다 승가를 위한 보시의 과보가 더 크고, 승가가 수행하며 머무는 승원을 지어 보시하는 것이 더 큰 과보를 가져온다고 한다. 그런데 사방승가를 위해 승원을 짓는 보시보다 더 큰 과보를 가져오는 것이 있다.

> "장자여, 청정한 마음으로 불법승 삼보에 귀의한다면, 사방 승가를 위해 승원을 지어 보시하는 것보다 과보가 더 크다. 청정한 마음으로 계를 받아서 5계를 지킨다면, 불법승 삼보에 귀의하는 것보다 과보가 더 크다. 잠깐이라도 자애의 마음을 진정으로 닦는다면, 계를 받아 5계를 지키는 것보다 과보가 더 크다. 잠깐이라도 무상이라고 관찰한다면, 이것이 더 큰 결실이 있다."

이처럼 보시의 과보에도 차이가 있다. 성자의 첫 단계인 예류자로부터 무상정등각자인 부처님에 이르기까지 단계별로 보시의 과보가 백배씩 늘어나고, 이보다 승가를 위해 보시하는 것이 훨씬 크다. 이보다 더 큰 과보는 삼보에 귀의하고, 5계를 지키고, 자애의 마음을 닦고, 무상이라고 관찰하는 것으로 결실을 얻는다. 이처럼 큰 보시를 하는 것도 중요하지만, 일상에서 무상을 관찰하는 것이 가장 큰 과보가 있다는 것을 기억해야 한다.

세 부류의 사람

부처님의 법문은 누가 어떤 질문을 하든 질문한 사람이 의문이 남지 않도록 명확하게 설명한다는 특징이 있다. '그것은 어떤 것이다'라고 명쾌하고 상세하게 밝혀준다. 당시에 육사외도로 대표되는 유력 사상가들의 주장이라 할지라도 부처님은 낱낱이 꿰뚫어 장단점과 한계를 짚어줬기 때문에, 설법을 듣고 의문이 풀린 많은 사람들이 부처님에게 귀의하였다.

만약 부처님이 지금 오신다면, 아마도 과학자들과 가장 많은 대화를 하지 않을까 생각해 본다. 지금 시대는 종교라도 과학의 검증을 통과하지 못하면 많은 힘을 얻지 못한다. 과학은 종교적 측면과 실용적 측면의 성격을 지니고 있다. 종교를 초월적 존재를 믿는 것으로 정의한다면 과학은 종교가 될 수 없지만, 궁극적인 의문의 해결에 중점을 둔다면 과학도 종교라고 볼 수 있을 것이다. 이런 측면에서 《상윳

정신과 의사가 들려주는 불교 사용 설명서

따 니까야》의 〈라시야 경〉(S42:12)은 질문을 받은 부처님이 어느 정도로 정밀하게 고찰하고 상세하게 설명하는지를 확인할 수 있다.

> 라시야 촌장이 부처님을 찾아와 예를 올린 뒤 질문하였다.
> "저는 '사문 고따마는 모든 고행을 비난하고 갖가지 종류의 고행을 하는 고행자를 힐난하고 비방한다'고 들었습니다. 이 말은 사실입니까, 아니면 그들이 잘못 얘기한 것입니까?"
> 부처님이 답하였다.
> "그렇게 말하는 자들은 내가 말한 대로 말한 것이 아니다. 그들은 나를 거짓으로 헐뜯는 것이다."

당시 인도의 수행자들은 대부분 고행을 했다. 그들은 사람이 해탈하지 못하는 이유를 순수한 아트만(영혼)에 업이 먼지처럼 달라붙어 있기 때문이라고 생각했다. 해탈하기 위해서는 이 업을 없애야 하는데 이미 붙어버린 업은 떼어내고, 앞으로 어떠한 업도 붙지 않게 하려고 고안해낸 방법이 고행이었다. 몸이 괴로우면 헛된 생각이 들지 않기 마련이다. 내 몸을 괴롭힘으로써 욕망이 스며들 틈을 주지 않는 것이다. 다소 가학적이기는 하지만 그 심정은 이해가 간다. 그들은 고행을 통해 자신을 초월하고 싶었을 것이다. 부처님도 깨닫기 전에 고행을 했고, 경에 고행에 관한 이야기가 많이 등장한다.

그러나 지혜로운 부처님은 고행이 안온한 열반으로 인도하지 않는다는 것을 알고 나서 고행을 중단하였다. 부처님은 가르침을 듣는 이에게 이런 이야기를 숨김없이 전하였다. 그래서 '부처님은 고행을 비방한다'는 소문이 퍼졌을 것이다. 그 당시 인도에서 고행을 비판하면 해탈론(解脫論)을 부정하는 것이나 마찬가지였다. 라시야 촌장이 소문을 듣고 부처님을 찾아와 사실 여부를 물었고, 부처님은 중도와 8정도, 감각적 욕망, 세 부류의 고행, 탐진치의 소멸에 대해 설하여 소문의 오류를 하나하나 깨뜨렸다.

> "출가자가 가까이하지 않아야 하는 두 가지 극단이 있다. 하나는 감각적 욕망을 추구하는 것이고, 다른 하나는 자기를 괴롭히는 고행에 몰두하는 것이다. 감각적 욕망이나 고행은 저열하고 세속적인 것이고 성스럽지 못하고 이익을 주지 못하며 괴로운 것이다.
> 여래는 이 두 가지 극단을 떠나 중도를 완전하게 깨달았다. 중도란 8정도로서, 안목을 만들고 지혜를 만들며 고요함과 최상의 지혜와 바른 깨달음과 열반으로 인도한다."

이는 '출가자'를 기준으로 한 답변이다. 쾌락을 탐닉하거나 자기를 학대하는 고행에 빠지면 점점 극단으로 치닫기 마련이다. 감각적 욕망이란 저열하고 세속적이고 성스럽지 못하고 이익을 주지 못하며 괴로운 것이다. 쾌락을 추구하는 것 또한 마찬가지다. 부처님은 가까이하지 말아야 하는 두 가지 극단을 떠나 중도를 깨달았다고 한다. 중도란 '중간 길'이 아니다. 중도는 '올바른 길'이다. 중도를 깨달으면 세상을 보는 안목이 생기고 지혜가 생겨 고요함과 최상의 지혜와 바른 깨달음과 열반으로 갈 수 있다. 부처님은 다시 '중도란 8정도이다'라고 하면서 정견, 정사유, 정어, 정업, 정명, 정정진, 정념, 정정의 여덟 가지 올바른 길을 제시한다.

이어서 감각적 욕망, 고행, 바른 깨달음이라는 세 가지 가르침을 차례로 설하는데, 그 내용이 매우 자세하다. 이 중에서 감각적 욕망은 재산을 모으고 사용하는 것에 대한 내용이고, 바른 깨달음은 중도·8정도, 탐진치와 관련이 있다. 8정도를 잘 실천하면 탐진치 3독을 해결할 수 있다.

첫 번째로 감각적 욕망에 대한 가르침을 살펴보자. 세속인은 감각적 욕망을 추구하지 않을 수 없다. 삶이 그렇게 구성되어 있기 때문이다. 부처님은 감각적 욕망을 열 가지로 나누어 설명하는데, 나는 어디에 해당하는지 잘 살펴보고 더 나은 길로 가도록 생각하면 좋을 듯하다. 부처님이 언급한 열 가지 감각적 욕망을 추구하는 길을 보면 세상을 이해하는 데 많은 도움이 된다.

"감각적 욕망을 즐기는 세 부류가 있다.
부당한 방법으로 재산을 모은 후, 자기를 행복하게 하지 않고 남에게 나누지도 않는다. 부당한 방법으로 재산을 모은 후, 자기를 행복하게 하지만 남에게 나누지는 않는다. 부당한 방법으로 재산을 모은 후, 자기도 행복하게 하고 남에게도 나누어 준다.
정당하거나 부당한 방법으로 재산을 모은 후, 자기를 행복하게 하지 않고 남에게 나누지도 않는다. 정당하거나 부당한 방법으로 재산을 모은 후, 자기를 행복하게 하지만 남에게 나누지는 않는다. 정당하거나 부당한 방법으로 재산을 모은 후, 자기도 행복하게 하고 남에게도 나누어 준다.

정당한 방법으로 재산을 모은 후, 자기를 행복하게 하지 않고 남에게 나누지도 않는다. 정당한 방법으로 재산을 모은 후, 자기를 행복하게 하지만 남에게 나누지는 않는다. 정당한 방법으로 재산을 모은 후, 자기도 행복하게 하고 남에게도 나누어 준다.

정당한 방법으로 재산을 모은 후, 자기도 행복하게 하고 남에게도 나누어 준다. 그는 재산에 집착하지 않는다."

감각적 욕망을 즐기려면 재산이나 재물이 있어야 한다. 그 재산을 어떤 방법으로 모으는가에 따라 세 부류로 나눌 수 있는데 부당한 방법, 정당한 방법, 부당하거나 정당한 방법이다. 또 세 가지 중 하나의 방법으로 모은 재산을 어떻게 사용하느냐에 따라 각각 세 가지로 나누면 모두 아홉 가지 경우로 세분할 수 있다. 이때 세분하는 기준은 자기를 행복하게 하는가 아닌가, 남에게 나누어 주는가 아닌가이다. 여기에 하나가 더 추가된다. 정당한 방법으로 재산을 모아 자기를 행복하게 하고 남에게도 나누어주면서 재산에 집착하지 않는 것이다. 이것이 우리가 추구해야 할 것이다.

예를 들어 부당한 방법으로 재산을 모으더라도 자기를 행복하게 하거나 남에게 나누어 주어 공덕을 지을 수 있다. 이때 부당한 방법은 비난받는 행위이지만, 자기를 행복하게 하고 남에게 나누어 준 것은 칭송을 받아야 한다. 반대로 정당한 방법으로 재산을 모았더라도 자기를 행복하게 만들지 못하고 남에게도 나누지 않아 아무 이익도 얻지 못할 수 있다. 이 경우는 정당한 방법으로 재산을 모으는 것은 칭송을 받을 수 있지만, 나머지 두 행위는 비난을 받는다.

그러므로 아홉 가지 중에서 정당한 방법으로 재산을 모아 자기와 남에게 모두 이익을 얻는 부류가 가장 바람직하다. 정당한 방법, 자기에게 이익, 남에게도 이익이라는 세 가지는 모두 칭송받을 만한 행위이기 때문이다. 그러나 이 부류도 한계가 있다. 이들은 재산에 집착하기 때문에 그것에서 발생하는 위험에서 벗어나지 못하고 감각적 욕망을 계속 추구한다.

그래서 부처님은 우리가 추구해야 하는 마지막 열 번째 방편을 제시한다. 바로 정당한 방법으로 재산을 모으고, 자기를 행복하고 만족하도록 사용하면서 동시에 주위 사람들에게도 나누어 주고 공덕을 짓는 것이다. 여기에 그치지 않고 그는 재산에 집착하지 않아서 재산의 위험과 한계에서 벗어난다. 그가 재산을 모은 방법도 칭송의 대상이고 자기를 행복하게 한 것도 칭송의 대상이고, 나누어 공덕을 지은 것도 칭송의 대상이고, 재산에 집착하지 않으며 재산의 한계와 위험을 보고 벗어남을 통찰하면서 재물을 사용한 것도 칭송의 대상이다.

부처님이 '감각적 욕망을 즐기는 세 부류가 있다'고 말한 내용은 감각적 욕망을 추구하더라도 그것으로부터 발생하는 위험을 지혜로 통찰하면서 재산을 사용하라는 가르침이다. 이처럼 감각적 욕망을 추구하는 것에도 정도의 차이가 있고, 칭송을 받거나 비난을 받는 것에도 차별이 있다. 출가자는 감각적 욕망을 추구해서는 안 되지만, 재가자는 생계를 위해서 어쩔 수 없이 감각적 욕망을 추구하게 마련이다.

이때 중요한 것은 그 욕망에 집착하지 말아야 한다는 점이다. 이 가르침은 현대인에게도 즉각 적용할 수 있는 기준이므로, 현재 내가 어떤 부류에 속해 있는지 살펴보고 더 바람직한 방향으로 나아가는 삶을 지향하기 위해 노력해야 한다.

두 번째로 고행에 대한 부처님의 가르침을 살펴본다. 이는 라시야 촌장의 질문과도 직결되는 내용이다.

> "세상에는 세 부류의 고행자가 있다.
> 그는 믿음으로 출가한 뒤 '고행을 통해 유익한 법을 얻을 수 있고, 고행의 도를 통해 인간의 법을 뛰어넘은 성자들의 앎과 봄을 얻을 수 있다'고 생각하며 자기를 학대한다. 하지만 그는 유익한 법을 얻지 못하고, 인간의 법을 초월한 성자들의 앎과 봄도 얻지 못한다. 어떤 이는 그와 같이 자기를 학대하여 유익한 법을 얻지만, 인간의 법을 초월한 성자들의 앎과 봄을 얻지 못한다. 또 어떤 이는 그와 같이 자기를 학대하여 유익한 법을 얻고, 인간의 법을 초월한 성자들의 앎과 봄을 얻는다."

고행하는 사람들에게도 믿음이 있고, 집을 나와 출가하여 '유익한 법'과 '성자의 앎과 봄'을 얻기 위해 고행 정진한다. 이때의 고행은 부처님이 두 가지 극단을 떠난 중도를 설명할 때 언급한 고행과는 말도 다르고, 의미가 약간 다르다. 여기에서 고행은 '자기를 학대하고 괴롭히는 수행'을 의미한다. 하지만 이런 수행도 수행이므로, 열심히 정진하면 유익한 법이나 성자의 앎과 봄을 얻을 수 있다. 물론 이 중에서 한 가지만 얻을 수 있고, 세 가지 모두 얻지 못할 수도 있다. 세 부류의 고행자는 그들이 고행을 통해 무엇을 얻었는가에 따라 나뉜다. 그리고 그 결과에 따라, 즉 유익한 법을 얻거나 성자의 앎과 봄을 얻는 두 경우는 칭송을 받지만 얻지 못하는 경우는 비난을 받게 된다.

세 번째로 부처님은 세 가지 소멸에 대해 가르친다. 감각적 욕망을 추구하는 일반인의 삶과 출가하여 자기를 학대하며 고행하는 수행자의 길을 차례로 설한 뒤, 마지막 가르침이 바로 두 극단을 떠난 올바른 길인 중도를 통해 세 가지 소멸을 이루는 것을 설명하였다.

"촌장이여, 스스로 보아 알 수 있는 세 가지 소멸을 이루는 것이 있다.
욕망에 빠진 자는 욕망 때문에 자기를 해치는 생각을 하고, 또 타인을 해치는 생각을 하고, 둘 다를 해치는 생각을 한다. 욕망을 버리면 자기를 해치는 생각을 하지 않고, 또 타인을 해치는 생각을 하지 않으며, 둘 다를 해치는 생각도 하지 않는다.
성내는 자는 성냄 때문에 자기를 해치는 생각을 하고, 또 타인을 해치는 생각을 하고, 둘 다를 해치는 생각을 한다. 성냄을 버리면 자기를 해치는 생각을 하지 않고, 또 타인을 해치는 생각을 하지 않으며, 둘 다를 해치는 생각도 하지 않는다.
어리석은 자는 어리석음 때문에 자기를 해치는 생각을 하고, 또 타인을 해치는 생각을 하고, 둘 다를 해치는 생각을 한다. 어리석음을 버리면 자기를 해치는 생각을 하지 않고, 또 타인을 해치는 생각을 하지 않으며, 둘 다를 해치는 생각도 하지 않는다.

이처럼 세 가지를 버리는 것은 누구든지 와서 볼 수 있고, 시간이 걸리지 않고, 향상으로 인도하기 때문에 지혜로운 자들은 스스로 알 수 있다."

'해치는 생각을 하지 않는다'는 의미는 단지 직접적으로 해치지 않는 것을 넘어서서 적극적으로 남을 돕고 연민하는 것을 포함한다. 욕망에 빠진 자는 욕망 때문에, 성내는 자는 성냄 때문에, 어리석은 자는 어리석음 때문에 자기를 해치는 생각과 타인을 해치는 생각과 자기와 타인을 해치는 생각을 한다. 그가 욕망, 성냄, 어리석음을 버리면 자기를 해치는 생각이나 타인을 해치는 생각이나 자기와 타인을 해치는 생각을 하지 않는다. 이처럼 부처님은 욕망, 성냄, 어리석음을 버리는 것은 스스로 보아서 알 수 있다고 가르친다.

세상은 인과 법칙에 따라 일어나는데, 그것을 있는 그대로 보지 못하기 때문에 잡아당기든지 밀어내게 된다. 있는 그대로 보지 못하는 것이 어리석음이고, 잡아당기는 것이 욕망이며, 밀어내는 것이 성냄이다. 성냄은 인상을 쓰고 화를 내는 것으로 나타나지만, 이미 일어난 일을 거부하는 것이 근본이다. 이러한 욕망, 성냄, 어리석음을 소멸시키는 길이 중도이고 8정도이며, 누구든지 와서 보고 스스로 알 수 있는 것이다.

이로써 부처님은 '사문 고따마는 모든 고행을 비난하고 갖가지

종류의 고행을 하는 고행자를 힐난하고 비방한다'는 소문이 부처님의
가르침과 다르다는 것을 밝히고, 자기를 해치는 고행이나 감각적 욕
망이라는 쾌락의 두 극단을 떠난 중도를 실천하라는 가르침으로 마무
리한다. 이 가르침을 듣고 마음에 의문이 남김없이 사라진 라시야 촌
장이 부처님께 귀의하면서 이 경이 끝난다. 이렇듯 부처님의 설법은
너무나 철저하여 더 이상의 의문이 남지 않도록 만든다.

부처님은
요술쟁이라는 소문

누구든지 부처님을 만나면 불교로 개종하는 일이 많아지자, 부처님이 요술을 부린다고 생각하는 사람들이 있었던 것 같다. 그래서 부처님을 찾아와 "부처님이 요술을 부린다는 것이 사실입니까?" 하고 단도직입적으로 묻는 경우도 있었다. 부처님은 이 질문을 받고 어떤 답변을 하였을까? 먼저 《앙굿따라 니까야》〈밧디야 경〉(A4:193)을 살펴보자.

> "밧디야여, 그대는 소문으로 들은 말을 그대로 따르지 마라. 대대로 전승되어 왔고 성전에 있는 말이라도 그대로 믿지 마라. 그 말이 논리적이라 생각해도, 추론이나 적절한 이유라고 생각해도, 사색하여 얻은 견해와 일치한다고 생각해도, 또는 유력한 자나 스승이 한 말이라도 그대로 따르지 마라."

정신과 의사가 들려주는 불교 사용 설명서

부처님은 항상 상황에 맞는 말씀으로 질문자의 의문을 풀어준다. 밧디야는 '부처님이 요술을 부려 사람들을 개종시킨다'는 소문을 듣고 그 말이 사실인지 확인하고 싶었다. 만약 사실이 아니라면 부처님을 비방하는 것이기 때문이었다. 부처님은 소문을 그대로 믿지 말라고 하면서, 당시 사람들이 의심 없이 받아들이던 성전(聖典)에 있거나 스승이 한 말, 자기가 사색하여 논리적으로 추론으로 결론을 낸 것이라도 무조건 따르지 말라고 당부한다. 그리고 자기가 틀림없다고 믿는 것들이라도 해로운 법, 비난받아 마땅한 법, 손해와 괴로움이 있는 법들을 구별하는 기준을 제시하고 이런 법은 버리라고 한다.

> "밧디야여, 어떤 해로운 법이 있다. 이 법은 누구에게나 해롭다. 이런 법을 가지면 지혜로운 사람들이 비난한다. 그 법에 따라 살면 항상 나에게 손해와 불행이 있다. 그런 법을 버려라."

해로운 법은 탐욕, 성냄, 어리석음, 폭력이다. 이런 해로운 법은 살생, 투도, 사음, 망어를 유도하고, 오랫동안 그 사람에게 손해와 불행, 괴로움이 된다. 비난받아 마땅한 법이고, 지혜로운 사람들에게 비난을 받는 법이다. 그러므로 손해와 불행, 괴로움이 따른다. 이와 반대로 유익한 법은 비난을 받지 않고 지혜로운 사람들에게 칭송을 받으며, 자기의 이익과 행복에 도움이 된다.

> "밧디야여, 소문으로 들은 말이 그대에게 유익하고 지혜로운 사람들이 칭송하며 행복이 있다고 알게 되면 그런 것들

은 구족하여 머물러라. 전승되어 왔고 성전에 있는 말, 논리적으로 추론으로 사색하여 얻은 견해와 일치한 말, 또는 유력한 자나 스승이 한 말이 그대에게 유익하고 지혜로운 사람들이 칭송하며 행복이 있다고 알게 되면 그런 것들을 구족하여 머물러라."

부처님의 설법을 들은 밧디야는 참으로 탐욕, 성냄, 어리석음이 없고 폭력이 없는 법이야말로 칭송을 받으며 자기를 이익과 행복으로 이끈다는 것을 스스로 확신하게 되었다. 그러자 부처님은 참된 사람들이 제자에게 가르치는 내용을 확인해 준다.

"밧디야여, 세상의 참된 사람들은 제자에게 탐욕을 길들이고 머물라고 가르친다. 성냄과 어리석음과 폭력적인 마음을 길들이고 머물라고 가르친다."

탐욕이 없도록 마음을 잘 훈련하면 탐욕으로 인해서 우리가 말이나 생각이나 행동으로 짓는 업이 없게 된다. 성냄과 어리석음과 폭력이 있는 마음을 훈련하면 말, 생각, 행동으로 나쁜 업을 짓지 않게 된다. 세상의 참된 사람들은 이런 유익한 법을 가르친다. 부처님은 '나는 이렇게 가르친다'라고 설명하는 대신에 유익한 법과 해로운 법을 스스로 알아차리도록 하고, 스스로 마음을 훈련하도록 감화시킨다. 그렇기 때문에 부처님을 만난 사람들은 부처님에게 귀의하게 되는 것이다.

밧디야 역시 감복하며 부처님에게 귀의하였다. 부처님은 밧디야

정신과 의사가 들려주는 불교 사용 설명서

에게 나의 제자가 되라고 말하거나 개종을 강요하지 않았고, 밧디야 는 세간에 떠도는 소문처럼 부처님이 요술을 부려 개종한 것이 아니 다. 그럼에도 밧디야는 부처님의 탁월한 능력을 요술이라고 오해하는 소문이 났지만, 오히려 그 소문은 사람들에게 이익이 되는 것 같다고 생각한 듯하다.

> "부처님이 이교도를 개종시키는 요술은 사람들에게 축복입
> 니다. 그 요술은 아주 훌륭합니다. 나의 친척들이 그런 것으
> 로 개종해서 부처님의 제자가 된다면 그 사람에게 세세생생
> 또 살아 있는 동안에 큰 도움이 될 것 같습니다."

부처님의 능력이 탁월하니까 요술을 부린다는 말들이 떠돌았지만, 밧 디야는 직접 부처님을 만나 설법을 들은 뒤에는 오히려 그 소문이 이 로운 것이라고 여겼다. 세간에 떠도는 소문처럼 부처님이 이교도를 개종시키는 요술이라면, 그것은 축복이라고까지 생각하게 된 것이다.

부처님이 만나는 사람들은 대부분 이교도이거나 부처님에 대해 서 제대로 알지 못하는 사람들이다. 때로는 자기 생각을 주장하며 따 지거나 엉뚱한 질문을 하기도 하는데, 그런 사람들이 부처님과 대화 하고 나면 부처님의 지혜를 신뢰하게 된다. 부처님은 그들 각자에게 적합한 방식으로 그의 마음에 와닿는 이야기를 들려주기 때문이다.

《상윳따 니까야》〈빠딸리야 경〉(S42:13)에는 '부처님이 요술에 대 해서 안다'는 소문을 들은 꼴리야의 빠딸리야 촌장이 등장한다. 그 역 시 부처님이 요술쟁이인지 확인하려고 부처님을 찾아왔다.

"부처님이 요술에 대해 안다는 말을 들었습니다. 이 말은 사실입니까?"

"나는 요술에 대해 안다."

"그럼 부처님은 요술쟁이입니까?"

"나는 요술에 대해 안다고 말을 했지, 요술쟁이라고 말하지 않았다."

빠딸리야 촌장의 질문은 '부처님은 요술에 대해서 안다'는 말에서 '부처님은 요술쟁이다'라는 말로 비약되었다. 그러자 부처님은 빠딸리야 촌장을 이해시키기 위해 꼴리야의 고용인을 예로 들어 설명한다. 결발을 늘어뜨린 꼴리야의 고용인들은 도적을 잡거나 전령 역할을 하는데 그들은 계를 지키지 않고 사악한 성질을 가진 자들이라고 알려져 있었다.

"촌장이여, 만일 누가 '빠딸리야 촌장은 결발을 늘어뜨린 꼴리야의 고용인들이 계행이 나쁘고 사악한 성질을 가진 자들이라고 한다. 그러므로 빠딸리야 촌장 역시 계행이 나쁘고 사악한 성질을 가진 사람이다'라고 말하면 바르게 말한 것인가?"

"세존이시여, 그렇지 않습니다. 그들은 계행이 나쁘고 사악한 성질을 가졌지만, 저는 전혀 그렇지 않습니다. 저는 고용인의 악한 성질을 알고 있지만, 저와 고용인은 확연히 다릅니다."

꼴리야의 고용인과 빠딸리야 촌장이 다르듯이, 요술에 대해 아는 부처님을 요술쟁이라고 말하는 것은 잘못이다. 부처님의 비유를 완전히 이해하게 된 빠딸리야 촌장이 부처님의 가르침을 받아들일 준비가 되자, 부처님은 본격적으로 가르침을 펼친다.

> "나는 요술에 대해 확실히 안다. 요술의 과보도 확실히 안다. 요술쟁이가 요술을 부리며 살다가 죽어서 안 좋은 곳에 태어나는 것도 나는 잘 안다.
> 나는 생명을 죽이는 것과 그 과보, 생명을 죽인 사람들이 죽어서 안 좋은 곳에 태어나는 것을 잘 안다. 주지 않는 것을 가지는 것, 삿된 음행, 거짓말, 이간질, 욕설, 실없는 말, 욕심, 악의, 그릇된 견해를 잘 알고, 그것들의 과보를 잘 안다. 그것들을 행한 사람들이 죽어서 안 좋은 곳에 태어나는 것도 잘 안다."

요술쟁이의 과보와 마찬가지로, 열 가지 불선업을 행한 자의 과보를 부처님은 확실하게 안다. 이어서 부처님은 항간에 떠도는 말의 문제에 대해서 하나씩 지적한다. 불교가 아닌 수행자들의 주장과 견해는 그럴듯해 보이지만, 그 견해가 가지고 있는 오류를 낱낱이 밝혀주는 것이다.

> "촌장이여, 어떤 사문, 바라문들은 이런 주장과 견해를 가지고 있다.

'생명을 죽이는 자는 누구든지 지금 여기에서 육체적 괴로움과 정신적 괴로움을 겪을 것이다. 주지 않는 것을 가지는 자, 삿된 음행, 거짓말, 이간질, 욕설, 실없는 말, 욕심, 악의, 그릇된 견해를 가지는 자는 누구든지 지금 여기에서 육체적 괴로움과 정신적 괴로움을 겪을 것이다.'"

부처님은 다른 사문, 바라문의 '지금 여기에서'라는 주장과 견해가 문제가 있다고 지적한다. 왜냐하면 지금 우리가 짓는 업의 과보는 지금 받을 수도 있고 다음 생에 받을 수 있다. 때문에 '지금 지어 지금 과보를 받는다'는 말은 잘못이다. 지금 우리에게 어떤 결과가 있으면, 그것은 이 생에 지은 것일 수 있지만, 과거 생에 지은 것일 수도 있다. 천안통이나 업에 대해서 정확하게 알지 못하면, 이처럼 사람들을 현혹할 수 있다.

가장 먼저 생명을 죽이는 자에 대해 설명한다. 어떤 사람은 사람을 죽이고도 마치 왕이라도 되는 듯이 풍족하게 살면서 감각적 욕망을 즐기며 산다. 어떤 사람은 사람을 죽이고 단단한 밧줄에 묶여 처형당한다. 두 사람 모두 사람을 죽였지만 결과가 다른 이유는, 그들이 누구를 죽였는가와 관련이 있다. 왕을 공격한 적을 죽인 사람은 왕의 보상을 받아 풍족하게 살고, 왕이 총애하는 사람을 죽인 자는 곧바로 처형당했다. 살생은 매우 중한 악업인데, 사람을 죽인 과보를 '지금 여기에서' 받는다는 사문, 바라문의 주장이 이 두 사례로 논파되었다. 그러고 나서 부처님은 빠딸리야 촌장에게 단계적으로 질문한다.

"촌장이여, '생명을 죽이는 자는 누구든지 지금 여기에서 육체적 괴로움과 정신적 괴로움을 겪을 것이다'라는 주장과 견해를 가진 사문, 바라문들은 진실을 말한 것인가 거짓을 말한 것인가?"

"세존이시여, 거짓을 말한 것입니다."

"그런 거짓말을 하는 자는 계를 잘 갖춘 자인가 계를 갖추지 않은 자인가? 계를 갖추지 않고 나쁜 성격을 가진 자들은 그릇된 도를 닦는 자인가 바른 도를 닦는 자인가? 그릇된 견해를 가진 자들에게 청정한 믿음을 가지는 것은 타당한가?"

빠딸리야 촌장은 다른 사문, 바라문들의 견해는 잘못된 것이므로 거짓말이고, 그런 거짓말을 하는 자는 계행을 갖춘 자가 아니며, 그릇된 도를 닦는 자이므로 그들에게 청정한 믿음을 가지는 것은 타당하지 않다고 답변한다. 그러자 부처님은 남이 주지 않는 것을 훔친 자의 경우나 삿된 음행, 거짓말을 하는 자에 대해서도 하나씩 비유를 들어 설명하였고, 빠딸리야 촌장은 부처님의 설법에 큰 감화를 받았다.

잘못된 견해를 말하면서 사람들에게 영향력을 끼치던 이들의 주장은 부처님에 의해 논박되자, 빠딸리야 촌장은 그동안 자기가 풀지 못했던 의문을 질문하였다.

"경이롭습니다, 세존이시여.
저는 공회당을 가지고 있는데, 거기에 머무는 사문, 바라문들이 각자 다른 견해를 가지고 있습니다. 저는 이들 가운데 누가 진실을 말하는 것인지 의문이 듭니다."

빠딸리야 촌장은 자기의 공회당에 당시 유력한 네 명의 스승이 머물고 있는데, 그들의 주장이 각기 달라서 누구의 말이 진실인지 의문이 생겼고 그들의 견해에 의심이 들었다고 한다. 지혜로운 부처님이라면 자기의 의문과 의심을 풀어주리라 믿은 것이다. 그가 말한 네 명의 스승은 당시 사람들에게 널리 알려지고 상당한 추종자들이 있었던 것 같다.

첫 번째 스승은 보시도 없고 보시의 공덕도 없다고 주장한다. 또 제사도 없으며, 선행과 악행의 과보도 없고, 아버지도 어머니도 없으며, 화생하는 중생도 없고, 이 세상과 저 세상을 스스로 최상의 지혜로 실현해서 선언하는 덕스럽고 바른 도를 구족한 사문, 바라문도 없다고 주장한다. 아무것도 없다는, 허무적인 것을 주장하는 것이다.

두 번째 스승은 보시나 보시의 공덕, 제사, 선행과 악행의 업들에 대한 과보가 있다고 주장한다. 아버지도 어머니도 있으며, 화생하는 중생도 있고, 이 세상과 저 세상을 스스로 최상의 지혜로 실현해서 선언하는 덕스럽고 바른 도를 구족한 사문, 바라문도 있다고 하여 앞의 스승과는 정반대의 주장을 한다.

세 번째 스승은 아무리 나쁜 행위를 해도 그로 인한 죄악이 없고, 그런 죄악이 생기지도 않는다고 주장한다. 어떤 보시를 하더라도 그로 인한 어떤 공덕도 없으며 공덕이 생기지도 않으며, 자신을 길들이고 제어하고 바른말을 하더라도 공덕이 없고 공덕이 생기지도 않는다고 한다. 어찌 보면 첫 번째 스승과 비슷한 맥락 같아 보이지만 주장의 내용이 다르다.

네 번째 스승은 나쁜 행위를 하면 그로 인한 죄악이 있고, 그런 죄악이 생긴다고 주장한다. 보시를 하면 그로 인한 공덕이 있고 그런 공덕이 생기며, 자신을 잘 길들이고 제어하고 바른말을 하면 공덕이 있고 그런 공덕이 생긴다고 한다. 세 번째 스승과는 정반대의 주장이다.

빠딸리야 촌장은 부처님이 자신의 의문과 의심을 풀어줄 것이라는 청정한 믿음이 있었다. 부처님은 빠딸리야 촌장의 질문이 당연하다고 하면서, 누구의 말이 진실인지를 적시하지 않고 법의 삼매와 마음의 삼매를 먼저 설명한다. 의심스러운 법을 제거하는 방법을 알려준 것이다.

> "촌장이여, 그대가 의문을 가지는 건 당연하다.
> 촌장이여, 법의 삼매가 있다. 그대가 여기에 대해서 마음의 삼매를 얻는다면 그대는 의심스러운 법을 제거하게 될 것이다."

법의 삼매는 현상을 바로 아는 삼매이다. 어떤 법에 대해서 마음이 가 있는 상태, 확실히 아는 상태이다. 법의 삼매를 토대로 더 나아간 상태가 마음의 삼매이다. 법의 삼매가 생기고 그것에 대해서 마음의 삼매가 생기면, 의심스러운 법을 제거할 수 있다. 부처님은 열 가지 불선업을 전부 버리는 것으로부터 시작하여 자애가 가득한 마음으로 온 세상을 채우고 머무는 상태에 이른 후에 각 스승의 주장을 숙고하라고 조언한다.

"촌장이여, 성스러운 제자는 생명을 죽이는 것을 버린다. 주지 않은 것, 삿된 음행, 거짓말, 이간질하는 말, 욕설, 실없는 말, 욕심, 성냄, 삿된 견해를 전부 버린다. 그에게는 탐욕도 없고 악의도 없고 혼란도 없다. 분명히 알아차리고 마음을 챙기면서 자애가 가득한 마음으로 온 세상을 채우고 머문다. 그다음에 이렇게 숙고한다.

'이 스승은 보시도 없고 보시의 공덕도 없다고 주장한다. 또 제사도, 선행과 악행의 과보도 없고, 아버지도 어머니도 없으며, 화생하는 중생도 없고, 이 세상과 저 세상을 스스로 최상의 지혜로 실현해서 선언하는 덕스럽고 바른 도를 구족한 사문, 바라문도 없다고 주장한다.'"

'성스러운 제자'는 예류자, 일래자, 불환자, 아라한을 말한다. 이들은 열 가지 불선업을 전부 버리고, 분명히 알아차리고 마음을 챙겨 자애로서 사방을 가득 채우면서 머문다. 위, 아래, 모든 곳에서 자애로 가득 찬 상태가 된다. 그런 뒤에 이 네 스승의 주장과 견해에 대해 숙고하는 것이다. 설사 그 스승의 말이 사실이라도 문제가 되지 않는다. 왜냐하면 성스러운 제자는 어떠한 자도 해치지 않기 때문이다. 그 스승의 말을 따르더라도, 또는 내가 행하는 것은 몸과 말과 마음을 단속하였으므로 두 가지 면에서 어떠한 문제도 없다. 그래서 부처님은 '나는 두 가지 면에서 행운의 패를 잡았다'고 표현한다. 어떤 패를 잡든 행운이다.

"나는 두 가지 면에서 행운의 패를 잡았다. 그 스승의 말이 사

실이라도 나와 모순되지 않는다. 나는 약한 자도 굳건한 자도
해치지 않는다. 나는 몸으로 말로 마음으로 단속하였다. 그러
므로 나는 죽은 후 선처에 태어날 것이라고 숙고한다.
이렇게 숙고하였기 때문에 그에게 기쁨이 생긴다. 기쁨이
생기면 희열이 생기고, 희열이 생긴 자는 몸이 고요해지고,
몸이 고요한 자는 행복해지고, 행복한 자는 삼매에 든다.
촌장이여, 이것이 법의 삼매이다. 만일 그대가 여기에 대해
서 마음의 삼매를 얻는다면 그대는 의심스러운 법을 없애게
될 것이다."

이렇게 숙고하면 마음이 법에 대해 삼매가 된다. 니까야에서 부처님
은 언제나 이런 과정을 통해서 삼매에 든다고 표현한다. 다섯 가지 장
애가 없어진 것을 알면 기쁨이 생기고, 희열이 생기며, 나아가 삼매에
들어 초선, 제2선, 제3선, 제4선에 들게 된다. 주석서에 의하면 법의
삼매에 대해서 마음의 삼매를 얻는 것은 위빠사나와 도와 과를 얻는
것을 말한다. 성자가 되는 것이다.

첫 번째 스승의 주장을 숙고한 것과 마찬가지로 나머지 스승들
의 주장도 같은 방법으로 숙고한다. 두 번째, 세 번째, 네 번째 스승의
주장이 사실이라고 해도 나에게는 아무 문제가 되지 않는다. 이미 법
의 삼매에 대해서 마음의 삼매인 위빠사나의 지혜, 도와 과가 생기면
그 스승들이 주장한 의심스러운 법을 제거할 수 있다.

부처님의 가르침은 여기에서 끝나지 않는다. 자애가 가득한 마
음으로 온 세상을 채우고 머무는 것에 이어 연민, 더불어 기뻐함, 평온

의 마음으로 온 세상을 채우고 머문다. 연민은 고통이 있는 자가 고통이 없기를 바라는 마음이다. 평온은 담담하게 보는 것으로, 모든 중생은 업에 따라 살 수밖에 없다는 평온의 마음이다. 이렇게 자애, 연민, 더불어 기뻐함, 평온의 마음으로 세상을 가득 채우고 난 뒤에 각각 네 가지 주장에 대해 숙고하여 법의 삼매에 든다. 이러한 법의 삼매를 바탕으로 마음의 삼매를 얻으면 빠딸리야 촌장은 자신이 품고 있던 의문과 의심을 해결할 수 있게 된다. 이 가르침을 들은 빠딸리야 촌장은 부처님께 귀의하였다.

지금 우리에게도 부처님의 가르침은 귀중하다. 빠딸리야 촌장이 품었던 의심이 우리에게 생겼을 때, 그 의심을 해결할 수 있는 분명한 길이 있고 그 길을 올바르게 따라가면 된다.

　　　정신과 의사가 들려주는 불교 사용 설명서

자신과 법을
섬으로 삼아라

어떻게 하면 잘 살아갈 수 있을까. 개인적으로도, 정신과 의사로서도, 불교 공부를 하는 사람으로서도 많이 생각해 보았다. 그 해답 중 하나는 주위 사람에게 배울 수 있는 사람이 되는 것이다. 우리는 살면서 많은 사람과 만난다. 동료도 있고, 가족도 있고, 이웃도 있다. 이들에게 배울 수 있는 능력이 있다면, 자신을 변화시킬 수 있다. 내가 알고 있는 분 중에서 배울 것이 가장 많은 분은 부처님이다. 대부분의 사람은 부처님을 자기와는 다른 존재라고 생각하곤 하지만, 나는 그렇게 생각하지 않는다. 부처님은 오랫동안 엄청난 노력을 하여 많은 것을 이룬 분이다.

위없는 바른 깨달음을 증득하여 정등각자가 된 부처님은 어떻게 해야 법이 세상에 오랫동안 머무를까를 많이 생각하였던 것 같다. 어떤 조직이든 사회든 나 중심의 생각을 하게 된다. 하지만 부처님에게는 그런 것이 전혀 없었다. 부처님은 열반에 들기까지의 몇 개월에 있었던 일이 들어 있는《대반열반경》에서 제자들에게 다음과 같이 당부하였다.

"그대들은 자신을 섬으로 삼고 자신을 귀의처로 삼아 머물되, 남을 귀의처로 삼아 머물지 마라.
그대들은 법을 섬으로 삼고 법을 귀의처로 삼아 머물되, 법 아닌 다른 것을 귀의처로 삼아 머물지 마라."

우리나라 사찰에 가면 '자등명(自燈明) 법등명(法燈明)'이라는 주련을 볼 수 있다. 빨리어 '디빠(dīpa)'는 섬이라는 뜻도 있고 등불이라는 뜻도 있다. 그런데 이 경우에는 섬이라는 의미로 쓰인다. 한자로 '등불'이라고 번역하기도 한다. 부처님이 자신과 법을 섬으로 삼아 머물라고 한 말은 한자로 번역된 의미로는 '자신을 등불로 삼고 법을 등불로 삼아라'가 되었다.

망망대해에서 표류할 때 안전하게 머무를 수 있는 곳이 섬이다. 자신을 의지처로 삼아 머물라는 말을 잘 새겨야 한다. 이 말은 남에게 의지하지 말고 네 힘으로만 살라는 말이 아니다. 진리를 터득하는 데 남을 의지할 필요가 있으면 의지하되, 부처님의 가르침을 자기 것으로 만들라는 의미이다. 다른 식으로 정리하면, 자기 자신이 노력하여 깨달으라는 말이지 남에게만 의지하라는 말이 아니다. 우리가 의지처로 삼아 머물러야 하는 법은 4념처이다. 부처님은 몸, 느낌, 마음, 법을 철저히 관찰하고 마음을 챙기는 자가 되어 머물라고 당부하였다.

《법구경》제381번째 게송에서는 진리를 이렇게 말한다.

> 진리를 보는 자는 나를 보고
> 나를 보는 자는 진리를 본다.

《법구경 주석서》에 의하면 이 게송은 믿음제일인 와깔리 비구와 관련이 있다. 와깔리는 바라문 가문에서 태어나 세 가지 베다에 능통하였다. 부처님이 탁발하려고 성으로 들어오는 모습을 본 순간에 신심을 일으켰다. 부처님의 거룩한 모습을 계속 볼 수 있으면 좋겠다고 생각하였다. 그 후로 계속 부처님이 보고 싶어 견딜 수 없자, 와깔리는 출가하면 부처님을 매일 볼 수 있다는 단순한 목적으로 출가하였다. 베다에 능통할 정도면 상당한 소양을 쌓은 사람이므로 부처님 가르침을 배우고 수행하면 빠르게 진전이 있을 텐데, 그는 오로지 부처님을 보는 데에만 시간을 보냈다. 가르침을 외우지도 않고, 수행하지도 않고, 온종일 부처님을 바라보기만 했다.

부처님은 와깔리 비구에게 아무 말도 하지 않았다. 와깔리 비구가 부처님만 쳐다보면서 시간을 보내는 것을 알면서도 나무라지 않았다. 한참이 지난 후 부처님은 와깔리 비구의 지혜가 무르익었다는 것을 알고 그를 불렀다.

> "와깔리여, 무너져 가는 이 몸은 시간이 지나면서 노쇠해지고 결국 없어질 것인데, 이런 내 몸을 보아서 무슨 이익이 있겠느냐? 법을 보는 자는 나를 보고, 법을 보지 못하는 자는

나를 보지 못한다. 네가 지금 내 모습은 보고 있지만 내가 가
르친 법을 알지 못하면, 너는 나를 보는 게 아니다."

충격적인 말이었지만, 와깔리 비구는 여전히 부처님의 모습에서 눈을
떼지 못했다. 법을 보지 못하는 자는 부처를 보지 못한다고 부처님이
분명하게 말해 주었는데도, 와깔리 비구는 법을 보는 것에는 관심을
두지 않았다. 부처님의 모습을 보고 싶어 부처님의 곁을 떠날 수 없었
다. 부처님은 와깔리 비구가 이제는 더 강한 충격도 견딜 수 있는 지
혜의 힘이 있다는 것을 알았다. 그래서 안거 결제일에 와깔리 비구를
불러서는 다른 곳에서 안거를 보내라고 하면서 그를 쫓아냈다.

　부처님과 함께 안거하지 못하게 된 와깔리 비구는 매우 큰 절망
과 슬픔에 빠졌다. 더 이상 살아서 무엇하겠나, 생각하면서 독수리봉
으로 갔다. 와깔리 비구가 독수리봉 절벽에서 뛰어내리려는 순간, 부
처님이 공중에 모습을 보였다. 부처님을 본 순간에 와깔리 비구의 절
망과 슬픔, 여러 가지 부정적인 감정들이 모두 사라지면서 마음에 기
쁨과 즐거움이 샘솟았다. 그러자 부처님이 게송을 읊었다.

　　붓다의 가르침에 기뻐하며 믿고 따르는 비구는
　　행의 소멸, 행복, 평화, 열반을 얻으리라.

와깔리 비구는 도와 과를 성취할 인연이 있었다. 하지만 부처님의 거
룩한 모습을 더 이상 보지 못한다는 생각에 스스로 무너지고 있었다.
부처님은 절벽에 서 있던 와깔리 비구 앞에 모습을 드러내어 그를 위

로해 주고, 그에게 말하였다.

> "오라, 와깔리여. 두려워하지 말고 나를 바라보아라. 수렁에
> 빠진 코끼리를 건져내듯이 내가 너를 건져 주리라."

와깔리 비구가 당황하였다. 자기는 절벽에서 뛰어내리려고 독수리봉 꼭대기에 서 있고 부처님은 공중에 있는데, 어떻게 부처님에게 갈 수 있다는 말인가. 한 걸음을 내디디면 바로 절벽에서 떨어질 것이다. 하지만 와깔리 비구는 길도 없는 그 공중으로 발을 내디뎠다. 그 순간 부처님의 게송을 숙고하였다. 부처님에 대한 믿음 하나만으로 부처님에게 다가가려던 와깔리 비구의 몸이 공중으로 솟았다. 그리고 신통을 갖춘 아라한이 되어 공중에서 무사히 땅으로 내려왔다. 부처님에게 삼배를 올리고 부처님 앞에 선 와깔리 비구에게 부처님이 말하였다.

> "믿음을 가진 자 중에서 와깔리 비구가 제일이다."

부처님은 우리가 배워야 할 것이 많은 분이다. 진정으로 관심을 가지고 유심히 보면, 우리의 한계를 뛰어넘을 수 있고 지혜와 힘이 생길 수 있다. 부처님의 가르침에는 우리를 스스로 돌아보게 하는 내용이 많다. 수행하고 공부하다 보면 자칫 자만심도 생길 수 있고 자기를 내세울 수도 있다. 부처님 당시에 다른 종교, 다른 수행, 다른 생각을 가졌던 사람들이 많았는데, 부처님은 제자들뿐 아니라 이런 사람들과도 자유롭게 만나 대화하고 설법하였다. 부처님은 다른 가르침, 다른 스

승, 다른 수행을 하는 자들에 대해서 잘 안다. 그들에 대해 제대로 모르면서 제도하거나 가르치려 한다면, 그들의 인정을 받지 못한다.

이와 관련해 생각나는 사람이 있다. 미국에서 내담자 중심 치료라는 정신 치료를 만든 칼 로저스이다. 그에게 상담을 받았던 사람 중에 철도청 직원이 있었다. 유명한 심리학자에게 상담을 받았다고 하니, 사람들이 상담이 어떠했는지 물었다. 그러자 철도청 직원이 "칼 로저스가 나보다도 철도청에 대해 더 잘 알더라"라고 답하였다.

남에게 도움이 되려면 많이 알아야 한다. 제대로 모르면서 이러저러한 말을 하면 도움이 되지 않는다. 마찬가지로 부처님은 다른 종교, 사상, 수행에 대해서 모두 알았다. 바라문의 전통과 그들의 조상들에 대한 것까지도 알 정도였다.

《디가 니까야》〈우둠바리까 사자후 경〉(D25)은 부처님이 다른 사상과 견해를 가진 이들과 대화할 때 어떠하였는지 알 수 있다. 우둠바리까 왕비가 후원한 원림에서 이 설법이 이루어졌으므로 제목으로 삼은 것 같다.

당시 불환자였으며 지혜가 많고 상당한 영향력을 가진 산다나 장자가 있었다. 그가 3,000여 명의 유행승들이 모여 있는 원림으로 니그로다 유행승을 찾아갔다. 원림은 왕, 대신, 여자, 도둑, 세상의 기원, 소문, 전쟁에 대한 이야기들로 매우 시끄러웠다. 부처님의 재가 신자인 산다나 장자가 오자, 니그로다 유행승이 그들을 조용히 시켰다.

산다나 존자가 니그로다 유행승에게 다가가 환담을 나눈 후 말하였다.

"외도 유행승들과 부처님은 참으로 다릅니다. 유행승들은 서로 모여 있으면 시끄럽고 주로 쓸데없는 이야기들을 합니다. 하지만 세존께서는 숲이나 밀림에 있는 조용하고 소리도 없고 한적한 곳, 사람들로부터 떨어져 있는 곳을 이용합니다."

니그로다 유행승이 발끈하였다. 부처님은 회중에 참여하지 않고 대화하지 않으려고 한적한 곳만을 다닌다고 하면서, 부처님이 오면 대답 못 할 질문을 하여 한 방에 꼼짝 못 하게 만들어 버리겠다고 큰소리를 쳤다. 그런데 독수리봉에 머물던 부처님이 천이통으로 그의 말을 들었다. 부처님은 이런 자리에는 반드시 나타난다. 부처님이 이런 자리에서 법을 설하면 산다나 장자처럼 지혜로운 사람은 많은 것을 배우게 되고 유행승들도 잘 제도할 수 있기 때문이다. 부처님은 이러한 기회를 절대로 지나치지 않는다.

부처님은 니그로다 유행승이 마련한 자리에 앉았고, 그는 낮은 자리를 잡아서 부처님 곁에 앉았다. 부처님이 니그로다 유행승에게 어떤 질문을 하려고 했는지를 물었다.

니그로다 유행승이 말하였다.
"존자시여, 세존께서는 제자들을 어떻게 가르쳐서 그들이 편안하고 안심이 되는 경지를 얻게 하고, 그들이 청정범행을 하겠다는 맹세를 하게 만드는 법은 무엇입니까?"

그런데 부처님은 놀라운 답변을 하였다. 부처님의 법이 아니라 당신들의 법에 관해서 물어보라는 것이다. 그러자 큰 소동이 일어났다. 부처님이 다른 교설에 관해 물어보라고 하니, 모여 있던 유행승들은 부처님은 정말 경이롭고 큰 위력을 가졌다고 생각하였다.

니그로다 유행승은 "우리들은 고행을 통한 금욕을 설하고 그것에 의지해서 생활합니다. 세존이시여, 그러면 고행을 통한 금욕은 어떻게 해서 완성이 되며, 어떻게 해서 완성되지 않습니까?"라고 물었다. 그러자 부처님은 나체 고행자들의 고행에 관해 설하였다. 당시에는 아무것도 입지 않고 생활하는 나체 고행자 외에도 관습을 거부하며 고행하는 자들, 입으로 핥아 먹는 고행을 하는 자들, 떨어진 열매만 먹거나 가시로 만든 침상을 사용하며 고행하는 자들도 있었다. 부처님은 그 당시에 존재했던 모든 고행을 언급하고 나서 니그로다에게 반문하였다.

> "니그로다여, 이를 어떻게 생각하는가? 만일 이렇게 고행을
> 하면 고행을 통한 금욕이 완성되었다고 하겠는가, 완성되지
> 않았다고 하겠는가?"
> "세존이시여, 그렇게 고행한다면 고행을 통한 금욕은 완성
> 되었습니다."
> "니그로다여, 그러한 고행을 통해서 금욕이 완성되었다 할
> 지라도, 나는 여러 가지 오염원들이 있다고 말한다."

고행하여 금욕을 완성했을지언정 그에게는 오염원이 남아 있다. 고행

으로 마음이 흡족해지고 청정법행이 성취되었다고 생각하는 것, 고행을 한 자신을 칭송하고 남을 업신여기는 것, 고행에 취하여 해야 할 것을 하지 않고 나태해지는 것, 이런 것들이 그들에게 남아 있는 오염원이다. 고행하여 경지에 올랐다면서 자기에게 맞는 음식과 맞지 않는 음식을 분별하고, 고행하면서 이양(頤養)을 원하거나 왕이나 대신들의 존경을 기대하는 것도 오염원이다. 고행하지 않는 사문들이 존경을 받는 것을 보고 질투와 인색을 일으키는 것, 부처님이나 제자들이 설한 법이 좋은 방편이라고 인정된 것을 인정하지 않는 것도 오염원이다. 분노와 원한을 품고, 거만하고 사악한 소원의 지배를 받고, 삿된 견해를 가지고 극단을 취하여 자기 견해를 고수하는 것, 이런 것들이 모두 고행을 통해 금욕이 완성된 자들에게 남아 있는 오염원들이다.

부처님이 언급한 여러 가지 오염원들은 고행만이 아니라 우리가 어떤 수행이나 공부를 하든 생길 수 있다. 이런 오염원들을 조심해야 한다. 니그로다 유행승은 부처님이 말한 오염원들을 모두 인정하면서, 심지어 모든 오염원들을 가진 고행자가 있다고까지 말하였다. 부처님은 이런 오염원들이 없어야 청정함이 있다고 설한다.

"니그로다여, 고행자가 고행을 하여 마음이 흡족하지 않고 의도하는 바가 성취되었다고 여기지 않으면, 그 경우에 청정함이 있다."

니그로다 유행승은 부처님에게 어떤 고행을 통한 금욕이 최상인지 다시 질문하였다. 고행자인 니그로다 유행승은 고행을 충실히 하면서 오염원이 없는 것이 최고의 경지이고 심재(心材)라고 생각하였기 때문이다. 심재란 고갱이, 나무의 핵심 부분을 말한다. 하지만 부처님은 그런 경지에 도달했다고 하더라도 지저깨비가 있다고 한다. 지저깨비는 나무에 붙어 있다가 떨어진 부스러기들이다. 고행을 하고 오염원도 없는 최상의 경지를 부처님이 지저깨비에 불과하다고 하니, 니그로다 유행승은 큰 충격을 받았다.

> "세존이시여, 저에게 고행을 통한 금욕의 최상이 어떤 건지
> 알려주십시오."
> "니그로다여, 여기 고행자는 네 가지 제어로 단속한다."

부처님이 말한 네 단계는 산 생명을 죽이는 것, 주지 않는 것을 가지는 것, 거짓말하는 것, 감각적 욕망을 갈망하는 것을 하지도 않고 동의하지도 않고 제어하면서 자기 자신을 단속하는 것이다. 이러한 고행자에게는 고행자 됨이 존재한다. 향상하고 저열하지 않고 낮은 경지로 되돌아가지 않는다.

> "니그로다여, 고행자가 네 가지 제어로 단속하고 숲속의 외
> 딴 거처에 머무른다. 탁발하고 돌아와 가부좌를 틀고 상체
> 를 곧추세우고 전면에 마음챙김을 확립한다. 다섯 가지 덮
> 개를 제거하고 마음을 청정하게 한다. 다섯 가지 덮개를 제
> 거하고 마음의 오염원들을 지혜로써 무력화시키고 나서, 자
> 애가 가득한 마음으로 사방의 모든 방향을 채운다. 그다음

에 연민, 같이 기뻐함, 평온의 마음으로 모든 방향을 가득 채
운다."

이렇듯 고행을 철저히 하고, 오염원을 제거하고, 네 가지 제어로 단속
하고, 다섯 가지 덮개를 없애고, 4무량심으로 세상을 가득 채운다면,
고행을 통한 금욕은 청정하다. 다섯 가지 덮개는 감각적 욕망, 악의,
해태와 혼침, 들뜸과 후회, 의심이다. 4무량심인 자애, 연민, 같이 기
뻐함, 평온의 마음은 광대하고 무량하고 원한 없고 고통 없는 네 가지
마음이다.

　부처님은 니그로다 유행승에게 그 정도의 고행을 통한 금욕은 최
상도 아니고 심재가 아니며, 겉껍질을 얻은 것에 불과하다고 하였다.

"니그로다여, 고행자가 네 가지 제어로 단속하고, 다섯 가지
장애를 제거한 뒤 오염원들을 지혜로 무력화시키면서 4무
량심으로 세상을 가득 채우고 머문다. 그는 숙명통으로 마
음을 향하고 기울인다. 그러나 이 정도의 고행을 통한 금욕
은 최상을 얻은 것도 아니고, 심재를 얻은 것도 아니다.
그는 천안통으로 마음을 향하고 기울인다. 이 정도의 고행
을 통한 금욕이라야 최상을 얻은 것이다."

부처님은 숙명통, 천안통까지 얻는 것이 고행을 통한 최상이라고 하
였다. 숙명통은 자기의 과거 생을 보는 특별한 능력이고, 천안통은 업
에 따라 어디에 어떻게 태어나는지를 아는 특별한 능력이다. 《청정도

론》에는 여섯 가지 신통 중에서 신족통, 타심통, 천이통, 숙명통, 천안통의 다섯 가지 신통은 외도들도 가질 수 있다고 한다. 여섯 번째 신통인 번뇌를 완전히 없애는 누진통은 불교만이 가진 특별한 능력이고, 다른 종교와 불교의 차이이다.

부처님은 니그로다 유행승이 처음에 질문하였던 내용을 다시 언급하면서, 고행을 통한 금욕으로 천안통을 얻는 고행보다 더 수승한 법으로 제자들을 인도한다고 말하였다.

> "니그로다여, 그대는 내가 어떠한 법으로 제자들을 인도하
> 고 청정범행을 맹세하게 하는지 질문하였다. 나는 이보다
> 더 높고 수승한 법으로 제자들을 인도한다."

그러자 유행승들 사이에서 큰 소동이 벌어졌다. 그들의 스승의 전통에서는 천안통 이상의 경지를 알지 못했는데, 그보다 더 높고 수승한 법이 있고 부처님은 그 법으로 제자들을 인도한다고 하니 혼란스러울 수밖에 없었다. 니그로다 유행승은 의기소침해서 가만히 고개를 떨구었다. 그때 산다나 장자는 이들이 가르침을 받을 준비가 되어 있고 귀를 기울이고 있다고 생각하였다. 부처님은 니그로다에게 다음과 같이 말씀하였다.

> "니그로다여, 그대처럼 지혜롭고 나이가 든 사람이 어찌해
> 서 이런 생각을 하지 못하였는가?
> '깨달으신 세존이 깨달음을 위해 법을 설하신다. 잘 제어하

신 세존이 제어를 위해서 법을 설하신다. 고요하신 세존이 고요함을 위해서 법을 설하신다. 격류를 건너신 분이 격류를 건너게 하기 위해서 설하신다. 완전한 열반을 얻으신 분이 열반을 얻게 하기 위해서 설하신다'라고."

부처님은 어떻게 해야 질문자의 가슴에 확실히 가르침을 새기고 그가 스스로 자기를 돌아볼 수 있게 하는지를 잘 안다. 지적할 때와 위로할 때의 타이밍을 잘 잡는다. 부처님의 지적을 받은 니그로다 유행승이 잘못을 인정하면서 받아들여 주기를 부처님에게 청하였다. 부처님은 그를 받아주었다.

"교활하지 않고 속이지도 않고 정직하고 지혜로운 사람이 나에게 오면 나는 그들에게 가르침을 주고 법을 설한다. 7년을 내가 가르친 대로 도를 닦으면, 오래지 않아 그것을 위하여 좋은 가문의 아들들이 바르게 집을 떠나 출가한 그 위없는 목적인 청정범행의 완성을 바로 지금 여기에서 스스로 최상의 지혜로 실현하고 구족하고 머물 것이다. 7년 아니라도 6년, 5년, 4년, 3년, 7개월, 6개월, 보름, 일주일을 내가 가르친 대로 도를 닦으면, 청정범행의 완성을 바로 지금 여기에서 스스로 최상의 지혜로 실현하고 구족하고 머물 것이다."

길게는 7년, 짧으면 일주일이다. 부처님이 이렇게 말한 것은 마음의 준비가 되어 있는 이들이 요청한다면 법을 설하겠다는 뜻이다. 그러면서 부처님이 이렇게 하는 것은 결코 제자를 늘리거나 그들의 스승을 떠나게 하려는 것이 아니라고까지 말하였다. 부처님이 다른 종교, 다른 사상, 다른 견해, 다른 수행을 하는 이들에게 법을 설하는 목적은 명확하다.

> "그대들이 스승이 있으면 그대로 섬기면 된다. 그들의 가르침이 있으면 그대로 하면 된다. 지금 어떤 생계수단이든지 그대로 하면 된다. 다만 오염원이고 또 태어나게 만들고 괴로운 과보를 가져오고 미래에 태어나서 늙고 죽음을 가져오는 해로운 법이 제거되지 않고 있다면 그것을 제거하기 위해서 나는 법을 설한다."

하지만 유행승들은 의기소침해서 어깨를 축 늘어뜨릴 뿐 아무 대답을 못 하였다. 마라에게 마음이 사로잡혔기 때문이다. 부처님은 이들에게 더 이상 법을 설하지 않고 허공으로 날아서 독수리봉으로 돌아갔다.

부처님의 가르침에 귀를 기울이고 가르침에 따라 도를 닦으면 짧게는 일주일, 길어도 7년이면 청정범행의 완성을 구족할 수 있다. 자기와 법을 섬으로 삼고 의지처로 삼아 머물라 하였고, 진리를 보는 자는 부처님을 볼 수 있다고 하였던 부처님의 말씀을 마음에 새기고 우리를 돌아보며 살아야 할 것이다.

정신과 의사가 들려주는 불교 사용 설명서

경장, 율장, 논장

부처님의 가르침은 2,600여 년이 흐른 지금까지도 우리에게 전해지고 있다. 이 긴 시간 동안 어떻게 불교는 생명력을 유지할 수 있었을까? 여러 가지 원인이 있지만, 가장 중요한 원인은 출가 제자들의 헌신과 노력 덕분이라고 말할 수 있다.

고대 인도에서 지식을 전하는 첫 번째 수단은 암기이다. 지금처럼 컴퓨터도 없고 종이도 발명되지 않았던 시대에 암기는 최고의 지식 전달 방법이었다. 특히 인도는 다른 어느 지역보다 인간의 암기력을 극대화하는 문화를 지니고 있었다. 고대 인도의 지식인들은 거의 인간 녹음기라고 해도 과언이 아닐 정도로 통째로 암기하는 훈련을 받았던 것 같다. 그들은 어린 나이에 엄청난 양의 《베다》를 모두 암기했고, 심지어 거꾸로 외우기도 하였다. 부처님의 제자가 된 바라문과 끄샤뜨리야 출신들도 부처님의 가르침을 전하기 위해 기꺼이 인간 녹음기가 되어 주었다.

부처님이 45년간 설법하고 열반에 들자, 제자들은 부처님이 계실 때부터 외운 부처님의 설법 내용을 복원하고 정리하는 데 온 힘을 기울였다. 그들은 내용을 정확하게 외울 수 있도록 음률을 달았는데, 이를 '찬다스(chandas)'라고 한다. 부처님이 설한 방대한 가르침은 이렇게 구전되다가 후대의 제자들이 기록하여 책으로 남겼는데 이것이 지금 우리가 알고 있는 경전의 시초이다. 이러한 구전과 기록의 과정은 결집(結集)을 통해 이루어졌다. 부처님이 열반에 든 후 지금까지 여섯 번의 결집이 이루어졌는데, 이 중에서 부처님의 열반 직후 이루어진 제1차 결집이 가장 중요하다. 붓다고사 비구가 쓴《디가 니까야 주석서》서문에는 제1차 결집의 과정이 영화처럼 생생하게 기록되어 있다.

부처님의 열반은 교단을 뒤흔든 대사건이었다. 그런데 수밧다 비구가 부처님의 가르침을 귀찮은 간섭 정도로 치부하는 말을 공공연히 하였다. 참으로 어리석은 자가 아닐 수 없다. 이 말을 듣고 마하깟사빠 존자가 나섰다.

수밧다 비구가 말하였다.
"도반들이여, 슬퍼할 필요가 없습니다. 우리는 대사문으로 부터 해방되었습니다. 이제 우리는 무엇이든 원하는 것은 하면 되고, 원하지 않는 것은 안 해도 됩니다."
마하깟사빠 존자가 말하였다.
"도반들이여, 우리는 진정한 법과 율이 사라지기 전에, 그리고 법과 율을 잘못 설하는 자들이 강성해지기 전에 바른 법과 율을 암송해야 합니다."

마하깟사빠 존자는 부처님의 가르침을 오랫동안 전하기 위해 법와 율을 합송해야 한다고 생각했다. 그의 말에 비구들이 모두 동감하였고, 마하깟사빠 존자가 중심이 되어 부처님의 가르침을 합송하기 위해 탁월한 아라한 499명을 선출하였다. 하지만 아난다 존자는 아직 아라한이 되지 못했기 때문에 제외되었다. 비구들은 부처님을 곁에서 시봉하며 가장 많은 시간을 함께 보낸 아난다 존자 없이는 법이 결집될 수 없다면서 그의 참여를 요청하였고, 이 요청이 받아들여져 500명의 비구에 의한 제1차 결집이 이루어질 수 있었다.

이와 관련하여 《디가 니까야 주석서》서문에는 아난다 존자가 결집 직전에 아라한이 되었다고 한다. 결집에 참여할 비구들이 결정된 후 마하깟사빠 존자는 그들에게 마무리하지 못한 일을 모두 마치고 오라고 40일간의 시간을 주었다. 합송이 시작되면 중간에 어떤 일이 발생하더라도 멈출 수 없기 때문이었다. 아난다 존자는 이 시간이 아라한이 될 마지막 기회라고 생각하였고, 부처님의 가르침을 떠올렸다.

"아난다여, 그대는 참된 공덕을 지었다. 정진에 몰두하라. 그러면 번뇌가 다한 아라한이 될 것이다. 곧 번뇌가 다한 아라한이 될 것이다."

아난다 존자는 수행에 전념하였다. 이때 아난다 존자는 걸으면서 명상하는 포행(布行)에 집중하였지만, 생각처럼 진전이 없었다. 잠시 휴식하기 위해 승방에 들어가 두 발이 땅에 떨어지고 머리는 아직 바닥에 닿지 않은 그 순간에 취착이 사라지고 번뇌에서 벗어나 아라한의 경지를 경험하게 되었다. 결집 첫날 마하깟사빠 존자는 아난다 존자가 청정하고 환한 모습으로 걸어오는 것을 보고 아라한이 되었음을 알았다고 한다.

드디어 500명의 아라한이 마가다국의 수도인 라자가하에 모여 약 7개월 동안 법과 율을 결집하였다.

마하깟사빠 존자가 물었다.
"법과 율 중에서 무엇을 먼저 합송해야 합니까?"
비구들이 답하였다.
"율은 부처님 교법의 생명입니다. 율이 확립될 때 교법도 확립됩니다. 그래서 율을 먼저 합송해야 합니다."
마하깟사빠 존자가 다시 물었다.
"그러면 누구를 지주(支柱)로 삼아야 합니까?"
비구들이 답하였다.
"우빨리 존자입니다."

율을 먼저 합송하기로 결정한 후, 모두의 추천을 받아 우빨리 존자가 법좌에 올랐다. 마하깟사빠 존자가 율에 관해서 질문하면, 우빨리 존자가 부처님이 세운 율을 하나씩 읊으며 청정 교단을 유지할 수 있는 근거를 제시하였다. 이렇게 500명의 아라한이 모두 동의하는 과정을 거쳐 율장이 결집되었다.

정신과 의사가 들려주는 불교 사용 설명서

이 과정을 보면 이미 율장 결집의 준비가 완벽히 갖춰진 상태였음을 알 수 있다. 결집을 마친 후 마하깟사빠 존자는 우빨리 존자에게 "도반이여, 이 내용을 그대의 제자들에게 설해주시오"라고 요청한다. 《앙굿따라 니까야》에는 부처님이 '우빨리 존자야말로 율을 수지하는 자 가운데 최고'라고 극찬하는 장면이 나오는데, 아마도 이런 이유로 우빨리 존자가 대표로 율을 암송하고 율장의 결집이 끝난 후 그의 제자들을 중심으로 율을 전하는 소임을 맡도록 요청하였을 것이다.

법의 결집은 아난다 존자가 지주로 추대되었다. 아난다 존자는 법좌에 올라 부처님이 전한 법을 읊었고, 그 내용을 듣고 500명의 아라한이 암송하여 4부 니까야를 결집하였다. 4부 니까야 중 길이가 긴 내용으로 구성된 《디가 니까야》가 가장 먼저 합송되었고, 같은 과정을 되풀이하면서 《맛지마 니까야》, 《상윳따 니까야》, 《앙굿따라 니까야》도 결집되었다.

이어서 논장이 결집되었는데, 이때 결집한 논은 《담마상가니(Dhammasaṅgaṇi)》, 《위방가(Vibhaṅga)》, 《다뚜까타(Dhātukathā)》, 《뿍갈라빤냐띠(Puggalapaññatti)》, 《까타왓투(Kathāvatthu)》, 《야마까(Yamaka)》, 《빳타나(Paṭṭhāna)》의 7론이 있다.

바로 다음에 《본생담》, 《의석》, 《무애해도》, 《전기》, 《숫따니빠따》, 《소송경》, 《법구경》, 《자설경》, 《여시어경》, 《천궁사》, 《아귀사》, 《장로게》, 《장로니게》가 합송이 되고 이것들을 작은 전적이라고 하였다.

이렇듯 제1차 결집에 의해 경율론 삼장이 성립되었고, 현재까지 우리에게 전승되어 왔다. 삼장이 결집되는 과정이 상당히 구체적이어서 그저 경이로울 따름이다. 노력을 통해 특별한 경지에 도달한 부처님의 제자들이 모여 가르침을 합송하고, 그 과정을 철저하게 기록하여 후대에 남겼다는 사실만으로도 삼장은 인류의 귀중한 보고라고 생각한다.

삼장은 제1차 결집 이후 약 600여 년간 암송을 통해 전승되었다. 이 사이에 두 번의 결집이 더 있었고, 기원전 1세기에 열린 네 번째 결집에서 중요한 결정이 내려졌다. 그동안 구전되어 온 삼장을 문자로 기록하기로 한 것이다. 부처님이 열반한 지 600여 년이 지났고, 귀중한 경전의 내용을 암송하는 몇 사람에게만 의존해서는 안 된다는 판단에서였다. 이로부터 종려나무 잎으로 만든 종이에 경전을 기록하였다. 나뭇잎에 기록된 경을 패엽경(貝葉經)이라고 한다. 이는 나뭇잎을 뜻하는 산스크리트어인 '빳뜨라(pattra)'를 중국인들이 패다라(貝多羅)로 음차하고 줄여서 패엽(貝葉)이라고 부른 데서 유래한다. 패엽은 내구성이 약하여 오래 보존하기 힘들다는 단점이 있다.

초기불교의 경장은 다음과 같이 구성되어 있다. 《디가 니까야》는 긴 내용으로 이루어진 경의 모음집으로, 중요한 경들이 많이 들어 있고 외도들과의 대화 내용이 많다. 《맛지마 니까야》는 법에 관한 내용이 주를 이룬 경의 모음집이고, 《상윳따 니까야》는 5온, 6근, 인연 등 주제별로 엮은 경의 모음집이다. 《앙굿따라 니까야》는 법수(法數)로 분류한 경의 모음집으로, 교리를 개수에 따라 순차적으로 정리한 것이 특징이다. 여기까지가 4부 니까야이고, 결집이 끝난 후 남은 내용들의 모음이 《쿳다까 니까야》이다. 소부(小部) 니까야라고도 하는데, 《법구경》, 《자따까》, 《숫따니빠따》 등이 포함되어 있다.

우리나라는 4부 니까야와 율장이 모두 한글로 번역되었고, 《쿳다까 니까야》의 일부와 7론 중에서 《담마상가니》, 《위방가》, 《뿍갈라빤 냐띠》의 3론이 번역되었다. 일본은 20세기 초반에 빨리 삼장을 완역 하였으며, 최근에는 주석서 번역이 나온다고 한다. 미얀마는 놀랍게 도 500년 전에 삼장을 모두 번역하였으며, 200년 전에 주석서의 해설 인 복주서까지 번역을 마쳤다고 한다. 서양의 경우에는 영국의 빨리 성전협회(The Pali Text Society)에서 삼장을 모두 번역하였고, 현재 주석 서를 번역 중이다. 독일은 4부 니까야를 완역하고, 《쿳다까 니까야》의 일부도 번역하였다.

불교 공부에서 경전이 중요한 위치를 차지하지만, 경과 더불어 주석서와 복주서도 함께 공부해야 한다. 주석서는 부처님과 동시대를 살았던 아라한들이 부처님의 말씀을 정리한 것이고, 후대의 탁월한 승려들이 주석서에 다시 주석을 단 복주서를 집필하였다. 그러므로 경전과 함께 주석서와 복주서를 참고하면 공부에 많은 도움이 된다. 물론 주석서를 맹목적으로 받아들이는 것도 피해야 하지만, 위빠사나 수행을 경험한 후에 오히려 주석서의 내용이 불교 공부에 정말 필요 하다는 것을 알게 된다. 경을 읽다가 이해하기 어려운 부분이 나오면 그 부분만 주석서를 참고해도 도움이 될 것이다.

간혹 이런 의문을 품는 사람이 있다. "삼장이 결집된 지 오랜 시 간이 지났는데, 과연 그 내용을 믿을 수 있을까?" 하지만 나는 전승된 삼장의 오류 가능성은 없다고 생각한다. 미얀마 스님들은 지금도 경 을 노래로 독송한다. 인도의 암송 전통인 찬다스에는 경과 부합된 음 의 길이와 음조가 있는데, 이 음률은 일반인이 생각하는 것보다 매우 정밀하고 별도의 학습이 필요할 만큼 종류도 다양하다. 찬다스는 경전을 암기하기 쉽도록 돕고 내용의 변질을 막는 역할을 하므로, 한 번 합송하여 만든 내용은 시간이 오래 흘러도 신용할 수 있다.

동시에 승단은 경의 내용이 왜곡되거나 바뀌지 않도록 철저히 관리해 왔다. 삼장이 문자로 기록된 시기가 부처님 열반 후 600여 년이 지나고 나서부터라는 사실도 잊어서는 안 된다. 그 시간 동안 불교 교단의 승려들과 신도들은 모두 입에서 입으로 구전을 통해 경을 전승하였다. 이런 점에서 설사 뜻을 잘못 이해해서 엉뚱한 해석이 나올 수는 있어도, 단어나 문장이 바뀌지는 않았으리라고 생각한다. 2,500여 년 전에 결집된 삼장의 내용이 크게 달라지지 않은 상태로 지금까지 전해졌다고 확신하는 이유이기도 하다.

삼장의 신뢰성에 대한 또 다른 반문은 "논장은 제자들이 정리한 것이지 부처님의 직설이 아니다"라는 주장이다. 이에 대한 답도 명확하게 제시할 수 있다. 《맛지마 니까야》 〈성스러운 구함 경〉에는 부처님 본인이 어떤 과정을 거쳐서 깨달았는지를 상세하게 설명하는 내용이 나온다. 이 경의 주석서에 의하면, 부처님은 깨달음을 얻은 후 일주일씩 7번 총 49일간 혼자 시간을 가졌다고 한다. 이때 네 번째 7일 기간에 논장을 체계화하고, 그다음 7일간은 아비담마에 대해 체계화하였다. 이를 근거로 나는 논장이 부처님의 직설이라고 굳게 믿고 있다.

제1차 결집에서 경장보다 먼저 율장을 결집한 이유는 '율은 부처님 교법의 생명'이기 때문이었다. 율은 언제나 사건이 발생하면 그 사건에 맞게 제정되었다. 잘못을 저지를 것이라고 예단하여 미리 만들지 않았다는 뜻이다. 만약 부처님이 반드시 지켜야 하는 수백 가지의 율을 먼저 정해 놓았다면, 당시 사람들은 지키기 어렵다고 생각하여 아무도 오지 않았을 것이다. 하지만 교단 내에서 발생한 문제를 잘 처리한 후 그에 합당한 율을 정했기 때문에 구성원들의 저항 없이 효과적으로 율이 작동되었다.

율장을 보면 문제가 발생했을 때 부처님이 어떻게 그 문제를 해결하는지 잘 정리되어 있다. 부처님은 항상 두 가지를 염두에 두었다. 첫째는 똑같은 문제가 반복되지 않도록 하는 것이고, 둘째는 사람들이 불교 교단을 오해하지 않도록 경계하는 것이다. 불교 교단이 청정하지 않다거나 문제를 일으키는 구성원이 있다고 오해하면 불교 교단을 멀리하게 되고, 이는 사람들이 진리와 멀어지게 만드는 요인이 되기 때문이다.

2

초기불교의
가르침

초기불교의 공(空)

공(空)사상은 대승불교의 핵심 사상이다. 불자가 아니라도 《반야심경》의 '색즉시공 공즉시색'은 많이 들어 보았을 것이다. 반야바라밀은 지혜의 완성을 뜻한다. 반야는 지혜이고, 바라밀은 부처님이라는 완벽한 인간이 되기 위해서 갖추어야 하는 덕성이다. 《반야심경》에는 관자재보살이 반야바라밀을 깊이 닦을 때 5온이 공하다는 것을 보고, 일체 괴로움을 건넜다고 한다. 반야바라밀을 보고 괴로움을 없앤 관자재보살이 지혜가 많은 사리뿟따에게 이렇게 말하였다.

> "색은 공과 다르지 않고(색불이공), 공은 색과 다르지 않다(공불이색). 색이 곧 공이고(색즉시공) 공이 곧 색이며(공즉시색), 수상행식도 마찬가지이다(수상행식 역부여시)."

초기불교에서 지혜제일은 사리뿟따 존자이다. '색이 공하다'는 말은 언뜻 이해가 간다. 색이란 것은 완전하지 않고 영원하지도 않으니까 공하다. 하지만 '공이 곧 색'이라는 말에는 갸우뚱할 수밖에 없다. 공이라는 어떤 세계가 있나 보다, 또는 공이라는 어떤 본질이 있는 모양이라고 생각하기 쉽다. 알 듯 모를 듯 애매하다.

그러면 초기불교에서는 공을 어떻게 보았을까.《맛지마 니까야》에는 공에 대해서 심도 있게 이야기하는 세 개의 경이 있다. 〈공에 대한 짧은 경〉(M121), 〈공에 대한 긴 경〉(M122), 〈탁발 음식의 청정 경〉(M151)이다.

〈공에 대한 짧은 경〉을 보면, 공이란 무엇이고 공을 통해 어떻게 아라한이 될 수 있는지 분명하게 알 수 있다. 〈공에 대한 긴 경〉은 좀 더 복잡하고 깊이가 있는 내용이지만, 요약하면 이렇다.

"나는 표상이 없는 데로 내 마음을 향한다. 그래서 나는 공에 머문다. 그러면 그러한 공을 어떻게 닦을 것인가? 비구들이여, 삼매를 닦아라."

표상이 없다는 것은 일체 형성된 것들에게 마음을 기울이지 않는다는 것이다. 열반을 대상으로 한다는 것이다.

〈탁발 음식의 청정 경〉은 사리뿟따의 감각기관이 굉장히 맑음을 본 부처님이 사리뿟따에게 공에 머무는 방법에 관해 설명한 경이다. 핵심 내용만 간추리면 이렇다.

"공에 머무는 것은 큰 사람의 머무름이다. 어떻게 큰 사람의 머무름인 공에 머무르는가?

탁발을 하면서 눈으로 보고, 귀로 소리를 듣고, 코로 냄새 맡고, 혀로 맛보고, 몸으로 감촉을 느낄 때 탐진치가 있는지 잘 살펴보라. 그것이 있으면 없애라. 다섯 가지 덮개를 없애라. 5취온을 정확히 알아라. 서른일곱 가지 조도품을 충분히 닦으면 탁발 음식은 청정해진다."

결론적으로 이야기하면, 초기불교에서 공은 '없다'는 뜻이다. '없다'는 의미의 공은《상윳따 니까야》나《앙굿따라 니까야》에도 나온다. 이 중에서《상윳따 니까야》의 〈계 경〉(S22:122)을 통해 공에 대한 정형구라고 할 수 있는 내용을 살펴보자. 사리뿟따가 마하 꼿티따에게 '5온은 공한 것이라고 지혜롭게 마음을 기울여야 한다'고 말한다. 마하 꼿티따는 부처님이 '제자 중에서 네 가지 무애에서 제일'이라고 한 제자이고, 법을 잘 이해하고 표현하는 데 가장 으뜸이 되는 제자이다.

"도반 꼿티따여, 계를 지키는 비구는 집착의 대상이 되는 다섯 가지 무더기를 '무상하고 괴로움이고 병이고 종기고 쇠로 된 화살촉이고 재난이고 질병이고 내가 아닌 남이고 부서지기 마련인 것이고 공한 것이고 무아'라고 지혜롭게 마음을 기울여야 합니다."

계를 지키는 비구는 5온을 어떻게 관찰해야 하는가. 그 관찰 주제 중에 공이 있다. 5온은 무상한 것이라고 관찰하는 것과 같이, 5온은 빈 것이라고 관찰한다. 즉 5온은 공한 것이라고 지혜롭게 마음을 기울여야 한다.

다음으로 〈공에 대한 짧은 경〉에서는 공을 어떻게 설명하고, 어떻게 수행과 연결하는지 알아보자. 부처님은 공을 통해서 아라한이 되는 길을 분명히 제시하였다. 이 경은 아난다의 질문에서 시작한다. 아마도 아난다는 자신과 다른 사람을 위해서 부처님에게 공에 대한 질문을 한 듯하다. 부처님은 공이란 없는 것이고, 어떻게 있는 것과 없는 것을 분명히 하는지 설한다. 답변의 내용에 모호한 것은 없다. 이 경을 읽으면 우리도 공을 정확하게 이해할 수 있다.

> 아난다가 여쭈었다.
> "세존이시여, 한때 세존께서는 삭까족의 나가라까 성읍에
> 머무셨습니다. 거기서 저는 '아난다여, 나는 요즘 자주 공에
> 들어 머문다'라고 세존으로부터 직접 들었고, 직접 배웠습
> 니다. 세존이시여, 제가 그것을 바르게 듣고 바르게 이해하
> 고 바르게 마음을 기울이고 바르게 기억하는 것입니까?"

부처님은 아난다가 바르게 듣고 기억하였다고 확인해 준 후, 녹자모 강당에 없는 것과 있는 것을 비교하며 설명한다. 아난다는 부처님이 자주 공에 들어 머문다는 말을 듣고 기억했다. 그리고 공에 대한 법문을 듣고 싶어 한다는 것을 부처님은 이미 알고 있었다. 부처님은 아난다가 이해하기 쉽도록 먼저 비유를 들어 공에 대한 법문을 시작한다.

부처님이 말씀하였다.

"아난다여, 이 녹자모 강당에 코끼리, 소, 말, 노새들은 공하
다. 금, 은, 남자의 모임, 여자의 모임은 공하다. 오직 이 비구
승가 하나만은 공하지 않다."

녹자모 강당 안에는 코끼리나 소와 같은 동물들이 없다. 금이나 은으
로 몸을 치장한 사람도 없다. 그리고 주로 비구들이 머무는 녹자모 강
당에서 비구가 아닌 남자나 여자들이 모여서 할 수 있는 것은 없다.
그러므로 남자와 여자는 공하다. 그러나 비구 승가는 탁발을 나갈 때
에도 남아 있는 비구가 있으므로 오직 비구 승가만이 공하지 않다. 이
렇게 없는 것을 공하다고 한다.

이어서 부처님은 공을 어떻게 수행하는지에 대해 설명한다. 이
설법으로 보아 녹자모 강당은 숲속에 있었던 것 같다.

"그와 같이 비구도 마을이라는 인식에 마음을 기울이지 않
고, 사람이라는 인식을 마음에 기울이지 않는다. 숲이라는
인식 하나에만 내 마음을 기울인다. 그렇게 숲에만 마음을
오로지 기울일 때 그의 마음은 숲이라는 인식에 깊이 들어
가고, 숲이라는 인식에 대한 깨끗한 믿음을 가지고 확립하
고 확신을 가진다."

부처님은 지금 앉은 자리로부터 수행하여 아라한까지 가는 길을 매우
단순하게 보여준다. 비구는 마을 또는 사람에 대해 인식을 기울이지

않는다. 마을이라는 것도 사람이라는 것도 인식에 의해 존재한다. 그러므로 마을이나 사람에 관심을 두지 않는다. 마을에 대해서, 사람들에 대해서, 자기가 아는 사람, 기분 좋은 사람, 기분 나쁜 사람과 관계되는 여러 가지 번뇌도 있을 것이다. 어떠한 기억이나 번뇌가 있지만, 비구는 그것들에 대해 일체 인식을 기울이지 않는다. 숲에 있을 때 비구는 오직 숲에 대해서만 의식을 집중한다. 그렇게 되면 숲에 대해서 인식이 깊이 들어가고, 깨끗한 믿음을 가지게 된다. 그렇게 하고 난 비구는 분명한 앎이 생긴다.

> "그는 이와 같이 분명히 안다.
> '마을이라는 인식을 조건으로 해서 생긴 어떤 번잡함도 여기에는 없다. 사람이라는 인식을 조건으로 해서 생긴 어떤 번잡함도 여기에는 없다. 숲이라는 인식 하나만큼의 번잡함이 있다.'
> 거기에 없는 것은 공하다고 관찰하고, 거기에 남아 있는 것은 존재하므로 있다라고 꿰뚫어 안다. 이와 같이 그 비구에게는 진실되고 전도됨이 없는 정확하게 아는 청정한 공의 경지가 생긴다."

마을이라는 인식에서 파생된 어떤 염려나 불안, 걱정이나 힘든 것이 없다고 안다. 왜냐하면 숲이라는 인식만 있기 때문에 마을은 없는 것이다. 사람이라는 것도 없기 때문에 사람이라는 인식을 조건하여 생긴 어떠한 번잡함도 없다. 오로지 숲이라는 인식 하나만큼의 번잡함만이 있다. 숲과 관계된 것만 있다는 것이다. 숲에 대해서는 여러 가지 인식과 번잡함이 있다. 예를 들면 이 숲은 정말 내가 있을 곳이다, 이 숲은 내 몸과 마음을 편안하게 해준다, 숲에는 어떤 나무가 있다 등의 번잡함이다. 숲이라는 것에만 마음이 가 있는 인식은 '마을이라는 인식이 공하다, 사람이라는 인식이 공하다'라고 분명히 안다. 숲이라는 인식 하나만큼 공하지 않다고 알면서, 있는 것과 없는 것을 분명히 하는 것이다. 자기 속에 분명히 안다는 말이다.

이렇게 있는 것과 없는 것이 분명하다. "거기에 없는 것은 공하다고 관찰하고, 거기에 남아 있는 것은 존재하므로 있다고 꿰뚫어 안다." 부처님은 이런 상태를 '정확하게 아는 청정한 공의 경지'라고 하였다. 진실되기 때문에, 전도됨이 없기 때문에 정확하게 아는 것이고 청정한 경지이다. 마을이나 사람으로부터 청정해진 공의 공지가 생기면, 점점 수행으로 들어간다. 이제는 마을이나 사람이라는 인식을 마음에 기울이지 않고, 숲이라는 인식도 마음에 기울이지 않는다. 다만 땅이라는 인식 하나에만 마음을 기울인다.

> "아난다여, 비구는 마을이라는, 사람이라는, 숲이라는 인식
> 에 마음을 기울이지 않고, 땅이라는 인식에 마음을 기울이
> 고 깊이 들어간다. 깨끗한 믿음을 가지고 확립하고 확신을
> 가진다."

이렇게 땅에 마음을 기울인 비구는 인식이 깊어져 깨끗한 믿음을 가지고 확신하게 된다. 이때 땅이라는 것은 단순히 땅을 가리키는 말이

아니다. 땅까시나(paṭhavī-kasiṇa)를 말한다. 삼매를 닦는 수행에 40가지 주제가 있다. 여기에는 지, 수, 화, 풍, 청, 황, 적, 백, 빛, 공간 까시나가 있고, 땅까시나도 여기에 포함된다. 우리는 땅 위에 존재하므로 땅을 수행 주제로 삼은 것이다. 까시나는 니까야에서 자주 나오지 않는다. 그래서 까시나가 수행 주제인지에 대해 의문을 가질 수 있다. 하지만 부처님은 땅까시나에 대해 분명히 설명하였다.

> "아난다여, 마치 소가죽을 100개의 막대기로 완전하게 펴면
> 주름이 없듯이, 그와 같이 비구는 땅이 솟아오른 곳과 움푹
> 파인 곳, 강물, 골짜기, 그루터기, 가시덤불, 울퉁불퉁한 곳,
> 산 등 그 어떤 것도 마음을 기울이지 않는다."

울퉁불퉁한 땅에는 주의를 기울이지 않고, 균일하고 평평한 땅을 수행 주제로 삼는다고 하였다. 즉 아무 땅이나 수행 주제가 되는 것은 아니다. 땅까시나가 될 수 있는 땅이 수행의 주제이다. 땅까시나를 수행할 때는 먼저 수행처 근처에 있는 땅에서 돌멩이나 잡티 같을 것을 모두 제거한다. 땅을 평평하게 고르고 난 뒤에 그 땅을 본다. 눈을 감아도 그 땅이 그대로 있어야 한다. 그 땅을 사방으로 확장한다. 온 세상이 땅으로 가득 찰 때까지 확장한다. 온 세상이 땅으로 가득 찬다. 그때 땅의 중심부에 집중하면서 선정에 들어간다. 땅이라는 인식 하나에만 마음을 기울이면, 그의 마음은 땅이라는 인식에 깊이 들어가고 깨끗한 믿음을 가지고 확립하고 확신을 가진다.

부처님이 직접 자세히 설명한 땅까시나는 내가 수행했던 경험과

똑같은 것 같다. 그래서 땅이라는 인식 하나만이 있는 비구는 '땅이라는 인식 하나만큼 번잡함이 있다'고 꿰뚫어 안다. 땅이라는 인식을 통해서 초선, 제2선, 제3선, 제4선에 들어가고, 없는 것과 있는 것을 분명히 안다.

> "참으로 그는 거기에 없는 것은 공하다고 알고, 거기에 남아
> 있는 것은 존재하므로 있다라고 안다. 아난다여, 이와 같이
> 하여 그에게 진실되고 전도함이 없는 청정한 공의 경지가
> 생긴다."

이 비구는 숲이라는 인식을 마음에 기울이지 않고 땅이라는 인식에도 기울이지 않는다. 오로지 공무변처라는 인식 하나에만 마음을 기울인다. 그의 마음은 공무변처라는 인식에 깊이 들어가고 깨끗한 믿음을 가지고 확립하고 확신을 가진다. 공무변처라는 무색계 선정에 들어가는 것이다.

그러면 어떻게 해서 무색계 선정의 첫 번째인 공무변처에 들어가는가. 땅까시나를 주제로 수행하는 경우를 예로 들어 보자. 땅까시나를 얻고 난 뒤에 무색계 공무변처를 얻는다. 땅까시나로써 색계의 초선, 제2선, 제3선, 제4선에 들어간다. 4선에서 나와 '물질을 가진 것은 괴로움이다. 물질을 가지고 있기 때문에 태어나고 병들고 늙고 죽는다. 이제 나는 물질이 없는 공무변처에 들겠다'라고 숙고하면서 허공에 마음을 기울인다. 땅으로 가득 찼던 세상에 빈틈이 조금씩 생긴다. 땅이 점점 없어지면서 허공으로 가득 차는 경지에 이른다.

정신과 의사가 들려주는 불교 사용 설명서

"그는 이와 같이 분명히 안다.

'사람이라는, 숲이라는, 땅이라는 인식을 조건으로 생긴 어떠한 번잡함도 여기에 없다. 오직 공무변처라는 인식 하나만큼의 번잡함이 있다.'

거기에 없는 것은 공하다고 관찰하고, 거기에 남아 있는 것은 존재하므로 있다라고 꿰뚫어 안다. 이와 같이 그 비구에게는 진실되고 전도됨이 없는 정확하게 아는 청정한 공의 경지가 생긴다."

'공무변처라는 인식 하나만큼 번잡함이 있다'는 것은 자기가 공무변처에 있다는 것을 안다는 의미이다. 즉 자기 자신에 대해서 분명히 아는 것이다. 처음에는 마을에 대한 인식이나 사람에 대한 인식이 있었지만, 마음을 안정시켜 숲에 인식을 기울이고 땅까시나를 가지고 선정에 든다. 이를 토대로 공무변처를 경험하고, 공무변처라는 인식 하나만큼은 공하지 않다는 것을 확실히 안다. 공무변처에 있는 사람은 앞서 공하지 않다고 인식했던 땅까시나까지 공하다고 안다. 그것으로부터 깨끗해졌다는 것이다. 그러므로 공이라는 것이 따로 있는 게 아니다. 없는 것, 그것이 공이다.

공무변처 다음 단계는 식무변처이다. '공무변처는 4선정에 가깝다. 공무변처보다는 더 수승하고 고요한 식무변처에 들겠다'고 숙고하면서 공무변처를 아는 마음에 집중하면 식무변처가 전개된다. 이때는 번뇌가 없는 상태이기 때문에 숙고하면 그다음 경지로 자연스럽게 들어가게 되어 있다. 그는 땅이라는 인식이 공하고, 공무변처라는 인식이 공하다고 안다. 그 순간에는 둘 다 없기 때문이다. 다만 식무변처라는 인식 하나만큼 공하지 않다고 안다. '이것이 없고 저것이 있다'를 분명히 안다. 그렇게 진실되고 전도됨이 없는, 정확하게 아는 청정한 공의 경지가 나타난다.

그다음 단계는 무소유처이다. 식무변처는 공무변처에 가깝고, 무소유처보다는 고요하지 못하며 수승하지도 않다. 그래서 공무변처와 공무변처를 알고 있는 식무변처의 식을 없애고, 그것들이 없는 무소유처에 들어가겠다고 숙고한다. '없음, 없음' 하면서 공무변처와 공무변처를 아는 식이 없는 경지에 마음을 기울이면 무소유처가 전개된다. 무소유처에 들어가게 되면 공무변처라는 인식을 조건으로 생긴 어떤 번잡함도 '여기 없다'고 안다. 식무변처라는 인식을 조건으로 생긴 어떤 번잡함도 여기에 없다고 알고, 무소유처라는 인식 하나만큼의 번잡함이 있다고 안다. 있는 것과 없는 것을 분명히 아는 것이다. 이처럼 자기 경지에 확고하게 정착해 있다. 진실되고 전도됨이 없는 정확하게 아는 청정한 공의 경지가 나타난다. 무소유처에 있는 존재에게는 그 앞 단계들은 모두 없어진 청정한 경지가 있는 것이다.

그다음 단계인 비상비비상처는 무색계 선정의 마지막 단계이다. 비상비비상처에서는 상도 없고 상 아닌 것도 없다. 상으로 대표되는 정신작용에는 느낌, 행, 식이 있다. 이러한 모든 정신작용이 있는 것도 아니고 없는 것도 아닌 경지가 전개된다. 정신작용이 분명하지는 않지만 없는 것도 아닌, 그만큼 굉장히 고요한 상태이다. 앞의 인식들은 모두 없어진 청정한 경지이다. 그러나 비상비비상처라는 인식 하나만큼은 공하지 않다고 분명히 안다.

여기서 그치지 않는다. 비상비비상처에도 마음을 기울이지 않고, 표상이 없는 마음의 삼매에만 마음을 기울인다. 마음이 표상을 취하고 있지 않은 것과 마음으로 하나가 되는 삼매를 얻는다. '영원하다, 행복하다, 자아다'라는 표상이 없지만, 아직 한계는 있다. 무상, 고, 무아라는 표상이 있기 때문이다. 그 삼매에 깊이 들어가면 무소유처나 비상비비상처라는 인식을 조건 하여 생긴 어떤 번잡함도 여기에 없다고 안다. 그러나 지금 수행자의 몸은 없어지지 않았다. 생명을 조건으로 하고 이 몸을 의지하는 여섯 가지 감각 장소인 안, 이, 비, 설, 신, 의와 관계된 번잡함이 있다. 마음의 번뇌는 없지만, 감각 장소로부터 영향을 받게 된다. 예를 들어 아라한이 되어도 신체적 고통은 어찌할 수 없다. 다만 마음의 고통이 없을 뿐이다.

수행자는 각 단계에서 청정한 경지가 생기지만, 여기서 더 나아가 표상이 없는 마음의 삼매에 들어간다. 무상, 고, 무아를 대상으로 하므로 이것 역시 형성된 것이고 의도된 것이다. 형성되고 의도된 것은 무엇이든 무상하고 소멸되기 마련이라고 마음을 기울인다. 무상, 고, 무아를 넘어서는 것이다. 이렇게 알 때 어떤 현상이 일어나게 되면 감각적 욕망에 기인하는 번뇌에서 마음이 해탈하게 된다. 존재에 기인한 번뇌에서 마음이 해탈하게 되고, 무명에서 기인한 번뇌에서 마음이 해탈하게 된다. 아라한이 되는 것이다. 그래서 해탈했을 때 해탈했다는 지혜가 생긴다.

"이와 같이 알고 볼 때 '이제 태어남은 다했고, 청정범행은 성취되었고, 할 일은 다해 마쳤다. 다시는 어떤 존재로도 돌아오지 않을 것이다'라고 꿰뚫어 안다."

공은 '없는 것'이다. 이것이 초기불교의 공에 대한 설명이다. 있는 것은 있다고 알고, 없는 것은 없다고 분명히 안다. 이렇게 관찰하면 진실되고 전도됨이 없는 청정한 공의 경지가 생긴다. 이 경지가 바로 부처님이 '공에 들어 머문다'라고 했던 설법의 내용이다. 없애야 할 것을 모두 없앤 경지가 공이다.

> "그러므로 아난다여, 여래의 가르침을 따르는 이 회상에서
> '나는 지극히 청정한 구경의 위없는 공을 구족하여 머물리라'라고 이와 같이 그대들은 수행해야 한다."
> 그 말씀을 듣고 아난다는 매우 흡족한 마음으로 세존의 말씀을 듣고 크게 기뻐하였다.

공에 대한 수행은 지금 앉아 있는 곳에서 시작할 수 있다. 우리를 힘들게 하고 번잡하고 피곤하게 하는 것들을 하나씩 없애고, 앉은 자리에서 '항상하다, 즐겁다, 이것은 나의 것이다'라는 표상이 없는 경지를 이루고 나면, '무상, 고, 무아도 한계가 있다, 이것 또한 형성된 것이다'라고 그것의 한계를 넘어서고 아라한의 경지에 갈 수 있다. 우리에게 도움이 되지 않는 것들을 없애서 공한 경지를 얻어야 한다. 이것이 공에 대한 부처님의 가르침이다.

무기(無記),
설명하지 않음

부처님의 말씀은 굉장히 명쾌하다. 외도이든 제자이든 누구든지 질문하면 그 질문에 대해 명확하게 답변하기 때문에, 법문을 듣고 나면 조금의 의문도 남지 않는다. 현대의 우리가 니까야를 읽어도 같은 경험을 할 수 있다.

그런데 부처님이 어떤 질문에 대해서는 "나는 그것에 대해서 설명하지 않는다"라면서 구체적인 답변을 하지 않았다. 이것을 '무기(無記)'라고 한다. 부처님은 왜 답을 하지 않았을까. 이에 대해서 상당히 많은 논의가 있어 왔고, 경전에도 기록이 남아 있다. 부처님이 무기로써 답한 질문들은 열 가지가 대표적이다. 그런데 북전(北傳)인《잡아함경》이나《아비달마구사론》에는 열네 가지,《장아함경》에는 열여섯 가지 무기도 나타난다. 이 중에서 공통되는 기본 질문은 네 가지 주제이다. 이 세상은 영원한가 아닌가, 이 세상은 끝이 있는가 없는가, 생명과 몸은 같은가 다른가, 여래는 사후에도 존재하는가 아닌가.

그런데 이런 질문들은 불교 교단에서는 나오지 않았다는 점에 주목해야 한다. 외도 수행자들이 부처님이나 제자들에게 했던 질문들이다. 부처님의 가르침을 따르는 사람은 하지 않는 질문들을 하면서, 외도 수행자들은 부처님에게 답변을 요구하였다. 다른 스승들은 이런 질문에 '이건 이렇다'라고 답하는데 왜 부처님은 설명하지 않는지 반문하고 비난하기도 했다. 이들은 부처님의 제자들에게도 같은 질문을 하곤 했지만, 제자들의 대답 또한 같았다. "세존께서는 그에 대해서 설명하지 않으셨다." 부처님의 탁월한 제자들은 부처님이 설명하지 않는 내용에 대해 자기 생각을 덧붙여 이렇다 저렇다 추측하지 않았다. 이런 점은 지금 우리도 본받아야 하는 중요한 자세라고 생각한다.

그러면 부처님은 왜 이런 질문들에는 답하지 않았을까.《상윳따 니까야》〈목갈라나 경〉(S44:7)에서 그 이유를 확인할 수 있다. 유행승인 왓차곳따가 마하 목갈라나 존자에게 열 가지 질문을 하였지만, 마하 목갈라나 존자는 이러한 열 가지 질문에 대해 대답하면서 이렇게 말하였다. "세존께서는 이것을 설명하지 않으셨습니다."

왓차곳따 유행승이 마하 목갈라나 존자에게 말했다.
"막갈라나 존자여, 다른 외도 유행승들에게 '세상은 영원합니까? 세상은 영원하지 않습니까? 세상은 유한합니까? 세상은 무한합니까? 생명과 몸은 같은 것입니까? 생명과 몸은 다른 것입니까? 여래는 사후에도 존재합니까? 여래는 사후에 존재하지 않습니까? 여래는 사후에 존재하기도 하고 존재하지 않기도 합니까? 여래는 사후에 존재하는 것도 아니고 존재하지 않는 것도 아닙니까?'라고 물으면 그들은 명쾌하게 대답해 줍니다.

그런데 무슨 원인과 조건 때문에 그들은 '유한하다', '무한하다', '있다', '없다', '존재한다', '존재하지 않는다'라고 명쾌하게 대답하는데, 부처님은 대답하지 않는 것입니까?"

마지막 네 번째 질문은 여래의 사후에 대해 네 가지 방식으로 물은 것이다. 그 당시 인도에서 말하는 모든 경우의 수를 언급한 질문이다. 왓차곳따는 왜 답변하지 않는지 그 이유를 물었다. 마하 목갈라나는 열 가지 질문에 대한 답이 아니라, 왜 답하지 않는지에 대한 질문에 이유를 설명하였다.

마하 목갈라나 존자가 말하였다.

"왓차여, 외도 유행승들은 이 눈을 두고 '이것은 내 것이다, 이것은 나다, 이것은 나의 자아다'라고 관찰합니다. 귀, 코, 혀, 몸, 마노를 두고 '이것은 내 것이다, 이것은 나다, 이것은 나의 자아다'라고 관찰합니다. 그렇기 때문에 그들은 질문에 각각 대답합니다.

그러나 여래 아라한 정등각자께서는 이 눈을 두고 '이것은 내 것이다, 이것은 나다, 이것은 나의 자아다'라고 관찰하지 않습니다. 귀, 코, 혀, 몸, 마노를 두고 '이것은 내 것이다, 이것은 나다, 이것은 나의 자아다'라고 관찰하지 않습니다. 그렇기 때문에 여래 아라한 정등각자께서는 답하지 않는 것입니다."

마하 목갈라나 존자의 답변은 매우 간결하다. 부처님이 열 가지 질문에 자세하게 답하지 않는 이유는 여섯 가지 감각기관에 대해 바르게 관찰하기 때문이다. 아마도 왓차곳따는 마하 목갈라나의 답을 듣고 수긍했던 것 같다. 그래서 그는 다시 부처님을 찾아가 똑같은 질문을 했고, 부처님은 마하 목갈라나 존자가 답했던 것과 똑같은 답변을 하였다. 그러자 왓차곳따는 매우 놀라며 감탄하였다.

"경이롭습니다. 고따마 존자시여. 놀랍습니다. 고따마 존자시여. 아주 중요한 문제에 대해서 참으로 스승과 제자의 뜻과 뜻이, 문장과 문장이 일치하고 모순되지 않습니다."

왓차곳따는 부처님과 제자들이 열 가지 질문에 대해 정확하게 보고 있다는 것을 알고 굉장히 경이롭게 받아들였다. 그런데 왓차곳따와 달리, 부처님이 설명하지 않은 열 가지에 대해 엉뚱한 소문을 내는 자들도 있었다. 《상윳따 니까야》〈아누라다 경〉(S44:2/S22:86)은 이와 관련이 있다.

외도 유행승들이 아누라다 존자를 찾아와서 말했다.
"도반 아누라다여, 여래는 최상의 사람이며 최고의 사람이며 최고에 도달한 분입니다. 그런 여래가 자신에 대해서 '여래는 사후에도 존재한다'라고 말하고, '여래는 사후에 존재하지 않는다'라고도 말하며, '여래는 사후에 존재하는 것도 아니고 존재하지 않는 것도 아니다'라고 말하고, '여래는 사후에 존재하는 것도 아니고 존재하지 않는 것도 아니다'라고 분명히 말했습니다."

아누라다 존자가 말하였다.

"도반들이여, 여래는 그렇게 천명하지 않으셨습니다."

유행승들의 말을 들은 아누라다 존자가 '부처님은 그런 말씀을 하지 않았다'고 바로잡아 주었지만, 그들은 아누라다 존자가 출가한 지 오래된 장로가 아니라서 어리석고 알지 못한다고 비난하며 떠났다. 아누라다 존자는 그들이 왜 부처님이 하지 않은 말을 했다고 하는지, 다시 이런 일이 생기면 어떻게 대답해야 부처님이 설한 대로 설명할 수 있는지 생각해 보았지만, 확신이 서지 않았다. 아누라다 존자는 의문을 품고 부처님을 찾아가 사실대로 말하였다. 부처님은 그 자리에서 아누라다 존자의 의문을 완전히 해소해 주었다.

부처님의 설명은 이러하다. 물질, 느낌, 인식, 행, 식이라는 5온은 무상하다. 무상하고 괴로움이고 변하기 마련인 것을 두고 '이것은 내 것이다, 이것은 나다, 이것은 나의 자아다'라고 관찰하는 것은 타당하지 않다. 이것들을 있는 그대로 바른 통찰지로 보아야 한다. 잘 배운 성스러운 제자는 물질, 느낌, 인식, 행, 식에 대해 염오하고, 탐욕이 빛바래고, 해탈한다. 해탈하면 해탈했다는 지혜가 있다. '태어남을 다했다. 청정범행은 성취되었다. 할 일을 다 해 마쳤다. 다시는 어떤 존재로 돌아오지 않는다'고 꿰뚫어 안다.

이어서 부처님은 여래의 사후에 대해서 직접적으로 언급한다. 사람들이 5온이 나라고 생각하는 잘못된 견해가 여래의 사후에 대한 질문들에도 똑같이 적용되고 있다는 점을 지적하였다.

> 부처님이 물었다.
> "아누라다여, 그대는 물질이, 느낌이, 인식이, 행이, 식이 각 각 여래라고 관찰하는가? 물질, 느낌, 인식, 행, 식 안에 여래 가 있다고 관찰하는가? 물질과 느낌과 인식과 행과 식이 여 래라고 관찰하는가? 물질도 아니고 느낌도 아니고 인식도 아니고 행도 아니고 식도 아닌 것을 여래라고 관찰하는가?"
> 아누라다가 답하였다.
> "그렇지 않습니다, 세존이시여."
> 부처님이 말하였다.
> "아누라다여, 그대는 지금 여기에서도 여래는 실재하고 견 고하다고 입증하지 못하고 있다. 그런데도 여래가 네 가지 경우로 존재한다고 말할 수 있겠는가?"

무상하고 괴로움이고 변하기 마련인 물질, 느낌, 인식, 행, 식으로 이리저리 여래를 관찰한다면, 결코 여래가 실재하고 견고하다고 입증할 수 없다. 부처님의 설명을 들은 아누라다는 완전하게 의문이 풀렸다.

> 부처님이 말하였다.

"아누라다여, 그러므로 나는 이전에도 지금도 괴로움의 소
멸을 천명할 뿐이다."

지금 우리 존재를 정확히 안다면 '여래는 이렇다'라고 말할 수 없다.
나아가 여래가 사후에 존재하는가 아닌가 하는 논쟁도 아무 의미가
없게 된다. 부처님은 이 점을 분명하게 확인시켜 주었다.

아누라다 존자의 사례처럼, 부처님의 제자들 사이에서도 이 질
문들에 대한 부처님의 무기(無記)는 중요한 문제였을 것이다. 사리뿟
따 존자와 마하 꼿티따 존자가 여래의 사후에 대해 대화하였는데, 그
내용이 《상윳따 니까야》〈사리뿟따와 꼿티따 경〉(S44:3-S44:6)에 나온
다. 사리뿟따 존자는 지혜 제일이고, 마하 꼿티따 존자는 4무애 제일
인 제자이다. 4무애란 네 가지에 아주 능통하다는 의미인데, 부처님이
말씀한 뜻도 잘 알고, 법도 잘 알고, 언어도 잘 알고, 부처님 가르침을
잘 표현하는 것의 네 가지를 말한다.

이 경은 《상윳따 니까야》에 같은 제목으로 네 번 연달아 나온다.
처음 세 경은 마하 꼿티따가 질문하고 사리뿟따 존자가 답변하지만,
네 번째 경은 사리뿟따 존자가 질문하고 마하 꼿티따가 대답하는 구
조이다. 질문자가 바뀔 뿐 질문의 내용은 같다. 그런데 답변에는 차이
가 있다. 처음 경에서는 5온, 두 번째 경에서는 5온의 일어남과 소멸
함과 소멸로 인도하는 도 닦음, 세 번째 경에서는 갈애, 네 번째 경에
서는 존재나 취착이나 갈애를 즐거워함으로 설명하였다. 이 네 경을
통해 무기의 원인과 조건을 여러 측면으로 밝혔다고 볼 수 있다.

먼저 〈사리뿟따와 꼿티따 경〉의 첫 번째 대화를 보자.

마하 꼿티따가 사리뿟따에게 물었다.

"도반이여, '여래는 사후에도 존재합니까?', '여래는 사후에 존재하지 않습니까?', '여래는 사후에 존재하기도 하고 존재하지 않기도 합니까?', '여래는 사후에 존재하는 것도 아니고 존재하지 않는 것도 아닙니까?'라고 물으면 세존께서는 무슨 원인과 무슨 조건 때문에 이것을 설명하지 않으셨습니까?"

사리뿟따가 마하 꼿티따에게 답하였다.

"도반이여, 그런 질문들은 물질, 느낌, 인식, 행, 식에 대한 것입니다. 이런 원인과 조건 때문에 부처님이 그것에 대해서 설명하지 않은 것입니다."

'여래는 사후에 존재한다' 등의 질문은 여래의 물질이 존재하는가 아닌가에 대한 질문이다. 또 여래의 느낌, 인식, 행, 식에 대한 질문이므로 부처님이 설명하지 않았다고 한다.

두 번째 〈사리뿟따와 꼿티따 경〉에도 마하 꼿티따가 사리뿟따 존자에게 같은 질문을 하였다. 몰라서 물었다고 생각하지 않는다. 다른 사람이나 후대의 사람들을 위해서 기록으로 남기거나, 또는 이미 알고 있지만 확인하는 것일 수 있다.

사리뿟따가 마하 꼿티따에게 답하였다.

"도반이여, 물질을 있는 그대로 알지 못하고, 물질의 일어남을 있는 그대로 알지 못하고, 물질의 소멸을 있는 그대로 알지 못하고, 물질의 소멸로 인도하는 도 닦음을 있는 그대로 알지 못하는 자는 '여래는 사후에도 존재한다, 존재하지 않는다, 존재하기도 하고 존재하지 않기도 한다, 존재하는 것도 아니고 존재하지 않는 것도 아니다'라고 생각합니다. 또 느낌, 인식, 행, 식에 대해서도 마찬가지입니다.

이런 원인과 조건 때문에 부처님이 그것에 대해서 설명하지 않은 것입니다."

부처님은 물질, 느낌, 인식, 행, 식에 대해 있는 그대로 알고, 그것들의 일어남, 소멸, 소멸로 인도하는 도 닦음에 대해 있는 그대로 알기 때문에 '여래는 사후에 존재한다' 등의 질문에 답하지 않는다.

세 번째 〈사리뿟따와 꼿티따 경〉은 5온에 대한 갈애와 관련지어 답한다.

사리뿟따가 마하 꼿티따에게 답하였다.

"도반이여, 물질, 느낌, 인식, 행, 식에 대한 탐욕을 여의지 못하고, 열의를 여의지 못하고, 애정을 여의지 못하고, 갈증을 여의지 못하고, 열병을 여의지 못하고, 갈애를 여의지 못한 자는 '여래는 사후에도 존재한다, 존재하지 않는다, 존재하기도 하고 존재하지 않기도 한다, 존재하는 것도 아니고 존재하지 않는 것도 아니다'라고 생각합니다.

이런 원인과 조건 때문에 부처님이 그것에 대해서 설명하지 않은 것입니다."

마지막 네 번째 〈사리뿟따와 꼿티따 경〉은 사리뿟따 존자가 동일한 질문을 하고, 마하 꼿티따가 답하는 구조이다.

> 마하 꼿티따가 사리뿟따에게 답하였다.
> "도반이여, 물질을 즐거워하고 탐닉하고 기뻐하는 자는 물질의 소멸을 알지 못하기 때문에 '여래는 사후에도 존재한다, 존재하지 않는다, 존재하기도 하고 존재하지 않기도 한다, 존재하는 것도 아니고 존재하지 않는 것도 아니다'라고 생각합니다. 느낌, 인식, 행, 식에 대해서도 마찬가지입니다. 또한 존재에 대해서, 취착에 대해서, 갈애에 대해서 즐거워하고 탐닉하고 기뻐하는 자는 물질의 소멸을 알지 못하기 때문에 '여래는 사후에도 존재한다, 존재하지 않는다, 존재하기도 하고 존재하지 않기도 한다, 존재하는 것도 아니고 존재하지 않는 것도 아니다'라고 생각합니다.
> 이런 원인과 조건 때문에 부처님이 그것에 대해서 설명하지 않은 것입니다."

앞에서도 지적했지만, 불교 교단의 구성원은 '여래는 사후에 존재하는가' 등의 질문을 하지 않는다. 이런 문제에 대해 의심이 있는 사람이 불교 공부를 많이 한다면, 의심이 없어질 수 있다. 하지만 세간에서 이런 문제들이 논쟁거리가 되고 논란이었기 때문에 부처님의 두 제자가 서로 질문과 답을 주고받으면서 의심을 풀어주려고 했던 의도가 엿보인다.

사리뿟따가 마하 꼿티따에게 다시 물었다.

"도반이여, 그러면 부처님이 그것에 대해 설명하지 않은 이유를 다른 방법으로도 설명할 수 있습니까?"

마하 꼿띠타가 사리뿟따에게 답하였다.

"도반이여, 여기서 그대는 더 이상 무엇을 원하십니까? 갈애를 부수고 해탈한 비구에게는 그의 존재 양상을 천명할 방법이 없습니다."

결국 '여래가 사후에 존재하는가 아닌가' 등의 질문에 대해서 '존재한다, 존재하지 않는다' 등으로 대답할 수 있는 것은 없다. 그리고 부처님의 제자들은 이런 질문 자체를 하지 않는다. 부처님의 뜻을 모두 알고 있기 때문일까. 《앙굿따라 니까야》〈설명하지 않음 경〉(A7:51)에서 그 이유를 확인할 수 있다.

어떤 비구가 부처님에게 물었다.

"세존이시여, 무슨 원인과 조건 때문에 부처님이 설명하지 않은 것에 대해서 잘 배운 성스러운 제자에게는 의심이 일어나지 않습니까?"

부처님이 답하였다.

"비구여. 견해가 소멸하였기 때문에 여래가 설명하지 않은 것에 대해서 잘 배운 성스러운 제자에게는 의심이 일어나지 않는다."

잘 배운 성스러운 제자, 즉 성자가 된 제자에게는 왜 무기에 대한 의심이 없을까. 부처님의 첫 대답은 '견해가 소멸하기 때문'이다. 잘못된 견해, 삿된 견해, 잘 보지 못해서 생긴 견해가 소멸한 성스러운 제자들은 무기에 대해 의심이 일어나지 않는다.

> "비구여, '여래는 사후에 존재하는가' 등의 질문은 잘못된 생각, 삿된 견해일 뿐이다. 배우지 못한 범부는 이러한 견해를 꿰뚫어 알지 못하고, 그런 견해가 어떻게 일어나는지 어떻게 소멸하는지 알지 못하고 그 견해의 소멸로 이끄는 도 닦음을 꿰뚫어 알지 못한다. 그의 견해는 강해져서 태어남, 늙음, 죽음으로부터 해탈하지 못하고, 슬픔, 비탄, 육체적 고통, 정신적 고통, 절망으로부터 해탈하지 못한다. 그는 괴로움으로부터 해탈하지 못한다고 나는 말한다."

배우지 못한 범부와 달리, 잘 배운 성스러운 제자는 삿된 견해를 꿰뚫어 알고 나아가 괴로움으로부터 해탈한다. 그리고 부처님이 설명하지 않은 무기에 대해서, 그들도 설명하지 않는다. 부처님 말씀에 따라 공부를 많이 하면, 무기에 대해서 흔들림이 없고 의문이 생기지 않는다.

> "비구여, '여래는 사후에도 존재한다' 등은 갈애, 인식, 생각, 사량분별, 취착에서 나온 것이고, 나중에 후회할 일이다. 이와 같이 알고 보는 잘 배운 성스러운 제자는 '여래는 사후에도 존재한다' 등을 설명하지 않는다. 이와 같이 알고 보는

정신과 의사가 들려주는 불교 사용 설명서

잘 배운 성스러운 제자는 부처님이 설명하지 않은 것들에 대해서 흔들리지 않고 동요하지 않고 떨지도 않고 전율에 빠지지도 않는다.

이러한 원인과 조건 때문에 여래가 설명하지 않은 것에 대해서 잘 배운 성스러운 제자에게는 의심이 일어나지 않는다.”

그러면 '세상은 영원한가 영원하지 않은가', '세상은 무한한가 유한한가'는 어떤 원인과 조건으로 부처님이 설명하지 않은 것일까. 이와 관련하여 《상윳따 니까야》 〈세상에 대한 사색 경〉(S56:41)에는 세상에 대해 사색하는 어떤 사람의 이야기가 나온다. 이 사람은 마가다국의 수도인 라자가하를 떠나 어느 호숫가 언덕에 앉아 세상은 누가 만들었는지 등에 대해 사색하였다. 그런데 그의 눈에 네 무리의 군대가 연꽃의 줄기 속으로 들어가는 것이 보였다. 그러자 그는 도시로 들어가 많은 사람들이 모여 있는 곳에서 자기가 본 것을 이야기했다. 사람들은 그가 제정신이 아니라고 생각했다. 세상에 존재하지 않는 것을 보았다는 그의 말을 믿을 수 없었다. 그런데 부처님의 말씀은 달랐다.

“비구들이여, 그 사람은 실제로 존재하는 것을 본 것이다. 옛날에 신들이 아수라들과의 전쟁에서 승리하였다. 전쟁에서 패한 아수라들은 신들에 대한 공포심 때문에 연꽃 줄기를 통해서 아수라의 도시로 들어갔다.

비구들이여, 그러므로 그대들은 세상에 대해 사색을 하지 말아야 한다.”

세상이 영원한지 아닌지, 유한한지 무한한지를 사색하는 것은 부질없는 일이다. 답도 없는 것을 찾으려고 노력만 허비하다가 정작 실제로 일어난 것을 보지 못하고 믿지 못하게 될 뿐이다.

> "이런 것을 사색하는 것은 참으로 이익을 주지 못하고, 청정 범행의 시작이 아니고, 염오로 인도하지 못하고, 탐욕의 빛 바램으로 인도하지 못하고, 소멸로 인도하지 못하고, 고요함으로 인도하지 못하고, 최상의 지혜로 인도하지 못하고, 바른 깨달음으로 인도하지 못하고, 열반으로 인도하지 못하기 때문이다."

사색할 준비가 되지 않은 사람이 사색하다 보면 실제로 본 것도 없다고 할 수 있다. 그러면 우리는 무엇을 사색해야 할까.

> "비구들이여, 그대들은 '이것은 괴로움이다'라고 사색해야 된다. '이것은 괴로움의 일어남이다'라고 사색해야 된다. '이것은 괴로움의 소멸이다'라고 사색해야 된다. '이것은 괴로움의 소멸로 인도하는 도 닦음이다'라고 사색해야 된다. 비구들이여, 이런 사색은 참으로 이익을 주고, 청정범행의 시작이고, 염오로 인도하고, 탐욕의 빛바램으로 인도하고, 소멸로 인도하고, 고요함으로 인도하고, 최상의 지혜로 인도하고, 바른 깨달음으로 인도하고, 열반으로 인도하기 때문이다."

부처님의 핵심 가르침은 4성제이다. 부처님은 세상에 대한 사색이 아니라 4성제를 사색하라고 당부한다.

화의 파괴력,
탐진치

화는 우리를 힘들게 하고 불편하게 하고 괴롭게 하는 번뇌이다. 화가
있을 때 우리는 편안할 수 없다. 불교에서 번뇌는 탐진치로 수렴된다.
탐욕, 성냄, 어리석음, 이 세 가지에 모든 번뇌가 들어가 있다고 본다.

화는 탐진치의 측면에서 본다면 더 잘 이해할 수 있다. 이 세상에
있는 모든 것, 이 세상에서 일어나는 모든 일은 있을 만하니까 있는
것이다. 인과의 법칙에 의해서 필연적으로 나타나게 되어 있다. 모든
것이 인과에 의해서 일어난다는 것을 모를 때, 이것이 근본적인 무지
(어리석음)이다. 무지를 바탕으로 우리는 욕심을 가지게 된다. '세상이
이렇게 되었으면 좋겠다, 다른 사람이 이렇게 했으면 좋겠다, 나에게
이런 일이 일어났으면 좋겠다'라는 소망과 욕심이 일어난다.

욕심[貪]은 잘못 본 것을 바탕으로 하므로 이루어질 수가 없다.
욕심이 이루어지지 않았을 때, 보통 사람들은 '내가 잘못 보았구나, 내

가 잘 몰라서 욕심을 부렸구나'라고 바로 보지 않는다. 자기 욕심대로 이루어지지 않았다고 화[瞋]를 낸다. 왜 이렇게 되었는지 받아들이지 못하고 화를 내고, 화를 바탕으로 새로운 무지[癡]가 생기고, 무지를 바탕으로 욕심이 생기고, 또다시 화가 난다. 탐진치가 꼬리에 꼬리를 물고 일어나는 것이다.

화가 나는 원리가 이러하므로, 화를 잘 다스리려면 무지를 해결해야 한다. 또한 무지에 바탕을 둔 욕심도 해결해야 한다. 그런데 탐진치 중에서 가장 센 것이 화이다. 탐욕은 은근한 성질이 있지만, 화는 굉장히 격렬하고 파괴적이다. 화가 나면 '저것은 잘못되었다, 저것을 없애야 한다'고 생각한다. 그래서 폭력과 살인이 일어나게 된다. 화는 근본적으로 거부하는 것, 받아들이지 못하는 것이다. 지금 일어난 현상을 부인하고 싫어하고 미워하고 없기를 바라는 것이므로, 화의 파괴력은 무척 크다.

당연하게도, 화의 대상이 되는 사람은 굉장히 힘들 수밖에 없다. 대개 화를 내는 사람은 화를 내는 것을 당연하게 여긴다. '이러니까 내가 화를 낼 수밖에 없지. 그래야 저 사람이 정신을 차리지'라고 생각한다. 하지만 화를 받는 입장에서는 그렇지 않다. 평소에 잘해 주던 사람이라도 나에게 극도로 화를 내면 다시는 그 사람을 보려고 하지 않게 된다. 인간관계에서 화는 매우 치명적이다. 관계 회복이 불가능한 경우도 많다.

그래서 나는 화를 폭탄이라고 생각한다. 한 번 터지면 거기에 있는 많은 것들을 파괴하기 때문이다. 화가 아주 많은 환자들이 있다. 나는 가족이나 주위 사람에게 미치는 영향이 매우 큰 사람에게는 이렇게 조언한다.

"다른 사람과 같이 있을 때 화가 나면, 그 자리를 피하세요. 아무도 없는 곳으로 가서 화가 가라앉을 때까지 기다리세요. 만약 화가 가라앉지 않는다면, 그 자리로 다시 돌아가지 마세요."

그러면 이렇게 반문하는 사람이 있다.

"내가 약하니까 피하라는 겁니까? 내가 그 사람의 눈치를 봐야 합니까?"

"화는 폭탄입니다. 폭탄이 터지면 엄청나게 큰 피해를 당합니다. 지금 누가 더 센지 약한지, 누구 눈치를 보나 안 보나, 이런 말은 할 필요가 없습니다. 일단 그 자리를 피하는 게 중요합니다."

부처님은 화에 대해서 많은 설법을 하였는데,《앙굿따라 니까야》〈분노 경〉(A7:60)도 그중 하나이다. 이 경은 우리 마음속에 화가 나고 분노가 있을 때 어떤 현상이 일어나는지를 '적을 기쁘게 하고 적에게 도움이 되는 일곱 가지 법'으로 설명한다. 화를 내면 우리가 싫어하는 사람이 기뻐하는 일이 생긴다는 것이다.

"비구들이여, 적은 그의 적에게 이와 같이 원한다. '참으로 이자가 흉한 꼴이 되기를!', '참으로 이자가 잠을 잘 자지 못하기를!', '참으로 이자에게 큰 이익이 따르지 않기를!', '참으로 이자에게 재물이 생기지 않기를!', '참으로 이자에게 명성이 따르지 않기를!', '참으로 이자에게 친구가 없기를!', '참으로 이자는 몸이 무너져 죽은 뒤 좋은 곳이나 천상에 태어나지 않기를!'

비구들이여, 적을 기쁘게 하고 적에게 도움이 되는 이러한 일곱 가지 법이 있으니, 그것은 성난 여자에게나 성난 남자에게 찾아온다."

첫째, 화를 내면 얼굴이 흉해진다. 부처님은 화를 내서 화에 압도되고 정복당하면, 비록 목욕하고 향수를 뿌리고 치장하더라도 흉한 꼴이 된다고 하였다.

둘째, 화를 내면 잠을 못 자게 된다. 잠은 우리 마음대로 되는 게 아니다. 잠과 관계가 있는 시스템이 자율신경계이다. 자율신경계는 교감신경과 부교감신경으로 이루어져 있는데, 부교감신경이 자극되어야 잠이 잘 온다. 화가 난 상태에서는 교감신경이 극도로 자극이 되어 잠을 자고 싶어도 잘 수가 없다. 화를 내는 사람은 침실의 여건이 좋아도 잠을 잘 수가 없게 된다.

셋째, 화를 내면 손해가 되는 일이 자꾸 일어난다. 행운이 찾아오지 않는다는 말이다. 화가 난 사람은 손해가 되는 말이나 행동을 한다. 자기는 잘하고 있다, 이익을 보고 있다고 생각할 수도 있지만, 화를 내는 동안에는 자기에게 손해인 일만 계속 일어나게 된다.

넷째, 화를 내면 재물이 없어지기 쉽다. 다른 사람에게 상처를 주는 말을 해서 법적인 문제가 생길 수 있고, 기물을 파괴할 수도 있다. 화가 나니까 술을 마시고 돌이킬 수 없는 잘못을 저지르기도 한다. 그러면 재물의 손실이 커진다.

다섯째, 화를 내면 명성이 따라오지 않는다. 자꾸 화를 내면 좋지 않은 소문이 나고, 사람들이 그를 좋은 사람으로 보지 않는다.

여섯째, 화를 내면 친구가 없어진다. 화를 내는 사람과 같이 있으면 힘들기 때문에 친구나 주위 사람들이 점점 그를 피하게 된다.

일곱째, 화를 내면 죽은 뒤에 좋은 곳에 태어나지 못한다. 천계나 인간계가 아닌 지옥, 아귀, 축생, 아수라계 중 어딘가로 떨어지게 된다.

이러한 일곱 가지는 외워도 좋을 듯하다. 화가 났을 때 나에게 일곱 가지 좋지 않은 일이 일어난다고 생각한다면, 화가 시작될 때 화를 다스릴 수 있을 것이다.

화를 세밀하게 관찰해 보면, 3단계로 진행된다. 잠재적인 화, 실제적인 화, 화의 외부적 발현의 단계이다. 잠재적인 화라는 건 실제로는 화가 없는 상태이다. 그런데 마음속에서 화가 슬슬 일어나는 상태가 되면 실제로 시작되는 화이다. 이렇게 화가 일어나면, 얼굴을 찡그리거나 소리를 지르거나 물건을 집어 던지는 등 화가 날뛰는 상태로 전환된다. 이러한 세 가지 화가 없어져야 화가 완전히 해결되었다고 볼 수 있다.

어떤 분이 내게 로마 제국의 16대 황제 마르쿠스 아우렐리우스가 화를 다스렸던 방법에 관해 이야기해 주었다. 아우렐리우스 황제는 스토아학파의 철학이 담긴 《명상록》의 저자인데, 이 학파는 평온한 마음과 도덕성이 있는 행동 양식을 중요시했다고 한다. 그가 화를 다스리는 방법은 회의에 참석하기 전에 참석자들 한 명 한 명마다 최악의 상태를 생각하는 것이었다. 간사한 사람은 최고로 간사한 상태를 생각하고, 욕심이 많은 사람은 최고로 욕심이 많은 상태를, 아부하는 사람은 최고로 아부하는 상태를, 화가 많은 사람은 최고로 화가 난 상태를 생각하고 회의에 들어가면, 최악의 상황보다는 덜하기 때문에 화가 나지 않는다고 한다.

아주 오래전에 만난 티베트 스님에게 화를 다스리는 방법에 대해 들은 적이 있다. 독대한 것은 아니고, 여러 신도들과 함께 스님을 만났는데 그때 한 여성과 스님 사이에 이런 문답이 오갔다.

"스님, 누군가에게 화가 날 때는 어떻게 다스려야 합니까?"

"그 사람이 나에게 도움을 줬던 일을 생각하세요."

그 여성의 질문에 스님이 즉각적으로 대답하였다. 고마운 것을 생각하라. 사실 화가 날 때는 나를 화나게 한 것만 생각한다. 다른 건 생각하지 않는다. 그럴 때는 그 사람이 나에게 도움 준 것을 생각한다면 화를 다스릴 수 있다는 스님의 답변을 듣고 참 좋은 방법이라고 생각했다.

초기불교는 사람을 범부와 성자로 나누어 설명하는데, 네 부류의 성자 중에서 불환자와 아라한에게는 화가 없다. 불환자는 유신견, 계금취, 의심, 감각적 욕망, 화(악의)라는 다섯 가지 족쇄에서 벗어난 단계에 도달한 사람이다. 이들이 소멸한 족쇄 중 감각적 욕망의 소멸은 눈, 귀, 코, 혀, 몸으로 무언가를 추구하고 바라는 게 없어진 상태이다. 그렇다면 바라는 게 없다는 것이 화와 연결이 되지 않나 하는 생각이 든다. 눈으로 무언가를 보고 화를 내고, 귀로 소리를 듣고, 코로 냄새를 맡고, 혀로 맛보고, 몸으로 감촉하는 것으로부터 화가 난다. 만약 이러한 것들에서 바라는 게 없고, 있는 그대로 받아들이는 상태가 되어 있다면 화는 나지 않을 것이다.

화는 해로운 업이다. 화라는 해로운 업은 또 다른 해로운 업을 짓게 만든다. 어떤 사람에게 문제가 있다고 해 보자. 그 문제 때문에 어떤 사람이 화를 냈다면, 화가 그 사람의 해로운 업이 되어 그는 해로운 결과를 받는다. 그런데 그 문제 때문에 내가 화를 냈다면, 그 화는 해로운 업이 되어 나에게 안 좋은 일이 벌어지게 된다. 다른 사람이 나를 화나게 하는 건 그 사람의 문제이다. 하지만 그 사람의 문제로 내가 화를 낸다면 나에게 문제가 생긴다. 그 사람의 문제 때문에 내게 문제가 생기지 않도록 하는 것이 중요하다. 다른 사람의 문제로 내가 화를 내지 않도록 노력해야 한다.

만약 어떤 사람이 나를 화나게 한다면 이렇게 생각해 보자.

'지금 저 사람의 마음속에 화가 있다. 그 사람은 화로 인해 굉장히 좋지 않은 일이 벌어진다. 그 사람의 문제가 내 문제가 되지 않도록 해야 하겠구나.'

'세상에는 저런 사람도 있다. 지금 저 사람이 뭔가 잘못 생각하고 나에게 이렇게 하는구나. 이것에 대해서 내가 어떻게 하는 게 적절한가?'

이런 생각으로 그 사람을 대한다면, 내 속에는 화도 없고 내 문제도 없다. 또한 그 사람을 이해하게 된다. 나중에 그와 비슷한 사람을 만나더라도 상대를 잘 파악하고 적절하게 대응할 수도 있을 것이다.

남을 나쁘게 한 사람은 해로운 업을 짓고 과보도 받게 되므로, 반드시 내가 응징할 필요가 없다. 만약 내가 응징하려 든다면, 응징하는 과정에서 나에게 좋지 않은 일이 벌어질 수 있다. 내 것과 남의 것을 분명히 구별하는 것이 화를 다스리는 데 중요하다고 생각한다.

그러면 누구라도 화가 날 수밖에 없는 상황에서 부처님은 어떤 말씀을 하였을까. 바라드와자 가문의 네 형제가 부처님에게 불만을 품고 따지러 온 일이 있었다. 이들은 부처님의 설법을 듣고 모두 출가하여 아라한이 되었다. 《상윳따 니까야》에는 네 형제가 어떤 이유로 부처님을 찾아왔고, 무엇을 알게 되어 출가하였는지, 그리고 아라한이 된 과정을 네 개의 경에 담고 있다.

첫 번째 경은 〈다난자니 경〉(S7:1)이다. 다난자니는 바라드와자 성(姓)을 가진 바라문의 아내이다. 그녀는 부처님과 법과 승가에 청정한 믿음을 지니고 있었다. 어느 날 음식을 남편에게 가져가다가 넘어져 상을 엎고 말았다. 큰 사건이 벌어진 것이다. 다난자니는 그 순간 "그분 세존 아라한 정등각자에게 귀의합니다"라고 세 번 읊었다.

> "나모 땃사 바가와또 아라하또 삼마삼붓닷사.
> 나모 땃사 바가와또 아라하또 삼마삼붓닷사.
> 나모 땃사 바가와또 아라하또 삼마삼붓닷사."
> "비천한 여자가 시도 때도 없이 까까머리 사문을 칭송하는
> 말만 하는구나. 내가 가서 너의 스승을 논파하겠다."

지금도 초기불교를 믿는 사람은 '부처님께 귀의합니다'라는 말을 수시로 한다. 다난자니가 부처님에게 귀의한다는 말을 세 번 반복하자, 그의 남편은 더욱 화가 났다. 다난자니 가문은 매우 높은 바라문 가문의 여성인데도, 남편은 아내를 비천한 여자라고 함부로 말을 내뱉었다. 다난자니는 의연하게 대처하였다. 부처님에 대한 확실한 믿음이 있었기 때문이다.

다난자니가 말하였다.

"바라문이여, 저는 신과 마라와 범천을 포함한 세상에서, 사
문과 바라문과 신과 인간을 포함한 무리 가운데서, 그분 세
존 아라한 정등각자를 논파할 수 있는 사람을 아무도 보지
못했습니다. 가고 싶으면 가십시오. 가면 알게 될 겁니다."

바라드와자 바라문은 매우 화가 난 상태로 부처님을 찾아갔다. 그러
나 부처님과 대화를 나누다 보니 언짢았던 마음이 유쾌하게 되었다.
그는 상당히 화가 난 사람의 행동이라고는 볼 수 없을 정도로 점잖게,
그리고 굉장히 중요한 질문을 하였다. 물론 이때까지만 해도 마음속
에는 화가 남아 있었을 것이다. 바라드와자 바라문이 부처님에게 게
송으로 물었다.

무엇을 끊은 뒤에 깊이 잠들고,
무엇을 끊고 나면 슬퍼하지 않습니까?
어떤 하나의 법을
죽이는 것을 당신은 허락하십니까? 고따마시여.

부처님이 게송으로 답하였다.

분노를 끊은 뒤에 깊이 잠들고
분노를 끊고 나면 슬퍼하지 않노라.
분노의 뿌리에는 독이 있고 꼭대기에 꿀이 담뿍 들어 있어서

이런 분노 죽이는 것 성자들은 칭송하니
이것을 끊고 나면 슬퍼하지 않기 때문이니라.

부처님이 답한 게송은 바라드와자 바라문의 마음에 감동을 주었다.
그는 곧바로 불법승 삼보에 귀의하고 출가하여 구족계를 받았다. 아
마도 인연이 충분히 무르익은 사람이었기 때문일 것이다. 바라드와자
바라문은 혼자 은둔하여 방일하지 않고 열심히 스스로를 독려하며 지
냈다. 그리고 오래지 않아 아라한이 되었다고 한다.

　　그런데 그 바라드와자 바라문 가문의 제일 큰 형이 부처님에게
출가했다는 말을 듣고 동생이 분노하였다. 부처님을 찾아와서는 오만
불손하고 몹시 거친 말로 욕설을 하고 비난하였다. 그런데 부처님은
그 욕설이 끝날 때까지 잠자코 듣기만 하였다. 이 경을 읽을 때 부처
님에게 욕을 한 사람이 있다는 것을 믿기 어려웠고, 그 욕에 대한 부
처님의 반응도 놀라웠다. 이 경이 바로 내가 항상 마음에 새기려고 노
력하는 〈욕설 경〉(S7:2)이다. 〈장로게〉, 〈장로니게〉에도 나오는 유명한
경이다.

　　부처님이 욕쟁이 바라문에게 말하였다.
　　"만약 그대의 친구, 동료, 가족, 친척들이 방문하여 음식을
　　내놓았을 때 그들이 먹지 않는다면, 그 음식은 누구의 것이
　　되는가?"
　　욕쟁이 바라문이 답하였다.
　　"그 음식은 우리 것이 됩니다."

부처님이 욕쟁이 바라문에게 말하였다.

"참으로 그러하다, 바라문이여. 그대는 우리가 욕을 하지 않
았는데도 욕을 하고, 모욕을 주지 않았는데도 모욕을 하고,
시비를 걸지 않았는데도 시비를 건다. 그러나 우리는 그것
을 받아들이지 않는다. 그러므로 그것은 그대의 것이 된다."

쓰레기 같은 음식을 내놓았을 때 사람들이 먹지 않으면 음식을 내놓
은 사람이 도로 치워야 하는 것처럼, 욕하는 것도 마찬가지다. 욕설하
거나 모욕하거나 시비를 거는 사람에게 똑같이 응수하지 않는다면,
그 욕과 모욕과 시비는 고스란히 그들에게 돌아가게 되어 있다. 그런
데 욕쟁이 바라문은 오히려 부처님이 화를 내고 있다면서 다시 시비
를 걸었다. 부처님은 게송으로서 그에게 가르침을 주었다.

억제하고 바르게 생계를 유지하고
바른 구경의 지혜로 해탈하였고
지극히 평화롭고 모든 것에 여여하고
분노가 없는 자가 어찌 분노하겠는가?

분노에 맞서서 분노하는 그런 자는
더욱더 사악한 자가 되나니
분노에 맞서서 분노하지 않으면
이기기 어려운 전쟁에서 승리하는 것이다.

정신과 의사가 들려주는 불교 사용 설명서

둘 다의 이익을 도모하는 사람들은
상대가 크게 화가 난 것을 알면
마음 챙기고 고요하게 처신한다.

그런 그는 자기 자신뿐만 아니라
상대방까지 둘 다를 구제하나니
이런 그를 어리석다 여기는 사람들은
법에 능숙하지 못한 자들이다.

부처님의 게송을 들은 욕쟁이 바라문은 불법승 삼보에 귀의하고 출가
하여 구족계를 받았고, 방일하지 않고 수행한 지 얼마 지나지 않아 아
라한이 되었다.

그러자 이번에는 바라드와자 네 형제 중 셋째가 부처님을 찾아
와 거친 말로 욕을 하고 부처님을 비난했다. 마치 아수라왕처럼, 그는
분노에 가득 차 있었다.《상윳따 니까야》〈욕설 경〉 다음에 나오는 〈아
수라 왕 같은 자 경〉(S7:3)에 그의 이야기가 있다. 그가 부처님에게 욕
설과 비난을 퍼부었지만, 부처님은 침묵하였다.

그가 부처님에게 말했다.
"사문이여, 그대는 패배했도다."
부처님이 아수라왕 같은 그에게 게송으로 답하였다.
"어리석은 자는 거친 말을 내뱉으면서
자신이 승리했다고 생각하지만

진정한 승리는 그것을 이해하고 견뎌내는

그런 자의 것이로다."

부처님은 진정한 승리란 거친 말을 하고 비난하는 것이 아니며, 분노에 맞서 분노하지 않는 것이야말로 이기기 어려운 전쟁에서 승리하는 것이라고 하였다. 그러므로 화를 내는 사람과 화의 대상이 된 사람의 이익을 함께 도모하는 사람은 마음을 챙기고 고요하게 처신한다고 알려 주었다.

화내는 사람과 자기 자신

둘 다에 이익을 도모하는 여여한 사람은

상대가 크게 화난 것을 보면

마음 챙기고 고요하게 처신한다.

그런 그는 자기 자신뿐만 아니라

상대방까지 둘 다를 구제 하나니

이런 그를 어리석다 여기는 사람들은

법에 능숙하지 못한 자들이로다.

이 게송을 들은 그는 불법승 삼보에 귀의하고 출가하여 구족계를 받았고, 방일하지 않고 수행하여 아라한이 되었다.

바라드와자 바라문 가문의 네 형제 중 세 명이 모두 부처님에게 귀의하고 출가하자, 나머지 한 명은 너무나 화가 났다. 그 또한 분노하며 부처님을 찾아왔지만, 이번에는 앞의 두 명과 달랐다. 그는 아무 말도 하지 않고 부처님 옆에 서 있기만 하였다. 부처님은 그의 마음속을 꿰뚫어 보고 게송을 읊었다.

청정하고 흠이 없고 타락하지 않은 분
그런 사람에게 잘못을 범하면
그 어리석은 자에게 죄악은 되돌아오나니
바람을 거슬러 던진 먼지 더미처럼 돌아온다.

그 역시 삼보에 귀의하고 출가하였고, 다른 형제들과 마찬가지로 아라한이 되었다. 이 네 번째 이야기는 《상윳따 니까야》〈시큼한 죽 장수 경〉(S7:4)에 나오는데, 그가 죽 장사를 하여 부자가 되었으므로 이런 제목이 붙은 것 같다.

〈다난자니 경〉부터 〈시큼한 죽 장수 경〉에 이르기까지, 부처님에게 욕설을 퍼부은 사람들이 있었고, 그들이 모두 부처님에게 귀의하여 출가했다는 이야기들은 너무나 흥미진진하고 놀랍다. 무엇보다 분노하며 부처님을 찾아온 네 형제는 모두 아라한이 되었다. 따로따로 찾아온 네 형제에게 부처님은 각각 다른 방식으로 그들의 화를 다스리게 하고, 아라한이 되도록 이끌었다.

그렇지만 이 경들에는 그들의 욕설이 어떠했는지 구체적으로 알려주지 않는다. 부처님이 이들에게만 욕설과 비난을 받았던 것도 아니다. 《법구경》에는 부처님에게 앙심을 품은 왕비가 사람들을 매수하여 부처님이 탁발하려고 성안으로 들어오면 욕설과 비방을 퍼부어 쫓아내라고 하였다. 그들이 한 욕설은 이러했다.

> "강도 같은 놈! 못된 놈! 바보! 낙타! 황소! 얼간이! 지옥에
> 갈 놈! 짐승 같은 자! 구제받지 못할 자! 지옥에서 영원히 고
> 통을 받을 자!"

이들의 욕설을 직접 들은 아난다 존자가 부처님에게 다른 곳에서 탁
발해야 한다고 간청할 정도였다. 그때 부처님은 아난다 존자에게 이
렇게 대답하였다.

> "아난다여, 그렇게 해서는 안 된다. 어려움이 일어나면 어려
> 움이 가라앉을 때까지 그곳에서 기다려야 한다. 어려움이
> 가라앉은 다음에 다른 곳으로 가야 한다.
> 아난다여, 여래는 전쟁터에 나간 코끼리와 같다. 전쟁터에
> 나간 코끼리가 사방에서 날아온 화살을 참고 견디듯이 여래
> 는 사악한 자들이 내뱉는 말을 참고 견딘다."

부처님이 상황을 어떻게 판단하였는지 알 수 있다. 어찌 보면 정면 돌
파이다. 그런 상황이 생겨난 이유가 있고, 시간이 지날수록 우리가 어
떻게 하느냐에 따라 상황이 바뀔 수 있다. 하지만 실제로 이런 갖가지
심한 욕설과 비난을 받으면 누구든지 견디기 어려울 것이다. 부처님
의 태도에서 우리는 어떻게 화를 다스릴 수 있는지 힌트를 얻을 수 있
을 것 같다.

지혜와 마음을
다스리는 훈련

《앙굿따라 니까야》에는 분노와 관련한 경들을 모은 분노 품이 있다. 이 품의 내용을 나름대로 정리해 보면, 분노는 파괴력이 있어서 우리를 불행하게 만든다는 것이다. 분노가 있으면 고통스럽게 산다. 그러므로 행복하게 살고 싶다면 분노를 없애야 한다. 네 부류의 성자 중에서 아라한을 제외한 예류자, 일래자, 불환자를 유학(有學)이라 한다. 아직 배울 것이 남아 있다는 의미인데, 이들을 망가뜨리는 것이 분노이다. 악처(惡處)에 태어나게 하는 것이 분노이고, 천상에 태어나는 것이 분노 없음이다. 비난받아 마땅한 것이 분노이고, 분노가 없으면 비난받을 일이 없다. 이런 명제를 항상 마음에 가진다면 분노를 다스리는 데 도움이 될 수 있다고 생각한다.

화가 나면 거친 말이 나온다. 부처님 당시에 아라한이 되어서도 거친 말을 하는 사람이 있었다. 요즘도 수행을 많이 한 사람이 그에 걸맞지 않은 말이나 행동을 하면 사람들이 의아하게 생각하는 것처럼, 당시에도 비슷한 분위기였던 것 같다. 그런데 거친 말을 하거나 분노의 행동을 하는 것처럼 보여도, 실은 화가 나지 않은 상태에서 나온 습관일 수 있다. 이와 관련하여 《법구경 주석서》에 있는 두 가지 이야기가 참고할 만하다. 《법구경》은 부처님의 말씀이 게송 형식으로 정리되어 있고, 그 게송이 나오기까지의 과정들을 설명한 것이 주석서이다.

한 장로가 있다. 그는 아라한이다. 그런데 항상 비구들에게 거칠게 말하고 상대를 낮춰 불렀다. 비구들 사이에서 '그는 아라한이 아닌 것 같다'는 이야기가 오갔다. 부처님이 신통으로 그의 과거를 보니, 그는 오백 생 동안 바라문 가문에서만 계속 태어났었기 때문에 하대하는 말투가 습관이 되어 이 생에서도 고쳐지지 않은 것이다.

"비구들이여, 왓차 비구에게 앙심을 품어서는 안 된다. 나쁜 마음을 품어서는 안 된다. 그는 미워하는 마음에서 비구들을 천한 것들이라고 부른 것이 아니다.
비구들이여, 번뇌가 다한 아라한은 거칠거나 잔인한 말이나 남의 기분을 상하게 하는 말을 사용하지 않는다. 나의 아들 왓차 장로가 그렇게 말한 것은 순전히 오래된 습관 때문이다."

두 번째 이야기는 마하빤타까와 쭐라빤타까의 이야기이다. 쭐라빤타까는 머리가 우둔하기로 소문이 난 비구이다. 넉 달이 지나도 게송 하나를 외우지 못할 정도였다. 보다 못한 그의 형인 마하빤타까가 쭐라빤타까를 승원에서 쫓아내었다.

> 마하빤타까가 승원의 문을 닫으면서 쭐라빤타까에게 말하
> 였다.
> "쭐라빤타까여, 너는 부처님의 가르침을 받아들일 능력도
> 없고 출가 생활을 즐길 수도 없다. 여기서 계속 출가 생활을
> 한다고 해서 무슨 이익이 있겠는가? 그냥 집으로 가라."

이 말을 들은 비구들은 마하빤타까가 화가 나서 동생에게 그런 말을
했다고 생각했다. 번뇌를 제거한 사람인 마하빤타까도 분노가 일어날
수 있다는 것이다. 그러나 부처님은 그가 동생에게 한 말은 분노 때문
이 아니라고 하였다.

> "비구들이여, 번뇌를 모두 제거한 사람에게 탐욕, 성냄, 어리
> 석음 등 어떠한 오염원도 남아 있지 않다. 나의 아들 마하빤
> 타까가 법과 이로움을 무엇보다도 우선시했기 때문에 동생
> 쭐라빤타까에게 그런 말을 한 것이다."

결국 쭐라빤타까는 방일하지 않고 수행하여 아라한이 되었다. 그러면
아직 아라한이 되지 못한 사람들이 분노를 일으켰을 때는 어떻게 해
야 할까. 《맛지마 니까야》 〈톱의 비유 경〉(M21)에 그 실마리가 있다. 몰
리야팍구나 비구가 비구니들과 지나치게 어울리자, 다른 비구들이 이
문제를 지적하였다. 몰리야팍구나 비구는 다른 비구들이 비구니를 비

난하면 그들에게 화를 내며 따졌고, 비구니들도 다른 비구들이 몰리야팍구나 비구를 비난하면 그들에게 화를 내며 따졌다. 부처님이 몰리야팍구나 비구를 불렀다.

"팍구나여, 그대는 좋은 가문의 아들로서 믿음을 가지고 출가하였는가?"

"그렇습니다, 세존이시여."

"팍구나여, 좋은 가문의 믿음을 가지고 출가한 사람은 그대와 친하게 지내는 비구니를 사람들이 비난한다고 해서 악담을 퍼붓지 말고 자애와 연민의 마음을 가지고 머물러야 한다."

부처님은 몰리야팍구나 비구에게 자애와 연민의 마음을 가지라고 당부한 후, 모든 비구들을 불러서 말씀하였다.

"비구들이여, 만일 양쪽에 날이 달린 톱으로 도둑이나 첩자가 그대들의 사지를 마디마디 잘라 낸다고 하더라도, 그들에 대해서 마음을 더럽힌다면 나의 가르침을 따르는 자가 아니다. 여기서 그대들은 이와 같이 수행해야 한다.

'내 마음은 그것에 영향을 받지 않으리라. 악담을 내뱉지 않으리라. 이로움과 함께 연민을 가지고 머물리라. 자애로운 마음을 가지고 증오를 품지 않으리라. 나는 그 사람에 대해 자애가 함께한 마음으로 가득 채우고 머물리라.'

비구들이여, 이와 같이 수행해야 한다."

날카로운 양날톱으로 나를 토막 내더라도 그것에 영향을 받아서는 안된다. 마음을 더럽히지 않으며, 분노를 일으키지 않아야 한다. 오히려 그 사람을 자애로운 마음의 대상으로 삼아서 자애를 가득 채우고 머물라고 한다. 나의 마음을 무한히 넓히고 악의 없는 마음에 머물도록 노력해야 한다. 이렇게 하면 감내하지 못할 말은 없다.

그 대표적인 제자가 뿐나 존자이다. 《맛지마 니까야》〈뿐나를 교계한 경〉(M145)에 따르면, 뿐나 존자가 부처님에게 가르침을 받고 나서 혼자 은둔하여 방일하지 않고 열심히 스스로를 독려하며 지내겠다고 결심하였다. 부처님은 그에게 간략한 가르침을 주었다.

> "뿐나여, 눈, 귀, 코, 혀, 몸, 마음으로 인식하는 것들에 대해 기쁨을 일으키거나 움켜쥐면 괴로움이 일어난다. 그러므로 이것들을 즐기지 않고 움켜쥐지 않으면 기쁨이 소멸하고 괴로움이 소멸한다."

부처님이 간략한 법문을 하고 나서, 뿐나 존자에게 어느 곳에 머무를 것인지 물었다. 그가 머무르려고 한 곳은 수나빠란따 지방인데, 그곳의 사람들은 거칠고 사나운 성품을 지녔다고 한다.

> 부처님이 뿐나 존자에게 물었다.
> "뿐나여, 만일 수나빠란따 사람들이 그대에게 욕설을 하고 험담을 한다면, 그대는 어떻게 할 것인가?"
> 뿐나 존자가 답하였다.

"세존이시여, 저는 '그들이 나에게 손찌검을 하지 않으니 참으로 친절하다'고 생각하겠습니다."

부처님은 계속해서 뿐나 존자에게 물었다. 부처님의 물음에 뿐나 존자의 대답은 주저함이 없었다. 그의 대답만을 모아 보면, 부처님이 질문한 의도와 뿐나 존자의 결심을 확실하게 알 수 있다.

"세존이시여, 만일 그들이 저에게 손찌검을 한다면 '흙덩이를 던지지 않으니 좋다'고 생각하고, 그들이 흙덩이를 던지면 '몽둥이로 때리지 않아서 좋다'고 생각할 것입니다. 만일 그들이 몽둥이로 때린다면 '칼로 베지 않아서 좋다'고 생각하고, 그들이 칼로 저를 벤다면 '날카로운 칼로 내 목숨을 빼앗지 않으니 좋다'고 생각할 것입니다. 만일 그들이 날카로운 칼로 저의 목숨을 빼앗아 간다면 '세존의 제자들 가운데는 몸이나 생명에 대해서 싫증 나고 혐오하면서 자결하려고 칼을 찾는 자도 있는데, 저는 찾지 않아도 칼을 만났으니 좋다'라고 생각할 것입니다."

참으로 놀라운 답변이다. 부처님은 뿐나 비구가 자제력과 고요함을 구족하였다고 칭찬하였다. 뿐나 비구가 수나빠란따 지방에 머물면서 안거하였는데, 안거 동안 오백 명의 남자 신도와 오백 명의 여자 신도를 얻었다. 그리고 그 안거에서 숙명통, 천안통, 누진통을 얻었고, 후에 뿐나 비구는 아라한으로서 완전한 열반에 들었다.

정신과 의사가 들려주는 불교 사용 설명서

어쩌면 아라한은 자연과 같은 존재가 아닐까 하는 생각이 든다. 《앙굿따라 니까야》〈안거를 마침 경〉(A9:11)에서 사리뿟따 존자의 이야기를 들으면 내 생각에 충분히 공감할 것이다. 사리뿟따 존자가 사와띠에서 안거를 마치고 지방으로 만행을 떠나려고 하였다. 그때 어떤 비구가 사리뿟따 존자가 자기에게 모욕을 주었는데 용서를 구하지 않고 만행을 떠나려 한다면서 잔뜩 불만을 품은 채 부처님을 찾아왔다. 부처님이 모든 비구를 한자리에 모이도록 한 다음에 사리뿟따 존자에게 그 비구의 이야기가 사실인지 확인하였다.

> 사리뿟따가 말하였다.
> "세존이시여, 참으로 몸에서 몸에 대한 마음챙김을 확립하지 못한 자는 다른 동료 수행자에게 모욕을 주고 용서를 구하지 않고 만행을 떠날 것입니다. 그러나 저는 그렇지 않습니다."

사리뿟따 존자는 땅, 물, 불, 바람이 주변의 영향을 받지 않듯이 자신도 넓고 악의 없는 마음으로 머문다고 하였다. 예를 들면 사람들이 땅에 깨끗한 것이나 더러운 것을 던지고, 똥이나 오줌을 누기도 하며, 침을 뱉고 피를 흘리기도 하지만 이런 것들 때문에 땅은 놀라지 않는다. 주눅이 들지도 않고, 넌더리를 치지도 않는다. 또한 물은 어떠한 것도 모두 받아들이며, 불은 무엇이든 태우고, 바람은 온갖 것을 날려 버리지만 정작 그런 것들에 영향을 받지 않는다. 땅과 물과 불과 바람이 그러한 것처럼, 자신도 넓고 악의 없는 마음으로 머문다고 한다. 더러운 것들을 닦아내는 걸레가 더러운 것들에 영향을 받지 않듯이, 뿔이 잘린 황소가 이리저리 누비고 다니지만 누구도 해치지 않듯이, 자신은 썩어 문드러질 몸을 혐오스러워하고 넌더리를 낸다고 한다.

마치 사자후 같은 사리뿟따 존자의 설명이 끝나자, 불만을 품었던 비구가 자리에서 일어나 용서를 구하였다. 사실이 아닌 말, 헛된 거짓말로 사리뿟따 존자를 비방하였다며 참회하였다.

> 부처님이 말하였다.
> "비구여, 참으로 그대는 잘못을 범했다. 그대는 어리석고 미혹하여 사실이 아니고 헛된 거짓말로 사리뿟따를 비방하였다. 그러나 그대는 잘못을 범했다고 인정하고 법답게 참회하였다. 그러므로 우리는 그대를 받아들인다. 잘못을 범했다고 인정한 다음 법답게 참회하고 미래의 그러한 잘못을 단속하는 자는 성스러운 율에서 향상되기 때문이다.
> 사리뿟따여, 이 어리석은 자의 머리가 일곱 조각으로 깨지기 전에 그를 용서하라."

사리뿟따 존자는 자기를 모함했지만 곧 참회를 한 비구를 용서하였다. 이 이야기를 통해 사리뿟따 존자가 평소에 어떤 마음으로 사는지 알 수 있다. 우리도 사리뿟따 존자처럼 몸과 마음을 단속한다면 화를 다스리는 데 많은 도움이 될 것이다.

《법구경 주석서》에는 화를 내지 않는 사리뿟따 존자에 대한 또 다른 이야기가 있다. 여러 사람이 모여서 사리뿟따 존자의 고귀한 덕을 칭송하자, 그 말을 들은 바라문이 나쁜 견해를 내었다. 사리뿟따 존자는 놀라운 인내력을 가졌고 사람들이 모욕하고 때리더라도 조금도 화를 내지 않는다고 알려졌지만, 자기가 사리뿟따가 화를 내도록 만들겠다고 큰소리를 쳤다.

사리뿟따 존자가 탁발하기 위해 도시 안으로 들어오자, 그 바라문이 주먹으로 사리뿟따 존자의 등을 세게 때렸다. 사리뿟따 존자는 아무 말 없이 뒤를 돌아보지도 않고 그대로 가던 길을 갔다. 그제야 바라문은 자기가 엄청난 잘못을 저질렀다며 후회하였다. 사리뿟따 존자의 발 아래 엎드려서 용서를 빌었다. 사리뿟따 존자는 바로 바라문을 용서해 주었고, 그의 공양청을 받아주었다. 그런데 사리뿟따 존자는 앞으로 일어날 일을 예견하였는지 공양이 끝난 후 그에게 발우를 들고 따라오라 하였다. 바라문의 집 밖에 사람들이 모여 있었다. 그 바라문이 사리뿟따 존자를 주먹으로 때렸으니 대가를 치러야 한다는 것이다. 사리뿟따는 집 앞에 모여 있는 사람들에게 이렇게 물었다.

"그가 당신들을 쳤습니까? 나를 쳤습니까?"
"장로님을 쳤습니다."
"그가 나를 쳤고, 나는 그를 용서했습니다. 그러니 그대들은
그냥 돌아가십시오."

사리뿟따 존자의 말을 듣고 사람들이 해산하였다. 그런데 이 사건은 다른 비구들에게 논란이 되었다. 비구들은 그 바라문이 다른 비구도 때릴 수 있겠다며 굉장히 흥분하였다. 그때 부처님이 비구들에게 이

렇게 말하였다.

"비구들이여, 바라문은 다른 바라문을 때리지 않는다. 속인 바라문이 비구 바라문을 때릴 수는 있지만, 불환과를 성취하면 분노가 완전히 파괴되어 더 이상 화내지 않는다."

이어서 부처님은 게송을 읊었다.

수행자를 때려서도 안 되지만
때린 자에게 화내서도 안 된다.
수행자를 때리는 것도 부끄러운 일이지만
때린 자에게 화내는 것은 더욱 부끄러운 일이다.
남을 괴롭히지 않는 것도 훌륭하지만
괴롭힘을 당하고서도 화내지 않는 것은 더욱 훌륭하다.
해치려는 마음이 옅어질수록 괴로움도 사라진다.

그러면 사리뿟따 존자는 어떤 방식으로 화를 제거하는 것일까. 《앙굿 따라 니까야》 〈원함을 제거함 경 2〉(A5:162)에는 사리뿟따 존자가 비구들에게 화를 제거하는 다섯 가지 방법을 직접 설명한다. 사리뿟따 존자는 다섯 부류의 사람이 있다고 하면서, 각각 이들을 대상으로 어떻게 화를 제거할 수 있는지 알려주었다.

첫째 부류는 몸으로 짓는 행위는 청정하지 못하지만, 말로 짓는 행위는 청정한 사람이다. 만약 분소의를 입은 사람이 큰길에 떨어진

천 조각을 발로 밟아 뜯어내고 나서 가진다면, 그는 비록 분소의를 입었다 하더라도 몸으로 좋지 않은 행위를 한 것이다. 이럴 때는 그가 몸으로 짓는 청정하지 못한 행위에는 마음을 두지 말고, 그가 말로 짓는 청정한 행위만을 마음에 두면 분노가 사라진다.

둘째 부류는 말로 짓는 행위는 청정하지 않지만, 몸으로 짓는 행위는 청정한 사람이다. 이때에도 말로 짓는 청정하지 못한 행위에 마음을 기울이지 말고, 몸으로 짓는 청정한 행위에 마음을 기울이면 된다.

셋째 부류는 몸으로 짓는 행위와 말로 짓는 행위가 모두 청정하지 못하지만, 때때로 그 사람의 마음이 맑고 고요한 사람이다. 예를 들면 더위에 시달려 갈증이 심한 사람이 소가 지나가며 남긴 발자국에 물이 고여 있는 것을 보고 동물처럼 엎드려 물을 먹었다고 하자. 그는 청정하지 않은 곳에서 청정하지 않은 자세로 물을 먹었지만, 물을 먹은 후 갈증이 없어져 마음이 고요해진 상태이다. 이 경우에도 몸이나 마음으로 지은 청정하지 못한 행위에는 마음을 두지 말고, 때때로 마음이 맑고 고요한 것에만 마음을 두면 화가 없어진다.

넷째 부류는 몸으로 짓는 행위와 말로 짓는 행위가 모두 청정하지 못하면서, 때때로 마음이 맑고 고요한 것도 없는 사람이다. 극심한 고통에 시달리는 사람이 마을에서 멀리 떨어져 있기 때문에 간병인도 약도 음식도 얻을 수 없는 상황이라면, 모든 것에 청정하지 못하고 마음의 고요함도 얻을 수 없다. 이런 사람에게는 연민의 마음을 내야 한다. 그가 쓰러져 죽지 않기를, 몸이나 말로 짓는 나쁜 행위를 버리고 좋은 행위를 닦기를 바라는 연민의 마음이다.

다섯째 부류는 몸으로 짓는 행위와 말로 짓는 행위가 모두 청정하고, 때때로 마음이 맑고 고요함을 얻는 사람이다. 여러 면에서 청정한 말과 행위를 실천하는 사람은 상대로 하여금 청정한 믿음을 내게 만든다. 이런 사람은 상대를 화나게 하지 않지만, 만약 화가 난다면 그 사람의 몸으로 짓는 청정한 행위, 말로 짓는 청정한 것, 그 사람이 때때로 얻는 마음의 맑고 고요함에 마음을 두어서 해결한다.

사리뿟따 존자가 이야기한 다섯 가지 부류의 사람은 지금 우리 생활에도 적용할 수 있다. 대개 사람들은 좋은 행위도 하고 나쁜 행위도 한다. 이때 그의 좋은 행위를 마음에 두되 나쁜 행위에 마음을 두지 않으면서 마음을 다스리려고 노력해야 한다.

갈등 해결

사람들이 대화할 때 피해야 하는 세 가지 주제가 있다고 한다. 정치, 종교, 성에 대한 것인데, 이때의 성이란 대개 동성애를 지칭한다. 서로 생각이 다르면 자칫 갈등이 생기고 언쟁으로 이어진다. 부처님은 다투지 않고 싸우지 않고 논쟁하지 않는 방법을 제시하였다. 다툼이 없는 평화로운 삶을 원한다면 부처님의 가르침을 마음에 새기고 실천해야 할 것이다.

《맛지마 니까야》〈무쟁의 분석 경〉(M139)에서 부처님은 무쟁, 즉 다툼이 없음에 대한 분석과 관련하여 일곱 가지를 설명하였다. 첫째, 저급하고 세속적이고 범속하고 천박하고 이익이 없는 감각적 쾌락을 추구하지 말라. 고통스럽고 천박하고 이익이 없는 자기 학대를 하지 말라. 둘째, 이 양극단을 떠나 여래는 중도를 철저하고 바르게 깨달았나니, 그것은 안목을 만들고 지혜를 만들며, 고요함과 최상의 지혜와 바른 깨달음과 열반으로 인도한다. 셋째, 칭송해야 할 것을 알아야 하고 비난해야 할 것을 알아야 한다. 넷째, 즐거움을 구별하고 안으로 좋은 즐거움을 추구하라. 다섯째, 비밀스러운 이야기를 해서도 안 되고, 공개적 비판이나 날 선 비판도 하지 말라. 여섯째, 침착하게 말하고 다급하게 말하지 말라. 일곱째, 방언을 고집해서도 안 되고 표준어를 무시해서도 안 된다.

부처님이 일곱 가지로 제시한 무쟁에 대한 분석은 크게 두 가지로 나눌 수 있다. 하나는 자기 자신이 올바르게 수행하는 측면이고, 다른 하나는 직접적으로 사람과 사람이 만났을 때 조심하는 측면이다. 물론 수행한 사람도 다른 사람과 만나서 분쟁이 생길 수도 있으므로 이 두 가지 기준은 서로 연결될 수도 있다. 다른 측면으로 본다면 피해야 할 것과 노력해서 깨쳐야 할 것이라는 두 가지 기준으로 나눌 수도 있을 것이다.

감각적 욕망이나 고행을 추구하는 것은 피해야 한다. 반면에 중도를 깨치고 즐거움을 잘 판별해서 즐겨야 하는 즐거움을 누리는 것은 우리가 해야 하는 일이다. 이 두 가지를 하고 난 뒤에는 직접적으로 사람과 사람이 만났을 때 그 상황에 맞는 행동을 해야 한다. 칭송해야 할 것과 비난해야 할 것을 잘 알고 있지만, 칭송과 비난을 하지 않고 법을 설하는 것도 필요하다.

그러면 부처님은 왜 일곱 가지로 무쟁을 분석하였고, 이것들이 왜 다툼이나 분쟁으로 가는 길인지 구체적으로 부처님의 말을 통해 알아보자.

첫째, 부처님은 감각적 쾌락을 저급하고 이익이 없는 것으로 본다. 감각적 쾌락과 관련된 즐거움에 속하는 기쁨을 추구하면, 기쁨을 추구하는 것 자체가 우리에게 괴로움을 가져오고 상처를 가져오고 절망을 수반하고 열병 즉 열에 들뜨는 것을 가져온다고 하였다. 그것은 그릇된 도 닦음이라고 한다.

> "저급하고 세속적이고 범속하고 천박하고 이익이 없는 감각
> 적 쾌락을 추구해서는 안 된다."

감각적 쾌락에 관계된 기쁨을 추구하려면 엄청난 노력을 해야 한다. 하지만 그 쾌락을 누리는 시간은 잠깐뿐인데도 그것을 추구하는 과정에서 다른 사람들과 문제가 생길 수 있고 괴로움을 가져온다. 만약 감각적 쾌락을 추구하지 않는다면, 그것은 우리에게 상처를 주지 않고 절망과 우리를 들뜨게 하는 열병에 사로잡히게 하지 않기 때문에 바른 도 닦음이다.

　근본적으로 감각적 쾌락을 추구하는 것에 관계된 것이 괴로움이라는 가르침이다. 달콤한 것에 붙어 있는 큰 괴로움을 겪다 보면 다른 사람과 분쟁이 될 수도 있고 여러 가지 괴로운 요소가 있을 수 있다.

　둘째, 자기를 학대하는 고행은 고통스럽고, 천박하고, 이익이 없는 행위이다. 고행은 괴로움을 가져오고, 상처를 가져오고, 절망과 열병을 수반하기 때문에 잘못된 길이고 잘못된 도 닦음이다. 그러므로 고행하지 않는 것이 바른길이고 바른 도 닦음이 된다.

> "고통스럽고 비열하고 이익이 없는 고행, 즉 자기 학대에 몰

두해서도 안 된다."

고행하여 자기가 괴로운 사람은 남을 괴롭히는 경향이 있다. 고행하다 보면 분쟁의 씨앗이 생길 수 있다. 이런 의미에서 부처님은 감각적 욕망도 추구하지 말고 고행도 추구하지 말라고 가르친다. 쾌락과 고행은 대표적인 극단이다. 이 두 가지 극단을 떠나 중도를 철저하고 바르게 깨달아야 한다.

> "여래는 중도를 철저하고 바르게 깨달았나니, 그것은 눈을 만들고 지혜를 만들며 고요함과 최상의 지혜와 바른 깨달음과 열반으로 인도한다. 중도는 성스러운 8정도이다. 다시 말해서 바른 견해, 바른 사유, 바른말, 바른 행위, 바른 생계, 바른 정진, 바른 마음챙김, 바른 삼매이다."

초기불교에서 중도는 항상 양극단에만 국한되어 나온다. 부처님은 "감각적 욕망을 추구하고 고행을 추구하는 양극단을 떠나서 여래는 중도를 철저하게 깨달았다"고 한다. 양극단의 언급 없이 "여래는 중도를 깨달았다"라는 말은 경전에 나오지 않는다. 항상 양극단에서 중도가 나온다고 보면 된다. 부처님은 맥락 없이 중도라는 말을 하지 않는다. 감각적 욕망과 고행이 아닌 다른 길이 바로 중도이고, 중도의 내용이 8정도이다. 8정도를 닦으면 어떠한 분쟁의 씨앗도 없다. 8정도를 닦은 사람은 누구와 싸우거나 다투거나 갈등을 만들지 않는다. 그러므로 무쟁의 길이다.

정신과 의사가 들려주는 불교 사용 설명서

셋째, 칭송해야 할 것을 알고 비난해야 할 것을 알지만, 칭송도 비난도 하지 않고 오직 법을 설해야 한다.

> "칭송해야 할 것을 알아야 하고 비난해야 할 것을 알아야 한다. 칭송해야 할 것을 알고 비난해야 할 것을 알고는 칭송도 비난도 하지 말고 오직 법을 설해야 한다."

부처님은 칭송하거나 비난하면서 법은 설하지 않는 경우를 여섯 가지로 설명한 후, 이 가르침을 편다.

감각적 쾌락을 추구하는 자들은 모두 괴로움을 가져오고 나아가 그릇되게 도를 닦는 자라고 비난하는 것, 감각적 쾌락을 추구하지 않는 자들은 모두 괴로움을 가져오지 않고 나아가 바르게 도를 닦는 자라고 칭송하는 것, 이 두 가지는 칭송이나 비난을 하지만 법은 설하지 않는다.

고행을 추구하는 자들은 모두 괴로움을 가져오고 나아가 그릇되게 도를 닦는 자라고 비난하는 것, 고행을 추구하지 않는 자들은 모두 괴로움을 가져오지 않고 나아가 바르게 도를 닦는 자라고 칭송하는 것, 이 두 가지도 칭송이나 비난을 하지만 법을 설하지 않는다.

부처님은 칭송이나 비난을 설명할 때, 감각적 쾌락이나 고행 외에 족쇄의 존재를 추가로 언급한다. 주석서는 '존재의 족쇄는 갈애를 말한다'고 해석한다. 존재를 있게 하는 족쇄인 갈애를 제거하지 못한 자는 괴로움을 가져오고 나아가 그릇되게 도를 닦는 자라고 비난하는 것, 존재의 족쇄인 갈애를 제거한 자는 괴로움을 가져오지 않고 나아가 바르게 도를 닦는 자라고 칭송하는 것, 이 두 가지 또한 칭송이나 비난을 하지만 법을 설하지 않는다.

그렇다면 어떤 것이 '오직 법을 설하는 것'이 될까.

"그러면 비구들이여, 어떻게 칭송도 비난도 하지 않고 오직 법을 설하는가?
'저급하고 세속적이고 범속하고 천박하고 이익이 없는 감각적 쾌락에 관계된 즐거움에서 오는 기쁨을 추구하는 것 자체가 괴로움을 가져오고 상처를 가져오고 열병과 절망을 수반하며, 그것은 그릇된 도 닦음이다'라고 말하면서 오직 법을 설한다.
'저급하고 세속적이고 범속하고 천박하고 이익이 없는 감각적 쾌락에 관계된 즐거움에서 오는 기쁨을 추구하지 않는 것 자체가 괴로움을 가져오지 않고 상처를 가져오지 않고 열병과 절망을 수반하지 않으며, 그것은 바른 도 닦음이다'라고 말하면서 오직 법을 설한다."

앞에서 말한 칭송과 이 설명의 차이를 정확하게 이해해야 한다. 앞에서의 칭송은 '그것을 추구하는 사람이 무엇을 가져온다'라고 하였다. 그것과 관계되는 사람을 지칭하는 것이다. 따라서 은밀한 의미로는 법이 되지 못하는 것이다. 부처님의 설명은 바로 '그것을 추구하게 되면 결과적으로 괴로움이 온다', '그것을 추구하지 않는 것 자체가 결과적으로 바른 도 닦음이다'라는 의미이다. 엄밀하게 말하면 5온이 있을 뿐이지, 그런 자가 있는 것이 아니기 때문이다.

고행을 추구하는 것과 추구하지 않는 것, 존재의 족쇄를 제거하지 못한 것과 제거한 것도 마찬가지이다. 부처님은 이렇게 하는 것이 칭송해야 할 것을 알아야 하고 비난해야 할 것을 알아야 하며, 칭송해야 할 것을 알고 비난해야 할 것을 알고 난 뒤에 칭송도 비난도 하지 않고 오직 법을 설하는 것이라고 가르친다.

넷째, 즐거움을 잘 구별해야 한다. 다섯 가지 감각적 욕망을 추구하여 생겨난 즐거움은 세속적이고 천박한 즐거움이므로 안으로 즐거움을 추구해야 한다.

> "즐거움을 잘 구별해서 안으로 즐거움을 추구해야 한다고
> 말한 것은 무엇을 근거로 해서 말하는 것인가?
> 눈, 귀, 코, 혀, 몸으로 각각의 대상을 추구하여 우리를 자극
> 하는 다섯 가지 감각적 욕망이 있다. 우리가 좋아하고 매혹
> 적인 다섯 가지 감각적 욕망에서 오는 즐거움과 기쁨을 누
> 리는 것을 감각적인 즐거움, 불결한 즐거움, 깨끗하지 못한
> 즐거움, 세속적인 즐거움, 천박한 즐거움이라고 알아야 한
> 다. 이런 즐거움은 추구해서는 안 되고, 닦아서도 안 되고,
> 많이 지어서도 안 되며, 두려워해야 한다고 나는 말한다."

깨끗하지 못한 감각적인 즐거움을 추구해서는 안 되지만, 세속을 넘어선 즐거움은 추구해야 한다. 바로 선정에 들었을 때 얻는 즐거움이다. 부처님은 이런 즐거움을 추구하는 것이라면 두려워하지 말라고 한다.

"비구들이여, 감각적 욕망을 완전히 떨쳐 버리고 해로운 법들을 떨쳐 버린 뒤, 일으킨 생각과 지속적인 고찰이 있고 떨쳐 버림에서 생긴 희열과 행복이 있는 초선을 구족하여 머문다. 일으킨 생각과 지속적인 고찰을 떨쳐 버리고 제2선에 머문다. 희열을 떨어뜨리고 제3선에 머문다. 행복을 떨어뜨리고 제4선에 머문다. 이것을 출리의 즐거움, 떨쳐 버림의 즐거움, 고요함의 즐거움, 깨달음의 즐거움이라 한다. 이런 즐거움은 추구해야 하고, 닦아야 하고, 많이 지어야 하며, 두려워할 필요가 없다고 나는 말한다."

즐거움은 우리가 살아가는 데 힘을 주기도 하지만, 즐거움을 제대로 알지 못하면 좋지 않은 즐거움을 추구하게 된다. 이렇게 감각적 욕망의 즐거움과 선정에서 오는 즐거움을 잘 구별하여, 안으로 느껴야 하는 즐거움을 느낀다면 분쟁이 없어진다.

다섯째, 비밀스러운 이야기를 해서는 안 되고, 공개적 비판이나 날 선 비판을 해서도 안 된다. 여기에는 약간의 제한적인 요소가 있다.

"비구들이여, 여기 비밀스러운 이야기가 사실이 아니고 말할 가치가 있는 것도 아니고 이익을 줄 수 없다고 한다면 그 비밀스러운 이야기를 결코 해서는 안 된다.
비밀스러운 이야기가 사실이고 진실이고 이익을 줄 수 있다고 안다면, 그 비밀스러운 이야기를 할 시기를 잘 보아야 한다."

비밀스러운 이야기를 외부에 발설하고 싶을 때는, 그 이야기가 사실인지 아닌지를 먼저 확인해야 한다. 만약 사실이라고 하더라도 그 이야기가 말할 가치가 있는지, 상대방에게 이익을 줄 수 있는지를 따져봐야 한다. 사실도 아니고 진실도 아니며 이익을 줄 수 없는 비밀스러운 이야기는 결코 해서는 안 된다. 사실, 진실, 이익 세 가지를 모두 충족해야 한다. 그러고 나서 시기를 잘 보고 적절한 표현으로 말해야 한다. 이렇게 다섯 가지를 갖추어야 비로소 비밀스러운 이야기를 해도 된다.

공개적인 비판, 날 선 비판도 다섯 가지 요소를 모두 갖추어야 한다. 사실인가, 가치가 있는가, 이익을 줄 수 있는가, 이 세 가지를 먼저 따져보고 시기와 표현을 잘 갖추어 비판해야 한다.

여섯째, 침착하게 말해야 하고 다급하게 말해서는 안 된다.

"비구들이여, 다급하게 말하면 몸이 피곤하고 마음도 흥분되며, 목소리가 갈라지고 목이 쉰다. 다급하게 말하는 자의 말은 불분명하고 이해하기 어렵다.
침착하게 말하면 몸이 피곤하지 않고 마음도 흥분되지 않으며, 목소리가 갈라지지 않고 목도 쉬지 않는다. 침착하게 말하는 자의 말은 분명하고 이해하기가 쉽다."

상대방이 잘 알아들을 수 있는 속도와 말투로 말하고, 듣는 사람의 마음과 호흡을 맞춰야 한다. 똑같은 말이라도 듣는 사람의 속도와 흐름에 맞지 않는다면 그 말이 분쟁의 씨앗이 될 수 있다.

일곱째, 방언을 고집해서도 안 되고 표준어를 무시해서도 안 된다. 부처님 당시에는 지금과 달리 교류가 많지 않았기 때문에 지역마다 사용하는 언어가 달랐을 것이다. 중심 지역에서 사용하는 표준어와 지역의 방언 차이가 클수록 의사소통에 걸림으로 작용한다. 같은 물건이라도 어떤 지역에서는 접시라 하고, 다른 곳에서는 그릇, 사발, 받침, 냄비, 단지, 잔, 대야라고 부른다. 각각의 지방에서 부르는 대로 그것을 완고하게 고집하여 이것만 맞는 말이고 다른 것은 잘못된 말이라고 고집해서는 안 된다.

> "비구들이여, 그러면 어떻게 방언을 고집하지 않고 표준어를 무시하지 않는가?
> 여러 지방에서 여러 가지 말들로 쓰이는 것에 대해 '지방마다 이렇게 다르게 쓰이구나'라고 생각하고 잘 배려하고 고려하여 그것에 대해서 잘 받아들이고 적절하게 말을 하게 되면 방언을 고집하지 않고 표준어를 무시하지 않는 것이다."

표준어는 표준어대로 가치가 있고 방언은 방언대로 가치가 있으므로, '방언이다, 표준어이다'라는 것에 걸려서 서로 기분이 나빠지고 언짢고 싸움이 되는 일은 없어야 한다. 지금 같으면 학술적인 용어나 번역상의 문제로 달리 쓰는 말들에 대해서 남들이 그런 말을 할 때 잘 듣고 적절하게 하라는 뜻일 것이다. 이렇게 하면 분쟁이 생기지 않는다.

이렇게 세세하게 설명한 후 부처님은 다시 비구들에게 무쟁의 법을 알고 무쟁의 도를 닦으라고 당부한다.

정신과 의사가 들려주는 불교 사용 설명서

"비구들이여, 그러므로 여기서 그대들은 분쟁의 법을 알아야 하고 무쟁의 법을 알아야 한다. 지금까지 말한 일곱 가지 부분에 대해서 어떤 것이 분쟁을 불러오는 법이고 어떤 것이 무쟁을 불러오는 법이라는 것을 알아야 한다. 그래서 '분쟁의 법을 알고 무쟁의 법을 알아서 무쟁의 도를 닦으리라'라고 마음속에 새겨야 한다. 그리고 그것을 수련해야 한다. 비구들이여, 수부띠 존자는 무쟁의 도를 닦은 자이다."

수부띠 존자는 한역으로는 수보리이다. 《앙굿따라 니까야》 〈으뜸 품〉 (A1:14)은 부처님의 제자들 중에서 각 방면에 으뜸인 제자를 부처님이 직접 언급하는 경을 모아 놓았는데, 여기에서 부처님은 수부띠 존자에 대해 '평화롭게 머무는 자들 가운데 수부띠가 제일'이라고 칭송하였다. 수부띠 존자는 부처님이 다툼이나 분쟁을 가져오지 않는 무쟁의 법을 잘 실천한 자로서, '무쟁의 도를 알고 실천해서 무쟁 제일이 된 자'로 인정받아 무쟁의 모델이 되었다.

살다 보면 자칫하는 순간에 분쟁이 생기기 쉽다. 서로 생각이 다르고 살아가는 모습이 다르고 이념이 달라서 다툼이 일어날 수 있다. 그런 다툼을 근본적으로 어떻게 하면 해결할 수 있는지 부처님이 자세하게 설명한 〈무쟁의 분석 경〉을 마음에 새겨서 실천하려고 노력해야 한다.

버려야 할 것들

부처님의 설법 방식은 아홉 가지로 나눌 수 있다. 이를 구분교(九分教)라고 한다. 산문 형식으로 정리한 경(經, sutta), 경을 시로 반복 설명한 응송(應頌, geyya), 간략한 문답 형식의 수기(授記, veyyākaraṇa), 산문에 대한 운문인 게송(偈頌, gāthā), 부처님이 느낀 감흥을 표현한 감흥어(感興語, udāna), 전형적인 문구가 특징인 여시어(如是語, itivuttaka), 부처님의 전생 이야기인 본생담(本生譚, jātaka), 중층적인 교리문답인 문답(問答, vedalla), 희유한 공덕이나 기적에 관한 교설인 미증유법(未曾有法, abbhuta-dhamma)이 이에 해당한다. 여기에 인연담(因緣譚, nidāna), 비유(譬喩, avadāna), 논의(論議, upadesa)의 세 가지를 합쳐 《십이부경(十二部經)》이라고도 한다.

부처님이 법을 설할 때 비유를 들어 설명하는 경우가 많다. 가장 유명한 비유는 아마도 '뗏목의 비유'일 것이다. 《맛지마 니까야》〈뱀의 비유 경〉(M22)에는 부처님이 뗏목의 비유를 비롯하여 여러 가지 비유를 들면서 '감각적 욕망은 장애가 된다'라고 설하는 내용이 있다. 여기에 더하여 사람들에게 비난받거나, 반대로 공경받을 때 부처님이 자신을 어떻게 생각하는지에 대해서도 직접 언급하였다. 이러한 설법은 다른 경전에서는 찾아보기 어렵다.

독수리 사냥꾼이었다가 출가한 아릿타 비구가 있었다. 그는 '부처님이 설한 장애가 되는 법을 실제로 행하여도 아무 장애가 되지 않는다'라는 나쁜 견해가 생겼다. 주석서는 아릿타 비구가 말한 '장애가 되는 법'은 성관계를 뜻한다고 하였다. 아릿타 비구가 다른 사람들에게도 자기 생각을 공공연히 하고 다니자, 많은 비구가 그 이야기를 듣고 그에게 반문하고 추궁하였다.

> "도반 아릿타여, 그렇게 말하지 마십시오. 세존을 비방하지 마십시오. 세존을 비방하는 것은 옳지 않습니다. 세존께서는 그렇게 말씀하지 않으셨습니다.
> 세존께서는 여러 가지 방편으로 장애가 되는 법을 설하셨고, 그것을 수용하면 반드시 장애가 된다고 하셨습니다. '감각적 욕망은 달콤함이 적고, 많은 괴로움과 많은 절망을 주고, 거기에는 재난이 도사리고 있다'고 세존께서는 말씀하셨습니다."

아릿타 비구의 나쁜 견해를 없애기 위해, 비구들은 부처님이 감각적 욕망이 장애가 된다는 것을 여러 가지 비유로 설하였다고 확인시켜 주었다. 그 비유들은 고깃덩어리의 비유, 건초 횃불의 비유, 숯불 구덩이의 비유, 꿈의 비유, 빌린 물건의 비유, 과일이 열린 나무의 비유, 도살장의 비유, 칼과 쇠 화살의 비유, 뱀 머리의 비유 등이다. 이 비유들은 감각적 욕망에 대한 정형구라고 볼 수 있는데, 이 경에는 각각의 비유에 대한 설명이 나오지 않는다. 하지만 다른 경들에 분산되어 나오는 내용을 참조하여 몇 가지 비유의 의미를 살펴보자.

뼈다귀의 비유는 배고픈 개가 살점도 없는 뼈다귀를 먹어도 배고픔을 달랠 수 없는 것처럼, 감각적 욕망은 달콤함은 적고 괴로움은 많다는 가르침이다. 고깃덩어리의 비유는 독수리나 매가 사냥을 하여 고깃덩어리를 물고 날아가면, 다른 독수리나 매가 빼앗으려 쫓아오기 때문에 고깃덩어리를 떨어뜨려야 고통에서 벗어날 수 있다는 비유이다. 건초 횃불의 비유는 건초로 만든 횃불을 들고 가는데 바람이 자기 쪽으로 불어오면 자신이 횃불에 탈 수밖에 없다는 것에 비유한 가르침이다.

숯불 구덩이의 비유는 감각적 욕망을 탐닉하는 것은 뜨거운 숯불 구덩이에 빠지는 것과 같다는 가르침이다. 꿈의 비유는 감각적 욕망이란 꿈에서 맛있는 음식을 먹고 좋은 경치를 구경하더라도 꿈에서 깨면 그것들이 사라지는 것처럼, 우리가 실제로 누릴 수 있는 것이 아니라는 가르침이다. 빌린 물건의 비유도 마찬가지이다. 부자에게 값비싼 옷을 빌리고 화려한 장식물을 빌려 치장하더라도, 자기 물건이 아니므로 나중에 부자가 오면 빼앗기는 것과 같다.

과일이 열린 나무의 비유는 맛있는 과일이 열린 나무를 발견하고 나무에 올라 과일을 따려던 사람이 나무에서 떨어지는 것과 같다는 가르침이다. 뱀 머리의 비유는 땅꾼이 뱀의 머리가 아닌 다른 부위를 잡으면 뱀에게 물리는 것과 같이, 감각적 욕망의 달콤함은 매우 적지만 괴로움과 위험은 매우 크다는 가르침이다.

이렇듯 부처님이 여러 가지 비유로 감각적 욕망의 재난에 대해 설하였다고 비구들이 말하였지만, 아릿타 비구는 끝내 자기주장을 바꾸지 않았다. 어쩔 수 없이 비구들이 부처님에게 이 사실을 알렸고, 부처님은 아릿타 비구를 불러 말하였다.

"어리석은 자여, 도대체 내가 누구에게 그런 법을 설했다고 그대는 이해하고 있는가? 어리석은 자여, 참으로 나는 여러 가지 방편으로 장애가 되는 법들을 설했고 그것을 수용하면 반드시 장애가 된다고 하지 않았는가? 감각적 욕망에 대한 것이 달콤함이 적고 괴로움이 많고 재난이 있다고 여러 가지 비유를 들어서 말하였다.

어리석은 자여, 그러나 그대는 스스로 잘못 파악하여 우리를 비난하고 자신을 망치고 많은 허물을 쌓는구나. 어리석은 자여, 그것은 그대를 긴 세월 동안 불이익과 고통으로 인도할 것이다."

부처님은 아릿타 비구를 어리석은 자라고 하면서, 다른 비구들은 아릿타 비구와 같은 잘못된 견해를 가지고 있지 않다는 것을 확인하였다. 그리고 부처님은 감각적 욕망이 일어나면 반드시 대가가 있다고 설하였다.

"비구들이여. 참으로 그런 장애가 되는 법을 수용하는 사람이 감각적 욕망 없이, 감각적 욕망의 인식 없이, 감각적 욕망에 대한 일으킨 생각 없이 감각적 욕망에 탐닉할 것이라고 하는 것은 근거가 없다."

예리한 지적이다. 감각적 욕망을 일으키지 않으면 감각적 욕망에 탐닉하지 않는다. 감각적 욕망에 대한 생각이나 인식 없이 감각적 욕망은 일어나지 않는다. 만약 성관계를 맺는다면, 그 행위를 할 수 있는 신체적 변화가 있어야 한다. 감각적 욕망 없이는 성관계도 없다. 혹자는 중생을 제도하기 위해서 성관계를 한다고 말하지만, 그 행위에서 흥분과 자극이 있으므로 신체적 변화를 동반하게 된다. 그때 감각적 욕망에 대한 탐닉이 생기기 때문에 문제가 된다.

"비구들이여. 여기 어떤 미혹한 자들이 경이나 응송, 수기 등의 법을 배우지만 통찰지로 법의 뜻을 자세히 살펴보지 않는다. 법을 지혜로서 잘 살펴보지 않을 때 그들에게 법은 확립되지 않는다. 그들은 오직 다른 이들을 논박하고 논쟁에서 이기기 위해 법을 배우므로 법을 배우는 궁극의 의미를 체득하지 못한다. 그들이 잘못 파악한 법들은 그들을 긴 세월 동안 불이익과 고통으로 인도할 것이다. 그것은 무슨 까닭인가? 법을 잘못 파악했기 때문이다."

부처님은 경, 응송, 수기 등 아홉 가지, 또는 열두 가지 방식으로 법을 설하는데, 그 법을 배우면서도 지혜로써 살펴보지 않는다면 법을 올바로 파악하지 못한다. 땅꾼이 뱀의 머리를 잡지 못하고 몸통이나 꼬리를 잡아서 도리어 뱀에게 물리는 것과 같다. 그 결과로 엄청난 고통과 죽음이 따르는 것처럼, 오직 다른 이들을 논박하고 논쟁에서 이기려고 법을 배우는 사람은 결국에는 법을 배우는 궁극의 의미를 체득하지 못한다.

> "비구들이여, 그러므로 그대들이 내 가르침의 뜻을 잘 이해하거든 그대로 잘 가지고 있어라. 내 가르침의 뜻을 이해하지 못하거든 나에게 다시 묻거나 현명한 비구들에게 물어보아라.
> 비구들이여, 그대들에게 뗏목에 비유하여 법을 설하리라.
> 뗏목은 건너기 위함이지 움켜쥐기 위함이 아니다."

부처님이 설한 법을 이해하려고 노력하되, 이해하지 못하였다면 부처님이나 현명한 비구들에게 물어보아서 잘 지녀야 한다. 이와 관련하여 뗏목의 비유는 한 단계 더 나아간 가르침이 담겨 있다. 부처님은 뗏목을 비유로 든 이유가 뗏목은 움켜쥐기 위함이 아니라고 하였다.

어떤 사람이 길을 가다가 큰 강을 만났다. 그가 있는 곳은 위험하고 두렵고 좋지 않은 곳이지만, 강 건너편 저쪽 언덕은 안전한 곳이다. 그가 저쪽 언덕으로 가기 위해 나뭇가지를 모아 만든 뗏목을 타고 강을 건넜다. 그다음에 그는 어떻게 해야 할까. 강을 건너는 데 도움이 되었던 뗏목을 머리에 이거나 어깨에 메고 갔다면, 그가 뗏목에 대해할 바를 다한 것일까. 부처님은 아니라고 하였다.

> "비구들이여, 그러면 어떻게 해야 할 바를 다하는가? '이 뗏
> 목은 나에게 많은 것을 해 주었다. 이 뗏목에 의지하여 내가
> 노력해서 저 언덕으로 건너갔다. 참으로 나는 이 뗏목을 땅
> 에 내려놓거나 물에 띄워놓고 내가 갈 곳으로 가리라.' 이렇
> 게 하면 뗏목에 대해서 할 바를 다 하는 것이다."

뗏목을 타고 강을 건넜다면, 그다음에는 뗏목을 놓아두고 가야 한다.
그러므로 뗏목의 비유는 움켜쥐는 게 아니라 버리는 데 초점을 둔 가
르침이다.

> "비구들이여, 뗏목에 비유하여 그들에게 설한 법을 이해하
> 는 자들은 그 법들도 버려야 하거늘 하물며 법이 아닌 것들
> 이야 말해서 무엇하겠느냐?"

부처님이 설한 법도 버려야 하는데, 하물며 법이 아닌 것이라면 완전
히 버려야 한다. 이것이 바로 버리는 데 초점이 있는 뗏목의 비유가
내포한 가르침이다. 그리고 비유에 이어 부처님은 여섯 가지 견해의
토대를 설하였다.

> "비구들이여, 여섯 가지 견해의 토대가 있다. 무엇이 그 여섯
> 인가? 여기 배우지 못한 범부는 성자들을 친견하지도 않고,

성스러운 법에 능숙하지도 못하고, 성스러운 법에 인도되지 못하고, 바른 사람들을 친견하지 못하고, 성스러운 법에 능숙하지 못하고, 성스러운 법에 인도되지 않아서 물질, 느낌, 인식, 행, 식의 5온을 두고 '이것은 내 것이다, 이것은 나다, 이것은 나의 자아다'라고 여긴다. '이것은 세계요, 이것은 자아다. 나는 죽은 뒤에도 항상할 것이고, 언제나 있을 것이고, 견고하고, 영원하고 변하지 않아서, 영원토록 여여하게 머물 것이다'라고 여긴다."

여섯 가지 견해의 토대에서 다섯 가지는 5온에 대하여 각각 '이것은 내 것이다, 이것은 나다, 이것은 나의 자아다'라고 생각하는 것이고, 여섯 번째는 '이것이 세계다, 이것은 자아다'라고 하면서 이것들이 영원하다고 여기는 것이다. 성스러운 제자들은 열심히 가르침을 듣고 수행하여 자기 것으로 만들기 때문에 5온은 내가 아니라고 알고, 세상이나 자아에 대해서도 영원하지 않은 것이라고 안다. '나라는 것, 세계라는 것은 없다'라고 올바르게 보기 때문에 존재하지 않는 것에 대해서는 번민하지 않는다.

설법을 듣던 어떤 비구가 밖에 존재하지 않는 것에 대해 번민하는 경우가 있는지 물었다. 밖이라는 것은 집이나 소유물 등을 말한다. 부처님은 두 가지 경우를 들어서 답하였다. 즉 집이나 소유물이 없으면 그것을 가지면 좋겠다고 생각하면서 상심하고 광란하는 것은 번민하는 것이다. 반대로 집이나 소유물이 없어도 그것을 가지고 싶다고 생각하지 않고 상심하지도 않고 울부짖지도 않는다면 번민하지 않는 것이다.

안으로 존재하지 않는 것도 두 가지로 나뉜다. 어떤 사람이 '이 것이 세계요, 이것이 자아다. 나는 죽은 뒤에도 항상할 것이고, 나아 가 영원히 머물 것이다'라는 견해를 가지고 있으면서 부처님의 법을 듣고 나서는 '나는 더 이상 존재하지 않게 된다'라고 번민하는 경우가 있고, 이런 생각을 하지 않는 경우가 있다.

> "비구들이여, 여기에 어떤 자에게 '이것은 세계요. 이것은 자
> 아다. 나는 죽은 뒤에도 항상할 것이고, 견고하고, 영혼이 있
> 을 것이다'라는 견해가 있다. 여래나 여래의 제자는 그런 견
> 해를 없애고 열반을 증득하기 위한 법을 설하는 걸 잘 듣는
> 다. 듣고 난 뒤에 '나는 단멸해 버리겠구나. 나는 파멸해 버
> 리겠구나'라는 생각이 들지 않는다. 이것이 안으로 존재하
> 지 않은 것에 대해서 번민하지 않는 것이다."

부처님은 "견고하고 영원한 소유물을 본 적이 있는가?"라고 반문하면 서, 항상하는 소유물은 부처님도 본 적이 없다고 분명하게 말하였다. 자아에 대한 교리에 대해서도 마찬가지이다.

> "비구들이여, 그대들은 자아에 대한 교리를 취착하여 슬픔,
> 비탄, 육체적 고통, 정신적 고통, 절망이 생기지 않는다면,
> 이러한 자아에 대한 교리를 잡을 수도 있다. 그러나 나는 그
> 런 것을 본 적이 없다."

'이것이 자아다, 자아는 이것이다'라는 견해에 의지하고 취착한다고 한들 갖가지 괴로움이 생기지 않는 경우는 없다. 만약 자아가 있다면 '나의 자아'에 속한 것도 있을 것이다. 하지만 자아, 자아에 속한 것도 얻을 수 없다. 그런데도 '이것은 세계다, 이것은 나의 자아다'라고 하는 것은 참으로 어리석은 법이다.

> "비구들이여, 그러므로 색, 수, 상, 행, 식 그 어떤 것이든 있는 그대로 '이것은 내 것이 아니다, 이것은 내가 아니다, 이것은 나의 자아가 아니다'라고 있는 그대로 바른 지혜로써 보아야 한다. 이렇게 바르게 보면 성스러운 제자는 5온에 대해서 혐오하게 된다. 혐오하게 되면 탐욕이 빛바래고, 탐욕이 빛바래면 해탈하고, 해탈하면 해탈했다는 지혜가 생긴다. '태어남은 다했다. 청정범행은 성취되었다. 할 일을 다 해 마쳤다. 다시는 어떤 존재로도 돌아오지 않을 것이다'라고 알게 된다."

부처님은 한결같이 '괴로움과 괴로움의 소멸'을 설하여 왔는데, 다른 사문, 바라문들은 "사문 고따마는 중생을 망하게 하고 엄연히 존재하는 중생에 대해서 단멸과 파멸과 허무를 선언한다"라고 사실과 다른 거짓으로 비난하는 경우가 있었다. 부처님은 이러한 헛된 비난에 대해서 낙담하거나 비난한 자를 미워하지 않는다. 또한 부처님이 설하고 가르치고 선언한 '괴로움과 괴로움의 소멸'을 듣고 부처님을 존경하고 숭배하더라도 기뻐하지 않고 즐거워하지 않는다. 부처님에게

'나'라는 것은 없기 때문이다. 부처님은 비난과 칭찬에 대해서 마음의 흔들림이 없다. 부처님의 제자들 또한 이러해야 한다.

> "비구들이여, 만일 다른 이들이 그대들을 헐뜯고 비난하고 비방하더라도 그대들은 화를 내거나 낙담하거나 마음으로 싫어하지 마라. 만일 다른 이들이 그대들을 존경하고 존중하고 공경하고 숭배하더라도 그대들은 기뻐하지 말고 즐거워하지 말고 마음으로 득의만만하지 마라. 이것에 대해서 다른 이들이 그대를 존경하고 존중하고 공경하고 숭배하면 그대들도 '단지 전에 그대들이 철저히 안 5온에 대해서 그들이 존경을 표하는구나'라고 여겨라."

칭찬이든 비난이든 그것을 받는 것은 5온이다. 5온은 내가 아니고 내 것이 아니므로, 비난에 낙담하거나 칭찬에 즐거워할 필요가 없다.

> "비구들이여. 그러므로 그대들의 것이 아닌 것을 버려라. 5온은 그대들의 것이 아니다. 그대들이 그것을 버리면 오랜 세월 이익과 행복이 있을 것이다."

만약 어떤 사람이 숲에서 나뭇가지 하나를 가져가 태웠을 때 '이 사람이 나를 가져가 태운다'라고 생각하지 않는 것처럼, 5온은 나도 아니고 나의 것도 아니다. 그냥 5온이 있는 것이다. 인과의 법칙에 의해 5온이라는 현상이 있을 뿐이다.

"비구들이여, 이와 같이 내가 설한 법은 분명하고 열려 있고 명확하고 군더더기가 없다. 이 법을 열심히 하게 되면 아라한이 된다. 다섯 가지 족쇄를 없애면 불환자가 되고, 세 가지 족쇄를 제거하고 탐욕과 성냄과 어리석음이 옅어지면 일래자가 되고, 세 가지 족쇄를 제거한 비구들은 모두 예류자라서 악취에 떨어지는 법이 없다. 법을 따르고 믿음을 따르는 비구들은 모두 바른 깨달음으로 나아간다. 여래에게 깊은 믿음이 있고 여래를 좋아하는 사람들은 모두 천상으로 향한다."

주석서에 의하면 부처님이 언급한 예류자는 예류과를 얻은 사람이고, 법을 따르고 믿음을 따르는 자는 예류도를 얻은 사람이다. 예류도를 얻으면 바로 예류과를 얻는다. 따라서 법을 따르고 믿음을 따르는 비구들은 모두 바른 깨달음으로 나아가고 예류도를 얻었다는 의미이다.

5온은 나도 아니고 나의 것도 아니다. 감각적 욕망은 장애가 되는 법이므로 버려야 한다. 그러므로 감각적 욕망의 달콤함은 순간적이지만 이것을 탐닉하여 받는 대가는 너무나 크고 괴롭다는 것을 깊이 생각하며 살아야 한다.

지계(持戒),
불교 공부와 수행의 바탕

부처님이 열반에 든 지 두 달 정도 지났을 때 경율론 삼장을 모으는 제1차 결집이 이루어졌다. 이때 경장보다 먼저 율장이 결집되었다는 사실은 중요한 의미가 있다. 무엇을 먼저 결집해야 하는지 마하깟사빠 존자가 묻자, 결집에 모인 모든 비구의 의견이 일치하였다. "율을 먼저 결집해야 합니다. 부처님의 교법에서 율이 생명입니다. 율이 확고히 서야 부처님의 교법도 확고합니다."

부처님이 열반한 후에도 부처님의 가르침은 남아 있다. 그렇지만 그 가르침을 움직이는 것은 사람이다. 계율이 확고하지 않으면 부처님의 가르침도 온전히 전해질 수 없고, 수행도 어렵다. 불교 공부, 그리고 불교 공부를 바탕으로 하는 수행의 시작은 두 가지가 갖추어져야 하는데, 그 출발점은 불법승 삼보에 대한 믿음이다. 믿음을 통해 출발하여 계를 잘 지키는 것은 기본이다. 계를 충분히 지켜야만 불교 공부와 수행에 성과를 얻을 수 있다.

계가 우리에게 왜 필요한지 알려면 우리가 어떤 존재인지 잘 아는 것이 우선이다. 우리 존재는 몸과 마음으로 이루어져 있고, 몸과 마음의 상태에 따라서 행동한다. 하지만 몸과 마음은 순간적으로 어떤 조건의 상태를 받을 수밖에 없고, 이 조건은 고정된 것이 아니기 때문에 새로운 조건으로 인해 새로운 결과를 가지고 온다. 그런데 몸과 마음이 조건의 상태에 따라 움직일 때는 정작 우리를 생각하지 않는다. 우리에게 해가 되는 것을 할 수도 있다. 불교 공부와 수행을 하지 않았다면, 지금까지 살면서 몸과 마음에 따라 살아왔을 것이다.

계는 우리를 억압하는 것이 아니라, 우리를 보호하는 울타리 같은 것이다. 계의 보호를 받으면서 공부하고, 몸과 마음이 우리에게 해가 되는 것을 하도록 허용하지 않는 상태가 되면 계는 자연적으로 지켜진다. 우리가 어떤 존재인지 잘 알고 우리가 세운 목표가 무엇인지 알면, 자기 자신을 보호하는 계가 얼마나 중요한지 잘 알게 된다.

지금부터 이야기하는 계는 초기불교의 계이다. 5계, 8계, 10계가 있고, 227가지나 되는 계도 있다. 5계는 재가 신자들이 지키는 다섯 가지 계이다. 명상센터나 사찰에 갔을 때는 대개 8계를 받는다. 만약 절에서 하룻밤 머물며 명상하고 수행할 때 8계를 지킬 자신이 없다면 5계를 지키기도 한다. 10계는 사미, 사미니들이 지키는 열 가지 계이다. 현재 남방에서는 비구니계가 없어졌으므로, 대신에 사얄레이(Sayalay)라고 부르는 여성 출가자들이 10계를 지킨다. 227계는 비구가 지키는 계이다.

부처님의 가르침을 여러 가지로 설명할 수 있지만, 계정혜 3학(三

學)이 대표적이다. 계를 지키는 수행(계학), 삼매를 얻는 수행(정학), 삼매를 바탕으로 지혜를 닦는 공부와 수행(혜학)을 계정혜 3학이라고 한다. 배운다는 뜻의 학에는 '수행하다, 노력하다'는 뜻도 있다. 3학은 삼층집이라고 볼 수 있는데, 1층은 계, 2층은 정, 3층은 혜이다. 1층을 짓지 않고 2층과 3층을 지을 수 없는 것처럼. 1층의 계학이 가장 토대가 되고 근본이 된다.

《앙굿따라 니까야》〈무슨 목적 경〉(A11:1)에는 아난다 존자가 부처님에게 유익한 계의 목적과 이익에 관해 질문한 이야기가 있다. 아난다 존자가 몰라서 질문했다고는 생각하지 않는다. 아마도 부처님 열반 후 세세생생 사람들에게 도움이 될 수 있도록 일부러 질문했을 수 있다. 아난다 존자는 부처님에게 꼬리에 꼬리를 물고 질문하였고, 그 마지막 질문에 대한 부처님의 대답은 아라한으로 나아가는 것이었다.

> "세존이시여, 유익한 계들의 목적은 무엇이고 이익은 무엇입니까? 어떤 목적으로 계를 지키고 계를 지켰을 때 어떤 이익이 있습니까?"
> "아난다여, 유익한 계들의 목적은 후회 없음이고 이익은 후회 없음이다."
> "세존이시여, 그러면 후회 없음의 목적은 무엇이고 이익은 무엇입니까?"
> "아난다여, 후회 없음의 목적은 기쁨이고 이익은 기쁨이다."
> "세존이시여, 기쁨의 목적은 무엇이고 이익은 무엇입니까?"
> "아난다여, 기쁨의 목적은 희열이고 이익은 희열이다."

"세존이시여, 희열의 목적은 무엇이고 이익은 무엇입니까?"

"아난다여, 희열의 목적은 고요함이고 희열의 이익은 고요함이다."

"세존이시여, 고요함의 목적은 무엇이고 이익은 무엇입니까?"

"아난다여, 고요함의 목적은 행복이고 이익은 행복이다."

"세존이시여, 행복의 목적은 무엇이고 이익은 무엇입니까?"

"아난다여, 행복의 목적은 삼매이고 이익은 삼매이다."

유익한 계의 목적과 이익은 모두 '후회 없음'이라고 했다. 후회 없음의 목적과 이익은 기쁨이다. 기쁨이란 번뇌가 없어지면서 샘솟는 기쁨 같은 것이다. 그다음으로 부처님은 희열, 고요함, 행복, 삼매로 이어지는 목적과 이익을 설명한다. 보통 다섯 가지 장애를 없애고 나면 희열이 생긴다. 희열이 있으면 고요해지고, 고요해지면 행복해지고, 행복해지면 삼매에 든다. 이것이 삼매에 드는 과정을 묘사하는 정형구이다.

"세존이시여, 삼매의 목적은 무엇이고 이익은 무엇입니까?"

"아난다여, 삼매의 목적은 있는 그대로 알고 봄이고 이익은 있는 그대로 알고 봄이다."

"세존이시여, 있는 그대로 알고 봄의 목적은 무엇이고 이익은 무엇입니까?"

"아난다여, 있는 그대로 알고 봄의 목적은 염오와 이욕이고 이익은 염오와 이욕이다."

"세존이시여, 탐욕이 없어지는 것은 무엇이 목적이고 무엇
이 이익입니까?"
"아난다여, 탐욕이 없어지는 것의 목적은 해탈지견을 얻는
것이고 이익은 해탈지견을 얻는 것이다.
아난다여, 이와 같이 유익한 계들은 점점 높은 곳, 으뜸으로
나아간다."

삼매를 얻으면 지혜의 눈이 생겨 있는 그대로 알고 본다. 있는 그대로
알고 본다는 것은 우리를 이루고 있는 궁극적인 물질과 정신을 보는
것이다. 색수상행식 5온은 무상, 고, 무아이고 집착할 게 없으며, '저것
들 때문에 내가 고통받는구나. 너무 싫다'라는 염오가 일어나고, 염오
가 일어나니까 탐욕이 없어진다. 이렇게 되면 해탈했다는 지혜, 즉 해
탈했다고 알고 봄이 생긴다. 이것이 해탈지견이다. 점점 높은 곳은 아
라한과를 얻는 것을 말한다. 다시 말하면 계를 지키면 아라한과를 얻
는 쪽으로 점점 나아가게 된다. 괴로움이 완전히 없어지는 아라한의
경지는 계를 지키는 것에서 시작한다고 부처님이 분명하게 말하였다.
　《소부 니까야》에 소속된 《이띠웃따까(여시어경)》에 〈행복의 열망
에 대한 경〉(이띠웃따까 3-3-7)이 있다. 이 경에도 계를 지키는 이익을
설명한 내용이 있다.

"비구들이여, 현명한 자라면 세 가지 행복을 바라면서 계를
지켜야 한다.
'나에게 명예가 다가올 것이다. 나에게 재산이 생길 것이다. 몸

이 파괴되고 죽은 뒤에 좋은 곳 천상에 태어날 것이다'라고."

악업을 짓지 않는 사람이라도 그가 만약 악업을 짓는 사람을 섬긴다면 다른 사람들에게 의심을 받는다. 악한 자가 사귀는 사람을 사귀거나, 악한 자가 접촉하는 사람을 만나는 것은 독 묻은 화살이 오염되지 않은 화살통을 오염시키는 것과 같다. 그러므로 현명한 사람은 악의 오염을 두려워하고, 또한 악한 자와 같이하지 않는다. 향기로운 길상초라도 비린내 나는 물고기와 함께 두면 악취가 밴다. 이처럼 현명한 사람은 계를 지키는 사람을 따라야 한다. 부처님의 게송 마지막은 계를 지키는 사람과 지키지 않는 사람이 나에게 어떤 영향을 주는지 아주 간명하게 알려준다.

> "계를 지키지 않는 사람은 다른 사람을 지옥으로 이끌고
> 계를 지키는 사람은 다른 사람이 천상에 태어나게 도와준다."

지계와 관련하여 《앙굿따라 니까야》〈불방일 경〉(A6:53)을 소개하고 싶다. 부처님은 네 가지 경우에서 방일하지 말라고 가르친다. 방일하지 않음이란 게으르지 않음이고, 게으르지 않음이란 사띠(마음챙김)를 하는 상태이다.

> "비구들이여, 네 가지 경우로 불방일을 행해야 한다. 무엇이
> 넷인가? 몸으로 짓는 나쁜 행위는 버려라. 몸으로 짓는 좋은
> 행위는 닦아라. 여기에 방일하지 마라. 말로 짓는 나쁜 행위

는 버려라. 말로 짓는 좋은 행위는 닦아라. 여기에 방일하지
마라. 마음으로 짓는 나쁜 행위는 버려라. 마음으로 짓는 좋
은 행위는 닦아라. 여기에 방일하지 마라. 삿된 견해는 버려
라. 바른 견해는 닦아라. 여기에 방일하지 마라."

부처님은 이 경에서 "몸으로 짓는 나쁜 행위를 버려라. 그러면 그대는
다음 생과 죽음에 대해서 두려워하지 않는다"라고 했다. 이것은 우리
가 계를 지켜야 하는 이유를 알려주는 가르침이다.

계를 지킴에도 두 가지가 있다. 저열한 계 지킴과 수승한 계 지킴
이다. 계를 지킨다고 하더라도 계를 어떤 마음으로 지키느냐에 따라
결과가 다르다. 만약 계를 지키기 전, 계를 지키는 동안에, 계를 지키
고 난 뒤에 어떤 마음을 가지는가에 따라 저열한 계 지킴과 수승한 계
지킴으로 나뉜다. '내가 계를 꼭 지켜야 하나?', '계를 지키기 싫다', '계
를 괜히 지켰다'라는 해로운 마음이 있으면 저열한 계 지킴이다. '계를
지키는 것은 나에게 참으로 좋고, 좋은 결과를 가져온다. 이제부터 계
를 지켜서 참 좋다', '계를 지켜서 참 좋다', '계를 지켜서 참 좋았다'라
는 유익한 마음이 있으면 수승한 계 지킴이다. 계를 지키는 행위는 좋
은 행위이지만, 당연히 수승한 계 지킴의 과보가 훨씬 좋다.

그러면 재가자들의 경우에는 어떨까. 재가 신자들이 지키는 5계
는 가짓수도 적고 간단하여 어렵지 않게 지킬 수 있다고 생각하는 경
향이 있다. 하지만 그렇지 않다. 8계, 10계, 227계도 5계로부터 시작한
다. 계의 순서는 중요한 순서로 되어 있다. 그러므로 재가 신자가 지키
는 5계가 모든 계에서 가장 중요하다. 5계는 살아 있는 생명은 죽이지

않고, 내 것이 아닌 것을 갖지 않고, 성적으로 잘못된 행위를 하지 않고, 거짓말하지 않고, 술을 마시지 않는 것이다. 내 것이 아닌 것을 갖는 것은 훔치는 것이다. 결혼한 사람이라면 바람을 피우지 말아야 한다. 5계만 철저히 지켜도 우리를 잘 보호할 수 있다.

8계는 5계에 세 가지가 추가되었다. 때아닌 때 먹지 않음, 음악이나 춤 등의 오락을 하지 않음, 향수나 화장품 등 자기를 장식하거나 치장하지 않음이다. 10계는 8계에 두 가지가 추가된다. 화려하고 높은 침상을 사용하지 않음, 돈을 손에 쥐지 않음이다. 사미 이상이 되면 돈을 손으로 잡지 않는다. 비구나 사미도 필요한 것이 있는데 돈을 만질 수 없으니, 이럴 때 까삐야라는 사람의 도움을 받았다. 까삐야가 돈을 들고 따라가서 값을 치르거나, 그들이 필요한 것을 사 오기도 한다. 지금도 남방의 사원에는 까삐야가 있다.

몸과 마음으로부터 우리를 보호하는 각각의 계는 모두 의미가 있다. 8계에서 일곱째인 '음악이나 춤 등의 오락을 하지 않음'은 현대인들에게도 특별한 의미로 다가온다. 요즘 시대를 유튜브 시대라고 한다. 유튜브를 검색하면 필요한 정보를 얻기도 하지만 나쁜 영향을 주는 것들이 우리 마음에 입력될 수 있다. 이런 것들을 차단하면서 일곱째 계를 지킨다면 일상생활에서 괴로움을 해결하는 데 많은 도움이 된다고 생각한다. 비구계인 227계 중에서도 출가자들이 입는 옷인 가사에 대한 계는 재가자와 상관이 없을 것 같지만, 계에 담긴 정신을 살릴 수 있다.

계를 지키려고 해도 부주의해서 지키지 못하는 경우도 생긴다. 살아 있는 생명을 죽이지 않으려고 노력하더라도 부주의하게 미물을 상하게 할 수 있다. 부주의해서 다른 생명체가 죽거나 다치는 것을 경험하게 되면, 그다음부터는 더 신경 쓰고 살피며 움직이게 될 것이다. 이렇듯 계를 반드시 지키겠다는 마음이 들면 마음챙김도 같이 따라올 수 있다.

나에게 도움이 되는 계라면 5계, 8계, 10계, 227계 중 어떤 것을 지켜도 상관없다. 물론 여기서 스님들에게만 해당하는 승복에 대한 계는 어쩔 수 없다. 하나의 계만 지키는 사람도 있다. 그 사람은 1계 인간이다. 두 가지 계를 지키면 2계 인간이고, 5계를 지키면 5계 인간이다. 8계 인간, 10계 인간, 227계 인간도 있다. 이렇게 계의 측면에서도 사람을 분류할 수 있다고 생각한다. 계를 지킨 만큼 보호받는다. 계를 지킨다는 마음 자체가 마음을 잘 살펴보고 경계하는 역할이 있기 때문에, 계를 잘 지키는 것이 불교 공부와 수행에 큰 도움이 된다.

우리가 출가자인 비구, 비구니, 사미, 사미니를 존중하는 이유는 여러 가지가 있다. 부처님이 없는 시대에 부처님을 대신해서 우리를 가르치고 불교를 유지하는 중요한 역할을 하기 때문이기도 하지만, 그중 한 가지 이유로 비구의 예를 든다면 227계를 모두 지키기 때문에 소중하고 존경할 만한 가치가 있다.

나는 5계, 8계, 10계를 지키기도 하였고, 227계도 지켜봤다. 세속 생활을 하면서 5계를 지키고, 사찰이나 명상센터에서 수행할 때는 8계를 지키고, 비구계를 받고 227계를 지켰다. 2013년에는 미얀마에서 사미계를 받아 10계를 지켰다. 당시 미얀마 몰라민에 있는 파욱 숲속센터는 음식 때문에 고생스러운 곳으로 유명했다. 된장, 고추장 같은 것을 가져가면 음식이 입에 맞지 않아도 비벼 먹으면서 그럭저

정신과 의사가 들려주는 불교 사용 설명서

럭 견딜 수 있다는 얘기를 많이 들었다. 하지만 비구계인 227계에는 음식을 저장하지 말라는 계목이 있다. 그래서 이 계목이 없는 사미계인 10계를 받았다.

2003년도에 미얀마에서 출가하여 비구로서 227계를 지킬 때, 보름에 한 번씩 모여서 계에 대해 점검하였다. 한 비구가 빨리어로 227계를 낭송하고, 나머지 비구가 모든 낭송을 듣고서 참회할 것이 있으면 참회한다. 내가 1달 단기 출가 생활을 마치고 미얀마에서 한국으로 돌아오기 전, 나를 지도했던 우 자나카 큰스님께 물었다.

"한국으로 돌아가서 다시 의사 일을 하게 되는데, 어떻게 해야 합니까?"

"5계를 지켜라."

"5계를 어기면 어떻게 합니까?"

"다시 지켜라."

그때부터 지금까지 5계를 지키며 살려고 노력하고 있다. 하지만 두 번인가 어긴 적이 있다. 부처님은 "차라리 시궁창 물을 마실지언정 술을 마시지 마라"고 하였지만, 불가피하게 술을 마셔야 했다. 예의상 마시면서 나는 '술이 내 몸에 들어왔을 때 어떤 영향을 주고 있는가?'를 지켜보았다. 술의 영향이 없어질 때까지 계속 지켜보았던 기억이 있다. 지금까지도 5계를 지키는 것이 나를 잘 보호해 주었고, 번잡한 재가의 삶을 살면서 수행하고 공부하는 데 지장이 없도록 해 주었다고 생각한다.

많은 사람들이 관심을 가지는 계목 중 하나가 육식에 대한 것이다. 대부분 사람들은 출가자는 육식해서는 안 된다고 생각한다. 하지만 남방불교에서는 출가자는 재가자가 보시한 음식은 육식을 포함해서 뭐든지 받아서 먹는다. 부처님은 다만 세 가지 깨끗하지 않은 음식을 금하였을 뿐이다.《맛지마 니까야》〈지와까 경〉(M55)에서 부처님은 분명하게 차이를 설명하였다.

> "지와까여, '사문 고따마를 위해 산목숨을 죽이는데, 사문 고
> 따마는 그것을 알면서도 그 고기를 먹는다'라고 말하는 자
> 들은 내가 말한 대로 말한 것이 아니다. 사실이 아닌 거짓으
> 로 나를 헐뜯는 것이다.
> 지와까여, 나는 세 가지 경우의 고기를 먹어서는 안 된다고
> 가르친다. '나에게 음식을 주기 위해 죽이는 것을 보았거나,
> 보지는 않았지만 소리를 들었거나, 보거나 듣지는 못했어도
> 나를 위해 잡은 것이라고 의심이 가는 경우에는 그 고기를
> 먹어서는 안 된다'고 가르친다."

나는 횟집에 갈 때도 살아 있는 생선을 잡아 회를 만드는 집에는 가지 않는다. 불가피한 경우는 예외이긴 하지만, 부처님이 말한 세 가지 깨끗하지 않은 음식에 해당하는 곳은 최대한 가지 않으려고 노력한다. 다른 음식도 마찬가지다.

음식과 관련해서 '때아닌 때 먹지 않는다'는 계목도 있다. 이 계목에 따라 식사하는 시간은 해가 뜨고 난 뒤부터 낮 12시 정도까지이고, 다른 때는 일절 먹지 않는다. 초기불교 시대에도 처음에는 하루에 세 끼를 먹었던 것 같은데,《맛지마 니까야》〈메추라기 비유 경〉(M66)

에는 우다이 존자가 비구들이 하루에 한 끼만 먹게 된 과정을 가감 없이 말하고 있다.

> "세존이시여, 저희가 전에는 저녁에도 아침에도 낮에도 때 아닌 때 먹었습니다. 그즈음에 세존께서 비구들을 불러서 '부디 그대들은 적당한 때가 아닌 낮에 음식 먹는 습관을 버려라'라고 말씀하였습니다. 그때 저희는 당황하고 정신적인 고통을 겪었습니다."

신심 있는 장자들이 낮에 여러 종류의 맛있는 음식을 제공하는데 그것을 포기하라는 부처님의 말씀을 듣고 비구들은 당황스러웠지만, 그말씀대로 지키려고 저녁과 아침에만 음식을 먹었다. 그다음에 부처님은 '적당한 때가 아닌 저녁에 음식을 먹는 것을 버려라'고 하였다. 특별한 요리는 주로 저녁에 공양을 받게 되는데 이것을 버리라고 하니 불만이 있는 비구들도 있었다. 하지만, 칠흑 같은 어두운 밤에 탁발하러 다니다가 경험했던 나쁜 일들을 생각해 보니 부처님이 괴로운 법을 제거해 주고 유익한 법들을 가져다주었다는 것을 알게 되었다고 한다. 그래서 비구들은 지금까지도 해가 뜬 후부터 정오까지만 음식을 먹는다.

비구 보디가 저술한 《8정도》에는 계가 네 가지 차원에서 도움이 된다고 하였다. 첫째는 사회적 차원이다. 계는 자기를 보호하고 남도 보호한다. 계를 지키는 사람은 남에 대한 배려가 있기 때문이다. 둘째는 심리적 차원이다. 계를 지키면 후회할 일이 없고, 마음이 평화로워진다. 셋째는 업의 차원이다. 계를 지키면 나쁜 업을 가져올 수 있는 행위를 방지할 수 있다. 넷째는 선정의 차원이다. 계를 지키면 번뇌가 생기지 않으므로 선정을 닦을 때 오로지 선정의 대상에 집중할 수 있다. 이 외에도 비구 보디는 계가 다른 수행의 성공을 위해서 필수이고, 8정도 수행의 기반이라고 강조하였다.

마하시 사야도가 저술한 《위빠사나 수행 방법론》에도 계에 대한 구체적이고 전문적인 설명이 있다. 바로 계청정에 대한 이야기이다. 출가자의 계청정에는 네 가지가 있다. 첫째는 계를 잘 지키는 것, 둘째는 감각기능을 잘 단속하는 것, 셋째는 생계를 청정하게 하는 것, 넷째는 필수품을 청정하게 하는 것이다. 이를 전문용어로는 계목단속계라고 하는데, 풀이하면 '계를 잘 지키는 계'이다. 출가자의 네 가지 필수품인 음식, 옷, 거처, 약품은 여법하게 얻어야 하고 사용할 때는 '청정범행을 하기 위해서 음식을 먹는다' 등으로 반조한다. 이렇게 반조하지 않으면 공양받은 필수품들에 집착과 번뇌가 생기고 빚이 되어 죽은 후에 나쁜 곳에 떨어질 수 있다. 눈, 귀, 코, 혀, 몸, 정신의 여섯 가지 감각기관을 잘 단속해야 한다. 이처럼 학습계목들을 잘 수지하고, 그것에 따라 계를 잘 지키면 계청정이 일어난다.

이러한 네 가지 청정은 출가자만 하는 게 아니다. 재가자도 이에 입각해서 생활하고 노력한다면 큰 도움이 된다. 재가자가 계를 지키는 방법에는 여러 가지가 있다. 첫째는 미리 내가 할 것을 제한하는 것이다. '나는 틈이 나면 보시하겠다. 보시할 수 있는 대상을 얻으면 보시하겠다' 등으로 한정을 짓고 나면, 필요 없는 물건이 있을 때 탐착을 일으키지 않고 보시하게 된다. 둘째는 불선한 마음이 생기면 선한

정신과 의사가 들려주는 불교 사용 설명서

마음으로 대체시키는 것이다. 예를 들어 감각적 욕망의 대상이 떠오르면, 불교 공부했던 내용을 생각하거나 내가 해야 할 일로 바꾼다. 셋째는 주의를 항상 올바르게 기울이는 것이다. 불교 공부를 하면서 배운 것, 들은 것, 외운 것, 수행해야 할 것에만 집중해도 번뇌가 일어나지 않는다. '수행하지 않은 마음, 길들이지 않은 마음은 거칠다. 그러므로 마음을 잘 다스려야 한다'고 생각하면 좋다. 만약 잘못이 없는데도 비난을 받았다면, 이치에 맞게 생각하여 마음을 다스릴 수 있다.

부처님은 재가 신자들이 계를 지키지 않으면 다섯 가지 위험이 있다고 하였다. 첫째, 방일한 결과로 큰 재물을 잃는다. 둘째, 악명이 자자해진다. 셋째, 어떤 회중에 들어갈 때 자신감이 없다. 넷째, 죽을 때 혼란하고 미욱하게 죽는다. 다섯째, 죽고 난 뒤에 불행한 곳에 태어난다.

반대로 계를 지키는 이익에는 세 가지가 있다. 첫째, 계를 지키면 기쁘고 흐뭇하고 만족하는 마음이 생긴다. 둘째, 몸과 마음이 고요하고 편안해진다. 셋째, 4악처에 태어나지 않을 수 있다. 아수라, 아귀, 축생, 지옥에 떨어지는 중생 중 99% 이상이 계를 지키지 않아서라고 한다. 계가 청정한 사람 중 50% 이상이 천상에서 행복하게 지낸다. 계가 청정했기 때문에 도와 과를 이룬 사람이 많다는 것이다. 그렇기 때문에 누구를 막론하고 계를 목숨처럼 소중히 여겨야 한다. 나중에 지켜야지 했다가 갑자기 죽게 되면 눈 깜빡할 사이에 악처로 떨어질 수 있다.

수행하는 사람은 반드시 계를 지켜야 한다. 계가 완전히 청정해지도록 해야 한다. 계를 지킬 수 있는 여건은 현재 몸과 마음에서 일어나는 것을 관찰하는 사띠(마음챙김)이다. 사띠를 통해 항상 보고 있으므로 일어난 번뇌를 바로 수습하고, 아직 일어나지 않은 번뇌를 일어나지 않게 한다. 사띠를 놓치는 순간, 과거에 살던 것처럼 계속 살게 된다. 온종일 사띠를 유지하는 것은 이처럼 중요하다.

정신과 의사가 들려주는 불교 사용 설명서

신통과
가르침의 기적

신통(神通)은 '신과 통했다'는 의미로써, 빨리어 abbhiññā의 한역어이다. '신'은 묘한 것, 영묘한 것, 기이한 것을 지칭한다. 나는 신통이라는 말을 좋아하지 않는다. 엄청나게 올바르게 노력하여 얻은, 인간의 한계를 넘어선 탁월한 능력이자 지혜라는 표현이 더 좋지만, 번역어로서는 너무 길어지기 때문에 신통 외의 다른 선택은 없는 것 같다. 신통은 지혜에 해당하는 부분이 있고, 능력에 해당하는 부분이 있고, 지혜와 능력 둘 다 해당하는 경우도 있다. 신통은 쉽게 얻을 수 있는 것이 아니다. 수행도 많이 하고 지혜가 깊어져야 얻을 수 있는, 참으로 소중한 것이므로 엉뚱하게 오해하거나 폄하해서는 안 된다고 생각한다.

신통은 니까야의 여러 경에 나오고, 세 가지, 여섯 가지, 여덟 가지로 설명되기도 한다. 세 가지 신통은 숙명통, 천안통, 누진통으로 3명(三明)이라고 한다. 숙명통은 전생을 보는 지혜, 천안통은 업에 따라 태어나는 것을 보는 지혜, 누진통은 번뇌가 완전히 없어진 지혜이다. 여기에 신족통, 신이통, 타심통을 더하면 여섯 가지가 되고, 위빠사나의 지혜와 마음으로 만든 신통의 지혜를 더하면 여덟 가지가 된다. 신족통은 몸의 자유자재함, 천이통은 멀리 있는 것을 들을 수 있음, 타심통은 남의 마음을 열여섯 가지로 아는 것이다. 위빠사나의 지혜는 앎과 봄으로 향했을 때 얻을 수 있고, 마음으로 만든 신통의 지혜는 몸에서 다른 몸을 만들어내는 것이다. 이 몸은 감각기관을 가지고 있으며 남이 볼 수도 있다.

《디가 니까야》〈사문과 경〉(D2)에는 어떤 상태에서 신통이 생기는지와 여섯 가지 신통에 대한 설명이 있다. 4선정에 들어서 마음이 청정하고 깨끗하고 흠이 없고 오염원이 사라지고 부드럽고 활발발(活潑潑)하고 안정되고 흔들림이 없는 상태에 이르렀을 때, 앎과 봄으로 마음을 향하고 기울이게 되면 앎과 봄을 얻는다. 마음으로 만든 몸에 마음을 향하고 기울이게 되면 마음으로 만든 몸을 얻을 수 있고 신통변화, 신성한 귀의 요소, 마음을 아는 지혜, 전생을 기억하는 지혜, 중생들의 죽음과 태어남을 아는 지혜, 모든 번뇌를 소멸한 누진통으로 마음을 향하고 기울이게 되면 그런 상태를 얻는다.

신족통의 원리는 《상윳따 니까야》〈철환 경〉(S51:22)에서 부처님이 직접 밝혀 놓았다. 다른 경이나 주석서에도 신통의 원리가 나오지만, 아난다 존자가 질문하고 부처님이 답변하는 형식은 이 경이 유일한 것 같다. 아난다 존자는 부처님이 신통에 의해 마음으로 만든 몸, 네 가지 근본 물질로 된 몸으로 범천의 세상에 간 것에 관해 물었다. 부처님은 아난다에게 신족통의 원리를 설명한다.

"아난다여, 여래가 이 몸을 마음에 스며들게 한다. 또 이 마음을 몸에 스며들게 한다. 그렇게 해서 몸에 대한 행복한 인식과 가볍다는 인식에 들어갈 때 여래의 몸은 더욱더 가벼워지고 더욱더 부드러워서 더욱더 다루기에 적합하고 더욱더 빛이 난다. 그런 상태가 되면 그렇게 할 수 있다."

몸은 마음에 스며들게 하고, 마음은 몸에 스며들게 해서 몸과 마음이 하나가 된다. 이렇게 되었을 때 마음이 가벼워지고 부드러워지는 것처럼 몸도 그렇게 된다. 이어서 부처님은 하나의 몸이 여럿이 되기도 하고 여럿에서 하나가 되기도 하며, 벽이나 담이나 산을 아무런 장애 없이 통과하거나 저 멀리 범천의 세상까지도 몸의 자유자재함을 발하는 것 등 여러 가지 신통 변화를 나투는 것을 설명한다. 이것이 신족통이다.

부처님은 법을 펼칠 좋은 기회가 된다면 신통을 보여주었다.《법구경 주석서》(《법구경》 게송 58-59의 주석)에는 부처님이 신통을 보여준 이야기가 있다. 사왓티라는 도시에 부처님의 신도인 시리굿따와 니간타 신도인 가라하딘나가 있었다. 이 둘은 매우 절친한 사이였다. 니간타들이 가라하딘나에게 "왜 친구에게 우리를 공양하라"고 말하지 않는지 틈만 나면 물었다. 가라하딘나가 어쩔 수 없이 시리굿따에게 이 말을 전하면서, "나의 스승인 니간타들은 모르는 것이 없다"고 하였다. 이 말을 들은 시리굿따는 그들을 시험해 볼 생각으로 공양을 청하였다. 건물 사이의 넓은 공간에 구덩이를 파고 천으로 은폐한 후, 그들이 준비된 의자에 동시에 앉도록 일을 꾸몄다. 이 사실을 모른 니간타들이 공양을 받기 위해 동시에 의자에 앉는 순간 모두 구덩이에 빠져 망신을 당하였다.

스승들에게 치욕을 준 시리굿따에게 화가 난 가라하딘나가 왕에게 찾아가 이 사실을 말하였지만, 왕은 오히려 가라하딘나에게 벌을 내리겠다고 하였다. 니간타들이 자신의 미래도 알지 못하면서 안다고 거짓말을 했기 때문이다. 분개한 가라하딘나는 부처님에게 똑같이 복수해야겠다고 생각했다. 숯불 구덩이를 마련하고 부처님에게 공양을 청하였는데, 그날 그의 집에는 사람들이 엄청나게 모여들었다. 외도들은 부처님이 큰 낭패를 당할 것으로 생각했고, 부처님을 믿는 사람들은 부처님의 훌륭한 법문을 들으려고 모여들었다.

부처님은 이미 가라하딘나의 마음을 타심통으로 알았지만, 많은 사람들이 법문을 들으러 몰려오리라는 것도 알았기 때문에 공양을 수락하였다. 부처님이 자리에 앉으려 하자 연꽃이 솟아올라 숯불 구덩이가 사라졌고, 부처님은 연꽃을 밟고 올라가 의자에 앉았다. 이 광경을 본 가라하딘나는 너무나 놀랐다. 그는 부처님에게 귀의처가 되어 달라고 청하였지만, 한편으로는 마음이 불편하였다. 사실 부처님이 망신당할 것만 생각했기 때문에 음식 준비를 하나도 하지 않았다. 그런데 부처님이 가보라는 곳에 음식이 가득한 것을 보고 더욱 부처님에 대한 신심이 생겼다. 공양을 끝내고, 부처님이 법문하였다.

"중생들은 지혜의 눈이 없기 때문에 삼보의 공덕을 알지 못한다. 지혜가 없는 자는 맹인과 같고 지혜가 있는 자만이 눈이 있는 자이다."

법문을 끝낸 부처님은 다시 게송을 설하였다.

마음을 즐겁게 하는 맑고 향기로운 연꽃이
더러운 연못에서 피어나듯이
붓다의 제자들도 눈먼 중생들 속에서
찬란한 지혜로 빛난다.

부처님이 게송을 마치자 많은 사람들이 법에 대한 이해를 얻었고, 가라하딘나와 시리굿따는 수다원과를 성취했다. 그 후로 두 사람은 부처님과 비구들에게 공양을 올리고 많은 공덕을 쌓았다고 한다.

부처님이 법을 위해서 신통을 보여준 것처럼, 비구들도 필요한 경우에는 신통을 보여주었다. 《상윳따 니까야》〈마하까의 기적 경〉(S41:4)에는 찟따 장자가 장로 비구들을 초청해서 공양을 올렸을 때 마하까 존자가 신통을 보여준 이야기가 나온다. 신통을 본 찟따 장자가 마하까 존자를 성심으로 공경하겠다고 신심을 내었지만, 마하까 존자는 거처를 잘 정돈한 후 발우와 가사를 들고 그곳을 떠나 다시는 돌아오지 않았다고 한다. 대가를 바라고 신통을 보여준 것이 아니라, 마하까 존자는 법을 위해서 영향력이 큰 찟따 장자에게 신통을 보여준 것이기 때문이다.

하지만 부처님은 '재가자에게는 신통을 보여주어서는 안 된다'라고 율을 제정하였다. 《법구경 주석서》(법구경 게송 181 주석)에 그 인연담이 있다. 마가다국의 수도인 라자가하의 큰 부자가 갠지스강으로 물놀이를 갔다가 우연히 자단목을 얻었다. 자단목은 매우 단단하고

향이 좋아서 최고급 목재로 쓰인다. 그는 자단목으로 발우를 만들어 나무 꼭대기에 걸었다. 하늘을 날 수 있는 신통을 가진 사람이 이 발우를 가져갈 수 있고, 신통이 있는 그는 분명히 아라한이므로 그분을 정성을 다해 모시겠다고 생각했다. 그러나 누구도 발우를 가져가지 못했다. 사람들 사이에서 '이 세상에 아라한은 한 명도 없다'는 소문이 돌았다.

마하 목갈라나 존자와 삔돌라 존자가 이 소문을 들었다. '아라한이 없다'는 말은 부처님과 불교를 부인하는 말일 수도 있다. 상의 끝에 삔돌라 존자가 발우를 가져오기로 하였다. 삔돌라 존자는 4선정에 들어갔다가 나와서 매우 큰 바위를 들고는 하늘을 빙빙 돌았다. 그러다가 바위를 반으로 가르면서 얼굴을 내밀었다. 그 모습을 본 사람들이 놀라 소리쳤고, 부자는 발우를 내리고 음식을 담아 삔돌라 존자에게 주었다. 그 광경을 보지 못한 사람들이 뒤늦게 몰려와 신통을 다시 보여 달라고 요청하자, 삔돌라 존자는 신통을 보여 준 후 발우를 들고 승원으로 돌아왔다. 부처님은 하찮은 발우 때문에 성자의 능력을 보여주어서는 안 된다고 꾸짖은 후, 율을 제정하고 '재가자들에게 신통을 보여주는 것은 계율을 범하는 것'이라고 하였다.

그렇지만 부처님이 모든 신통을 금지한 것은 아니다. 같은 출가자에게는 신통을 보여줄 수 있다. 그리고 부처님은 본인이 제정한 율을 넘어설 수 있으므로, 필요하다면 재가자나 외도들에게 신통을 보인다. 삔돌라 존자의 신통력으로 권위가 실추된 이교도들이 길거리를 돌아다니며 부처님과 신통 대결을 하겠다고 큰소리를 쳤다. 부처님이 신통을 부리지 말라는 율을 제정했다는 소문을 들은 후였다. 마가다

정신과 의사가 들려주는 불교 사용 설명서

국의 빔비사라왕이 부처님의 생각을 물었다. 부처님은 넉 달 후에 꼬살라 국의 사왓티에서 신통을 보이겠다고 하였다. 사왓티는 모든 부처님이 신통을 보인 곳이기 때문이다.

부처님이 걸어서 사왓티에 도착했다. 꼬살라 국의 빠세나디왕이 대형 천막을 세우겠다고 했지만, 부처님은 그럴 필요 없다고 하면서 간다의 망고나무 아래에서 신통을 보이겠다고 하였다. 이 말을 들은 이교도들이 사왓티의 망고나무를 전부 베어 버렸다. 하지만 왕의 정원지기인 간다가 잘 익은 망고 하나를 발견하고 부처님에게 공양을 올렸다. 아난다 존자가 망고즙을 만들어 부처님에게 올렸고, 부처님은 이 자리에 땅을 파고 망고 씨를 심으라고 하였다. 씨를 심은 곳에서 부처님이 물로 손을 씻는 순간, 커다란 망고나무가 땅에서 솟아올랐다. 그날 저녁 제석천이 도리천의 목수를 불러 거대한 천막을 세웠고, 사람들과 천신들이 구름처럼 몰려들었다.

불환과를 얻고 신통이 있는 한 여신도가 부처님을 대신하여 신통을 보이겠다고 나섰다. 불환자인 쭐라 아나타삔디까, 4무애해를 갖춘 7살의 찌라 사미니, 4무애해를 갖추고 모든 번뇌에서 벗어난 7살의 쭌다 사미, 비구니 중에서 신통제일인 웁빨라완나, 마하 목갈라나도 신통을 보일 수 있다고 하였다. 그러나 부처님은 '많은 군중이 모여 있는 이때가 신통을 보일 때'라면서 직접 최고의 신통을 보여주었다.

부처님이 신통을 보여주어야 할 때는, 다시는 신통에 대해 의문이 생기지 않도록 최고의 신통을 보인다. 부처님은 쌍신변을 보여주었다. 상반신에서 불이 나오는 동시에 하반신에서는 물이 나오고, 몸의 앞쪽에서 불이 나오는 동시에 뒤쪽에서는 물이 흐른다. 오른쪽 옆구리에서 불이 나오면 왼쪽 옆구리에서는 물이 나온다. 이렇듯 몸의 각각 부분에서 불과 물이 나올 때 푸른색, 노란색, 붉은색, 흰색, 분홍색, 광명의 빛 등 여섯 가지 색깔의 빛이 나온다. 어마어마한 광경이 벌어지는 것이다. 이 신통은 부처님이 처음 깨달았을 때 천신과 범천들이 깨달음을 의심하자 보여주었던 쌍신변이다.

부처님은 쌍신변을 나투는 사이사이에 군중들에게 필요한 법문을 하였다. 법문을 듣다가 사람들이 피곤하다 싶으면 쉬게도 하였고, 질문이 필요한데 사람들이 그 질문을 할 수 없으면 부처님이 분신을 만들어서 질문하게 하고 부처님이 답하였다. 그렇게 계속 신통을 보이고 법문도 하면서 부처님은 과거의 모든 부처님이 신통을 나툰 후 어떻게 하였는지를 보았는데, 과거의 모든 부처님은 삼십삼천에 가서 안거를 보내고 어머니를 위해서 아비담마 삐따까(논장)를 설하였다. 《담마상가니 주석서》 서문에는 부처님이 깨달음을 이룬 후 네 번째 7일 동안 아비담마 체계를 이루고, 일곱 번째 안거에 천상에 가서 신들을 대상으로 아비담마를 설하고, 설하는 사이사이에 사리뿟따에게 이야기하고 사리뿟따가 다시 사람들에게 이를 전했다는 내용이 있다.

쌍신변을 일으키는 메커니즘을 살펴보면, 우선 마음에서 '내가 상반신에서 불을 일으키겠다'고 결심한 뒤 불까시나를 명상의 대상으로 하여 4선정에 든다. 4선정에서 나와서 선정을 반조하고, 이번에는 '하반신에서 물이 흐르게 하겠다'고 결심한 뒤 물까시나를 대상으로 4선정에 든다. 4선정에서 나와서 선정을 반조하면, 그때 상반신에서 불이 나오고 하반신에서는 물이 나오게 되어 있다. 불까시나 선정과 물까시나 선정은 불과 3, 4심찰나 안에 이뤄진다. 우리 마음이 1초에 1조 번 일어나므로, 하나의 마음은 1조 번의 1초만큼 짧은 시간이다. 그 짧은 찰나에 이러한 작업을 하기 때문에, 마치 동시에 일어나는 것처럼 보인다. 엄청난 마음의 힘을 가지지 않고는 쌍신변을 할 수 없다. 부처님만 할 수 있는 신통이다.

《법구경 주석서》에 따르면, 어떤 부자가 우연히 자단목을 얻은 사건부터 부처님이 쌍신변을 행하고 천상에서 아비담마를 설하여 논장이 성립되는 것까지의 중요 사건이 신통으로 인해서 생겼다.

그런데 부처님이 신통을 보여주지 않는다고 불만을 품고 부처님의 능력과 지혜를 의심하는 사람도 있었다. 《디가 니까야》〈빠띠까경〉(D24)을 보면, 릿차위의 후예인 수낙캇따가 더 이상 부처님을 의지하지 않겠다면서 떠났다. 부처님이 신통을 보여주지도 않고, 세상의 기원을 천명하지도 않았기 때문이었다. 부처님의 반응은 단호하였다.

> "수낙캇따여, 어떻게 생각하는가? 인간을 넘어선 신통의 기적을 나투든 인간을 넘어선 신통의 기적을 나투지 않든, 세상의 기원을 천명하든 또 천명하지 않든 내가 사람들에게 설한 법은 그대로 실천하면 바르게 괴로움의 소멸로 인도하는가?"
>
> "그렇습니다, 세존이시여."
>
> "나는 그대에게 나에게 와서 머물라고 말하지 않았고, 그대도 나를 의지해 머물겠다고 생각하지 않았다. 그런데 누가 누구를 떠난단 말인가? 수낙캇따여, 그러므로 잘못은 그대에게 있다. 그대는 정신을 못 차리고 이 법과 율로부터 떠나

버렸다. 마치 불행한 곳과 비참한 지옥으로 행하는 것처럼."

수낙캇따는 여러 가지 방법으로 부처님을 칭송하였고, 부처님의 법을 칭송하였으며, 부처님이 말씀하신 법을 실천하면 괴로움의 소멸로 인도된다는 것을 인정하면서도 부처님이 신통을 보여주거나 세상의 기원을 밝혀주지 않았다면서 불만을 가졌다. 그러나 부처님은 타심통으로 그의 생각을 알았으므로 이미 여러 번 신통을 보여주었지만, 그는 사견을 버리지 못했다.

　수낙캇따는 부처님을 따라 탁발을 가다가 개처럼 사는 수행자들을 보고 멋지다고 생각했다. 또 일곱 가지 계를 지킨다는 나체수행자가 수낙캇따의 질문에 답하지 않고 화를 내자, 자기가 아라한을 화나게 하여 불행과 괴로움이 생길까 두려워하였다. 부처님이 그를 나무라자 수낙캇따는 '부처님이 다른 아라한을 질투한다'고 말도 안 되는 말을 하였다. 그러나 개처럼 사는 수행자는 7일 후에 소화불량에 걸려 죽은 뒤 공동묘지에 버려졌고, 일곱 가지 계를 지킨다던 나체수행자는 계를 어겨 명성이 땅에 떨어지고 죽었다. 모두 부처님의 말씀대로였지만, 수낙캇따는 부처님의 신통을 인정하면서도 부정하는 마음을 가졌다.

　또 다른 나체수행자인 빠띠까뿟따가 부처님보다 두 배의 신통을 보여주겠다고 장담하는 말을 하였는데, 부처님은 그가 부처님의 앞에 올 수 없다고 말하였다. 자기 말을 취소하지 않고 포기하지 않고 견해를 버리지 않은 채 부처님에게 오려고 한다면 그의 머리가 떨어질 것이기 때문이다. 경을 읽다 보면 있을 수 없는 일을 할 때 '머리가 떨어진다'라고 표현하는 경우를 흔하게 발견할 수 있다. 빠띠까뿟따는 부처님과의 신통 대결이 두려워 숨었으나, 사람들이 찾아오자 몸이 뒤틀려 일어나지도 못했다. 이렇듯 부처님은 수낙캇따에게 여러 번 신통을 보여주었다.

세상의 기원에 대해서 당시 사람들 중에는 자재한 범천이 세상을 창조했다고 주장하지만, 부처님은 세상을 수축과 팽창 과정으로 설명하였다. 사람들은 자기보다 수승한 앞의 존재가 자신을 낳고 창조했다고 생각한다. 심지어 수행자라 하더라도 능력의 한계 때문에 범천에서 이 세상으로 태어난 전생밖에 보지 못하기 때문에 범천이 세상을 창조했다고 잘못 믿고 있다고 하였다.

부처님과 대화를 나누면 속이 시원해지고 모든 게 분명해진다. 엉켰던 것이 모두 제자리를 잡는다. 이 경만 보더라도, 부처님의 모든 답변은 명확하다. 보여야 할 것은 충분히 보여준다. 그렇지만 부처님은 아무 때나 아무한테나 신통을 보이지 않는다. 부처님이 신통을 보여줄 때는 법을 위해서 필요한 때이다.

《디가 니까야》〈께왓다 경〉(D11)에는 부처님이 보여준 신통의 기적 중에서 특이한 것이 나온다. 바로 가르침의 기적이다. 기적은 신통이라는 말과 거의 비슷하게 쓰일 때가 많다. 부처님의 법문은 언제나 대기설법이다. 질문자의 상황과 생각을 정확하게 알고 그에 적합한 대답을 한다. 이 경에서 신족통, 타심통, 가르침의 기적만을 설한 것도 이런 맥락이라고 이해할 수 있다.

께왓다 장자는 부처님이 신통을 가진 비구를 한 명 지정해 주면 더 많은 날란다 사람들이 믿음을 가지게 될 것이라고 생각했다. 당시 날란다는 부유하고 번창하여 사람들로 붐비는 도시였다. 께왓다 장자가 세 번이나 간청하였지만 부처님은 신통의 기적을 좋게 보지 않았다.

> "께왓다여, 나는 비구들에게 '오라, 비구들이여! 흰옷을 입은 재가자들에게 인간의 법을 넘어선 그런 신통의 기적을 나투어라'고 말하지 않는다.
> 께왓다여, 나는 세 가지 기적을 최상의 지혜로 실현하여 드러낸다."

청정한 믿음이 있는 사람에게 신족통이나 타심통을 보이면 경이롭게 생각하겠지만, 믿음이 없는 사람은 그런 신통은 주문을 외워도 보일 수 있다고 생각할 것이다. 부처님은 신통의 위험을 보았기 때문에 이런 기적을 탐탁하게 생각하지 않고 좋아하지도 않았다. 그러나 부처님은 가르침의 기적에 대해서는 엄청난 기적이라고 말한다.

> "께왓다여, 어떤 것이 가르침의 기적인가? 여기 비구는 이와 같이 가르친다. '이와 같이 생각하고 이와 같이 생각하지 마시오. 이와 같이 마음을 잘 기울이고. 어느 대상에 잘 기울이고. 이와 같이는 마음을 기울이지 마시오. 이것은 버리고 이것은 구족하여 머무시오'라고 이야기한다. 이것을 가르침의 기적이라 한다."

부정적인 생각과 해로운 생각을 하지 말고 유익한 생각을 하라는 가르침이다. 불선법은 버리고 선법은 얻어서 그것에 머무를 때 엄청난 기적이 일어난다. 그렇게 했을 때 그 사람에게서 엄청난 변화가 오고 기적과 같은 일이 일어나게 된다. 이것을 가르침의 기적이라고 부르는 이유이다. 기적이라고 해서 엄청난 초자연적인 현상만 있는 것이 아니다. 일어나기 어려운 일이 일어나면 다 기적이라고 할 수 있다. 부처님의 가르침에 의해서 사람이 바뀌어도 기적이라 한다.

"여래가 이 세상에 출현한다. 여래는 법을 설한다. 지극히 청정한 범행을 드러낸다. 이러한 법을 장자나 장자의 아들이 듣는다. 법을 듣고는 믿음을 일으켜서 머리를 깎고 물들인 옷을 입고 출가한다. 출가해서는 계를 잘 지킨다. 계로서 잘 단속하기 때문에 어디에서도 두려움을 보지 못한다. 감각의 문을 잘 지킨다. 마음챙김과 알아차림을 잘 갖추고, 받은 필수품으로 만족한다. 세상에 대한 욕심을 제거하고 욕심을 버린 마음에 머문다. 악의를 없게 하고, 해태와 혼침이 없게 하고, 들뜸과 후회를 제거하고, 의심을 건너서 머문다. 이러한 다섯 가지 장애가 제거되었다고 관찰할 때 환희가 생기고, 희열이 생기고, 고요함이 생기고, 행복해지고, 삼매에 든다. 초선, 제2선, 제3선, 제4선에 들어 흔들림이 없어지면 지와 견으로 마음을 향한다. 마음으로 만든 몸에 마음을 향하고, 신족통, 천이통, 타심통, 숙명통, 천안통, 누진통으로 마음을 향한다."

지와 견이라는 위빠사나의 지혜가 생기고, 네 단계의 삼매에 들고, 마음으로 만든 몸과 여섯 가지 신통에 마음을 향하는 것이 모두 가르침의 기적이다. 이 중에서 신족통과 타심통은 주술을 통해서도 얻을 수 있지만, 가르침의 기적은 주술을 통해서는 할 수 없다는 것을 보여주려고 이 경을 설한 것 같다. 부처님이 께왓다에게 "세 가지 기적을 최상의 지혜로 실현하여 드러낸다"고 한 말씀은 이런 의미로 이해할 수 있다.

우리가 마음을 잘 다스리고 마음이 집중되고 굉장히 강해지면 자연스럽게 나타나는 지혜나 능력이 신통이다. 노력에 대한 자연스러운 대가라고 여겨도 좋을 것이다. 그러므로 신통은 불교 공부와 수행을 잘하고 마음을 잘 닦는 사람에게서 나타나는 굉장히 좋은 현상이다. 물론 신통에 대해 부정적인 시각도 있고 염려하는 사람들이 있다. 그렇지만 이런 염려는 하지 않아도 된다. 신통에는 안전장치가 있다. 탐진치의 해로운 마음으로 신통을 한다면, 그 순간에 신통은 없어진다. 오로지 유익한 마음으로 가득 찼을 때 신통이 나온다. 신통은 나쁜 목적으로 사용할 수 없다. 선정을 얻고 신통을 얻은 데와닷따가 부처님을 대신하여 승가를 관리하겠다는 해로운 마음이 일어나는 순간 신통이 사라졌다고 한다.

라훌라여,
다시는 태어나지 마라

《소부 니까야》〈장로게〉에는 라훌라 비구의 게송이 있다.

사람들은 나를 '행복한 라훌라'라고 부른다.
나는 두 가지 행운을 누리고 있다.
하나는 내가 부처님의 아들이라는 것이고
또 하나는 내가 법들을 보는 눈을 가지고 있다는 것이다.
나의 오염은 소멸되어 번뇌가 없어져서
다시 존재를 받는 일은 없다.
나는 존경받아야 할 사람, 공양받아야 할 사람,
세 가지 명지를 체득한 사람, 불사를 얻은 사람이다.
그들은 갖가지 욕망에 눈이 멀어
삿된 올가미에 걸리고 갈애에 들씌워져

게으름뱅이 친척들에게 얽매여 있다.

나는 애욕을 떠나 악마의 속박을 끊고

갈애를 뿌리 뽑아 시원해지고 평안해졌다.

라훌라는 부처님의 외아들로서, 일곱 살에 출가하여 스무 살에 아라한이 되었다. 그 후의 기록은 경전에 그리 많지 않다. 라훌라는 빨리어로 '장애'라는 뜻이 있다. 그는 고따마 부처님이 출가하는 날 태어났다. 부처님이 깨달음을 증득한 후 고향을 방문하여 설법하였는데, 그때 라훌라의 어머니가 "저분이 너의 아버지다. 가서 유산을 받아라"라고 하였다. 부처님이 카필라성에 7일 동안 머무른 후 떠나려 할 때, 라훌라가 찾아왔다.

"아버지, 유산을 주세요."

부처님은 아무 말도 하지 않았다. 대답을 듣지 못한 라훌라가 부처님을 따라오자, 부처님은 사리뿟따에게 라훌라를 출가시키게 하였다. 본인이 원한 출가는 아니었지만, 라훌라는 후에 아마도 조용히 좋은 일을 많이 하여 북방에서 밀행(密行)제일이라고 불렸던 것 같다.

또 《앙굿따라 니까야》〈하나의 모음〉에는 라훌라가 '배우기를 좋아하는 비구 가운데서 으뜸'이라고 하였다. 부처님의 제자 중에서 어느 부분에 최고가 된다는 것은 엄청난 일이다. 그만큼 노력했다는 것이다. 라훌라는 과거 생에 어렸을 때 모래를 한 주먹 쥐어 들면서 '오늘 내가 이 모래알처럼 많은 가르침을 꼭 받겠다'라고 항상 염원했다고 한다. 라훌라가 고따마 부처님의 회상에서 배우기를 좋아하는 최고의 비구가 된 것은 과거에 이런 염원을 세우고 계속 노력한 결과이다.

고따마 부처님은 전생에 과거 부처님들로부터 24번 수기를 받았다. 전생에 수메다 존자였을 때, 연등불이 출현하여 "당신은 4아승기 10만 겁 후에 부처가 된다"라고 수기를 주었다. 열 번째 수기를 준 빠두뭇따라 부처님이 어떤 비구에게 "이 비구는 가르침과 훈계를 기꺼이 받아들이는 데 으뜸이다"라는 법문을 하였다. 이 법문을 들은 전생의 라훌라가 '나도 부처님이 계시는 때에 태어나서 가르침과 훈계의 제일 제자가 되어야겠다'고 마음먹었다. 주석서에 의하면, 전생의 라훌라가 빠두뭇따라 부처님의 법문을 듣고, '나는 그 부처님의 아들로 태어나서 아라한이 되고 싶다'는 염원을 세웠다고 한다.

라훌라가 7살 때였다. 부처님이 라훌라가 거짓말하는 나쁜 버릇을 고치기 위해 법을 설하였는데, 그 이야기가 《맛지마 니까야》〈암발랏티까에서 라훌라를 교계한 경〉(M61)에 나온다. 아소카왕이 인도 대륙을 통일하고 부처님의 가르침을 기록한 석주를 인도 전역에 세웠는데, 모든 비구, 비구니, 재가의 남녀 신도가 듣고 사유해야 하는 경으로 〈암발랏티까에서 라훌라를 교계한 경〉을 포함하였다.

라자가하의 대나무 숲 다람쥐 보호구역에 머물던 부처님이 암발랏티까에 머무는 라훌라 존자를 만나러 갔다. 라훌라는 부처님의 자리를 마련하고 발 씻을 물을 준비하였다. 그런데 부처님이 물그릇의 물을 부어버리고 조금만 남겼다. 또 조금 남은 물마저 완전히 버렸다. 또 빈 물그릇을 엎어 놓았고, 다시 엎어진 물그릇을 바로 세웠다.

"라홀라여, 고의로 거짓말하는 것을 전혀 부끄러워하지 않는 자들의 출가수행이라는 것도 이와 같다."

부처님은 현장에서 바로 사람의 마음에 깊은 영향을 주는 행동이나 법문을 한다. 거짓말을 하면서 출가수행을 해 봤자 엎어진 물그릇처럼 바닥나고 빈 것에 지나지 않는다. 이득이 없다는 가르침이다.

"라홀라여! 그와 같이 고의로 거짓말하는 것을 전혀 부끄러워하지 않는 자는 누구든지 어떠한 악한 행위라도 저지르지 못할 것이 없다고 나는 말한다.
라홀라여! 그러므로 너는 '나는 농담이라도 결코 거짓말을 하지 않으리라' 하고 마음을 먹어야 한다."

이어서 부처님은 거울로 비추어 보듯이 지속적으로 반조하면서 몸과 말과 마음의 행위를 하라고 설하였다. 반조는 세 단계로 이루어진다. 행위를 하기 전, 행위를 하는 도중, 행위를 하고 난 뒤에 각각 반조해야 한다. 그러면 반조하는 내용은 무엇일까.

"라홀라여! 너는 몸으로 하기 전에, 하면서, 하고 난 뒤에는 이렇게 생각해야 한다.
'나의 이런 몸의 행위가 나를 해치게 되고 다른 사람을 해치게 되고 둘 다를 해치게 되는 것은 아닐까? 이 몸의 행위가 해로운 것이어서 괴로운 결과, 즉 괴로움으로 귀결되고 괴

로운 과보를 가져오게 되는 것은 아닐까?'

만약 이러한 몸의 행위라면 절대로 해서는 안 되고, 중지해

야 하고, 미래에도 단속해야 한다."

행위를 하기 전에 그 행위가 '나도 해치지 않고, 남도 해치지 않고, 둘 다를 해치지 않으며, 유익하고 즐거운 과보를 가져온다'고 판단했더 라도, 그 행위를 하는 도중에 다시 반조해야 하고, 행위를 하고 난 뒤 에도 반조해야 한다. 몸의 행위와 마찬가지로 말의 행위, 마음의 행위 도 세 단계로 철저하게 반조해야 한다. 만약 해로운 몸과 말의 행위였 다고 알게 되면, 스승이나 현명한 동료 수행자들에게 거짓 없이 밝혀 야 한다. 마음의 행위는 겉으로 드러나지 않기 때문에, 만약 해로운 마 음의 행위라면 그것을 몰아내고 부끄러워하고 진저리쳐야 한다. 반면 에 이 세 단계에서 모두 유익한 행위였다면 그로 인해 희열과 환희에 머물 수 있다.

몸과 말과 마음의 행위가 청정했던 과거세의 사문과 바라문들, 몸과 말과 마음의 행위가 청정할 미래세의 사문과 바라문들, 몸과 말 과 마음의 행위가 청정한 현재세의 사문들과 바라문들은 이와 같이 계속해서 반조하였기 때문에 몸과 말과 마음의 행위가 청정한 것이 다. 그러므로 부처님은 거짓말을 한 라훌라에게 이에 대한 가르침을 설한 것이다.

"라훌라여, 그러므로 여기서 너는 '계속해서 반조함에 의해

몸의 행위를 청정하게 하리라. 하기 전에, 하는 도중, 하고

난 뒤에 계속해서 반조함에 의해서 말의 행위를 청정하게
하리라. 계속해서 반조함에 의해서 마음의 행위를 청정하게
하리라'고 마음을 먹어야 한다. 그렇게 공부해야 한다."

이후 라훌라는 많은 가르침을 받았는데, 《상윳따 니까야》에는 이에
대한 이야기들을 모은 라훌라 상윳따가 있다. 라훌라는 이들 경에서
나오는 가르침을 실천하여 아라한이 된다.

　　부처님이 아나타삔디까 원림에 머무르고 있을 때, 라훌라 존자
가 다가와 법을 청하였다. 그는 부처님의 법을 듣고 혼자 은둔하여 방
일하지 않고 열심히 스스로 독려하며 지내겠다고 하였다. 부처님이
라훌라에게 물었다.

　　"라훌라여! 이를 어떻게 생각하는가? 눈은 항상한가? 무상
　　한가?"
　　"무상합니다, 세존이시여."
　　"무상한 것은 괴로움인가? 즐거움인가?"
　　"괴로움입니다, 세존이시여."
　　"무상하고 괴로움이고 변하기 마련인 것을 두고 '이것은 내
　　것이다, 이것은 나다, 이것은 나의 자아다'라고 관찰하는 것
　　이 타당하겠는가?"
　　"그렇지 않습니다, 세존이시여."
　　"라훌라여, 이렇게 보는 잘 배운 성스러운 제자는 눈에 대해
　　서도 염오하고 귀, 코, 혀, 몸, 마노에 대해서도 염오한다. 염

오하면서 탐욕이 빛바래고 탐욕이 빛바래므로 해탈한다. 해
탈하면 해탈했다는 지혜가 있다. '태어남은 다했다. 청정범
행은 성취되었다. 할 일을 다 해 마쳤다. 다시는 어떤 존재로
도 돌아오지 않을 것이다'라고 꿰뚫어 안다."

이 가르침에 이어 형색, 소리, 냄새, 맛, 감촉, 법에 대해서도 똑같은 질
문과 대답이 전개된다. 다시 부처님은 안식(눈의 식), 이식(귀의 식), 비식
(코의 식), 설식(혀의 식), 신식(몸의 식), 의식(마노의 식)의 무상, 고, 무아, 염
오, 이욕, 해탈, 해탈지를 설하였다. 다음으로 부처님은 안촉(눈의 접촉),
이촉(귀의 접촉), 비촉(코의 접촉), 설촉(혀의 접촉), 신촉(몸의 접촉), 의촉(마
노의 접촉)을, 그다음으로는 눈의 접촉에 생긴 느낌, 귀의 접촉에 생긴
느낌, 코의 접촉에 생긴 느낌, 혀의 접촉에 생긴 느낌, 몸의 접촉에 생
긴 느낌, 마노의 접촉에 생긴 느낌에 대해서도 똑같은 질문과 답이 오
갔다. 이어서 부처님은 형색, 소리, 냄새, 맛, 감촉, 법에 대하여 인식과
의도와 갈애의 세 가지로 법문하였다.

그다음으로 부처님은 땅의 요소, 물의 요소, 불의 요소, 바람의
요소, 허공의 요소, 식의 요소에 대하여, 마지막으로 색온, 수온, 상온,
행온, 식온에 대해서도 같은 가르침을 주었다. 이러한 여섯 가지 요소
와 다섯 가지 온에 대해 무상, 고, 무아, 염오, 이욕, 해탈, 해탈지를 각
각 설하였다.

이 가르침들은 라훌라가 스무 살 때 부처님의 가르침을 담은《맛
지마 니까야》〈라훌라를 교계한 짧은 경〉(M147)의 내용과 대부분 유
사하다. 부처님이 이 경을 설했을 때 라훌라는 취착 없이 마음이 번뇌

에서 해탈하였고, 수천 명의 천신들도 '생긴 것은 무엇이든 모두 멸하기 마련이다'라는 티끌 없고 때 없는 법의 눈이 생겼다고 한다.

〈라훌라를 교계한 짧은 경〉보다 앞서 《맛지마 니까야》 〈라훌라를 가르친 긴 경〉(M62)에는 부처님이 라훌라의 수행과 관련하여 가르침을 준 이야기가 있다. 주석서에 의하면 라훌라가 열여덟 살이었던 사미 시절에 있었던 일이라고 한다.

> 그때 세존께서는 아침에 옷매무시를 가다듬고 발우와 가사를 수하시고 사왓티로 탁발을 가셨다. 라훌라 존자도 아침에 옷매무시를 가다듬고 발우와 가사를 수하고 세존을 뒤따라갔다. 그러자 세존께서는 뒤를 돌아보시면서 라훌라 존자를 불러 말씀하셨다.
> "라훌라여, 물질이라고 하는 것은 그 어떤 것이든, 그것이 과거의 것이든 미래의 것이든 현재의 것이든, 안의 것이든 밖의 것이든, 거칠든 섬세하든, 저열하든 수승하든, 멀리 있든 가까이 있든. 그 모든 물질에 대해 '이것은 내 것이 아니다, 이것은 내가 아니다, 이것은 나의 자아가 아니다'라고 이와 같이 이것을 있는 그대로 바른 통찰지로 보아야 한다."

부처님의 이런 행동은 특별한 행동이고, 부처님이 특별한 행동을 할 때는 분명한 이유가 있다. 주석서에 의하면, 라훌라는 부처님을 시야에서 놓치지 않고 계속 따라다녔다. 부처님은 발걸음을 옮길 때마다 기품 있는 걸음으로 앞서 걸었고, 라훌라는 부처님의 발자국을 따라 뒤따랐다. 라홀라는 부처님을 보면서 '세존께서는 멋지다. 32상을 가진 몸은 매우 아름답다. 30가지 바라밀을 두루 완성하신 뒤에 생긴 몸은 이렇게 아름다운 광영을 구족하는구나'라고 생각했다. 그러다가 '만약 부처님이 전륜성왕이 되었다면 나에게 지도자의 자리를 물려줄 수 있었을 것이다'라는 세속적인 열정과 욕망을 일으켰다. 부처님은 라홀라가 마음을 어디에 두고 있는지 알았기 때문에 더 이상 그를 방치해서는 안 된다고 생각했다. 라홀라가 품성이 좋고 열심히 노력하고 있지만, 보물을 가득 실은 배의 갑판에 작은 구멍이 뚫려 물이 들어오면 한순간에 배가 가라앉을 수 있듯이 라홀라도 작은 오염원에 의해 파멸되기 전에 제지할 필요가 있었다.

그래서 부처님이 물질을 11가지로 관찰해야 한다고 설하였다. 라홀라는 '오직 물질만 그러한 것인지' 물었고, 부처님은 느낌, 인식, 행위들, 식도 물질과 마찬가지로 관찰하라고 하였다. 가르침을 받은 라홀라는 어떤 나무 아래에서 가부좌를 틀고 상체를 곧추세우고 전면에 마음챙김을 확립하여 앉았다. 이 모습을 본 사리뿟따 존자가 라홀라에게 "들숨날숨에 대한 마음챙김을 닦고 많이 공부 지으면 큰 결과와 공덕이 있다"고 하였다. 아마도 사리뿟따 존자는 앞서 부처님과 라홀라 사이에 있었던 일을 몰랐기 때문에, 나무 아래에서 자세를 바로 하고 앉은 라홀라를 보고 아나빠나사띠(들숨날숨에 대한 마음챙김)를 하기에 적당한 상태라고 생각했던 것 같다.

낮 동안 홀로 앉아 마음챙김을 확립하고 나서 라홀라는 저녁에 다시 부처님을 찾아갔다. 부처님은 라홀라에게 아나빠나사띠의 공덕에 대해 질문을 받았지만, 여섯 가지 요소에 대하여 설하였다. 땅의 요소, 물의 요소, 불의 요소, 바람의 요소, 허공의 요소를 내적인 것과 외적인 것으로 나누어 설명하고, 이것들 각각에 대해 '이것은 내 것이 아니다, 이것은 내가 아니다, 이것은 나의 자아가 아니다'라고 있는 그대로 바르게 통찰지로 보아야 한다고 하였다.

주석서는 라훌라의 몸에 대한 열망과 욕망을 제거하기 위해 부처님이 물질에 대한 명상주제를 설했다고 하였다. 부처님이 볼 때 라훌라는 물질에 대한 욕망을 해결해야 하는 상태였다. 나름대로 열심히 했지만, 라훌라가 아직 한계가 있었던 것 같다.

내적인 땅의 요소는 몸 안에 있고 개인에 속하고 딱딱하고 견고한 것이고, 이것에서 파생된 것을 포함한다. 예를 들면 머리털, 몸의 털, 손톱과 발톱, 이, 살갗과 살, 힘줄, 뼈, 골수, 콩팥, 심장, 간, 늑막, 비장, 폐, 창자, 장간막, 위 속의 음식, 똥 등이다.

내적인 물의 요소는 몸 안에 있고 개개인에 속하는 물과 액체 상태로 된 것, 그리고 그것에서 파생된 것이다. 예를 들면 담즙, 점막 액, 고름, 피, 땀, 지방, 눈물, 피부의 기름기, 침, 콧물, 관절 활액, 오줌 등이다.

내적인 불의 요소는 몸 안에 있고 개개인에 속하는 불과 뜨거운 것, 그리고 그것에서 파생된 것이다. 예를 들면 날씨가 더워서 따뜻한 것, 늙는 것, 아플 때 열이 나는 것. 그것 때문에 먹고 마시고 씹고 맛본 것이 완전하게 소화되는 것 등이다.

내적인 바람의 요소는 몸 안에 있고 개개인에 속하는 바람과 바람 기운, 그리고 그것에서 파생된 것이다. 예를 들면 트림처럼 올라가는 바람, 방귀처럼 내려가는 바람, 복부에 있는 바람. 창자에 있는 바람, 온몸에 움직이는 바람, 들숨과 날숨 등이다.

내적인 허공의 요소는 몸 안에 있고 개개인에 속하는 허공, 그리고 허공에 속하는 것과 그것에서 파생된 것이다. 예를 들면 귓구멍, 콧구멍, 입이다. 먹고 마시고 씹고 맛본 것이 머무는 곳, 먹고 마시고 씹고 맛본 것이 나가는 곳이다. 공간이 있으니까 머물고 나갈 수 있다.

> "라훌라여, 이에 대해 '이것은 내 것이 아니다, 이것은 내가 아니다, 이것은 나의 자아가 아니다'라고 있는 그대로 바르게 통찰지로 보아야 한다. 이와 같이 이것을 있는 그대로 바르게 통찰지로 보아 땅, 물, 불, 바람의 요소를 염오하고 땅, 물, 불, 마음이 바람의 요소에 대한 탐욕을 빛바래게 한다."

보통 부처님이 물질에 대한 가르침을 줄 때는 지수화풍의 네 가지를 언급하는데, 이 가르침에서는 허공의 요소까지 설하였다. 다음으로 부처님은 다른 가르침에서는 찾아보기 어려운 가르침을 주었다.

> "라훌라여, 땅을 닮는 수행을 닦아라. 라훌라여, 땅을 닮는 수행을 닦으면 마음에 드는 접촉과 마음에 들지 않는 접촉이 일어나더라도 그런 것이 마음을 사로잡지 못할 것이다."

사람들이 땅에 깨끗한 것이나 더러운 것을 던져도, 똥이나 오줌을 누어도, 침을 뱉고 피를 흘려도 땅은 그것 때문에 놀라지 않고 넌더리치지도 않는다. 그러한 땅을 닮은 수행을 하라는 것이다. 물을 닮는 수행, 불을 닮는 수행, 바람을 닮는 수행, 허공을 닮는 수행도 마찬가지이다. 허공은 '나는 허공이야' 하고 자신을 한정하지 않는다. 무언가가 들어서면 그만큼의 공간은 허공이 아니다. 비어 있는 만큼만 허공이다. 그러므로 허공은 어디에도 집착하지 않는다.

이러한 수행을 한다면 땅, 물, 불, 바람, 허공처럼 되어 자연과 같이 되는 것이 아닐까. 아라한이 되면 자연과 같은 존재가 되는 것이다. 내가 불교를 공부하기 전인 20대 때 좋아했던 나옹선사의 게송도 이 가르침과 비슷하다는 생각이 들었다. "청산은 나를 보고 말없이 살라 하고, 창공은 나를 보고 티 없이 살라 하네. 탐욕도 벗어놓고 성냄도 벗어놓고, 물처럼 바람처럼 살다가 가라 하네."

라훌라에게 땅, 물, 불, 바람, 허공을 닮는 수행을 하라고 가르친 부처님은 다시 마음의 번뇌를 없애는 수행을 닦으라고 하였다.

> "라훌라여, 자애의 수행을 닦아라. 라훌라여, 네가 자애의 수행을 닦으면 어떤 악의와 성냄이라도 다 제거될 것이다.
> 라훌라여, 연민의 수행을 닦아라. 라훌라여, 네가 연민의 수행을 닦으면 남을 괴롭히고자 하는 마음이 다 제거될 것이다.
> 라훌라여, 더불어 기뻐함의 수행을 닦아라. 라훌라여, 네가 더불어 기뻐함의 수행을 닦으면 어떤 싫어함이라도 다 제거될 것이다.
> 라훌라여, 평온의 수행을 닦아라. 라훌라여, 네가 평온의 수행을 닦으면 어떤 적의라도 다 해결될 것이다."

자애, 연민, 더불어 기뻐함, 평온이 없애는 것은 모두 성냄의 마음부수
들이다.

> "라훌라여, 부정하다고 인식하는(부정상) 수행을 닦아라. 라
> 훌라여, 네가 부정하다고 인식하는 수행을 닦으면 어떤 탐
> 욕이라도 다 제거될 것이다."
> "라훌라여, 무상을 인식하는(무상상) 수행을 닦아라. 라훌라
> 여, 네가 무상을 인식하는 수행을 닦으면 나라는 자만은 다
> 제거될 것이다."

탐욕이 있을 때 부정상을 닦으면 없앨 수 있다. 나라는 자만은 집착에
서 비롯되는데, 무상상을 닦으면 자만이 사라지게 된다.
　　마지막으로 부처님은 라훌라에게 아나빠나사띠에 대한 가르침
을 주었다.

> "라훌라여, 들숨과 날숨에 대한 마음챙김을 닦아라. 라훌라
> 여, 들숨과 날숨에 대한 마음챙김을 닦고 거듭거듭 행하면
> 실로 큰 결실과 큰 이익이 있다."

들숨날숨에 대한 마음챙김인 아나빠나사띠는 모든 부처님이 하였던
수행이다. 이 수행은 4개씩 4개 조로 되어 있다. 몸, 느낌, 마음, 법에
대한 것이 각각 네 가지가 있는데, 이 수행을 통해 4념처 수행도 같이
할 수 있다.

첫 번째는 몸에 대한 수행 네 가지이다.

"라훌라여, 길게 들이쉬면서는 '길게 들이쉰다'고 꿰뚫어 알고, 길게 내쉬면서는 '길게 내쉰다'고 꿰뚫어 안다. 짧게 들이쉬면서는 '짧게 들이쉰다'고 꿰뚫어 알고, 짧게 내쉬면서는 '짧게 내쉰다'고 꿰뚫어 안다. '호흡의 전 과정을 알면서 들이쉬리라'고 마음을 먹고, '호흡의 전 과정을 알면서 내쉬리라'고 마음먹고 수행한다. '호흡을 미세하게 하면서 숨을 들이쉬리라'고 마음을 먹고 수행하고, '호흡을 미세하게 하면서 내쉬리라'고 마음을 먹고 수행한다."

이 내용은 《대념처경》에서 들숨날숨에 집중하는 수행과 똑같다. 이 네 가지 수행을 통해 선정을 경험할 수 있다. '미세함을 경험하면서 들이쉬고 내쉰다'는 것은 미세한 호흡부터 니미따(표상), 선정까지 포함한다. 주석서는 이러한 첫 번째 네 가지 수행을 통해 선정을 경험하고 나머지 세 개조는 선정의 경험 속에서 한다고 설명한다.

두 번째는 희열, 행복, 마음의 작용 등을 경험하면서 들숨날숨을 하는 네 가지 수행이다.

"'희열을 경험하면서 들이쉬리라' 하며 수행하고, '희열을 경험하면서 내쉬리라' 하며 수행한다. '행복을 경험하면서 들이쉬리라' 하며 수행하고, '행복을 경험하면서 내쉬리라' 하며 수행한다. '마음의 작용을 경험하면서 들이쉬리라' 하며 수행하고, '마음의 작용을 경험하면서 내쉬리라' 하며 수행한다. '마음의 작용을 편안히 하면서 고요히 하면서 들이쉬면서 들이쉬리라' 하며 수행하고, 또 '마음의 작용을 편안히하면서 내쉬리라' 하며 수행한다."

선정을 얻으면 희열과 행복이 있다. 마음의 작용이란 느낌과 인식이다. 정신 작용이 있을 때 항상 느낌과 인식이 있기 때문에 그것들을 경험하면서 들이쉬고 내쉬는 수행을 한다. 이에 대해 《청정도론》은 수온(느낌의 무더기), 상온(인식의 무더기)이 마음의 작용이라고 설명한다. 그리고 초선, 제2선, 제3선, 제4선의 네 가지 선들로써 '마음의 작용을 경험한다'고 알아야 한다고 하였다. 선정이 있을 때 그때 있는 느낌과 인식을 본다는 것이다.

세 번째는 마음에 대한 수행 네 가지이다.

"'마음을 경험하면서 들이쉬리라' 하며 수행하고, '마음을 경험하면서 내쉬리라' 하며 수행한다. '마음을 기쁘게 하면서 들이쉬리라' 하며 수행하고, '마음을 기쁘게 하면서 내쉬리라' 하며 수행한다. '마음을 집중하면서 들이쉬리라' 하며 수행하고, '마음을 집중하면서 내쉬리라' 하며 수행한다. '마음을 해탈케 하면서 들이쉬리라' 하며 수행하고, '마음을 해탈케 하면서 내쉬리라' 하며 수행한다."

집중하고 있는 마음을 경험하면서, 마음에 있는 희열을 보면서, 마음이 집중된 선정의 상태를 확실히 하면서, 마음이 번뇌에서 벗어나 해탈하도록 하면서 들이쉬고 내쉰다. 해탈은 초선이라면 다섯 가지 덮개, 제2선은 일으킨 생각과 지속적인 고찰, 제3선은 희열, 제4선은 행복에서 벗어난 것이라고 이해하면 된다.

네 번째는 법에 대한 수행으로서, 4념처 수행으로 보면 법념처이다.

> "'무상을 관찰하면서 들이쉬리라' 하며 수행하고, '무상을 관찰하면서 내쉬리라' 하며 수행한다. '탐욕이 빛바램을 관찰하면서 들이쉬리라' 하며 수행하고, '탐욕이 빛바램을 관찰하면서 내쉬리라' 하며 수행한다. '소멸을 관찰하면서 들이쉬리라' 하며 수행하고, '소멸을 관찰하면서 내쉬리라' 하며 수행한다. '놓아버림을 관찰하면서 들이쉬리라' 하며 수행하고, '놓아버림을 관찰하면서 내쉬리라' 하며 수행한다."

법이 일어났다 사라지는 것을 계속 보면서 무상을 관찰하고, 탐욕이 없는 것을 관찰하면서 들이쉬고 내쉰다. 주석서에 의하면 소멸은 두 가지가 있다. 무상, 고, 무아로 보는 소멸이 있고, 열반으로 보는 소멸이 있다. 놓아버림에도 두 가지가 있다. 오염원을 놓아버리는 것, 또는 형성(행)을 놓아버리는 것이다.

부처님의 가르침을 듣고, 라훌라는 철저히 그 가르침을 자기 것으로 만들어 갔던 것으로 보인다. 주석서에 의하면 부처님과 라훌라는 오랫동안 공유하는 삶이 있었다. 라훌라는 부처님을 많이 도왔고, 부처님의 가르침을 받아 스무 살에 아라한이 되었다.

부처님이 라훌라에게 준 가르침은 우리에게도 해당한다고 생각한다. 우리도 라훌라 존자와 같은 입장이다. 라훌라 존자에게 설했던 부처님의 가르침들을 잘 기억하고, 우리도 열심히 노력하여 자기 것으로 만든다면 라훌라 존자처럼 좋은 결과가 있을 것으로 생각한다.

마지막으로 《숫따니빠따》 〈라훌라 경〉에서 부처님이 라훌라 존자에게 설한 가르침을 소개하고 싶다.

"의복과 얻은 음식과 필수 의약과 침구와 깔개, 이런 것에 갈애를 가져서는 안 된다. 조그마한 갈애도 가지지 마라. 그래서 다시는 태어나지 마라."

독송하면
보호받는 경들

보호경은 11가지, 또는 12가지가 있다. 미얀마에서는 〈축복 경〉, 〈보배 경〉, 〈자애 경〉, 〈무더기 경〉, 〈공작 경〉. 〈메추라기 경〉, 〈깃발 경〉, 〈아따나띠야 경〉, 〈앙굴리마라 경〉, 〈깨달음의 요소 경〉, 〈좋은 아침 경〉의 11가지 보호경을 매일 독송한다. 보호경을 있는 그대로 이해하고 마음에 새기면, '세상에서 나에게 해를 끼치는 것, 또는 나에게 좋지 않은 것으로부터 충분히 보호받을 수 있을 것이다'라는 생각이 든다. 그러면 이러한 경들이 어떻게 보호경으로 불리게 되었을까.

　〈깃발 경〉은 옛날 천신들과 아수라가 전쟁하였을 때와 관련이 있다. 신들의 왕 삭까는 부하들에게 '공포나 두려움이 생기면 삭까의 깃발을 보아라. 그러면 두려움과 공포가 사라질 것이다'라고 하였다. 만약 삭까의 깃발을 볼 수 없다면 다른 깃발을 보라고 하면서 신의 왕들을 나열한다. 이에 대해 부처님은 신들의 깃발을 보았을 때 두려움과 공포가 없어질 수도 있고 없어지지 않을 수도 있다고 하였다. 그 이유는 삭까는 탐욕이나 성냄, 어리석음으로부터 완전히 벗어나지 못했기 때문이다. 그러나 여래십호, 법, 승가를 숙고하면 두려움과 공포가 없어질 것이라고 한다.

〈깨달음의 요소 경〉은 부처님의 탁월한 제자인 마하깟사빠 존자와 마하 목갈라나 존자에게 병이 생겼을 때 부처님이 설한 경이다. 깨달음의 요소는 7각지이다. 부처님이 일곱 가지 깨달음의 요소를 하나하나 닦으면 바른 깨달음과 열반으로 이끈다고 설하자, 이들의 병이 나았다. 쭌다 비구도 병에 걸렸을 때 부처님이 7각지를 외워 보라 하였고, 그가 일곱 가지를 모두 외운 다음에 〈깨달음의 요소 경〉을 듣고 몸이 좋아졌다고 한다. 지금도 미얀마에서는 병이 생겼을 때 이 경을 보호경으로 삼아 독송한다.

만약 내게 3대 보호경을 꼽으라고 한다면, 〈축복 경〉, 〈보배 경〉, 〈자애 경〉을 들고 싶다. 이 세 가지 경의 의미를 이해하고 실천하고 마음에 새겨둔다면, 정말로 내가 보호받을 수 있다고 생각한다. 나를 찾아오는 환자분들 중에 악몽을 꾸는 분에게는 잠자리에 들기 전에 이 경들을 한번 읽어보라고 이야기한다.

〈축복 경〉은 많은 천신과 사람들이 바라는 축복의 삶, 최상의 축복에 대해 부처님이 설한 경이다. 어리석은 자와는 가까이하지 말고 지혜로운 자와 가까이하는 것, 자기에게 맞는 곳에 살고 공덕을 쌓는 것, 부모님을 잘 섬기고 아내와 자식을 돌보는 것에서부터 가르침을 잘 듣고 수행하여 열반을 얻는 것에 이르기까지 우리가 살면서 실천할 방법들이 나열되어 있다. 부처님은 이렇게 하여 열반을 얻게 되면 세상 어떤 것에도 흔들리지 않고 안온하며 행복할 수 있다고 하였다. 이러한 삶이 최상의 축복이다.

〈보배 경〉은 《소부 니까야》의 〈쿳다까빠타〉와 〈숫따니빠따〉에 들어 있는데 이 경을 설하게 된 배경이 〈쿳다까빠타〉의 주석서와 〈법구경〉 주석서에 자세히 나와 있다. 왓지국의 수도인 웨살리에 기근이 들어 수천 명의 가난한 사람들이 목숨을 잃었다. 시체가 썩어가자 악령이 빈번히 출현하고 전염병이 퍼졌다. 죽음과 악령과 전염병이라는 세 가지 위험에 시달리던 웨살리 사람들이 왕을 찾아갔다.

> "대왕이시여, 이 도시에 세 가지 재난이 닥쳤습니다. 과거 일
> 곱 왕이 다스리는 동안에는 이런 재난이 일어나지 않았습니
> 다. 정의로운 왕이 다스리던 동안에는 이런 재난이 일어나
> 지 않았습니다."

아마도 그 당시는 심각한 문제가 발생하면 왕에게 직접 찾아가 해결을 요구하는 사회였던 것 같다. 웨살리 사람들의 말들 듣고 왕은 회의를 소집하였다. 그리고 자기가 정의롭지 못한 일을 한 적이 있는지 조사하라고 명령하였지만, 조사 결과 왕의 잘못은 발견되지 않았다. 그들은 재난을 누그러뜨릴 목적으로 제물을 바치며 제사를 지내고 기도문을 낭송하였지만, 효과가 없었다. 그때 어떤 사람이 부처님에게 도움을 청하자고 제안하였다.

> "최고의 깨달음을 얻으신 분께서 세상에 출현하셨습니다.

세존께서는 모든 존재에게 복리를 가져오는 법을 설하시며 큰 신통력을 지니셨습니다. 그분께서 여기에 오신다면 이 재난이 즉시 사라질 것입니다."

모두 이 제안에 찬성하였다. 그때 부처님은 석 달간의 왓사(우안거)를 위해 마가다국의 라자가하에 머물고 있었다. 부처님은 어떤 요청을 받으면 그 일의 결과를 살펴보고, 좋은 결과가 있다면 요청을 받아들이고 그렇지 않다면 받아들이지 않는다. 부처님이 웨살리 사람들의 요청을 받고 앞일을 전망해 보니, 〈보배 경〉을 설하고 웨살리에서 독송한다면 10억 세계에 영향이 미치고 84,000의 존재들이 법을 이해하고 재난이 가라앉을 것을 알았다. 그래서 많은 사람들에게 도움이 되고 재난을 가라앉힐 수 있는 〈보배 경〉을 설하기로 하였다.

연민을 가지고 그들의 요청을 받아들인 부처님은 아난다 존자를 포함한 수백 명의 비구들과 함께 웨살리로 향하였다. 부처님이 도착하자마자 웨살리에는 엄청난 비가 내려 부패하던 시체들이 쓸려 갔고, 제석천왕이 무리를 이끌고 내려오자 악령들이 도망치기 시작했다. 저녁이 되자, 부처님은 도시의 정문에 서서 아난다 존자에게 말하였다.

"아난다여, 이 〈보배 경〉을 받아 들고 릿차위 왕자들과 웨살리의 세 성벽 안을 돌면서 보호주로써 독송하여라."

부처님에게 〈보배 경〉을 받아 든 아난다 존자는 부처님의 돌 발우에

물을 담아 웨살리의 정문에서 부처님의 공덕을 회상하였다. 그 공덕은 서른 가지 바라밀, 다섯 가지 위대한 포기, 세 가지 이익, 나아가 아홉 가지 출세간법 등 부처님이 행한 공덕들이다.

4아승기 10만 겁 전의 수메다 현자가 부처님이 되겠다는 서원을 세웠던 때로부터 보통의 10바라밀, 작은 10바라밀, 최상의 10바라밀 등 전생의 부처님은 상황에 따라 모두 서른 가지 바라밀을 실천했다. 보시를 예로 든다면, 굶주린 사람에게 자기 신체의 일부를 주는 것은 보통의 보시바라밀이다. 재물을 주는 것은 작은 보시바라밀이고, 목숨을 주는 것은 최상의 보시바라밀이다.

다섯 가지 위대한 포기는 재산, 왕위, 부인, 자식, 목숨이다. 세 가지 이익은 세상의 이익, 친척의 이익, 성불을 위한 수행이다. 그리고 전생의 마지막 생에 자연스럽게 모태에 들어 인간으로 태어나 출가하였고, 열정적으로 노력하여 보리수 아래에서 다섯 마라를 물리쳤던 부처님의 공덕을 숙고하였다. 마라는 5온을 통해서, 번뇌를 통해서, 행을 일으키는 때에 나타나기도 하고, 죽음이나 천신으로 나타나기도 한다.

아난다 존자는 또한 일체지를 얻고 법의 바퀴를 굴리는 설법을 한 공덕, 아홉 가지 출세간법의 덕을 숙고하였다. 아홉 가지 출세간법은 예류도와 예류과, 일래도와 일래과, 불환도와 불환과, 아라한도와 아라한과, 그리고 열반이다.

이러한 부처님의 공덕을 숙고하면서, 아난다 존자는 밤새도록 웨살리 세 곳의 성벽을 돌면서 부처님의 돌 발우에 담긴 물을 뿌리며 〈보배 경〉을 독송하였다. 성스러운 물이 머리에 떨어지자 악령들이 도망쳤고, 몸에 성수가 닿자 환자의 병이 나았다. 아난다 존자는 부처님에게 세 가지 재난 중에서 악령과 전염병이 사라졌다고 보고하였다.

웨살리 강당에 있던 부처님이 다시 〈보배 경〉을 낭송하였고, 모여 있던 제자들에게 이 경의 가치를 설하였다. 이렇게 하여 〈보배 경〉은 부처님과 사람들에 의해서 공인되었다.

> "여기 모인 지상의 존재들, 천상의 존재들, 그들 모두 행복하길. 그리고 이 말씀을 경청하십시오. 존재들이여! 귀담아듣기 바랍니다.
> 그대들 모두는 인간들에게 자애를 베푸십시오. 그들은 그대에게 밤낮으로 공양물을 가져옵니다. 그러니 그들을 세심하게 보호하시길 바랍니다."

〈보배 경〉은 부처님, 부처님의 가르침, 상가라는 세 가지 보배의 공덕에 대한 해설이라고 여겨진다. 세 가지 보배를 하나하나 언급하면서 마지막 구절마다 "이 진실로 존재들이 행복하기를 기원합니다"라고 끝을 맺는다.

세 가지 보배 중에서 먼저 부처님의 공덕을 찬탄하며 모든 존재들의 행복을 기원한다.

> "이 세계와 다른 세계, 천상에 있는 어떤 소중한 보배든 여래와 비견할 만한 보배는 없습니다. 이 고귀한 보배는 붓다이십니다. 이 진실로 존재들이 행복하기를 기원합니다."

다음으로 법과 삼매의 공덕을 찬탄하며 모든 존재들의 행복을 기원한다.

"삼매에 드신 석가족의 현자께서 갈애의 소멸, 욕망에서 벗어남, 불사, 최상의 경지를 증득하셨습니다. 이 법과 비견할 만한 것은 없습니다. 이 고귀한 보배는 법입니다. 이 진실로 존재들이 행복하기를 기원합니다.
최상의 붓다께서 칭송하신 청정한 삼매는 즉시 과보가 있다고 합니다. 그 삼매와 견줄 만한 것은 없습니다. 이 고귀한 보배는 법입니다. 이 진실로 존재들이 행복하기를 바랍니다."

다음은 승가를 찬탄하며 모든 존재들의 행복을 기원한다.

"덕 있는 분께서 네 쌍의 여덟 개인을 칭송하십니다. 선서의 제자들인 그분들은 공양받을 만합니다. 그분들께 올린 공양은 큰 결실이 있습니다. 이 고귀한 보배는 상가입니다. 이 진실로 존재들이 행복하기를 기원합니다."

'네 쌍의 여덟 개인'은 예류, 일래, 불환, 아라한의 도와 과로써 네 쌍이 되고, 여덟 개인은 예류도와 예류과, 일래도와 일래과, 불환도와 불환과, 아라한도와 아라한과를 얻은 성자들이다. 진정한 의미의 상가는 이러한 성자들의 모임을 지칭한다.

"고따마 붓다의 교법에서 확고하고 열심인 그분들은 감각적 욕망에서 벗어나 최상의 경지를 얻고 불사의 경지를 얻어 장애 없이 얻은 열반을 누립니다. 이 고귀한 보배는 상가입니다. 이 진실로 존재들이 행복하기를 기원합니다.

대지에 단단히 박힌 기둥이 사방에서 불어오는 바람에 흔들리지 않고 서 있듯이 고귀한 진리를 완전히 통찰한 참사람도 흔들리지 않는다고 선언합니다. 이 고귀한 보배는 상가입니다. 이 진실로 존재들이 행복하기를 기원합니다.

심오한 지혜를 지닌 분께서 잘 설하신 고귀한 진리를 분명히 깨달은 이(예류자)들은 아무리 방일하더라도 여덟 번째 생을 받지 않습니다. 이 고귀한 보배는 상가입니다. 이 진실로 존재들이 행복하기를 기원합니다.

통찰 증득으로 그(예류자)는 세 가지 법인 유신견, 의심, 그릇된 수행에 대한 집착을 버리게 됩니다. 그(예류자)는 또 사악도에서 완전히 벗어났으니 여섯 가지 심각한 악행을 할 수가 없습니다. 이 고귀한 보배는 상가입니다. 이 진실로 존재들이 행복하기를 기원합니다.

그(예류자)가 몸으로 말로 마음으로 어떤 악행을 하더라도 숨길 수 없습니다. 평화로움의 경지를 본 사람이 그런 것을 숨긴다는 것은 가능하지 않다고 설했습니다. 이 고귀한 보배는 상가입니다. 이 진실로 존재들이 행복하기를 기원합니다."

예류자가 할 수 없는 여섯 가지 심각한 악행이란 아버지를 죽이고, 어머니를 죽이고, 아라한을 죽이고, 나쁜 의도로 부처님의 몸에 피를 내

게 하는 것, 승가를 분열시키는 것, 또 잘못된 견해를 가지는 것이다.

> "여름 첫 달 열기에 숲속 나무들의 꽃이 만발하듯 이와 마찬
> 가지로 최상의 이익, 열반으로 인도하는 수승한 법을 설하
> 십니다. 이 고귀한 보배는 붓다입니다. 이 진실로 존재들이
> 행복하기를 기원합니다.
> 으뜸가는 분, 최상의 법을 아시는 분, 최상의 법을 보여 주시
> 는 분, 최상의 법을 가져오시는 분, 비견할 수 없는 최상의
> 법을 설하시는 분, 이 고귀한 보배는 붓다입니다. 이 진실로
> 존재들이 행복하기를 기원합니다.
> 그들은 과거 업을 소멸시켰고 새로운 업은 그들에게 더 일
> 어나지 않습니다. 그들은 미래 생에 집착하지 않고, 재생의
> 씨앗을 파괴했고 재생하려는 바람이 일어나지 않습니다. 지
> 혜로운 이들은 기름 등불이 꺼지듯 완전한 평화에 듭니다.
> 이 고귀한 보배는 상가입니다. 이 진실로 존재들이 행복하
> 기를 기원합니다."

이처럼 부처님이 세 가지 보배인 부처님, 법, 상가를 하나하나 언급하
면서 존재들의 행복을 기원하였다. 그 자리에 함께 있던 신들의 왕인
삭까가 불법승 삼보에 예경을 올리며 행복을 기원하는 게송을 읊으면
서 〈보배 경〉이 끝난다.

> "여기 모인 지상의 존재들, 천상의 존재들, 신과 인간들에게

존경받는 여래, 붓다께 예경 올리니 모든 존재가 행복하기
를 기원합니다.
여기 모인 지상의 존재들, 천상의 존재들, 신과 인간들에게
존경받는 여래, 법에 예경 올리니 모든 존재가 행복하기를
기원합니다.
여기 모인 지상의 존재들, 천상의 존재들, 신과 인간들에게
존경받는 여래, 상가에 예경 올리니 모든 존재가 행복하기
를 기원합니다."

코로나 바이러스가 유행했을 때 인터넷에 〈보배 경〉이 많이 올라왔던
것이 기억난다. 개인적으로도 〈보배 경〉은 참 좋은 보호경이라고 생
각한다. 읽으면 마음이 편안해지고, 좋은 것이 내 속에 들어오는 것을
느끼고, 힘이 생기는 걸 느낀다.

〈축복 경〉, 〈보배 경〉과 더불어 3대 보호경 중 하나인 〈자애 경〉
은 우안거와 관련이 깊다.《소부 니까야》〈쿳다까빠타〉, 〈숫따니빠따〉
의 주석서에는 부처님이 〈자애 경〉을 설한 배경이 설명되어 있다. 부
처님이 사왓티에서 우안거를 보내려고 머무르고 있을 때, 여러 나라
출신의 많은 비구들도 각자 우안거의 장소로 떠나기 전에 부처님에
게 명상법을 배우려고 찾아왔다. 누구에게 어떤 수행방법이 좋은지
지혜로써 아는 분은 부처님뿐이다. 부처님은 수행자들의 기질에 맞게
84,000가지로 수행 주제를 주었다.

각자 명상 주제를 받고 길을 떠난 오백 명의 비구들이 히말라야
산맥과 연결된 산을 발견하였다. 그곳은 울창한 숲으로 둘러싸여 있

었고, 맑은 물이 흐르는 청정지역이었다. 비구들을 볼 기회가 없었던 마을 사람들이 숲에서 하룻밤을 지내고 아침에 마을로 탁발하러 온 비구들을 보자 기뻐하였다. 그들은 비구들에게 석 달간의 우안거 동안 머물러 달라고 요청하면서 꾸띠 500백 개를 지었다. 꾸띠는 비구 한 사람씩 기거할 수 있는 작은 오두막이다. 비구들은 탁발하고 난 다음 대부분의 시간을 명상하며 보냈다. 계를 청정하게 지키고 삼매와 지혜가 있는 비구들을 위해 나무의 신들도 존경을 보이며 땅으로 내려와 멀리 떨어져 지냈다.

그런데 비구들이 석 달이나 숲에 머물며 우안거를 보낸다는 사실을 알게 된 나무의 신들은 갖가지로 비구들을 방해하기 시작했다. 밤에는 무서운 환상으로 나타나고, 소름 돋는 소리를 내거나 악취를 풍겼다. 비구들은 두려워하며 몸이 야위어 갔고, 수행에 집중하지 못했으며 마음챙김을 놓치게 되었다. 그래서 이들이 부처님을 찾아가 자초지종을 말하자, 부처님은 보호주를 배우라고 하였다.

> "그대들이 나무의 신들의 두려움에서 벗어나려면 보호주를
> 배워야 한다. 보호주는 그대들을 보호하는 수단일 뿐만 아
> 니라 명상 주제가 된다."

'자애'는 비구들을 보호하는 수단이기도 하지만, 자애를 닦음으로써 그 자체로 수행이 된다. 남방에서는 수행하는 사람을 보호하는 네 가지 수행이 있는데, 자애는 네 가지 보호 수행의 하나이다. 부처님은 〈자애 경〉을 자애 계발 목적으로 설하고 난 뒤에 자애를 위빠사나를

위한 토대로 설하였다.

그리고 부처님은 비구들에게 〈자애 경〉을 독송하고 자애 명상을 수행하라고 하였다.

> "비구들이여! 이제 가라. 숲속에 머물며 이 경을 한 달에 여덟 번씩 독송하여라. 경을 독송할 때는 모든 비구들의 집합을 알리는 종을 울리고 그 종이 울리면 〈자애 경〉을 외워라. 법문을 듣는 날도 외어라. 자애의 법을 설하고 자애의 법을 논하고 자애 안에서 즐거워해라. 자애 명상을 여러 번 수행하고 거듭해서 연마하여라. 그러면 나무의 신들은 더 이상 무서운 형상을 보이지 않고 그대들의 이익을 기원할 것이다."

숲으로 돌아온 비구들은 부처님의 가르침에 따라 수행하였다. 그러자 나무의 신들은 "비구 스님들이 우리의 이익을 바란다"라고 행복한 생각을 하게 되었고, 승원을 쓸고 뜨거운 물을 준비하고 비구들의 등과 발을 안마해 주었다. 비구들은 자애를 계속 계발하여 자애 명상을 위빠사나의 토대로 만들었고, 열심히 위빠사나 수행을 하여 석 달 안에 모든 번뇌를 근절하여 청정해지고 아라한과를 증득하였다. 그리하여 안거가 끝날 때 그들은 아라한들이 하는 자자(自恣)인 청정자자를 했다고 한다.

〈자애 경〉은 '자애'와 관련된 것만 설한 경이라고 생각할 수 있지만, 마땅히 해야 할 일을 해야 하고, 공양하는 사람들을 힘들게 하지 말고, 거짓말하지 않고, 모든 존재를 사랑하는 마음인 자애를 가지라는 내용이 담겨 있다. 이것을 실천한다면 자애뿐만 아니라 계를 잘 지키고 삼매를 얻고, 지혜를 얻을 수 있다. 〈자애 경〉의 내용을 하나씩 살펴보자.

> "선에 능숙하여 평화로운 경지 열반을 깨달으려는 이는 마땅히 해야 할 일을 해야 합니다. 그는 유능하고 올곧고 전적으로 올곧으며 충고를 잘 받아들이고 유순하고 자만하지 않아야 합니다."

선은 유익한 법이다. 유익한 업이 계속 충만하게 되면 평화로운 경지인 열반을 경험하게 된다. 그러므로 유익한 행을 계속하면서 열반을 경험하려는 사람들은 이러한 마음을 가져야 한다. 유익한 것에 능숙해서 마땅히 해야 할 일은 계정혜 3학을 닦는 것이다.

> "만족하고 부양하기 쉽고 의무가 적고 간소하게 살고 감각기관을 고요히 하고 성숙한 지혜를 지니고 무례하지 않고 지원하는 가족에 애착하지 않습니다. 그는 지혜로운 이가 책망할 어떤 사소한 잘못도 하지 않아야 합니다. 모든 존재가 안락하고 평안하길, 그들의 마음이 행복하기를 기원합니다."

이것저것 할 일이 많으면 수행하는 데 매우 곤란하다. 그러므로 꼭 필요한 일만 해야 한다.

"살아 있는 존재는 예외 없이 두려움과 갈애로 떨거나 두려움과 갈애 없이 확고부동하거나 길거나 크거나 통통하거나 중간이거나 짧거나 작거나 가냘프거나 보이거나 보이지 않거나 멀리 살거나 가까이 살거나 태어났거나 태어나려 하거나 모든 존재가 행복하기를 바랍니다."

작든 크든 멀든 가깝든 모든 존재는 두려움과 갈애 없이 행복하기를 바라는 것이다.

"어디서든 다른 이를 속이거나 누구도 경멸하지 않고, 몸과 말로 다른 이들에게 해를 끼치지 않고, 마음으로 다른 이들을 해치려는 생각을 품지 않고, 서로의 고통을 바라지 않아야 합니다. 어머니가 목숨을 아끼지 않고 자신이 낳은 하나뿐인 자식을 보호하듯이 이와 같이 모든 존재를 향하여 무한한 자애를 닦아야 합니다. 온 세상으로 위, 아래, 가로질러, 경계 없이, 원한 없이, 적의 없이 무한한 자애를 닦아야 합니다. 서 있고, 걷고, 앉아 있고, 누워 있거나, 잠자지 않고 깨어 있는 한, 자애에 대해서 마음챙김하기를 결심합니다. 이것을 '고귀한 머묾'이라 합니다. 사견을 받아들이지 않고 계를 갖추고 통찰을 갖추어 감각적 즐거움에 대한 욕망을 제거하면 다시는 모태에 들어 태어나지 않을 것입니다."

'고귀한 머묾'이란 범천들이 생활하는 방식, 범천들이 머무는 방식이라고 해서 '범주(梵住)'라고도 한다. 이처럼 〈자애 경〉에는 우리가 평화롭게 살아갈 수 있도록 하는 실천 방법들이 제시되어 있다. 자애의 마음을 가지지 않으면 성냄의 마음이 들어선다. 성냄의 마음을 가지면 편안할 수 없다. 성냄이라는 좁은 마음이 아니라, 자애라는 넓은 마음이 되면 어떤 것에도 걸리지 않고 평화롭고 편안하게 살 수 있다.

이처럼 우리를 보호하는 보호경 중 대표적인 〈축복 경〉, 〈보배 경〉, 〈자애 경〉은 모두 열반으로 향한다. 최상의 축복도 열반이고, 최상의 행복도 열반이다. 모든 존재의 안락과 평안을 기원하며 자애를 닦으면 궁극적으로 아라한이 되고 열반을 깨닫는다. 두려움이 없고 공포가 없고 편안하고 행복한 삶을 위해서 11가지 보호경을 매일 독송하면 좋겠지만, 여의치 않다면 〈축복 경〉, 〈보배 경〉, 〈자애 경〉을 매일 진심으로 읽어 보자. 부처님의 가르침을 마음에 새기듯이 읽다 보면, 읽을 때마다 좋은 변화가 일어날 것이다.

3

윤회와 업

윤회는 있다

어머니가 불교를 믿으셨기 때문에 불교에 호감을 느끼는 정도였고, 윤회라는 말을 들어보았지만, 그 의미가 무엇인지 심각하게 생각해본 적은 거의 없었다. 그런데 1985년에 본격적으로 불교를 접하다 보니 윤회가 그전과는 다르게 다가왔다. 그렇지만 여전히 윤회에 대해 정확히 알 수 없었고, 구체적으로 무엇이 윤회한다는 것인지 의문이 들었다.

　　그러다가 1994년쯤에 미국의 정신과 의사가 쓴 책을 읽게 되었다. 그는 환자들을 최면으로 치료하는데, 문제를 추적하다 보니 최면 상태에 있던 환자가 자신의 전생을 말하는 경우가 있다는 것을 알게 되었다. 최면 용어를 빌리자면, 전생 퇴행이 된 것이다. 그 상태에서 적나라하게 뭔가가 벌어지면서 그 과정을 통해 치료되는 것을 경험하였다고 한다. 그 내용을 책으로 출간하였는데, 읽어 보니 그가 거짓말을 하는 것 같지는 않았지만, 사실이라고 믿기도 어려웠다. 사실 미국에서도 상당히 많은 전생 요법이 있었지만 증명된 사례는 하나도 없다. 최면에서 떠올린 기억은 전생뿐만 아니라 현생의 기억도 확실하지 않은 경우가 많았다.

나는 직접 1년 동안 전생 최면을 할 수 있는 준비를 확실히 한 후, 1996년에 50명 이상을 대상으로 철저하게 최면해 보았다. 두 가지 동기가 있었다. 하나는 최면에서 나타난 전생이 실제 전생인지, 즉 실제로 있었던 삶인지 알아보고 싶었다. 다른 하나는 전생 요법의 치료 효과였다. 나는 정신과 의사이고, 전생 요법이 치료 효과가 있다면 치료의 영역이 넓혀질 수 있다고 생각했다. 만약 치료 효과가 분명히 있다면, 최면에서 나타난 전생 현상이 실제 전생이든 아니든 상관이 없다고도 생각했다.

전생 체험을 받은 사람들은 환자도 있었지만, 환자가 아닌 사람이 훨씬 많았다. 이들은 전생 체험에 관심을 가진 사람들이었다. 충분한 시간을 들여 최면을 통한 전생 퇴행을 실험하였다. 나름대로 철저히 준비해서 실행해 보았지만, 결과적으로 원래 목적인 두 가지 모두 신뢰가 가지 않았다.

첫째 목적, 실제로 있었던 전생인가? 처음에는 최면을 통해서 전생으로 들어가는 게 어려울 것으로 생각했는데, 의외로 쉽게 잘 들어갔다. 전생 최면을 했던 사람 중에 50% 이상이 전생을 경험했다. 전생으로 퇴행하고 난 뒤에, 언제인지 어디인지 물어보면 대답하였다. 그런데 과연 그 말을 곧이곧대로 믿을 수 있을까? 실제로 최면을 경험한 사람들이 그것이 자신의 전생이었는지 아니면 그냥 떠오른 생각이었는지 불확실하다고 말하는 경우도 많았다. 확실하다고 생각하는 경우에도 대부분은 그대로 믿기 어려웠다.

전생 최면을 받은 어떤 사람은 자신이 전생에 송광사 스님이었다고 말했고 법명도 기억했다. 방송국에서도 취재했는데, 그 사람이 뚜렷이 기억해 낸 법명을 찾아보았지만 기록에 없었다. 가까운 이웃의 경우에는 바로 전생을 기억하였는데, 자신이 1903년에 태어나 1967년에 죽었다고 했다. 그런데 그는 1953년생이었다. 실제로 이렇게 말이 맞지 않은 경우도 많았다. 또 어떤 경우는 1890년으로 퇴행을 하여 어떤 삶을 기억했다. 그런데 다음에 최면을 하자 1890년이긴 하지만 다른 지역에서 다른 삶을 살았다고 기억하였다. 그뿐만 아니라 어떤 사람은 자기가 유관순이었던 것 같다고 했다. 그러면서 일제강점기 때 감옥에서 재판도 정식으로 받지 못하고 칼에 찔려 죽었다고 한다. 이런 사례들을 어떻게 처리해야 할지 감당하기 어려웠다.

결국 그들이 전생 경험으로 알게 된 전생을 확인하는 것으로는 곤란하다고 결론을 내렸다. 그리고 전생 기억은 부처님의 말씀대로 수행으로 접근해야겠다는 생각이 들었다. 수행으로 전생을 기억하는 것은 선정을 닦아서 초선, 제2선, 제3선, 제4선을 닦고 제4선에서 나와 숙명통을 얻어 보거나, 숙명통 정도는 아니더라도 선정을 닦아서 지혜의 눈으로 전생을 보는 것을 말한다.

둘째 목적, 전생 요법은 치료 효과가 있을까? 이에 대해서는 정신 치료를 하는 정신과 의사로서, 문제를 잘못 오도하는 측면이 있겠다는 생각이 들었다. 누구든지 어떤 문제가 있을 때는 그것이 있을 만한 충분한 무언가가 있어서인데, 그것을 잘 보지 못하고 최면을 통해

정신과 의사가 들려주는 불교 사용 설명서

전생으로 퇴행하여 '과거 생에 누구와 이런 일이 있었고 지금은 이렇다'라고 하는 것은 위험할 수 있다고 결론을 내렸다.

두 가지 목적에 대해 나름대로 결론을 짓고 나서는, 주위에 공부도 많이 하고 수행도 많이 한 사람들을 만나면 항상 윤회에 대해 질문하였다. 처음으로 만난 분은 미얀마 쉐우민 센터에서 지도하는 우 떼자니아 사야도였다. '사야도'는 미얀마 말로 큰스님이라는 뜻이다. 한동안 '불교와 정신 치료'라는 세미나를 했는데, 그 세미나에 참석했던 여대생에게 우 떼자니아 사야도에 대한 이야기를 들으면서 마음이 정화되는 느낌을 받았다. 그 여대생은 쉐우민 센터에서 3개월 동안 수행하였다고 했다. 그래서 기회가 된다면 이분을 만나 뭐라도 물어봐야겠다고 생각하게 되었다.

2003년에 내가 수행하던 센터에서 나와 우 떼자니아 사야도가 있는 곳으로 찾아갔다. 한국 스님을 통해 우 떼자니아 사야도와 약속을 잡을 수 있었다. 한국으로 돌아오는 비행기가 저녁이었기 때문에 새벽부터 준비하여 길을 나섰다. 매우 젊은 분이었고, 격식으로부터 자유로운 분이었다. 또 상당히 준비된 분이었다. 질문하면 바로 답을 주었다. 답은 매우 간결하였고, 그 간결한 답에 이어지는 질문이 없으면 그것으로 끝이었다. 질문하면 또 바로 답을 해 주었다.

통역해 주신 분은 한국 비구니 스님이었고 미얀마 말을 굉장히 잘하는 스님이어서 소통에는 전혀 문제가 없다고 느꼈다. 우 떼자니아 사야도에게 여러 가지를 질문했는데, 그중에서 윤회와 관련된 질문은 이런 방식으로 이어졌다.

"사람이 죽으면 어떻게 됩니까?"

"몸이 죽고 마음이 죽습니다."

우 떼자니아 사야도는 즉각 대답한 후, 가만히 있었다. 나는 한동안 이 문제에 대해서 생각을 많이 했기 때문에 곧바로 질문을 이어갔다.

"무엇이 남습니까?"

"업이 남습니다."

"업을 운반하는 주체는 무엇입니까?"

"업은 주체가 필요하지 않습니다. 스스로 움직입니다."

"그걸 어떻게 알게 되었습니까?"

"수행을 하다 보니 알게 되었습니다."

"우리에게 왜 몸과 마음이 있습니까?"

"무지가 있기 때문입니다."

"스님은 이것을 어떻게 알게 되었습니까?"

"부처님도 그렇게 말씀하셨고, 나도 수행을 하다 보니 알게 되었습니다."

몸도 죽고 마음도 죽고 나서 그 업을 운반하는 주체가 무엇일까 궁금했는데 업은 주체가 필요 없다고 답했고, 수행하면 저절로 알게 된다는 답변을 얻었다. 이 만남을 통해서 불교 공부와 수행을 하면 내가 궁금한 것을 풀 수 있는 실마리를 찾을 수 있다는 것을 알았다. 매우 만족스러운 만남이었다.

그다음에는 달라이라마 존자를 만났다. 단체로 만나기도 했고, 일대일로 만나기도 했다. 언젠가 해외 매체에서 클린턴 미국 대통령과 달라이라마 존자가 나왔는데, 그걸 보는 순간 달라이라마 존자의 얼굴에서 굉장한 깊이와 무게가 느껴졌다. 달라이라마 존자를 한번 만났으면 좋겠다고 생각하고 이분의 책도 틈나는 대로 읽었다. 세계적으로 유명한 분이니까 이분을 만나려면 나도 업적을 내거나 책을 써서 찾아가야겠다고 막연하게 다짐하였다. 그러던 중 지하철에서 우연히 비구니 스님을 만났다. 아는 스님이라 이야기를 나누었는데, 달라이라마 존자가 건강이 안 좋으니 먼발치에서라도 보라고 조언하였다. 한국에는 못 오시지만 해마다 일본에서 법회를 열고, 그때 한국 불자들이 참석할 수 있게 공간을 마련해 준다는 말도 해 주었다.

2006년에 일본으로 가서 법회에 참석하였다. 먼발치에서 보는 것만으로도 좋다고 생각했는데, 달라이라마 존자의 배려로 한국 불자들이 가까이에서 만날 수 있는 기회가 생겼다. 그때 어떤 분이 윤회에 대해 질문하였다.

"무아라고 하는데 어떻게 윤회할 수 있습니까?"

"무아라는 것은 없다는 말이 아닙니다. 그러므로 윤회는 가능합니다."

달라이라마 존자는 의외로 굉장히 간단하게 답하였다. 호기심이 발동하였다. 그래서 나도 미얀마의 우 떼자니아 사야도에게 했던 질문을 똑같이 하였다.

"사람이 죽었을 때 어떤 현상이 일어납니까?"

"몸이 죽고 거친 의식이 죽습니다. 미세한 의식이 남아서 네 가지를 경험합니다."

그때 기록하지 않았기 때문에 달라이라마 존자의 답변을 정확하게 기억하지는 못하지만, 보는 것이라든지 하는 거친 의식이 죽고 미세한 의식이 남은 상태에서 네 가지를 경험한다는 뜻으로 이해하였다. 처음에는 신기루 같은 현상을 경험하고, 두 번째로 하얀 천과 같은 무언가가 나타나고, 이것이 지나고 나면 세 번째로 검은 장막 같은 것이 확 덮친다고 한다. 네 번째는 밝은 빛, 좋은 빛이 나타나는데 보통은 이것을 보지 못한다.

달라이라마 존자와 일대일로 만난 게 아니라서 더 이상 질문하지 못하였다. 그 대답을 듣고 이렇게 생각했다. '평소 현재에 집중하는 것을 잘 유지했다가 죽는 순간에 잘 보아야겠다. 당황하지 않고 일어나는 것을 잘 보아야겠다.'

3년 후인 2009년에 수행하기 위해 병원 문을 닫았다. 수행을 하다가 한계를 느끼고 달라이라마 존자를 만나러 인도로 떠났다. 그때가 여름이었는데 달라이라마 존자를 만나기가 너무 어려웠다. 결국 주위 분들의 도움을 받아 만날 수 있었다. 꽤 넓은 방에서 만났고, 달라이라마 존자와 통역관 두 명, 차석 비서가 동석하였다. 차석 비서가 대화를 모두 기록하였고, 나도 녹음했는데 1시간 1분 분량이다. 나는 먼저 내 소개를 하고, 네 가지 질문을 하고 싶다고 말하였다.

"불교에서는 전생이 있고 현생이 있고 또 내생이 있어서 생이 연결되어 있다고 합니다. 그것을 우리가 어떻게 알 수 있습니까? 자유의지란 어떤 것입니까? 사람의 성격은 어떻게 형성됩니까? 꿈을 어떻게 해석해야 합니까?"

첫 번째 질문은 윤회에 대한 것이고, 두 번째는 내가 충분히 경험한 것을 확인하는 질문이었다. 세 번째는 정신과 의사로서 관심 사항이고, 네 번째는 티베트불교의 특징 중 하나인 잠에 대한 질문이었다. 원래 예정했던 만남 시간이 30분이었는데, 첫 번째 질문에 대한 답변만으로도 1시간 1분이 모두 소요되었다. 달라이라마 존자는 나머지 세 질문은 통역관인 티베트 스님과 대화하라고 하였다. 그 통역관 스님도 공부를 많이 하신 분 같았다.

첫 번째 질문에 대한 달라이라마 존자의 답변은 세 가지로 정리된다. 생과 생이 연결되어 있는 것, 전생이 있다는 것은 세 가지를 통해서 알 수 있다고 했다. 첫째는 과거 생이 기억나는 경우이다. 달라이라마 존자처럼 과거 생을 기억하는 사람은 과거 생이 있다는 것을 알게 된다는 것이다. 달라이라마 존자는 어릴 때는 전생을 모두 기억하였는데, 어른이 되면서는 기억나지 않는 것이 있지만 잠에서 깰락 말락 하는 순간에는 모두 기억난다고 하였다. 둘째는 선정을 닦아서 전생을 경험할 수 있다. 셋째는 인명학 공부를 하면 윤회가 있을 수밖에 없다는 결론에 도달한다고 한다. 인명학은 원인과 결과를 따지는 학문이다.

사실 달라이라마 존자를 만나기 전에도 나는 내 전생을 보지 못했고 윤회의 메커니즘도 몰랐지만 윤회가 있다고 믿었다. 불교 공부를 하면서 선정을 통해 전생을 경험할 수 있다는 것을 알았고, 마음을 열고 초기경전인 니까야를 있는 그대로 보면서 윤회가 있다는 것을 믿을 수 있었다.

인도 뉴델리에서 12시간 정도 버스를 타고 가면 티베트 망명 정부가 있는 다람살라에 도착한다. 그곳에서 달라이 라마 존자와 달라이 라마 존자 다음으로 유명한 린포체인 카르마파 존자를 만났다. 다람살라에서 다시 몇 시간 동안 버스를 타고 가야 하는 곳이 따시종이고, 이곳에도 티베트의 유명한 린포체가 있다. 린포체란 전생을 기억하는 사람들이다. 거기서 캄툴 린포체를 만났다. 카르마파와 캄툴 린포체를 만난 것도 큰 도움이 되었다.

윤회는 여섯 종류의 영역에 걸쳐서 하게 된다. 천신이나 아귀, 지옥 중생처럼 눈에 보이지 않는 영역도 윤회와 관계가 있다. 육도윤회 중의 한 영역이 천신이다. 불교 공부를 시작하고 빨리어를 공부하던 2002년경부터《상윳따 니까야》를 빨리어로 읽었다. 당시는 전재성 선생님이《상윳따 니까야》의 일부분만을 번역한 시기였다. 전문가들과 모여서 빨리어로 니까야를 읽었는데, 나를 제외하고는 모두 불교 전문가들이고 대부분 불교학과 교수인 분들이었다.《상윳따 니까야》의 첫 부분이 〈천신품〉이다. 천신에 대한 품인데, 경을 하나씩 맡아서 일주일에 한 번씩 모여 번역하고 발표하고 토론하는 모임이 2년 정도 이어졌다. 빨리어로 읽다 보니 그 2년 동안 〈천신품〉밖에 나가지 못했다.

깊은 밤이 되면 천신이 아름다운 모습을 하고 빛을 환하게 비추면서 나타나 부처님께 질문한다. 수수께끼 같은 질문인데, 부처님은 그 암호문 같은 질문을 알아듣고 명쾌하게 답을 해 준다. 예를 들면 이런 문답이다(S1:6 〈깨어 있음 경〉).

"어떤 것이 잠자면 깨어 있는 것이고,
어떤 것이 깨어 있으면 잠자는 것이며,
어떤 것으로 더럽혀지고,
어떤 것으로 청정해집니까?"
"5개(五蓋)가 잠자면 깨어 있는 것이다.
5개가 깨어 있으면 잠자는 것이다.

5개로 더럽혀지고

5근(五根)으로 깨끗해진다."

5개는 감각적 욕망, 악의, 해태와 혼침, 들뜸과 후회, 의심이라는 다섯 가지 덮개이다. 이 5개가 잠자면 5근이 깨어 있는 상태가 된다. 5근이란 믿음, 정진, 마음챙김, 삼매, 지혜이다. 5개에 의해서 더럽혀지고 5근으로서 깨끗해진다. 이것이 천신의 질문에 대한 부처님의 답변이다.

굉장히 함축적인 질문에 대해 부처님이 자세히 답변하는 것을 보고, 나는 천신은 없는 존재이고 부처님 혼자서 자문자답한 게 아닐지 생각했다. 지혜롭고 똑똑한 존재가 이런 질문을 할 것이라고 생각한 부처님이 혼자 질문하고 답한 것 같았다. 같이 공부하는 불교 전문가들에게 내 생각을 말했더니, 그분들이 깜짝 놀라면서 그렇게 생각하면 안 된다고 했다. 그 말을 듣고 이번에는 내가 놀랐다. 그래서 천신이라는 것은 있다고 생각하게 되었다.

니까야를 읽다 보면 부처님이 천신과 대화하는 내용이 심심찮게 나온다. 실존했던 인물이 죽은 후 천신이 되어 부처님을 찾아온다. 그러므로 천신은 분명히 있다고 생각하지 않을 수 없다. 시간이 흘러 아짠 문 스님의 책을 읽었다. 워낙 수행이 높고 대단한 분이어서 아짠 문 스님은 아라한이라고 여겨진다. 스님을 찾아온 천신과 대화하는 내용을 읽으면서, 수행자는 천신을 경험할 수 있다고 생각을 바꾸게 되었다.

사마타 수행을 통해서도 천신의 존재를 보게 된다. 사마타 수행의 삼매 주제 중 하나가 네 가지 범주이다. 자애, 연민, 같이 기뻐함, 평온을 각각 수행하는데, 자애 수행을 할 때 네 가지가 있다. 나에 대해서 자애를 가지고, 좋아하는 사람에 대해서 자애를 가지며, 중립적인 사람에 대해서 자애를 가지고, 마지막으로 싫어하는 사람에 대해서 자애를 가진다. 이렇게 해서 마음이 균형을 잡고 대상에 대한 분별이 없어지면 모든 존재에 대해 자애를 보낸다. 연민, 같이 기뻐함, 평온도 자애 수행과 똑같이 한다. 이때의 모든 존재 중 하나가 천신이다. 천신에게 자애를 보내려고 하면 육도윤회를 하는 대상들이 다 보이는데 이때에도 천신을 보게 된다. 이렇게 나도 수행하다가 천신을 보는 과정을 경험하였다.

2009년 병원 문을 닫고 수행을 하여 어느 정도 선정을 얻었지만, 아직 불충분하다고 생각이 들었고, 2013년에 다시 병원 문을 닫고 사마타와 위빠사나를 수행하여 성공적으로 삼매를 닦았다. 삼매를 닦으면 지혜의 눈이 생긴다. 눈, 귀, 코, 혀, 몸 그리고 통상적인 의식을 가지고 대상을 보는 데는 한계가 있다. 그 한계를 뚫어주는 것이 삼매를 닦아서 생기는 지혜의 눈이다. 그다음에는 본삼매인 선정을 철저히 닦고, 선정을 닦으면 다섯 가지 자재라 하여 자유자재로 선정에 들어가고 나올 수 있는 상태가 된다.

나는 아나빠나사띠, 즉 들숨날숨에 집중하는 수행을 하여 초선, 제2선, 제3선, 제4선을 얻었다. 다음에는 까시나를 가지고 초선, 제2선, 제3선, 제4선을 얻었고, 이어서 무색계 선정을 얻었다. 무색계 선정의 마지막 단계인 비상비비상처에서 나와서 '이렇게 몸과 마음을 가진 것은 괴로움이다. 몸과 마음이 어떻게 생겼는가'라고 숙고하면 전생이 보인다. 최소한 여섯 전생을 본 다음에는 미래 생을 본다. 미래 생은 변화할 수 있지만, 지금의 상태를 기준으로 전개되는 미래의 생이 보인다.

이렇게 전생과 미래 생, 지금의 현생을 가지고 연기(緣起) 수행으로 들어간다. 연기 수행을 하여 '생과 생이 이렇게 연결되어 있구나' 하는 것을 알게 된다. 그리고 지금 나에게 생기는 문제는 내가 태어나서부터 어떤 원인으로 생긴 것인지, 과거 생의 원인으로 일어난 것인지를 보고 알게 된다. 또한 우리는 물질과 정신으로 이루어져 있는데 현재 존재함으로써 생기는 물질과 정신이 있고, 과거의 업이 일으키는 정신과 물질을 보게 된다. 그 결과 윤회는 분명히 있다는 것을 알게 되었다.

니까야를 공부하고 수행도 집중해 보니, 초기불교에서 부처님의 가르침은 인과의 법칙이 핵심이다. 모든 것은 인과에 의해 일어난다. 따라서 우리 마음대로 할 수 있는 것은 아무것도 없다. 그러므로 우리의 몸과 마음은 무아이다. 무아란 우리 몸과 마음이 없다는 말이 아니다. 몸과 마음은 인과의 법칙으로 생기고 유지되는데, 순간순간 우리 마음대로 되지 않는다는 말이다. 물론 우리가 무엇인가를 하면 인과의 법칙에 따라 영향을 준다. 인과의 법칙이라는 토대 위에서 무아이고, 인과의 법칙에 따라 죽으면 윤회하게 되는 것이다. 부처님이 계시든 안 계시든 인과의 법칙도 있고 무아도 있고 윤회도 있다. 이것은 불교의 교리가 아니라 법칙이다. 그 법칙을 부처님이 발견한 것뿐이다.

만약 부처님이 수행하였는데 윤회가 없었다면, 부처님은 분명히 윤회는 없다고 말하였을 것이다. 그러나 윤회가 있기 때문에 윤회가 있다고 말하였고, 윤회는 이런 영역에 걸쳐 있고 윤회의 원리에 따라

되는 것이라고 말하였다.

부처님 재세 시에 사리뿟따와 마하 목갈라나라는 대단한 인물들이 있었다. 그들에게 부처님은 보살의 길을 가라고 이야기하지 않았다. 다만 '나는 이렇게 보살의 길을 걸었다'고 말하였다. 보살의 길이란 부처가 되기 위해 준비하는 삶을 사는 것이다. 그에 비해 성자의 길은 아라한이 되어 괴로움을 소멸하는 길이다. 부처님은 제자들에게 항상 성자의 길을 말하였고, '나는 이런 보살의 길을 걸었고, 지금 보살의 길을 걷고 있고, 다음에 부처가 될 존재는 누구이다'라고 말한다.

내 생각에 초기불교의 가르침은 윤회가 없으면 성립되지 않는다. 윤회를 끝내려면 아라한이 되어야 하는데, 아라한이 되려면 탐진치와 열 가지 족쇄가 없어야 한다. 부처님의 가르침은 모두 여기에 집중되어 있다.

정말로 윤회가 없다면, 불교는 있을 수 없다. 윤회를 믿지 않는 보통의 사람들은 죽으면 끝이라고 생각한다. 하지만 죽으면 끝인 존재는 모두 아라한이다. 사람들은 밤이 되면 자고 다음 날 아침에 일어난다. 특별한 사건이 생기지 않는 한 다시 잠에서 깨어난다. 이렇듯 우리는 죽는 순간에 바로 태어난다. 사실 죽음이란 없다. 죽자마자 짧은 시간의 틈도 없이 태어난다.

윤회를 알지 못하면 우리 존재를 제대로 알 수가 없다. 윤회를 알거나 믿는 것은 큰 지혜이다. 윤회에 대한 지혜나 믿음이 있어야 우리 삶의 큰 그림을 그릴 수 있다. 사람으로 태어나서 얼마 동안 살든 그것은 잠깐이고, 잠깐 존재하다가 연기처럼 사라지는 게 인생이다. 그러므로 어떻게 살아야겠다는 큰 그림을 가지는 것이 무척 중요하다.

내가 아는 한 정신과 의사는 자기가 사춘기였을 때 윤회가 있다는 것이 그냥 믿어졌다고 했다. 윤회를 믿지 않는 사람이 이상하다는 생각이 들었다고도 했다. 그런 지혜가 생겼다는 그분은 아무래도 과거 생에 많은 수행을 했던 것 같다. 주위에서 불교 공부와 수행을 열심히 한 사람들은 다 윤회를 믿는다. 윤회에 대한 절박한 것이 있어 순간순간을 매우 열심히 산다.

죽으면 여섯 대의 열차가 기다리고 있다. 타고 싶지 않다고 해서 그냥 보낼 수 있는 열차가 아니다. 타지 않을 수 있는 조건이 되어야 그 열차를 타지 않게 된다. 여섯 대의 열차는 천상행, 아수라행, 인간행, 아귀행, 축생행, 지옥행이다. 천상행 열차는 곧바로 천상으로 간다. 천신은 화생이므로 천상에 바로 태어난다. 그다음의 아수라행은 괴로운 천상인 아수라로 향한다. 그다음이 인간행이다. 천상과 인간은 선처이고, 아수라와 아귀, 축생, 지옥은 악처이다.

니까야에서는 아수라가 드물게 언급되고 천상, 인간, 아귀, 축생, 지옥만을 언급하는 경우가 많다. 하지만 아수라도 분명히 윤회하는 영역의 하나이고, 간혹 아수라를 언급하는 경을 찾아볼 수 있다. 아수라가 천상이면서도 악처에 속한 이유는 《상윳따 니까야》 〈수위라 경〉 (S11:1)에서 아수라들이 신들과 전쟁하는 상황에서 엿볼 수 있다. 신들의 왕인 제석천이 신의 아들인 수위라를 불러 "아수라들이 신들과 전쟁을 하러 온다. 그대는 아수라들과 대적하라"고 명령하였다. 아수라들은 신들과 대적할 때마다 졌으며, 지고 나서 엄청난 고통을 받는다. 이처럼 아수라는 천상이면서도 악처에 속한다.

불교에서는 사람을 범부와 성자로 나누는데, 범부는 여섯 대의 열차 중에서 어느 행의 열차를 탄다는 보장이 없다. 마치 홍수가 나서 떠내려가는 도중에 구조될지 아니면 계속 떠내려가기만 할지 알 수 없는 상태와 같다. 성자는 네 부류가 있다. 이들은 선처에만 태어난다. 깨달음으로 가는 흐름에 든 자인 예류자는 최대 일곱 생을 산다. 일곱 생 동안 인간과 천상을 왔다 갔다 한다. 천상에만 계속 있을 수 있고, 인간으로만 계속 있을 수 있다. 예류자에게 여덟 번째 생은 없다. 그 다음 단계인 일래자는 한 번 오는 자이다. 일래자는 주로 인간 세상에 한 번 와서 아라한으로 존재를 끝내게 된다. 어떤 책에는 천신으로만 한 번 온다고 설명한다. 그다음은 불환자이다. 돌아오지 않는 자라는 의미인데, 정거천이라는 범천계에 태어나서 아라한이 된다. 마지막으로 성자의 네 번째인 아라한은 죽으면 존재를 끝내게 된다. 이처럼 범부와 성자의 기준은 윤회를 얼마나 어떤 식으로 하는가로 설명된다.

사람마다 다르게 태어나고 다르게 살아가는 것을 윤회로 설명하면 가장 잘 이해된다. 나는 나름대로 체험도 하고 공부해 보니까 윤회가 중요하다는 것을 알게 되었다. 그런데 어떤 분은 윤회를 말하는 순간 불교가 아니라고 주장하고, 어떤 분은 윤회가 불교에는 없지만, 힌두교에는 있다고도 한다.

이런 일화도 있다. 내가 아는 지인 중에 불교 학자이며 니까야를 많이 읽은 분이 있다. 그분이 한 불교 세미나에서 불교 전공자는 아니지만, 불교에 관심이 있는 어떤 교수가 "부처님은 윤회를 말씀하지 않았는데 왜 윤회를 이야기하는가?"라고 세미나 발표자에게 질문했다고 한다. 그래서 그분이 그 자리에서 일어나 "니까야를 읽으면 수도 없이 윤회가 등장합니다"라고 지적한 적이 있다고 한다. 부처님 가르침의 핵심이라고 하는 4성제, 8정도에는 윤회가 없다면서 윤회를 부정하는 분도 있다. 그러나 4성제의 집성제는 분명히 갈애가 새로운 태어남을 가져온다고 설명한다. 새로운 태어남, 즉 윤회는 4성제에도 분명히 들어 있다.

천신(天神)은 있다

니까야를 꼼꼼히 공부하면 부처님이 윤회에 대해 확실하게 이야기하였고 충분히 설명하였음을 알게 된다. 하지만 윤회에 대해서 다른 말을 하는 사람들이 많은데, 아마도 두 가지 이유 때문이라고 생각한다. 하나는 니까야를 읽지 않았거나, 다른 하나는 니까야는 읽었지만 자기 마음대로 해석한 부류이다.

《앙굿따라 니까야》의 〈가야 경〉(A8:64)은 내게 의미가 큰 경이다. 천신은 분명히 있다는 것을 확신하게 한 경이기 때문이다. 〈가야 경〉에서 부처님은 아직 깨달음을 이루기 전 보살이었을 때의 경험을 이야기한다. 부처님이 직접 '보살'이라고 지칭할 때는 깨달음을 이룬 그 생의 깨닫기 전 시기를 말하거나 보살행을 하던 과거 생을 말한다. 수행하고 노력하던 보살이었을 때라는 의미이다. 부처님은 천신을 여덟 가지 단계로 설명한다.

정신과 의사가 들려주는 불교 사용 설명서

"비구들이여, 내가 깨닫기 전, 아직 바른 깨달음을 성취하지 못한 보살이었을 때 빛은 인식하였지만 형상은 아직 보지 못하였다. 나에게 '만일 내가 빛도 인식하고 형상도 보게 된다면 나의 앎과 봄은 더욱 청정해질 것이다'라는 생각이 들었다.

비구들이여, 나는 열심히 수행하여 빛도 인식하였고, 형상도 보았다. 그러나 나는 천신들과 함께 머물지 못했고 대화하지 못했고 토론하지 못했다."

'빛은 인식하였지만 형상은 아직 보지 못했다'는 말은 천신이 내는 환한 빛은 보았지만 그의 모습은 보지 못했다는 뜻이다. 이것이 부처님의 천신에 대한 이야기의 시작이다. 우리는 천신이 내는 환한 빛도 보지 못하지만, 그때의 부처님은 천신의 빛을 보았다. 그리고 빛과 함께 모습까지 본다면 앎과 봄이 더욱 나아질 것이라고 생각하고 열심히 수행하였다. 그리하여 두 번째 단계에 도달하였지만, 천신과 머물거나 대화하거나 토론하지 못하는 단계였다.

"비구들이여, 나는 열심히 수행하여 빛도 인식하였고 형상도 보았으며, 천신들과 함께 머물고 대화하고 토론하게 되었다. 그러나 나는 천신들을 알지는 못했다."

방일하지 않고 열심히 노력한 부처님은 천신들과 만나고 대화하고 토론도 하는 세 번째 단계에 도달한다. 그렇지만 아직은 모르는 게 있었다. 그 천신이 어느 그룹에 속한 천신인지 알지 못했다. 이 세 번째 단계에 도달한 후 다시 방일하지 않고 열심히 노력하여 천신이 어느 그룹에 속한 천신인지 알게 된 네 번째 단계에 도달한다.

> "비구들이여, 나는 열심히 수행하여 이 천신들이 어떤 무리에 속하였는지 알게 되었다. 그러나 나는 천신들이 어떤 업의 과보로 여기서 죽어 저기에 태어났는지는 알지 못했다."

네 번째 단계에 도달하였지만 그 천신들이 어떤 과보로 거기에 태어났는지 알 수 없었던 부처님은 다시 열심히 수행하였다. 노력 끝에 부처님은 천신의 과보를 알게 되는 다섯 번째 단계에 도달한다.

> "비구들이여, 나는 열심히 수행하여 이 천신들이 이러한 과보로 지금 이 천신의 세상에 태어났다는 것을 알게 되었다. 그러나 나는 천신들이 어떤 음식을 먹고 어떤 즐거움과 괴로움을 경험하는지 알지 못했다."

천신들의 과보는 알았지만, 천신들이 어떤 음식을 먹고 어떤 즐거움과 괴로움을 경험하는지를 알지 못했기 때문에 다시 열심히 수행하였고 이에 대한 앎과 봄이 있는 여섯 번째 단계에 도달하였다. 하지만 이 단계에서도 알지 못하는 것이 있었다. 바로 천신들의 수명이다.

> "비구들이여, 나는 열심히 수행하여 이 천신들이 어떤 음식

을 먹고 어떤 즐거움과 괴로움을 경험하는지 알게 되었다. 그러나 나는 천신들의 수명이 얼마나 되는지 알지 못했다."

다시 열심히 수행한 부처님은 천신들이 얼마만큼의 수명을 가졌고 어느 정도 오래 사는지 아는 일곱 번째 단계에 도달하였지만 여전히 한계는 있었다.

"비구들이여, 나는 열심히 수행하여 천신들의 수명이 얼마나 되는지 알게 되었다. 그러나 나는 이 천신들과 내가 함께 산 적이 있는지 없는지 알지 못했다."

결국 부처님은 천신들과 함께 산 적이 있는지 없는지를 알게 되는 여덟 번째 단계에 도달한다. 이렇게 천신에 대해 완전히 알고 난 뒤에 부처님은 여덟 가지 앎과 봄이 확고하다고 선언하였다.

"비구들이여, 내게 이와 같이 높은 천신들에 대한 여덟 가지 연속적인 앎과 봄이 아주 청정하지 않았더라면 나는 신을 포함하고 마라를 포함하고 범천을 포함하여 사문, 바라문을 포함하고 신과 인간을 포함한 이 세상에서 나 스스로 위없는 바른 깨달음을 실현했다고 천명하지 못했을 것이다. 나의 해탈은 확고부동하다. 이것이 나의 마지막 태어남이며, 이제 더 이상 다시 태어남은 없다."

아직 깨달음을 이루기 전에 부처님은 천신에 대해 여덟 단계로 완전히 알았기 때문에 청정한 앎과 봄을 당당하게 천명할 수 있었다.

《앙굿따라 니까야》〈가야 경〉이 나에게 천신이 있다고 확신하게 만든 경이라면,《맛지마 니까야》〈상가라와 경〉(M100)은 당시 사람들이 천신을 어떻게 생각했는지 알려 준 경이다. 상가라와는 공부를 많이 한 바라문이다. 세 가지 베다에 능통하였고, 여러 학문에도 밝았다. 그런데 바라문 여인이 "나모 땃사 바가와또 아라하또 삼마삼붓닷사"라고 외우는 소리를 들었다. 이는 '세존이시고 아라한이시고 정등각자인 세존께 귀의합니다'라는 뜻이다.

> 상가라와 바라문이 바라문 여인에게 말했다.
> "바라문 여인이면서 까까머리 사문에게 존경을 표하는 것을 보니 당신은 비천하고 타락했군요."
> "당신이 부처님의 계행과 지혜를 알게 된다면 그런 말을 하지 않을 것입니다."

바라문 여인의 대답은 확신에 차 있었다. 그러자 상가라와 바라문은 부처님을 만나서 확인해 보겠다고 말했다. 부처님을 만난 상가라와 바라문은 환담을 나눈 후 부처님이 어느 사문, 바라문에 속하는지 물었고, 부처님은 세 종류의 사문, 바라문을 언급하며 그의 질문에 답하였다.

> "고따마 존자시여, 어떤 사문, 바라문들이 지금 현재 법을 특

별한 지혜로 알아서 바라밀을 성취하고 청정범행의 근본을
선언합니다. 당신은 어떤 사문, 바라문에 속합니까?"

부처님이 답하였다.

"어떤 사문, 바라문은 전통으로 구전되어 내려오는 법을 특
별한 지혜로 알아서 바라밀을 성취하고 청정범행의 근본을
말한다. 세 가지 베다를 말하는 바라문들인데, 당신은 여기
에 속한다. 어떤 사문, 바라문은 단지 믿음만으로 현재의 법
에 대해서 특별한 지혜를 얻어서 바라밀을 성취하고 청정범
행의 근본을 말한다. 그들은 탐구가나 논리가들이다. 또 어
떤 사문, 바라문은 지금까지 들어본 적이 없는 법을 최상의
지혜로 알아서 바라밀을 성취하고 청정범행의 근본을 말한
다. 나는 여기에 속한다."

그리고 부처님은 아직 바른 깨달음을 얻지 못했던 보살이었을 때 출
가하여 수행했던 고행과 선정의 경험, 그리고 어떻게 전에 들어본 적
이 없는 최상의 지혜를 알게 되었는지를 모두 이야기하였다. 상가라
와 바라문은 부처님의 노력에 감복하며 다시 질문하였다.

"참으로 고따마 존자님의 노력은 단호합니다. 참으로 고따
마 존자님의 노력은 아라한 정등각자에게 어울리는 대장부
다운 것입니다. 그런데 고따마 존자시여, 신들이라는 게 있
습니까?"

"바라드와자여, 신들이란 것을 나는 원인에 따라 안다."

상가라와 바라문이 천신이 있는지 묻자, 부처님은 그를 바라드와자라고 부르면서 '나는 천신을 원인에 따라 안다'고 답하였다. 아마도 상가라와 바라문의 이름이 바라드와자였던 것 같다. 니까야에는 바라드와자라는 이름의 바라문이 여러 명 등장한다. 부처님의 답을 들은 상가라와 바라문은 부처님이 엉뚱한 답변을 했다고 생각하고 다시 질문하였다.

> "고따마 존자의 대답은 공허한 것이고, 거짓이 아닙니까?"
> "바라드와자여, 그대의 질문에 '신들이 있다'고 말하든 '신들이라는 것을 나는 원인에 따라 안다'고 말하든 지혜로운 사람은 신들이 있다는 결론에 도달한다."
> "고따마 존자시여, 그렇다면 두 가지 대답은 같은 것인데, 왜 첫 번째 방법으로 신들이 있다고 말씀하지 않습니까?"
> "바라드와자여, 신들이 있다는 것은 이 세상 사람들이 다 알고 있는 그런 것이다."

부처님의 답변에서 당시 사람들은 누구나 자기가 보았든 보지 못했든 신들이 있다고 받아들였다는 사실을 알 수 있다. 지금의 현대인들과는 생각이 많이 달랐던 것 같다. 경전에 의하면 사람들은 죽은 후 천신이나 야차가 되어 부처님을 방문하는 특별한 경우가 있었는데, 부처님은 이 만남을 제자들과 공유하였다. 이처럼 분명히 기록돼 있는 내용을 보면 천신이나 야차는 확실히 있다고 믿지 않을 수 없다.

실제로 존재했던 인물이 천신이 되어 부처님을 방문했던 사례로 아나타삔디까(급고독) 장자가 있다. 아나타삔디까 장자는 부처님께 기원정사를 보시한 인물이다. 재가 남자로서 보시에서 으뜸이 아나타삔디까 장자라고 부처님이 직접 언급할 정도이고, 니까야에도 여러 번 등장한다. 그의 죽음이 임박했을 때 아난다 존자와 사리뿟따 존자가 병문안하였고, 사리뿟따 존자가 법문했다고 한다.

《상윳따 니까야》에는 〈급고독 경〉(S2:20)이 있는데, 죽은 후 천신이 된 아나타삔디까 장자는 깊은 밤에 아름다운 모습을 하고 환하게 빛을 비추면서 부처님을 방문하여 게송을 읊었다. 그리고 게송의 마지막에 사리뿟따 존자가 통찰지와 계, 고요함을 두루 구족했다고 하면서 저 언덕에 도달한 비구가 있다면 잘해 봐야 사리뿟따와 동등한 수준일 뿐이라고 한다. 모두 사리뿟따 아래라는 뜻이다. 그가 '저 언덕에 도달한 비구' 즉 해탈의 언덕에 도달한 비구라고 한 말은 아라한이 되었다는 의미이다. 이 게송을 읊은 후 부처님에게 절하고 오른쪽으로 세 번 돌고 난 뒤 사라졌다.

부처님은 이 이야기를 비구들에게 말해 주었고, 아난다 존자는 그가 사리뿟따 존자에 대한 청정한 믿음이 아주 컸던 아나타삔디까 장자가 분명할 것이라고 부처님께 말했다. 부처님은 맞다고 말씀하셨다. 이처럼 부처님은 실존 인물이 천신이 되어 방문하였을 때 제자들에게 그 사실을 이야기해 주었다.

아나타삔디까 장자만큼이나 유명한 사람으로 빔비사라왕이 있다. 그는 인도 대륙에서 가장 큰 세력을 떨쳤던 두 나라 중 하나인 마가다국의 왕이었는데, 죽어서 야차가 되어 부처님을 방문하였다. 그 이유는 부처님이 나디까라는 곳에 머무르면서 당시 까시국, 꼬살라국 등의 신도들이 죽어서 어디에 태어났고 어디로 향할 것인지 또 불환자, 일래자, 예류자가 되었다고 말하였는데, 아난다 존자가 왜 앙가국과 마가다국의 신도들에 대해서는 언급하지 않았는지 의문을 품었기 때문이다. 아난다 존자는 부처님이 마가다국에서 깨달음을 얻었고, 그 나라 사람들은 불법승 삼보에 믿음을 가졌으며, 특히 빔비사라왕은 임종할 때에도 부처님을 칭송하였는데 그들에 대해 아무 말씀을 하지 않는다면 그들이 실망할 수 있다고 생각했다.

아난다 존자의 간청을 들은 부처님은 탁발 후 마가다의 신도들이 죽어서 어디에 태어났고 어디로 향할 것인지를 보았다. 그때 엄청나게 큰 형상을 한 야차가 나타나 자신이 자나와사바이고 전에는 빔비사라였다고 말했다. 부처님이 아난다 존자에게 이 사실을 이야기하자, 아난다 존자는 '자나와사바라는 이름을 듣는 순간 털이 곤두섰다'고 한다. 빔비사라왕은 죽어서 사대천왕 중 하나인 웻사와나 대천왕의 그룹에 속한 자나와사바라는 야차가 되었고, 자기는 열네 번을 윤회한 것을 생생히 기억한다고 했다. 하지만 이제는 일래자가 되고 싶다는 소원을 확고하게 세웠다면서, 세존의 가르침에 따라 이렇게 광대하고 특별한 경지를 얻게 되었다고 말하고 사라졌다.

또《앙굿따라 니까야》〈까꾸다 경〉(A5:100)에는 천신이 목갈라나 존자를 찾아온 이야기가 나온다. 목갈라나 존자의 시자였던 까꾸다가 임종한 후 천신이 되었는데, 부처님의 제자이면서 처남인 데와닷따가 부처님을 대신하여 자기가 비구 승가를 관리하겠다는 나쁜 마음을 먹었다는 것을 알게 되었다. 곧바로 목갈라나 존자에게 타심통으로 알게 된 이 사실을 말하였고, 목갈라나 존자는 부처님을 뵙고 이 사실을 전하였다. 그러자 부처님은 어리석은 데와닷따가 자신의 죄를 스스로 드러낼 것이라면서 천신이 한 말을 비밀로 하라고 말하였다.

부처님과 사리뿟따 존자가 천신과의 대화를 공유한 이야기도 있다. 《앙굿따라 니까야》〈천신 경〉(A6:69)에는 한밤중에 천신이 부처님을 찾아와 비구를 쇠퇴하지 않게 하는 여섯 가지 법에 대해 말하였고, 부처님은 이 이야기를 사리뿟따 존자에게 전하였다. 비구를 쇠퇴하지 않게 하는 여섯 가지 법이란 '스승을 존중하고, 법을 존중하고, 승가를 존중하고, 배우는 것을 존중하고, 훈계를 잘 받아들이고, 좋은 친구를 사귀는 것'이다. 그러자 사리뿟따 존자는 부처님이 간략하게 설하신 뜻을 자세하게 알고 있다고 말하였고, 부처님은 사리뿟따를 칭찬하였다.

> "장하고 장하다. 사리뿟따여. 비구는 자신이 스승을 존중하고, 스승을 존중하는 것을 칭송한다. 스승을 존중하지 않는 다른 비구들이 스승을 존중하도록 격려한다. 스승을 존중하는 비구들에게 적절한 때 칭송한다. 비구는 자신이 법을 존중하고, … 비구는 자신이 승가를 존중하고, … 비구는 자신이 배우는 것을 존중하고, … 비구는 자신이 훈계를 잘 받아들이고, … 비구는 자신이 좋은 친구를 사귀고 좋은 친구를 사귀는 것을 칭송한다. 좋은 친구를 사귀지 않는 다른 비구들이 좋은 선우를 사귀도록 격려한다. 좋은 친구를 사귀는 비구들에게 적절한 때 칭송한다."

사리뿟따 존자와 천신의 이야기는 《앙굿따라 니까야》〈족쇄 경〉(A2:4:5)에도 나온다. 사리뿟따 존자가 녹자모 강당에서 비구들에게 안의 족쇄를 가진 사람과 밖의 족쇄를 가진 사람에 대해 법문을 하였다. 안의 족쇄란 욕계의 욕망에 사로잡힌 것이고, 밖의 족쇄는 색계와 무색계의 족쇄에 채워진 것이다. 법문을 들은 천신들이 부처님을 찾아와 사리뿟따 존자를 방문해 주기를 청하였다. 급고독원에 머무시던 부처님이 침묵으로 승낙하고 사리뿟따 존자를 방문하였다.

> "사리뿟따여, 천신들이 나를 방문했을 때 10명, 20명, 30명, 40명, 50명, 60명이 송곳의 끝 하나가 겨우 들어가는 좁은 곳에 서로 닿지도 않고 서 있었다. 사리뿟따여, 천신들이 천상에서 마음을 닦았기 때문에 그럴 수 있다고 생각할 수 있지만, 그렇게 생각해서는 안 된다. 오직 여기서 마음을 닦았기 때문에 그럴 수 있게 된 것이다."

부처님이 '여기서'라고 한 곳은 '부처님의 법이 있는 곳'이다. 이처럼 실존 인물이 천신이나 야차가 되었다는 이야기는 매우 많고, 부처님은 제자들에게 천신과의 만남을 있는 그대로 전하였다. 내가 볼 때 천신이란 부처님과 제자들이 공유한 세계이다. 부처님과 제자들 사이에서 천신은 존재 자체가 당연하였다.

사람으로
태어난다는 것

니까야를 읽어 보면 곳곳에 윤회가 스며들어 있다. 부처님은 질문을 받지 않았을 때도 '누구는 죽어서 어디에 태어났다'라고 말해 주는데, 이는 사람들을 속이거나 명성을 얻기 위해서가 아니다. 부처님이 윤회에 대해서 구체적으로 말한 이유는 부처님과 승가에 대한 믿음과 기쁨을 가진 사람들이 오랫동안 이익과 행복이 되도록 하기 위해서이다. 만약 어떤 사람이 죽어서 아라한이 되었다고 한다면, 이들은 그것에 관심을 가질 것이고 그에 대해서 마음을 향하게 되면 이익이 있게 된다.

구경의 지혜, 즉 완전한 지혜에 확고하게 선 비구가 아라한이 되었다는 말을 들은 사람은 그 비구에 대해 알아보고, 그가 '계를 이렇게 지켰고, 이런 법을 가졌고, 이런 지혜를 가졌고, 이렇게 살았고, 또 이렇게 해탈하였다'는 것을 알게 될 것이다. 그러면 아라한이 된 그의 믿음, 계, 배움, 보시, 통찰지 등을 기억하면서 자기도 그렇게 되려고 노력하게 된다. 그렇게 되면 그 사람은 편안하게 머물 수 있다. 불환자나 일래자나 예류자도 마찬가지이다. 이런 목적으로 부처님은 사람들의 이익을 위해서 윤회를 말씀하신다.

니까야에서 윤회에 대한 내용을 읽을 때는 믿음을 가지고 읽어야 한다고 생각한다. 간혹 나에게 왜 윤회에 대해서 그렇게 집착하냐고 묻는 사람이 있다. 윤회를 부정적으로 보면 그렇게 물을 수 있지만, 내가 공부를 해 보니 윤회가 중요하다는 걸 알게 된 것이지 삿된 견해로 윤회에 매달리는 것이 아니다.

앞에서 윤회하는 영역 중 하나인 천신에 대한 이야기를 했는데, 이번에는 사람에 대한 이야기에 집중하려 한다. 부처님은 사람으로 태어나기가 굉장히 어렵다고 말씀하였다. 이 말씀은 절망적이기도 하고 희망적이기도 하다. 사람으로 태어나기가 얼마나 어려운지 알면, 이렇게 사람으로 태어난 기회를 잡았을 때 우리가 어떻게 해야 하는지도 알게 된다. 《상윳따 니까야》〈손톱 경〉(S20:2)에는 왜 사람으로 태어나는 것이 어려운지에 대해 부처님이 간결하게 설명하신 내용이 있다.

> 부처님이 먼지 덩이를 손톱 위에 올리고 물었다.
> "비구들이여, 내가 손톱 끝에 올린 이 작은 먼지 덩이와 대지 가운데 어떤 것이 더 많은가?"
> 비구들이 대답하였다.
> "세존이시여. 저 먼지 덩이는 대지에 비하면 헤아리거나 비교할 만한 것이 되지 못합니다. 대지 한 조각에도 미치지 못

합니다."

부처님이 말씀하셨다.

"비구들이여. 그와 같이 대지는 너무 많고 이 먼지 덩이는 너무 적다. 이처럼 인간으로 다시 태어나는 중생은 참으로 적다. 그러므로 '방일하지 않고 열심히 수행하겠다'는 마음으로 항상 정진해야 한다."

'사람으로 태어나기는 굉장히 어렵다'는 부처님 말씀은 절망적인 메시지처럼 들릴 수 있다. 그러나 '방일하지 말고 항상 수행하라'는 부처님의 당부를 마음에 새긴다면, 어렵게 사람으로 태어난 이 기회를 잘 잡아야 한다는 희망의 메시지이기도 하다. 《상윳따 니까야》〈구멍을 가진 멍에 경1〉(S56:47)을 보면 이 가르침은 더 명확해진다.

"비구들이여, 어떤 사람이 거북이 목이 낄 정도의 작은 구멍이 있는 나무판을 넓은 바다에 던졌다고 하자. 백 년에 한 번씩 물 위로 올라오는 눈먼 거북이가 그 나무판의 구멍에 목을 넣는 것은 악도에 떨어진 후 다시 인간의 몸을 받는 것보다 훨씬 빠르다. 왜 그런가? 악도에는 법다운 행위가 없고 올바른 행위가 없으며 유익함을 행하지 않기 때문이다. 그들은 4성제를 보지 못하기 때문이다."

다시 부처님은 눈먼 거북이에 비유하여 인간의 몸을 받고 부처님이 출현한 것도 희유한 일이라면서 수행의 중요성을 당부한다.

"그와 같이 인간의 몸을 받는 것은 참으로 희유하다. 여래 아라한 정등각자가 세상에 출현하는 것도 참으로 희유하다. 부처님이 설한 법과 율이 세상을 비추는 것도 참으로 희유하다.

지금 그대들은 이러한 인간의 몸을 받았다. 여래는 세상에 출현했다. 여래가 설한 법과 율이 세상을 비추고 있다. 그러므로 4성제를 수행해야 한다."

4성제 수행이란 '이것이 괴로움이다', '이것이 괴로움의 일어남이다', '이것이 괴로움의 소멸이다', '이것이 괴로움의 소멸로 인도하는 도 닦음이다'라고 수행하는 것이다. 모든 동물의 발자국은 코끼리 발자국 안에 들어가듯이 코끼리 발자국보다 더 큰 발자국은 없다는 말처럼, 4성제를 철저하게 이해하면 다른 법을 다 이해할 수 있다.

고대 인도인들은 인도를 잠부섬이라 불렀다고 한다. 빨리어로는 잠부디빠이다. 《앙굿따라 니까야》의 〈잠부섬 품〉(A1:19:1~2)에서는 잠부섬이 아름다운 곳은 적고, 험하고 거친 곳은 많은 곳이라고 하였다. 그러면서 인간으로 태어난 중생은 매우 적고, 그중에서도 부처님의 설법을 듣고 간직하는 중생은 더 적으며, 성자가 되는 중생은 더욱 적다고 한다. 그러므로 인간으로 태어나는 그 어려운 기회를 잡았다면, 열심히 수행해야 한다고 당부한다.

"비구들이여, 이 잠부 섬에는 아름다운 공원, 아름다운 숲, 아름다운 땅, 아름다운 호수는 얼마 되지 않지만 험한 곳, 건

널 수 없는 강, 가시가 가득 찬 수풀, 울퉁불퉁한 산은 많다.
육지에 태어난 중생은 적고, 물에 태어난 중생은 많다.
인간으로 태어난 중생은 적고, 인간 아닌 중생으로 태어난
중생은 많다.
지역의 중심에 태어난 인간은 적고, 변방에서 태어난 중생
은 많다."

수많은 중생 중에서 육지의 중생, 그중에서도 인간으로 태어난 중생은
훨씬 적다. 게다가 문화적 혜택이나 교육 정도가 낮은 곳에서 태어난
중생이 대부분이고, 문화나 여러 가지 윤택한 지역에서 태어난 인간은
매우 적다. 부처님의 설명은 점점 인간의 조건으로 좁혀진다.

"통찰력이 있고 영민하고 장애가 없고 법을 판단할 능력이
있는 중생은 적고, 어리석고 아둔하며 법을 판단할 능력이
없는 중생은 많다.
성스러운 지혜의 눈을 가진 중생은 적고, 무명에 휩싸인 우
둔한 중생은 많다.
여래가 출현하는 것을 만나는 중생은 적고, 여래가 출현하는
것을 만나지 못하는 중생은 많다.
부처님이 설하신 법과 율을 들을 수 있는 기회를 얻는 중생
은 적고, 부처님이 설하신 법과 율을 들을 기회를 얻지 못하
는 중생은 많다.
들은 법을 잘 간직하는 중생은 적고, 그렇지 못한 중생은 많다.

법을 잘 간직하더라도 법의 뜻을 면밀히 알고 실천하는 중생은 적고, 그렇지 못한 중생은 많다.

절박함을 일으키는 중생은 적고, 절박함을 일으키지 못하는 중생은 많다.

절박함을 일으키고 바른 방법으로 애를 쓰는 중생은 적고, 절박함을 일으키고도 바른 방법으로 애쓰지 않는 중생은 많다."

주석서에 의하면, 절박함을 일으키는 원인은 생로병사이다. 태어나고 늙고 병들고 죽는다는 것을 안다면, 절박함을 일으켜 대비해야 한다. 출가하여 불교 공부를 하고 열심히 수행하는 사람은 매우 강한 절박함을 일으킨 사람이다. 나는 절박함이 가장 중요하다고 생각한다. 절박한 마음이 든 사람은 불교 공부도 열심히 하고, 공부와 수행을 삶의 우선으로 삼는다. 반면에 절박함을 느끼지 못하는 사람은 시간을 허비하는 경향이 높다. 주위에서 출가하여 불교 공부와 수행을 열심히 하는 사람들은 절박함이 굉장히 강한 사람들이라는 것을 알게 된다.

"열반을 대상으로 삼아 삼매를 얻는 중생은 적고, 삼매를 얻지 못한 중생은 많다.

최고의 음식과 맛을 얻는 중생은 적고, 그것을 얻지 못한 중생은 많다.

뜻의 맛, 법의 맛, 해탈의 맛을 아는 중생은 적고, 그렇지 못한 중생은 많다. 그러므로 비구들이여, '뜻의 맛과 법의 맛과 해탈의 맛을 얻으리라'고 수행해야 한다."

주석서에 의하면, '뜻의 맛'이란 성자가 얻은 네 가지 과인 예류과, 일 래과, 불환과, 아라한과이다. '법의 맛'은 도이고, '해탈의 맛'은 열반이 다. 그러므로 뜻과 법과 해탈의 맛을 아는 중생은 성자를 의미한다. 부처님은 성자가 되는 중생은 적다고 하면서 수행하라고 하였다. 부처님의 말씀처럼, 성자가 되기 위해서는 수행해야 한다.

《앙굿따라 니까야》〈잠부섬 품〉의 두 번째 경은 윤회와 관련이 있다. 첫 번째 경처럼 잠부섬의 환경에 대해 똑같이 설명한 뒤 지옥, 동물, 아귀, 인간, 신으로 태어나는 중생의 많고 적음을 이야기한다.

> "인간으로 죽어 인간으로 태어나는 중생은 적고, 인간으로
> 죽어 지옥, 동물, 아귀계에 태어나는 중생은 많다.
> 인간으로 죽어 신으로 태어나는 중생은 적고, 인간으로 죽
> 어 지옥, 동물, 아귀계에 태어나는 중생은 많다."

지옥, 동물, 아귀, 인간, 신은 윤회하는 세계이다. 이 다섯 종류의 윤회하는 세계는 다시 선처와 악처로 구분하는데, 인간과 신은 선처이고 지옥, 동물, 아귀는 악처이다. 부처님은 인간이나 신으로 죽었다 하더라도 인간에서 인간 또는 신으로, 신에서 신 또는 인간으로 태어나는 중생은 적고, 악처에 태어나는 중생이 많다고 한다. 지옥, 동물, 아귀의 경우도 같은 원리다. 지옥, 동물, 아귀로 죽어 인간이나 신으로 태어나는 중생은 적고, 지옥, 동물, 아귀로 태어나는 중생이 많다.

이 경을 읽으며 이런 생각이 들었다. '아! 지옥, 동물, 아귀계가 우리의 고향이구나. 다시 고향으로 돌아가는구나. 운 좋게 한 번 사람으

로 태어나고, 또는 신으로 태어났다가 다시 항상 있었던 곳으로 가는구나.' 인간이나 신으로 태어나는 것보다 지옥, 동물, 아귀에 태어나는 중생이 훨씬 많다는 것을 알게 되니, 사람으로 태어난 것이 얼마나 소중한 기회인지 알게 되었다. 왜냐하면 윤회라는 수레바퀴에서 인간으로 태어났을 때가 윤회를 끊을 수 있는 최상의 기회이기 때문이다.

부처님은 윤회가 얼마나 끝이 없는지를 반복해 설하였다. 부처님이 윤회를 말씀하신 이유는 윤회 자체를 알려주기 위해서가 아니다. 인간으로 태어났고 끝이 없는 윤회의 고통을 알게 되었다면, 그 윤회를 끊어야 한다는 경각심을 일으켜 방일하지 않도록 하기 위해서라고 생각한다. 그렇다면 윤회는 어떻게 해야 끊을 수 있을까?《상윳따니까야》〈풀과 나무 경〉(S15:1)에서 부처님은 윤회를 끊고 해탈하는 길에 대해 말씀하셨다.

> "비구들이여, 그 시작을 알 수 없는 것이 윤회이다. 무명에
> 덮이고 갈애에 묶여서 윤회하는 중생들에게 처음 시작은 알
> 수 없다."

중생을 윤회하도록 하는 것은 무명과 갈애이다. 역으로 말하면 무명과 갈애가 없어지면 윤회는 끝난다. 무언가가 존재한다고 할 때는 반드시 그 앞에 원인이 있다. 윤회의 원인은 무명과 갈애이다. 그 원인을 계속 따져간다고 하더라도 끝없이 이어지는 윤회의 시작을 알 수가 없다. 고통이 무한 반복되는 것이다. 그러므로 부처님은 이제 윤회를 끝내라고 가르친다.

"비구들이여, 이와 같이 오랜 세월 동안 그대들은 괴로움을 겪었고, 혹독함을 맛보았다. 재앙을 경험했고, 죽고 죽어서 그 무덤이 어마하게 늘어났다.
비구들이여, 이제는 형성된 것들을 염오하라. 그것에 대한 탐욕을 없애야 마땅하고 해탈해야 마땅하다."

우리가 살기 위해서, 나아가 더 잘 살기 위해서 짓는 모든 것이 제행이다. 그래서 행을 '형성된 것'이라고 말한다. 이렇게 우리가 존재하면서 짓는 수많은 행을 지긋지긋해 하고 싫어하면서 그것에 대한 탐욕을 없애야 한다. 부처님이 '해탈해야 마땅하다'고 한 말은 윤회를 끝내라는 뜻이다.

윤회를 이야기할 때 '겁'이 항상 등장한다. 겁은 셀 수 없는 긴 시간이라고 한다. 천신이 100년에 한 번씩 하늘에서 내려와 옷깃으로 가로, 세로, 높이가 각각 1요자나인 거대한 바위산을 한 번 스치고 다시 하늘로 올라가는데, 그 바위산이 옷깃에 다 닳아 없어지는 시간을 1겁이라고 한다. 1요자나는 지금 단위로 환산하면 약 11km이다. 또는 가로, 세로, 높이가 각각 1요자나인 철로 된 도시에 조그만 겨자씨를 가득 담은 뒤 100년에 하나씩 덜어내어 모두 없어질 때까지의 시간이라고도 한다.

부처님은 불행하고 운이 나쁜 사람을 보면 긴 윤회의 여정에서 나도 저런 것을 겪었다고 생각하라고 하였다. 모든 일으킨 행을 싫어하여 그것에 대한 탐욕을 없애야 하고 해탈해야 한다고 가르쳤다. 행복하고 행운을 얻은 사람을 보면 나도 그런 적이 있었다고 생각하고,

모든 일으킨 행을 싫어하여 해탈하라고 가르쳤다.

아주 짧은 기간에 존재로 태어나 아라한이 된다고 할지라도 부처님은 좋게 보지 않았다. 아무리 적은 양의 똥이라도 지독한 악취를 풍긴다. 이런 삶을 살아서 좋다고 생각하고 지속하기를 바라는 것이 중생이다. 하지만 부처님의 눈으로 보면 그런 삶은 악취를 풍기는 똥 같은 존재일 뿐이다. 《앙굿따라 니까야》〈막칼리 품〉(A1:18:13~17)에서 부처님은 손가락을 튕기는 짧은 시간만큼이라도 존재로 태어나는 것을 칭송하지 않는다고 분명히 말씀하였다. 우리가 태어나서 이렇게 살아간다는 것 자체가 부끄럽고 두려운 것임을 알라는 가르침이다.

《숫따니빠따》에서 부처님이 외아들인 라홀라에게 '다시는 세상에 오지 마라'고 말씀하신 이유도 여기에 있다. 라홀라는 7살에 출가하여 사미가 되었다. 승가의 일원이 되면 네 가지 필수품에 의지해 수행해야 하는데, 이것에 갈애를 가지면 다시 태어남을 받기 때문에 절대로 필수품에 갈애를 가지지 말라고 가르쳤다. 갈애를 없애서 윤회를 끊으라는 가르침이다.

업이란 무엇인가

업은 윤회와 매우 밀접한 관계가 있다. 과보라고도 하는 업이 윤회를 성립시키므로 부처님의 가르침에서 업은 굉장히 중요한데, 업이 무엇인지 정확하게 알기는 참으로 어렵다. 《앙굿따라 니까야》의 세 가지 법의 모음에 〈외도 경〉(A3:61)이 있다. 이 경에는 외도들이 주장하는 세 가지 견해에 대해 부처님이 논박하는 내용이 있는데, 여기에서 부처님이 업에 대해 어떻게 생각하는지 알 수 있다.

> "비구들이여, 어떤 사문, 바라문은 즐거운 느낌, 괴로운 느낌, 괴롭지도 즐겁지도 않은 느낌을 경험하는 것은 모두 전생의 행위에 기인한다고 주장한다.
> 어떤 사문, 바라문은 즐거운 느낌, 괴로운 느낌, 괴롭지도 즐겁지도 않은 느낌을 경험하는 것은 신이 창조했기 때문이라

고 주장한다.

어떤 사문, 바라문은 즐거운 느낌, 괴로운 느낌, 괴롭지도 즐겁지도 않은 느낌을 경험하는 것은 모두 원인도 없고 조건도 없다고 주장한다."

사람들이 느끼는 감정은 크게 세 가지이다. 즐거운 느낌, 괴로운 느낌, 괴롭지도 즐겁지도 않은 느낌이다. 이 느낌에 대해 외도들은 세 가지 견해를 내세우는데, 이를 요약하면 숙명론, 존우화작론, 무인무연론이라고 한다. 어찌 보면 현대인이 가진 견해도 이러한 세 가지 중하나에 속할 가능성이 높다. 세상의 모든 행복과 불행을 설명하는 종교 사상은 이 세 가지 안에 들어 있다고 해도 과언은 아닐 것이다. 그런데 부처님은 이런 견해를 가진 이들과 깊이 대화하고 철저히 질문하거나 그런 주장을 하는 스승들의 계보를 따라가 보면, 세 주장 모두 업이 없다는 결론에 도달한다고 하였다.

부처님은 이 세 가지 주장에 대해 6계, 6촉, 6처, 18가지 지속적 고찰, 그리고 4성제로서 논박한다.

"비구들이여, 내가 설한 법은 현명한 사문, 바라문들에게 논박당할 수 없고 오염될 수 없고 비난받지 않고 책망받지 않는다.

여섯 가지 계가 있다. 여섯 가지 접촉의 장소가 있다. 열여덟 가지 마음의 지속적인 고찰이 있다. 네 가지 성스러운 진리가 있다."

여섯 가지 계는 지계, 수계, 화계, 풍계, 공계, 식계이다. 여섯 가지 접촉의 장소는 눈, 귀, 코, 혀, 몸, 정신이다. 열여덟 가지 마음의 지속적인 고찰은 눈으로 대상을 볼 때 세 가지 지속적인 고찰이 있게 되는데 즐거움, 괴로움, 즐겁지도 괴롭지도 않은 고찰이다. 눈부터 정신까지 각각 세 가지의 지속적인 고찰이 있으므로 모두 열여덟 가지가 된다. 이것은 누구나 마음을 열고 보면 알 수 있는 것이고, 수긍할 수밖에 없다.

그다음으로 부처님은 4성제를 말씀하였다. 앞에 말씀한 세 종류는 우리가 어떤 상태에 있다는 것이고, 그것을 기반으로 4성제가 있다. 고성제는 우리가 처한 상황이 괴로움이란 진리이다. 이것에서 벗어나려면 괴로움이 왜 있는지 알아야 하는데, 바로 괴로움의 발생에 대한 진리가 집성제이다. 괴로움이 완전히 없어질 수 있다는 진리가 멸성제이고, 괴로움을 완전히 없애는 길이라는 진리가 도성제이다. 이 모든 것은 인과의 법칙에 입각해 있다. 이 경에서 부처님은 '이것이 업설이다'라고 말씀은 하지 않았지만, 세 종류의 외도가 모두 '업이 없다'고 한 주장을 반박했다는 것을 알 수 있다.

업설은 불교에서 매우 중요하다. 업은 산스크리트어로는 '까르마'이고, 빨리어로는 '깜마'이다. 행위, 행동이라는 의미이다. 어떤 사람이 저런 행위를 한다, 저렇게 행동한다고 할 때 '깜마'라는 말이 붙는다. 통상적인 의미의 업은 불교뿐 아니라 당시 인도에서는 널리 통용되었던 개념이다. 그러나 우리가 업설이라고 할 때는 어떤 행위가 있고, 그것이 결과를 가져온다는 것을 말한다. 그런데 여기서 업은 단순한 행위와 행동이 아니다. 의도적인 행위이다. 의도를 가지고 몸이

든 말이든 마음으로 하는 것이다. 의도가 없는 것은 업이 되지 않는다. 걸어가다가 무심코 팔을 흔들었다가 뒤에 오던 사람이 맞았다면, 그것은 업이 아니다. 길을 가다가 나도 모르게 작은 개미를 밟아 죽였다고 해도, 죽이려는 의도가 없었기 때문에 업이 되지 않는다.

몸이나 말로 한 것은 업이 되지만 마음으로 생각만 했는데 어떻게 업이 된다고 하는지 이해하지 못하는 사람들도 있다. 하지만 잘 생각해 보면, 몸으로 한 행동과 말은 모두 마음이 움직인 결과이다. 삼매를 닦는 수행을 하여 삼매를 얻고 지혜의 눈이 생겨 궁극적인 물질과 정신을 보게 되면, 말한다는 것은 말하고자 하는 마음이 있기 때문에 마음에서 생긴 물질이 말을 만든다는 것을 알 수 있다. 마음에서 만든 물질이 일으킨 현상이 말이고 행동이다. 말에도 의도가 들어 있고, 행동에도 의도가 들어 있다. 그리고 행동이나 말로 표현되지 않더라도 의도 자체가 정신인식과정의 속행을 통해 업이 될 수 있다.

부처님이 말씀하신 대로 세밀하게 업을 이해하기 위해서는 몇 가지가 필요하다. 하나는 정신이 어떤 것인지 알아야 한다. 정신이 대상을 접하면 일어나는 인식과정을 알아야 한다. 또 하나는 업을 일으키는 두 가지 의도를 알아야 한다. 해로운 의도는 불선업이 되어 좋지 않은 결과를 가져온다. 유익한 의도는 유익한 업이 되어 좋은 결과를 가져온다. 그러므로 무엇이 유익한 의도를 만들고 무엇이 해로운 의도를 만드는지를 알아야 한다. 결국 정신인식과정, 유익한 의도, 해로운 의도라는 세 가지를 잘 알아야 업에 대해서 알 수 있다.

의도는 정신 현상이다. 의도를 이해하기 위해서는 정신이 어떤 것인지 잘 알아야 한다. 일상적인 관찰로는 정신을 정확히 알기 어렵다. 우리는 덩어리로서 내 마음이 이렇다고 아는 정도에 머물러 있다. 실제로 구체적으로 법의 차원, 궁극적 실재의 차원에서 알지 못하는 것이다. 두 가지 길이 있다. 삼매를 닦아서 지혜의 눈이 열려 궁극적인 정신과 정신인식과정을 볼 수 있거나, 아니면 부처님과 가르침과 그 가르침에 따라 수행한 사람들에 대한 믿음을 가지고 그들이 경험한 내용을 그대로 사실이라고 믿으면 된다. 내가 보지 못했으니까 믿지 못하겠다는 마음만 없으면 된다.

이처럼 업을 이해하는 세 가지 중요한 것 중 하나가 정신인데, 정신에는 두 종류가 있다. 하나는 인식을 벗어난 정신이고, 다른 하나는 인식하는 정신이다.

죽자마자 곧바로 생기는 정신을 재생연결식이라고 한다. 재생연결의 정신이다. 우리가 눈, 귀, 코, 혀, 몸, 통상적인 정신을 가지고 대상을 접할 때 인식하는 정신이 일어나는 것처럼, 인식을 벗어난 정신도 언제나 대상이 있다. 대상에 가 있지 않은 정신은 없다. 재생연결식에도 대상이 있는데, 재생연결식이 일어났다 사라지면서 바왕가(bhavaṅga)라는 존재유지심이 일어난다. 바왕가는 인식을 벗어난 정신인데, 바왕가도 대상이 있다. 재생연결식과 바왕가의 대상은 같다.

그러다가 인식하는 정신이 일어난다. 인식하는 정신은 정신인식과정을 밟는다. 우리가 눈으로 무언가를 보아야겠다는 의도를 내면, 그래서 보는 대상에 주의가 기울여지면 안문전향이라는 정신이 일어난다. 안문전향은 전문 용어인데, 정신인식과정의 하나이다. 안문전향이 일어나서 사라지고 안식, 받아들임, 조사, 결정, 속행이 일어난다. 이때 속행이 일곱 번 일어나고, 속행 다음에 대상에 따라서 등록은 두 번 일어나기도 하고 일어나지 않기도 한다. 그 후 바왕가에 빠졌다가 보통의 경우 의문인식과정이 일어난다. 의문전행이 일어나고 속행이 일곱 번 일어난 후 등록이 두 번 일어날 수도 있고 일어나지 않을 수도 있다. 좀 복잡한 설명이지만, 이해가 안 되면 이런 과정이 있다는 것만 알아두어도 좋다.

눈과 마찬가지로 귀, 코, 혀, 몸에서 인식과정이 일어날 수 있다. 만약 어제 있었던 일을 생각하면 의문인식과정만 일어난다. 어제 있었던 일에 주의가 가면 의문전향이라는 정신과정이 일어나고, 그다음에 속행이 일곱 번 일어난다. 우리도 모르게 정신의 법칙에 따라 눈, 귀, 코, 혀, 몸, 통상적인 정신을 가지고 대상을 접할 때 정신인식과정이 일어나는데, 이 과정은 눈과 같은 감각기관이나 통상적인 정신으로는 볼 수 없기 때문에 이런 것들이 우리 속에서 일어나는 것을 알 수가 없다. 오로지 삼매을 통해 얻은 지혜의 눈을 통해 보고 알 수 있다. 정신인식과정이 일어날 때 각각의 정신은 마음과 마음부수로 이루어진다. 주된 마음이 있고, 마음의 기능을 하는 마음부수가 있다. 마음부수의 하나가 의도이다. 정신에는 의도가 있는데, 의도는 다른 모든 마음부수를 주도하는 역할을 하기 때문에 의도로 인해 업이 발생한다.

그런데 업은 속행과 관계가 있다. 속행에 있는 의도가 업을 일으키기 때문이다. 그리고 업은 항상 조건과 관계가 있다. 무수하게 씨앗이 뿌려지지만, 업이 조건을 만날 때 과보가 생긴다. 예를 들어 나에게 지금 유익한 마음이 일어나면 속행에 아름다운 마음부수들이 있다. 일곱 번의 속행에서 첫 번째 속행이 이번 생에 과보를 가져온다. 이번

생의 언젠가 조건을 만나면 과보가 생기는 것이다. 두 번째부터 여섯 번째 속행은 모두 다음 생부터 윤회가 끝날 때까지 조건을 만나면 과보를 가져온다. 7번째 속행은 다음 생에 과보를 가져온다.

그러면 어떤 것이 유익한 정신인식과정이 있게 하고, 어떤 것이 해로운 정신인식과정이 있게 할까? 지혜로운 주의로써 대상을 접하면 유익한 정신인식과정이 일어난다. 어리석은 주의로써 대상을 접하면 해로운 마음이 일어나면서 해로운 정신인식과정이 일어나 해로운 업을 짓게 된다. 유익한 마음이 일어나게 하는 지혜로운 주의는 탐진치 중에서 둘 이상이 없거나 정확하게 보는 것이다.

정확하게 본다는 것은 여섯 가지로 보는 것을 의미한다. 궁극적인 물질은 궁극적인 물질로 안다. 마음을 마음으로 안다. 마음부수는 마음부수로 본다. 궁극적인 물질과 마음과 마음부수를 무상, 고, 무아로 보고 깨끗하지 않다고 본다. 예를 들어 빵이나 케이크를 빵이나 케이크로 보면 어리석은 주의이다. 빵이나 케이크를 영양소라고 보면 지혜로운 주의이다. 정신은 마음과 마음부수로 이루어져 있고, 정신인식과정이 있다. 어떻게 보느냐에 따라서 해로운 의도나 유익한 의도가 일어난다고 항상 알고 있어야 한다.

부처님을 포함한 아라한들은 어떤 것을 하든지 과보를 일으키지 않는다. 과거에 지은 것은 받지만, 새로 업이 되는 것은 없다. 업이 되려면 무명과 갈애가 있어야 하는데, 아라한에게는 무명과 갈애가 없기 때문이다. 부처님이나 아라한들의 의도는 작용만 하는 마음이다. 그러나 아라한이 되면 다음 생에 결과를 가져올 수 있는 업은 없지만, 과거에 만든 업의 결과는 부처님이라도 받아야 한다. 그러므로 완전한 열반인 무여열반, 즉 죽고 난 뒤에 윤회가 없을 때 완전히 과보에서 벗어나게 된다.

업이 어떻게 작용하는가는 법칙에 따라 일어난다고 보면 된다. 주석서에는 우리가 손가락을 한 번 튕기는 동안 1조 번의 정신이 일어난다고 한다. 각각의 정신이 1조 번이다. 그러면 업을 만드는 속행도 최소한 천억 번 일어난다고 보아야 한다. 주석서의 내용을 확인했을 때, 나는 이 숫자를 그대로 믿을 수 없었고 이에 대한 책을 쓸 때는 속행이 수없이 많이 일어난다고만 서술할 수밖에 없었다. 우연한 기회에 과학 유튜브를 보았는데, 미국의 인공지능 전문가인 교수가 우리 뇌는 1초에 100조 번의 연산을 하고, 일본의 슈퍼컴퓨터는 1초에 41경 번의 연산을 한다고도 했다. 조 다음의 숫자 단위가 경이다. 이에 비하면 1조 번이라는 것은 아무것도 아니다. 1초에 1조 번의 정신도 가능하겠다고 생각했다. 이런 사실을 알고 난 뒤부터는 책을 쓸 때 '정신이 1초에 1조 번 일어난다'고 서술한다.

《맛지마 니까야》〈톱의 비유 경〉(M21)을 오래전에 처음 읽었을 때 굉장히 놀란 기억이 있다. 부처님은 "양쪽에 손잡이가 있는 톱으로 몸을 갈기갈기 썰더라도 화내지 말라"고 하였다. 그때까지만 해도 윤회가 있는가 보다, 화를 내면 윤회에 좋지 않구나 하고 단순하게 생각하고 넘어갔다. 그런데 수행과 공부를 해 보니, 부처님께서 왜 그런 말씀을 하였는지 이해가 되었다. 1초만 화를 내도 업과 관계되는 속행에서 최소한 천억 개의 과보의 씨앗들이 생기기 때문이었다. 그때부터는 되도록 해로운 마음이 일어나지 않도록 노력하게 되었다.

부처님은 《앙굿따라 니까야》〈네 가지 생각할 수 없음 경〉(A4:77)

에서 생각할 수 없는 네 가지가 있는데 그것을 생각하면 곤혹스럽거나 미치게 된다고 말씀하였다. 그중 하나가 업이다. 업은 서로 연결되어 있기 때문에 업의 과보는 그만큼 복잡하고 어려울 수밖에 없다. 그렇지만 삼매를 닦아 지혜의 눈이 생기고, 12연기를 수행하여 과거 생에 한 것이 현생에 업을 일으키는 것을 보게 되면 업에 대해 조금은 이해할 수 있다. 나는 수행하면서 내가 가진 괴로움이 왜 생겼을까 하고 보니, 지금 이 괴로움이 과거 생에 어떤 행위에 대한 과보라는 것을 보게 되었다. 또 과거 업이 지금 현생의 정신과 물질을 만들어내는 것을 볼 수 있었다. 경전이나 주석서, 복주서를 공부해도 가능하다. 그러므로 업을 이해하는 길이 전혀 없는 것은 아니다.

만약 이렇게 했는데도 이해가 되지 않는다면, '부처님이 이렇게 말하였으므로 수행하면 이런 것들을 볼 수 있다'고 믿고 살면 된다. 주석서에는 업에 대해서 기상천외한 내용이 굉장히 많이 나온다. 과연 이런 것들이 사실일까 하는 생각이 드는데, 그럴 때는 '이런 경우도 있구나. 잘 모르겠지만, 공부를 더 열심히 하자'는 자세가 필요하다.

불교에서 말하는 범부를 업의 측면에서 살펴보면, 둘로 구분할 수 있다. 하나는 성자가 되기 위해 노력하는 범부이다. 다른 하나는 법이 무엇인지 모르거나 혹은 알았다 하더라도 자기와 무관하게 사는 범부이다. 우리는 최소한 노력하는 범부가 되어야 한다. 성자인 아라한은 다음 생을 생기게 하는 업이 없지만, 범부들은 업을 지으며 살아간다. 내가 어떤 범부인지 잘 알아야 범부에서 벗어날 수 있다.

나는 미얀마 파욱 센터에서 수행하면서 업에 대해 바르게 알고 경험할 기회가 있었다. 5세기에 쓰여진 《청정도론》에는 어떻게 삼매와 선정을 닦아야 하는지, 어떻게 궁극적 정신과 물질을 보아야 하는지, 어떻게 신통을 얻는지, 어떻게 연기를 수행하는지가 모두 정리되어 있다. 하지만 언제부터인가 부처님의 가르침과 수행의 전통이 많이 소실되어 실제 수행을 하여 경험하기가 어렵게 되었다.

파욱 사야도는 미얀마에서 태어나 열 살에 사미가 되었고, 스무 살에 비구가 되었다. 다음 해에 불교의 박사학위인 담마짜리야를 받았다. 빨리어 공부를 많이 하였고, 미얀마에서 수행을 배웠다. 하지만 삼매와 선정을 토대로 부처님의 말씀을 경험하는 데 한계를 느꼈다. 그 후 경율론 삼장과 주석서 그리고 복주서를 보면서 스스로 엄청난 노력을 하고, 숲속에 들어가서 수행 전통을 거의 복원하였다. 그리고 수백 명의 제자들도 그가 복원한 수행을 경험하였다.

불교 역사에서 중요한 역할을 한 파욱 사야도의 저서 중에《업의 작용(The workings of kamma)》이 있다. 삼장, 주석서, 복주서를 읽고 경험한 것을 바탕으로 업에 대해 정리한 책이다. 미얀마 파욱 센터에서 수행한 정명 스님이《업과 윤회의 법칙》이라고 번역하여 우리나라에 소개하였다. 나는 이 책을 읽고 업을 이해하는 데 많은 도움을 받았다. 과연 업이란 무엇인지, 업에는 어떤 종류가 있는지, 어떤 원리로 업이 작용하는지, 어떻게 업을 멈출 수 있는지에 대해 내가 공부하면서 알게 된 것, 수행하면서 경험한 것은 물론이고 필요한 경우《업의 작용》의 내용을 소개하려 한다.

업과 윤회의 법칙 1 :
범부와 성자

불교에서 말하는 범부와 성자는 업의 측면으로 이해할 수 있다. 범부는 업을 계속 지으며 사는 존재이다. 네 부류의 성자 중에서 예류자, 일래자, 불환자도 업을 짓지만 예류자와 일래자는 4악처에 태어나게 할 업은 짓지 않고 불환자는 색계 4선천인 정거천에 태어나게 할 업만 남는다. 성자 중에서 가장 높은 지위인 아라한은 다음 생을 생기게 하는 업을 짓지 않는다.

부처님은 범부를 쇠사슬에 묶여 있는 개로 보았다. 묵직한 기둥이 깊이 박혀 있고, 그 기둥에 매인 튼튼한 쇠사슬에 묶여 있다면 개는 기둥에서 벗어나지 못한다. 법을 모르고 수행도 하지 않는 범부, 법을 들었다 해도 자기 것으로 만들지 못하는 범부, 경전을 공부하지 않는 범부의 모습이 그와 같다. 부처님의 가르침을 한마디로 요약하면 4성제이고, 범부는 4성제를 모르는 사람이다. 성제(聖諦)는 성스러운

진리로서, 4성제는 네 가지 성제로서 고성제, 집성제, 멸성제, 도성제
이다.

첫째, 범부는 괴로움에 대한 진리인 고성제를 모른다. 괴로움은
보통 여덟 가지로 압축된다. 태어나는 것도 괴로움이고, 늙는 것도 괴
로움이며, 병드는 것도 괴로움이고, 죽는 것도 괴로움이다. 싫어하는
것과 만나는 것도 괴로움이고, 좋아하는 것과 헤어지는 것도 괴로움
이며, 원하는 것을 얻지 못하는 것도 괴로움이다. 요약하면 5취온, 즉
우리 존재가 괴로움이다. 고성제의 본질은 '내가 어떤 존재인지 모르
는 것'이다. 나라고 생각하는 5온 중에서 몸은 지수화풍 4대(四大)로
구성되는데 그 4대를 모른다. 나는 눈, 귀, 코, 혀, 몸, 정신이라는 여섯
가지 감각적인 토대도 잘 구분하지 못한다. 내가 어떤 상태인지 잘 모
르기 때문에 여러 가지 괴로움을 겪는다. 이것이 고성제를 모른다는
의미이다.

둘째, 범부는 괴로움의 원인인 집성제를 모른다. 지금 어떤 일이
생겼다고 하자. 그 일이 일어난 것은 원인이 있었기 때문이다. 범부는
그 원인을 모른다. 지금의 불행이 왜 생겨났는지 모르고, 어떻게 태어
났는지를 모르고, 죽으면 어떻게 되는지도 모른다. 이것이 집성제를
모른다는 의미이다.

셋째, 범부는 괴로움이 완전히 없어진 상태인 멸성제를 모른다.
열반을 대상으로 도과를 얻는 것이 멸성제이다.

넷째, 범부는 멸성제에 도달하는 길인 도성제를 모른다.《디가 니
까야》〈대념처경〉(D22)에서 부처님이 비구들에게 말씀한 4념처는 도
성제라고 볼 수 있다. 부처님은 4념처를 '유일한 길'이라 하였고, 올바른

방법을 깨닫게 하는 길이라고도 하였다. '올바른 방법'이 도성제이다.

> "이것은 유일한 길이다. 중생의 슬픔과 비탄을 없애고 육체
> 적, 정신적 고통을 사라지게 하고 중생을 정화하고 올바른
> 방법을 깨닫게 하고 열반을 실현하기 위한 길이다."

세상 사람들은 대부분 범부이다. 세속의 삶을 좋아하고 성스러운 법을 싫어한다. 열등한 법에 따라 살아가는 사람이 범부이고, 계를 지키지 않는 사람이 범부이다. 범부는 번뇌가 많다. 탐욕, 성냄, 무지, 자만, 사견, 수치심 없음과 같은 많은 번뇌를 계속 만들어낸다. 범부는 자기 자신에 대해 잘 모르는 사람이다. 내가 지금 어떤 삶을 살고 있는지를 잘 보아야 하지만, 그렇지 않은 사람이 대부분이다. 이렇듯 많은 사람들이 범부에 속한다.

그렇다면 자기 자신에 대해서 잘 모른다는 것은 무엇을 말하는 것일까. 이제부터 조금 높은 수준의 이야기를 하려고 한다. 범부는 물질인 몸을 자기 자아로 알고, 몸이 자아를 가졌다고 안다. 몸 안에 자아가 있고, 자아 안에 몸이 있다고 안다. 범부는 이렇듯 몸에 대해 잘못된 견해를 가진다. 이것을 유신견이라 한다.

범부는 눈, 귀, 코, 혀, 몸으로 감각적 쾌락을 즐긴다. 이러한 감각적 욕망을 비롯해 악의, 나태와 혼침, 들뜸과 후회가 있다. 이와 더불어 범부는 바른 법에 대한 의심이 있다. 불법승 삼보에 대한 의심, 전생이 있다는 것에 대한 의심, 미래생이 있다는 것에 대한 의심을 가진다. 또한 범부는 몸, 말, 마음으로 많은 업을 짓는다. 그래서 범부는 끊

임없이 육도를 윤회한다.

범부는 형이상학적인 것을 좋아한다. 법이 아닌 것을 찾아다닌다. 다시 말하면, 불교가 아닌 다른 것을 찾아다니면 범부이다. 범부는 성스러운 분인 부처님, 벽지불, 성자의 경지에 이른 부처님의 제자들을 친견하지 못한다. 그래서 경전에서는 범부를 이렇게 설명한다. "성스러운 분을 친견하지 못하고, 친견하지 못하기 때문에 배우지 못하고, 배운 법을 수행하지 못한다."

스스로 범부인지 아닌지 확인할 수 있는 다섯 가지 기준이 있다.

첫째, 범부는 계로써 자기를 단속하지 않는다. 재가자라면 5계, 8계, 10계를 지키려고 노력하는데, 이러한 계로써 단속하지 않으면 범부이다.

둘째, 범부는 마음챙김으로써 자기를 단속하지 않는다. 현재에 집중해서 내게 일어나는 것을 보고, 만약 선하지 않은 것이라면 그것이 일어나지 않도록 중단해야 한다. 하지만 범부는 마음챙김을 통해서 눈, 귀, 코, 혀, 몸, 마음을 단속하지 못한다.

셋째, 범부는 지혜로써 자기를 단속하지 않는다. 범부는 지혜가 없다. 궁극적인 물질, 정신을 보지 못한다. 무상, 고, 무아도 모른다. 성자의 지혜가 없고, 4성제도 모른다. 그러므로 범부는 이러한 지혜로써 자기를 단속하지 못한다.

넷째, 범부는 인욕으로써 자기를 단속하지 않는다. 인욕이란 참는 것이다. 추위, 더위, 배고픔 등 괴로움이 생기는 원인을 알려고 하기보다 그 자체를 참지 못한다. 숲에는 곤충이나 벌레가 있는 게 당연한 일임에도 징그럽다며 혐오한다. 험한 말을 내뱉고, 힘들고 견디지 못하겠다며 성내고 해로운 생각과 행위를 한다. 인욕으로써 단속하지 못하는 범부의 모습이다.

다섯째, 범부는 정진으로써 자기를 단속하지 못한다. 정진이란 이미 일어난 불선법은 없애고, 아직 일어나지 않은 불선법은 일어나지 않도록 노력하며, 이미 일어난 선법은 계속 늘어나게 하고, 아직 일어나지 않은 선법은 생기도록 하는 것이다. 즉 범부는 정진하지 못한다.

범부의 가장 두드러진 특징은 유신견이다. 5온을 나라고 생각하여 내가 있다고 믿는다. 5온은 색(물질), 수(느낌), 상(인식), 행(행위), 식(마음)의 다섯 가지이다. 색은 물질인데, 범부는 물질로 된 몸을 나라고 생각한다. 느낌, 인식, 행위, 마음의 네 가지는 모두 정신이다. 이 다섯 가지 각각에 대해 범부는 이렇게 생각한다.

"색(몸)이 나이다. 색은 나의 것이다. 내 안에 색이 있다. 색 안에 내가 있다."

"느낌이 나이다. 느낌은 나의 것이다. 내 안에 느낌이 있다. 느낌 안에 내가 있다."

"인식이 나이다. 인식은 나의 것이다. 내 안에 인식이 있다. 인식 안에 내가 있다."

"행이 나이다. 행은 나의 것이다. 내 안에 행이 있다. 행 안에 내가 있다."

"마음이 나이다. 마음은 나의 것이다. 내 안에 마음이 있다. 마음 안에 내가 있다."

범부는 몸, 느낌, 인식, 행위, 마음이 나라고 생각한다. 또는 자아가 있어서 몸, 느낌, 인식, 행위, 마음을 가진 것이 나라고 생각한다. 자아 안에 몸, 느낌, 인식, 행위, 마음이 있다고 본다. 자아는 몸, 느낌, 인식, 행위, 마음 안에 있다고 생각하기도 한다. 이처럼 다섯 가지 각각에 대해 이것이 나이고, 나의 것이고, 그 안에 내가 있고, 내 안에 이것이 있다고 생각하는 것이 스무 가지 유신견이다.

유신견을 가진 범부는 언제나 무명과 갈애가 함께한다. 무명과 갈애가 업을 만든다. 그러므로 범부는 유신견, 무명, 갈애를 마치 잘 포장된 세트처럼 가지고 다닌다. 이 한 묶음의 세트는 지혜의 눈을 가리기 때문에 범부는 궁극적 물질과 궁극적 정신을 바로 보지 못한다. 올바로 보지 못하기 때문에 자만심이 생기고 무상, 고, 무아를 볼 수도 없다. 그러므로 내가 언제나 있다고 생각하는 것이다.

그런데 어떤 사람은 '죽으면 끝'이라고 생각한다. 사람이 죽고 나면 어떻게 되는지 보이지 않고, 통상적인 감각기관이나 의식으로 감지되지 않으므로 아무것도 없다고 결론을 짓는다. 그래서 죽은 뒤에는 아무것도 없다는 단견을 가지게 된다. 단견을 극복하는 길은 수행이다. 수행하면, 사람이 죽고 나서는 궁극적 물질과 정신이 사라지고 업으로 인한 물질과 정신이 생기는 것을 본다. '죽으면 끝이 아니구나. 업에 따라서 계속되는구나'라고 알게 되면 단견이 사라진다.

반대로 어떤 사람은 '자아는 영원하다'고 생각한다. 유신견에 의해서 정신이나 물질 속에 자아가 있다고 보기 때문이다. 나의 자아가 내 정신이나 물질을 가지고 있으므로, 물질은 없어져도 자아는 계속된다고 믿는다. 이것을 상견이라 한다.

단견이든 상견이든 이런 견해들은 자아를 잘못 판단한 결과이

정신과 의사가 들려주는 불교 사용 설명서

다. 유신견을 가진 사람은 성스러운 도를 얻을 수 없다. 네 가지 성스러운 도에서 첫 번째인 예류도를 얻으면 자아에 대한 잘못된 견해인 유신견이 떨어져 나가고 몸과 마음에는 자아가 없다는 것을 정확하게 보게 된다.

그러나 유신견, 무명, 갈애, 그리고 자만이 있는 범부들은 계속 몸과 말과 마음으로 업을 짓는다. 유익한 업이라면 즐거운 과보를 받고, 해로운 업이라면 괴로운 과보를 받는다. 이로 인해 계속 윤회하는 것이다. 이 바탕에 유신견, 무명, 갈애, 자만이 있다. 업은 매우 미세하게 일어나기 때문에 업을 제대로 이해하려면 정신이 무엇인지 잘 알아야 한다. 정신은 마음과 마음부수로 이루어져 있는데, 마음부수에 있는 유익한 의도나 해로운 의도에 따라서 업이 일어난다.

선정에 들지 않은 일상에서는 어떤 것에 주의를 기울이면 의문전향이라는 정신이 생기고, 그다음에 일곱 번의 속행이 일어난다. 지혜롭게 주의를 기울이면 유익한 마음이 일어나고, 어리석게 주의를 기울이면 해로운 마음이 일어난다. 1초에 1조 번의 정신이 일어나고, 일곱 번의 속행은 최소한 천억 번이 일어난다고 한다. 범부가 이 짧은 순간에 유익한 마음과 해로운 마음이 어떻게 일어나는지 알아차리기는 매우 어렵다. 그러므로 더욱더 미세하게 일어나는 업에 주의를 기울여야 한다.

그러면 범부가 아닌 성자는 어떤 분들일까. 니까야에는 '성스러운'이라는 말이 자주 나온다. 이 말이 붙으면 성자들을 생각하면 된다. 성스러운 제자는 여덟 부류가 있다. 경전에는 4쌍8배(四雙八輩)라고 한다. 4쌍은 예류자, 일래자, 불환자, 아라한이다. 8배는 예류도, 예류과, 일래도, 일래과, 불환도, 불환과, 아라한도, 아라한과이다. 4쌍에 대하여 도와 과를 분리해 나눈 것이 8배라고 생각하면 된다.

예류도란 예류도를 얻은 자, 예류과를 실현할 수 있는 도에 들어선 분이다. 예류과는 예류과를 성취한 예류자이다. 일래도는 일래도를 얻은 분이고, 일래과는 일래과를 증득한 일래자이다. 불환도는 불환도에 들어선 분이고, 불환과는 불환과를 증득한 불환자이다. 아라한도는 아라한도에 들어선 분이고, 아라한은 아라한과를 증득한 분이다. 그러면 예류자, 일래자, 불환자, 아라한은 어떤 경지일까.

첫 번째 경지인 예류자는 빨리어로 소따빤나(sotāpanna)라고 하며, 이를 소리 나는 대로 음역하면 수다원(須陀洹)이다. 예류란 '흐름에 들었다'는 의미이다. 완전한 깨달음으로 갈 수 있는 흐름에 들어섰다는 것이다. 첫 번째 도의 지혜인 예류도의 지혜가 있게 되면 윤회를 벗어나지 못하게 만드는 열 가지 족쇄 중에서 세 가지가 완전히 사라진다. 그 세 가지 족쇄는 유신견, 계금취, 의심이다.

의심의 족쇄가 파괴된 예류자는 불법승 삼보에 대해 흔들리지 않는 믿음이 있다. 그리고 계정혜 3학에 대한 믿음, 연기에 대한 믿음, 과거와 미래와 현재의 생에 대해 흔들리지 않는 믿음이 있다. 다시 말해서 업의 작용에 대한 잘못된 견해를 다시는 가질 수 없다.

예류자가 되면 성스러운 8정도가 일어난다. 바른말, 바른 행위, 바른 생계가 일어나서 살생, 도둑질, 잘못된 성행위, 잘못된 생계를 절대로 하지 않고 거짓말을 하지 않는다. 네 종류의 악처에 태어나는 탐욕과 성냄이 파괴된다. 네 종류의 악처에 태어날 수 있는 해로운 업을 짓지 않으며, 죽을 때는 악처에 태어날 수 있는 업들이 모두 차단된다.

그러나 예류는 수행의 끝이 아니다. 여전히 유학이다. 부처님은 금생에 아라한이 되기 위해 노력해야 한다고 말씀하였다. 예류자가 해야 할 일은 항상 5온이 무상하고 고이고 자아가 아니고 깨끗하지 않다고 알고 수행하는 일이다. 그러면 더 나은 경지로 나아가게 된다. 다음 단계로 넘어가는 정도는 수행자의 정진과 바라밀에 달려 있다. 과거에 닦은 바라밀과 지금 하는 노력에 따라서 다음 단계로 어느 만큼 빨리 가느냐가 달려 있다.

두 번째 경지인 일래자는 빨리어로는 사까다가미(sakadāgāmi)라고 하며, 한자로는 음사하여 사다함(斯多含)이라고 한다. 사까다(sakada)는 '한 번'이라는 뜻이고, 아가미(āgāmi)는 '온다'라는 뜻이다. 도 인식과정에서 일래도가 일어났을 때, 일래도의 지혜는 오염들을 파괴하지는 않는다. 그 대신 감각적 욕망과 성냄의 족쇄가 약화된다. 일래자는 한 번만 생존한다. 일래자가 되면 다음 생에 사람으로 태어나든지 천신이나 범천으로 태어나서 확실하게 아라한이 된다.

일래자가 다음 단계로 넘어가는 것은 수행자의 정진과 바라밀에 달려 있다. 상카라(행)들이 무상하고 영원하지 않으며 행복이 아니고 고이며 자아가 아니고 깨끗함이 없고 아름다움이 없다고 명상하면 바라밀이나 수행의 깊이에 따라서 세 번째 도의 지혜로 나아가게 된다.

세 번째 경지인 불환자는 빨리어로 아나가미(anāgāmi)라고 하며, 한자로는 아나함(阿那含)이라고 한다. 불환도의 지혜가 있으면 다섯 가지 족쇄가 완전히 없어진다. 예류자 경지에서 없어진 유신견, 계금취, 의심은 물론이고 감각적 욕망과 성냄이 없어진다. 불환자가 된 수행자는 더 이상 어떠한 화도 내지 않는다. 감각적 욕망인 성적인 것도 추구하지 않고, 욕계에 태어나는 업은 모두 소멸되고 차단된다.

불환자는 정거천이라는 범천에 태어난다. 정거천은 색계 제4선천이다. 정거천에 태어나서 노력하여 아라한이 된다. 얼마나 빨리 아라한이 되느냐는 수행자의 정진과 바라밀에 달려 있다. 상카라(행)들이 무상하고 고이고 자아가 아니고 깨끗하지 않고 아름답지 않다고 명상하여 아라한이 된다.

네 번째 경지인 아라한은 앞의 세 단계에서 이미 파괴한 다섯 가지 족쇄 외에 나머지 다섯 가지 족쇄를 모두 파괴한다. 색계 존재에 대한 탐욕, 무색계 존재에 대한 탐욕, 자만, 들뜸, 무명이다. 윤회를 벗어나지 못하게 방해하는 열 가지 족쇄를 모두 파괴한 것이다. 아라한이 되면 실없는 말이나 탐욕스러운 마음을 전혀 가질 수 없다. 아라한에게는 탐진치가 완전히 파괴되고, 무명과 갈애가 완전히 파괴되어 다음 생이 있을 수가 없다. 아라한의 의도는 새롭게 업을 만들지 않고 단지 작용만 한다. 아라한도의 지혜가 있으면 죽을 때 다시 중생으로 태어날 수 있는 업들은 모두 끊어지고 차단된다. 업이 멈추는 것이다.

아라한은 무학(無學)이라 한다. 더 닦을 게 없다는 뜻인데, 여기에는 굉장히 능숙하다는 의미도 있다. 아라한은 계정혜 3학에 아주 능숙하다. 완성했다는 것이다. 계정혜 3학이 완성되면 마음이 오염으로부터 청정해진다. 이것이 바로 부처님의 가르침이다.

모든 악은 짓지 말고,
모든 선업은 짓고,
마음을 청정하게 하라.

이것이 모든 부처님의 가르침이다.

'악을 짓지 말라'는 말은 계를 지키라는 가르침이다. 계는 유익한 법이고, 계를 지키면 악을 행할 수 없다. '마음을 청정하게 하라'는 말은 삼매를 닦는 사마타와 지혜를 닦는 위빠사나를 통해서 마음을 청정하게 하라는 가르침이다. 우리가 괴로움으로부터 벗어나려면, 수많은 생 동안 계를 지키고 사마타와 위빠사나를 닦는 세 가지 유익한 업을 지어야 한다. 그러면 네 가지 도의 지혜에 이르게 되고, 단계적으로 청정해진다. 유익한 업을 계속 짓다 보면, 나중에는 업을 일으키지 않는 경지로 나아가는 것이다.

네 가지 도의 지혜는 유익한 업 중에서 가장 강력하다. 태어나면 어떤 형태로든 괴로움이 기다리고 있다. 아라한은 다시 태어날 수 있는 해롭거나 유익한 업들을 모두 파괴한다. 수행자의 마음이 아라한도의 지혜에 의해서 청정해지면, 아라한도를 얻은 수행자가 하는 행위에는 업력이 없고 단지 작용한다. 수많은 생을 살면서 수많은 유익한 업을 계속 지으면, 유익한 업에 의해서 나중에는 업이 파괴된다. 유익한 업의 작용에 의해서 결국은 업이 멈추게 된다. 이로써 수행자는 해야 할 일을 마치게 된다.

아라한은 '5온은 나의 것이 아니다, 내가 아니다, 나의 자아가 아니다'라고 보고, 5온을 더 이상 좋아하지 않는다. 강하게 싫어하는 염오가 일어나고, 염오하면 탐욕이 빛바래고, 탐욕이 빛바래면 해탈한다. 그리고 해탈했다는 지혜가 생긴다.

"태어남은 다했다. 성스러운 삶을 살았다. 해야 할 일을 마쳤다. 다시는 태어남이 없다."

이것이 해탈지견이다. '탐욕이 빛바랬다'는 것은 도의 지혜이다. '해탈했다'는 과의 지혜이며, '내가 해탈했다'는 반조의 지혜이다.

파욱 사야도는 우리에게 아라한이 되라고 한다. 이것은 오로지 온전하게 깨치신 부처님의 가르침 안에서만 발견된다고 한다. 부처님이 네 가지 성스러운 진리를 가르치신 목적이다. 네 가지 성스러운 진리를 완전하게 꿰뚫어야만 일시적인 마음의 자유가 아니라 영원한 마음의 자유를 얻을 수 있기 때문이다. 온전하게 깨달은 부처님은 사람들이 법을 배워서 그들 스스로 도와 과를 얻도록 한다. 이것이 부처님을 포함한 모든 아라한이 완전한 열반을 이루기까지 해야 할 일이다.

업과 윤회의 법칙 2 :
업의 종류

의도가 없이 지은 것은 업이 되지 않는다. 내가 몸, 말, 마음으로 무언가를 했을 때, 만약 의도가 있었다면 업이 된다. 길을 가다 나도 모르게 작은 개미를 밟았고, 그 개미가 죽었다면 죽일 의도가 없었으므로 이는 업이 되지 않는다. 업이 되는 의도에는 두 가지가 있다. 유익한 의도와 해로운 의도이다.

업은 크게 세 범주로 나눌 수 있다. 첫 번째는 업의 과보를 받는 시기, 두 번째는 과보를 받는 순서, 세 번째는 업의 기능이다. 이 세 범주에는 각각 네 가지 경우가 있다. 첫 번째 범주에는 지금 생에 받는 경우, 다음 생에 받는 경우, 다다음 생부터 윤회가 끝나는 사이에 받는 경우, 업을 지었지만 소멸하는 경우의 네 가지가 있다. 두 번째 범주는 무거운 업, 습관적으로 짓는 업, 죽음이 임박해서 짓는 업, 이 세 경우가 아닌 다른 업이라는 네 가지 기준이 있다. 세 번째 범주는 무언가를 만드는 업, 직접 만들지는 못하지만 도와주는 업, 방해하는 업, 차단업으로 나눈다. 차단업은 파괴업이라고도 하는데 업이 만든 것을 없애거나(파괴업) 생기려는 것을 차단하는(차단업) 기능이다.

먼저 첫 번째 범주인 업을 받는 순서에 대해 알아보자.

첫째, 이 생에 과보를 받는 업이다. 업을 짓고 난 뒤 이 생을 마감하기 전에 과보를 받는다. 만약 눈으로 무언가를 보고서 어떤 의도를 가지고 주의를 기울이면 안문전향이 일어난다. 그다음에 안식, 받아들임, 조사, 결정, 일곱 번의 속행이 일어나고 조금 뒤에 의문전향과 일곱 번의 속행이 일어난다. 일곱 번의 속행 중에서 첫 번째 속행에 있는 의도가 이번 생에 과보를 받게 한다. 만약 첫 번째 속행에 있는 의도가 이 생이 끝나는 동안에 과보를 받지 못하면, 이 업은 다음 생에 과보를 가져오지 못하기 때문에 소멸하는 업이 된다. 이를 소멸업이라 한다.

업이 과보를 가져오려면 두 가지가 충족되어야 한다. 방해업이 없어야 하고 과보가 일어날 수 있는 조건이 있어야 한다. 과보를 받는 순간에 그 업보다 강한 업이 있다면 그 업은 강한 업 때문에 과보를 가져오지 못한다. 그런데 일곱 번의 속행 중에서 첫 번째 속행은 힘이 가장 약하다. 뒤의 속행은 앞의 것들이 강화시켜 주지만 첫 번째는 그렇지 못하기 때문이다. 그래서 이 생에서 어떤 조건을 만나야 과보를 가져올 수 있지만, 다음 생까지 갈 수 있는 힘이 없다. 첫 번째 속행은 이 생에만 과보를 가져올 뿐이다.

이 생에 효과를 내는 업 중에는 유익한 업이 있고 해로운 업이 있다. 《맛지마 니까야》 〈앙굴리마라 경〉(M86)에는 수백 명을 살해하고도 업의 과보를 받지 않은 앙굴리마라의 이야기가 있다. 좋은 가문에서 태어나 지혜가 있고 맡은 일도 잘하여 흠잡을 데가 없는 젊은이였는데, 스승이 총애하자 다른 사람들에게 모함을 받아 스승에게 파멸로 이르는 명령을 받았다. '천 명을 죽여서 오른쪽 손가락을 환으로 만들어 가져오라'는 스승의 말을 거역하지 못하고 그때부터 사람을 죽이기 시작했다. 온 나라에 나쁜 소문이 나고 사람들이 공포에 빠지자, 부처님이 탁발을 끝낸 후 앙굴리마라가 있는 언덕으로 올라갔다. "멈춰라"라는 부처님의 교화를 듣고 정신을 차린 후 제자가 되었다.

하지만 사람들은 부처님에게 귀의하고 사문이 된 앙굴리마라가 탁발을 가면 돌이나 깨진 그릇 등을 던지며 공격하였다. 하루는 피투성이가 되어 돌아오자 부처님은 "참아라"라고 하였다. 이 생에서 수년 동안 살인하여 지은 업의 과보, 과거 생에 수백 년 수천 년 동안 남을 괴롭혀 온 업의 과보를 받는 것이기 때문이다. 앙굴리마라는 인욕하며 사마타, 위빠사나 수행을 하여 아라한이 되었다. 아라한이 되면 다음 생에 과보가 없기 때문에 과거에 지은 업이 소멸한다.

둘째, 다음 생에 과보를 받는 업이다. 일곱 번의 속행에서 마지막 일곱 번째에 있는 유익하거나 해로운 의도가 다음 생에 과보를 받는 경우이다. 의도는 마음부수에서 가장 중심이 되는 힘이다. 의도를 가지고 무언가를 할 때 일곱 번의 속행을 하여 목표를 완수한다고 보면 된다. 예를 들어 계를 지키겠다, 보시하겠다, 명상하겠다는 의도를 내면 일곱 번의 속행을 통해서 그것을 하겠다는 의도의 목표가 달성된다. 앞의 여섯 번의 속행들이 반복적으로 의도를 강화하기 때문에 일곱 번째 속행은 아주 강력한 속행이 되어 다음 생에 과보를 만든다.

이 경우에도 방해업이 없어야 하고, 올바른 조건이 충족되어야 한다.

1초에도 일곱 개의 속행이 거의 천억 번 일어나므로, 일곱 번째 속행은 무수히 많이 일어난다. 만약 하나의 일곱 번째 속행으로 지옥에 떨어졌다면, 그 하나가 아닌 무수히 많은 일곱 번째 속행들이 지옥에 떨어진 중생들의 5온을 지원한다. 그리고 하나의 일곱 번째 속행이 지옥에 떨어지는 과보를 만들어낸 뒤, 그 생이 끝나면 나머지 무수히 많은 일곱 번째 속행들은 소멸된다. 만약 이 생에 예류도를 얻으면 다음 생에 악처에 태어날 수 없다. 다음 생에 악처에 태어날 수 있는 그 업이 그 생이 끝날 때 소멸되었기 때문이다.

부처님을 죽이려는 나쁜 의도를 가지고 승가를 분열시킨 데와닷따는 다음 생에 무조건 지옥에 떨어지게 된다. 부처님이라도 과거 생에 지은 업이 이 생에서 과보를 만들 수 있는 조건이 되면 그 업의 과보를 피할 수 없다. 경에 보면 "사리뿟따여, 그대가 비구들에게 법문을 들려주어라. 나는 등이 아프구나. 그래서 좀 쉬어야겠다"는 대목이 여러 번 나온다. 과거 생에 지은 업이 등이 아픈 조건이 되었기 때문에 그 과보가 나타난 것이다.

셋째, 다다음 생부터 윤회가 끝나는 때까지의 사이에 받는 업이다. 과보를 만드는 기한이 정해져 있지 않은 업이지만, 윤회를 끝내기 전 언젠가는 과보를 받는다. 이 업은 일곱 번의 속행 중 두 번째부터 여섯 번째까지의 속행들이 관련이 있다.

넷째, 소멸하여 과보를 받을 수 없는 업이다. 이 업은 과보를 받는 시기가 없다.

업의 두 번째 범주는 업의 과보를 받는 순서이다.

첫째, 무거운 업이다. 해로운 업이든 유익한 업이든, 무거운 업이 하나만 있더라도 바로 다음 생에 과보를 받는다. 무거운 업의 과보는 피할 수 없다. 만약 무거운 업을 많이 지었다면, 그중에서도 가장 무거운 업이 다음 생에 과보를 만든다.

해로운 무거운 업에는 여섯 가지가 있다. 어머니를 죽인 것, 아버지를 죽인 것, 아라한을 죽인 것, 나쁜 의도를 가지고 여래 부처님에게 피를 흘리게 하는 것, 승가를 분열시키는 것, 견고한 사견을 지닌 것이다. 견고한 사견을 지닌 것은 업이 없다는 견해를 가지는 것으로, 죽음의 순간까지 업의 작용을 부정하는 사견을 굳게 가지면 해로운 무거운 업이 된다. 이런 업들은 반드시 다음 생에 지옥에 태어나게 한다.

그런데 사견을 가지고 있더라도 바른 행위를 하는 사람이 있을 수 있다. 이 경우에는 해석을 잘해야 한다. 예를 들어 어떤 사람이 자아는 영원하다는 사견을 가지고 있지만, 올바른 행위를 하면 좋은 결과가 있고 나쁜 행위를 하면 나쁜 결과가 온다고 생각할 수 있다. 이런 사람이 좋을 일을 한다면 지옥에 떨어지지 않고 좋은 과보를 받을 수 있다.

유익한 무거운 업은 여덟 가지가 있다. 네 가지 색계 선정과 네 가지 무색계 선정이다. 이것이 무거운 업이 되려면 죽음의 순간까지 유지가 되어야 한다. 알라라 깔라마의 경우는 무색계의 무소유처를 닦았고 죽음까지 그 상태를 유지하여 죽은 후 무소유처에 태어났다. 비상비비상처를 닦은 웃다까 라마뿟따도 그 상태를 유지하여 죽은 후 비상비비상처에 태어났다. 수행할 때도 죽음의 순간에도 그 상태를 유지하였기 때문에 무거운 업이 되어 과보를 받은 것이다.

둘째, 습관적으로 계속 짓는 업이다. 생명을 죽이는 직업을 가진 도축업자, 항상 남의 것을 훔치는 도둑, 꾸준히 승가에 보시하는 사람을 떠올리면 된다. 습관적인 업은 어쩌다 한 번씩 하는 업보다 먼저 무르익는다. 유익한 업이든 해로운 업이든, 더 많이 지은 것이 빨리 무르익는다. 《상윳따 니까야》〈뼈 경〉(S19:1)에는 허공을 날아다니는 해골의 이야기가 있다. 해골은 독수리와 까마귀가 쪼아대자 괴로워하며 울부짖고 몸부림쳤다. 비구들이 그 이유를 묻자, 부처님은 그가 도축업자로 살다가 죽어서 지옥에 태어나 오랫동안 고통받다가 해골의 모습을 한 아귀로 태어나게 되었는데 그가 지은 업이 남아 있어서 지금의 고통을 받는다고 하였다. 또한 습관적으로 부처님과 승가에 보시를 하며 살았던 담미까는 죽음의 순간에 습관적으로 지은 업이 나타나 천상의 세계에 태어났다고 한다.

셋째, 죽음이 임박해서 짓는 업이다. 항상 짓던 업은 아니지만, 임종 순간에 뚜렷하게 기억하거나 회상하는 업을 말한다. 사마타와 위빠사나 수행을 하면 임종 시의 마음은 항상 표상이 있다는 것을 볼 수 있다. 이때 마음의 표상이 다음 생을 결정한다. 예를 들면 습관적으로 계를 지키던 사람이 임종 직전에 어떠한 해로운 행위를 기억하거나, 계를 지키지 않으며 살던 사람이 임종 직전에 아주 선명하게 어떠한 유익한 행위를 기억하는 경우이다.

임종 시 마음의 표상에는 세 가지가 있다. 태어날 곳의 표상, 지은 업의 행위, 그 행위를 하는 대상이다. 이것들이 재생연결의 마음의 표상이 되고, 존재유지심인 바왕가의 표상이 되고, 그 생의 마지막 죽음의 마음의 표상이 된다. 이 업은 습관적인 업에 비해 힘이 약하다. 하지

정신과 의사가 들려주는 불교 사용 설명서

만 예외적으로 습관적인 업을 제압하기에 충분한 힘이 된다면, 이것이 다음 생을 결정할 수 있다. 그러므로 죽음이 임박하여 무엇을 기억하는가, 그때 어떤 마음의 작용을 일으키는가가 굉장히 중요하다.

말리까 왕비는 꼬살라국 빠세나디왕의 부인이다. 매일 궁에서 500명의 비구를 초청해 음식 공양을 할 정도로 신심이 깊었지만, 죽은 후 지옥에 떨어졌다. 죽기 직전에 마음을 통제하지 못하고 일상적이지 않은 해로운 업을 아주 선명하게 기억했기 때문이다. 그렇지만 습관적으로 지었던 보시라는 유익한 업의 힘으로 일주일 만에 천신으로 다시 태어났다. 이처럼 죽음을 앞둔 사람이 있다면 자신이 지은 훌륭한 행위를 상기하거나 좋은 생각을 하도록 돕고, 경전을 읽어주거나 그 사람이 한 보시, 지계, 수행에 대해 이야기해 주어야 한다.

땀바다티까는 왕의 사형집행인으로 수십 년간 살았다. 그는 나이가 들어 한 번에 죄인의 목을 칠 수 없게 되자, 일을 그만두고 사리뿟따 존자에게 공양을 올렸다. 사리뿟따 존자는 그에게 보시와 지계를 익히면 천상에 태어난다는 가르침, 감각적 쾌락의 위험성과 감각적 쾌락을 떠난 출리의 이익에 대해 차례로 법문을 하였다. 그가 마음이 고요하고 법을 들을 준비가 되었을 때 4성제를 가르쳤다. 아마도 이 사람은 과거 생에 지은 공덕과 지혜가 많았던 것 같다. 사리뿟따 존자의 법문을 듣고 상카라(행)에 대한 평온의 지혜를 얻었다. 여기서 더 나아가면 예류자가 되어 최대 일곱 생 안에 윤회를 끝내게 된다. 이처럼 그가 얻은 경지는 위빠사나 지혜 중에 굉장히 높은 단계로서, 성인의 도과로 가기 바로 전 단계이다. 주석서에 의하면 그날 밤에 그는 소의 탈을 쓴 악마의 뿔에 받혀서 죽었는데, 죽는 순간에 사리뿟따 존자에게 공양을 올리고 법문을 들었던 것을 선명히 떠올렸다. 이것이 업이 되어 다음 생에 도솔천에 태어났다고 한다.

물론 죽음의 순간에 자기 마음을 통제하는 것은 굉장히 어렵다. 의도가 작용한다고 해도 자기 마음대로 할 수 있는 것은 아니기 때문이다. 하지만 죽을 때 일으킨 업이 중요하다는 사실을 아는 것과 모르는 것은 큰 차이가 있다. 무심결에 그냥 죽음을 맞이하는 것과 말기 암 환자가 죽음을 앞두고 자기에게 도움이 되는 유익한 업을 일으켜야겠다고 생각하고 노력하는 것은 완전히 다르다.

부처님은 분명하게 업의 작용에 대해 가르쳤다. 유익한 업이 되는 공덕의 세 가지 토대는 보시, 지계, 수행이므로 항상 이 세 가지를 닦으라고 하였다. 공덕에도 수승한 공덕과 저열한 공덕이 있다. 저열한 공덕을 짓거나 잘못된 견해를 가지고 수행하면 크게 도움이 되지 않는다.

넷째, 위의 세 가지 업을 제외하고, 열 가지 선업이나 열 가지 악업처럼, 이 생이나 전생이나 무한한 과거 생에서 지은 업이다. 부처님은 "다음 생을 결정하는 세 가지는 이 생에 지은 업, 이 생 이전에 지은 업, 죽음의 순간에 일어난 업이다"라고 하였다. 그러므로 열 가지 악업과 열 가지 선업이 무엇인지 올바로 알고, 매 순간 선업을 짓는 방향으로 생활해야 한다.

업에는 몸으로 짓는 세 가지, 말로 짓는 네 가지, 마음으로 짓는 세 가지가 있다. 생명체를 죽이거나 남의 것을 훔치거나 잘못된 성행위를 하는 것은 몸으로 짓는 세 가지 악업이다. 사실이 아닌 것을 말하는 거짓말, 이간질하려는 의도를 가지고 하는 말, 욕설, 안 해도 되

정신과 의사가 들려주는 불교 사용 설명서

는 실없는 말은 말로 짓는 네 가지 악업이다. 탐욕, 악의나 화내는 것, 잘못된 사견을 가지는 것은 마음으로 짓는 세 가지 악업이다. 이러한 열 가지 악업은 짓지 말아야 한다.

열 가지 선업은 악업의 반대인데, 단순히 남의 것을 훔치지 않는다거나 거짓말하지 않는다고 생각하지 말고 정신적인 것으로까지 확장하여 실천하면 더 좋다. 예를 들면 남의 것을 훔치지 않는다고 할 때, 이는 물건에만 적용되는 것이 아니다. 누군가 노력하여 성공했다면 그 성공은 그 사람의 것이다. 그것을 내가 손대지 않는 것, 다시 말하면 그 성공을 내 것으로 바꾸려 하거나 그의 성공을 비난하지 않아야 한다. 나아가서는 그를 칭찬하고 배우려고 노력한다.

업의 두 번째 범주인 과보를 받는 순서에 대해 네 가지로 살펴보았는데, 결론적으로 무거운 업이 과보를 가장 빨리 받고, 습관적으로 지은 업과 임종에 나타나는 업들은 둘 중 강한 업이 먼저 과보를 받는다. 이 세 가지 외에 언젠가 이미 지은 업은 맨 나중이다.

업의 세 번째 범주는 업의 기능이다.

첫째, 무언가를 만드는 업이다. 우리 존재는 정신과 물질로 이루어져 있는데, 과보가 있으면 존재를 이루는 정신과 물질을 만들어낸다. 그래서 생산업이라 한다.

사마타와 위빠사나 수행을 하고 삼매를 얻어 지혜의 눈으로 보면, 우리를 이루는 5온이 일어났다 사라지면서 계속 연결되는 것이 보인다. 이 생에 죽고 다음 생이 시작될 때 최초의 존재를 재생연결, 그리고 존재유지심인 바왕가가 일어났다 사라지는 것이 계속된다. 그러다가 무언가를 인식하는 정신인식과정이 일어나면 다시 바왕가에 빠지기도 한다. 우리가 생존해 있는 동안에는 바왕가의 정신과 물질이 만들어진다. 이처럼 재생연결의 정신과 물질을 만들어내는 작용을 하는 것이 생산업이다.

생산업 중에서 처음이 재생연결의 정신, 즉 마음과 마음부수들을 만든다. 동시에 재생연결의 물질이 만들어지는데, 이때의 물질은 현재 우리를 이루는 물질보다 종류가 적다. 물질은 따로 존재할 수 없고, 여러 가지 물질이 모여서 존재하는데 물질을 이루는 가장 작은 단위가 깔라빠이다. 여덟 가지, 아홉 가지, 열 가지 물질이 든 깔라빠들이 있다. 재생연결에는 몸 토대, 정신 작용을 하기 위한 심장 토대, 남녀 성별을 하는 성 토대가 처음에 생기는데 모두 업에서 만든 물질로서 열 가지 물질로 된 깔라빠이다.

재생연결 다음에는 바왕가가 일어난다. 이때부터 업에서 만든 눈, 귀, 코, 혀, 몸, 감성, 물질들이 생기고 정신들이 생긴다. 이런 것들이 생기면서 바왕가를 계속 유지시킨다. 나중에는 어머니의 태에서 온 물질, 음식에서 생긴 물질들이 생긴다. 지금 이 순간에도 업에서 만든 물질들이 생긴다. 감성 물질, 심장 토대, 생명 기능, 남성 물질, 여성 물질은 계속 업에서 만든다. 정신 작용의 경우에 눈을 예로 든다면 안식, 받아들임, 조사, 등록은 과거 업에서 계속 만든다. 귀, 코, 혀, 몸도 마찬가지이다. 이런 물질들을 계속 만드는 역할을 생산업이 한다. 이처럼 살아 있는 동안에는 과거 업이 만든 물질과 정신이 계속 있지만, 업이 다하면 죽는 것이다.

열 가지 악업을 지은 사람이 있다. 그러면서 그는 수행자나 바라문들이 필요로 하는 것을 계속 공양하였다. 해로운 업도 지었고 유익한 업도 지은 것이다. 그는 죽은 후에 코끼리로 태어나 안락하게 살았다. 그가 지은 해로운 업이 축생으로 태어나는 생산업으로 작용했고, 그가 지은 유익한 업이 먹을 걱정 없고 안락하게 살도록 하는 생산업으로 작용했기 때문이다. 이처럼 업은 각각 별도로 생각해야 한다.

둘째, 직접 만들지는 못하지만 도와주는 업이다. 이 업은 스스로 만들지는 못하지만, 만드는 것이 순탄하게 되도록 도와주는 역할을 한다. 그래서 '돕는 업'이라고도 하고, '강화업'이라고도 한다. 즐거움이 있을 때 즐거움을 강화하는 역할을 하고, 고통이 있을 때 고통을 강화하는 역할을 한다. 다시 말하면, 과보의 질을 강화하는 업이다. 해로운 업은 해로운 업을 강화하고, 유익한 업은 유익한 업을 강화한다. 그리고 과보를 받는 기간을 강화하는 업이어서 과보가 계속 이어지도록 돕는다. 그러므로 돕는 업에도 유익한 업과 해로운 업이 있고, 강화업에도 유익한 업과 해로운 업이 있다.

셋째, 방해하는 업이다. 이 업은 스스로 만들지는 못하지만, 만드는 것을 방해하고 좌절시킨다. 해로운 업은 유익한 업을 방해하고, 유익한 업은 해로운 업을 방해한다. 인간으로 태어났지만 행복하지 못하다면 해로운 방해업이 작용한 것이다. 더 수승한 세계에 태어나는 유익한 업을 방해하여 그보다 낮은 세계에 태어나게 하는 것도 해로운 방해업이라 한다. 반대로 지옥에 태어나게 하는 해로운 업을 방해하여 작은 지옥이나 아귀로 태어나게 하거나 지옥에서의 수명을 짧게 해 주는 유익한 방해업도 있다.

마가다국의 빔비사라왕은 훌륭한 왕이었다. 사람들에게 사랑을 많이 받았고 부처님과 승가에 큰 후원을 하면서 훌륭한 업을 많이 지었다. 죽을 때 예류자였지만, 천신으로서의 삶에 집착을 두고 있었기 때문에 해로운 방해업이 작용하여 수승한 천신이 아니라 낮은 단계의 천신으로 태어났다고 한다. 빔비사라왕의 아들인 아자따삿뚜는 아버지를 죽이고 왕이 되었다. 무겁고 해로운 업을 지었기 때문에 무간지옥에 떨어질 과보를 받아야 했지만, 나중에 부처님과 승가에 큰 믿음을 가지고 유익한 업을 많이 지은 공덕으로 유익한 방해업이 작용하여 작은 지옥에 떨어졌고 고통의 시간이 단축되었으며 나중에는 벽지불이 되었다고 한다.

넷째, 파괴업 또는 차단업이다. 이 업이 있으면 만드는 것이 소멸된다. 만약 유익한 생산업이 작용하여 천신으로 태어났는데, 해로운 파괴업이 무르익게 되면 천신으로 죽어 축생이나 아귀, 지옥에 떨어지기도 한다.

아자따삿뚜왕을 다시 예로 들면, 부처님의 가르침을 들은 그는 예류자가 될 수 있는 충분한 바라밀이 있었다. 그러나 아버지를 죽인 해롭고 무거운 업이 아자따삿뚜왕이 가진 바라밀을 차단하였기 때문에 성자가 되지 못하고 범부로 남았다. 승가를 분열시키고 부처님을 죽이려고 했던 데와닷따는 여덟 가지 선정과 다섯 가지 신통을 얻었지만 도과를 얻지 못했다. 그의 해로운 업이 선정에 드는 것을 막고, 신통이 사라지게 하는 차단업을 발생시켰기 때문이다. 비구계를 받기 전에 수많은 사람을 죽였던 앙굴리마라도 해로운 업을 지었지만 계를 잘 지키고 사마타와 위빠사나 수행을 하여 아라한이 되자 그 생과 과거 생에 지었던 엄청난 무겁고 해로운 업들이 차단되고 파괴되었다. 파괴업이 작용하여 과거에 지은 모든 업이 소멸된 것이다.

지금까지 세 가지 업의 범주와 이에 대한 세부적인 업 열두 가지를 자세히 살펴보았다. 우리는 순간순간 업을 짓는다는 것을 자각하고, 내가 지금 짓는 업이 어떤 업인가를 생각하여 좋은 과보를 가져오도록 노력하며 살아야 한다.

업과 윤회의 법칙 3 :
과보를 가져오는 조건

부처님만이 가진 열 가지 능력 중에 두 번째가 업에 대한 능력이다. 중생이 과거나 현재에 지은 업뿐만 아니라 미래에 지을 업의 과보까지도 원인과 조건에 따라서 모두 아는 힘이다. 이때의 원인은 우리가 짓는 업이고, 조건이란 그 업이 무르익을 수 있는 조건을 말한다. 업은 누구나 짓지만, 업이 과보를 가져오려면 조건이 필요하다. 그리고 업을 짓는 데에도 조건이 필요하다. 조건은 변할 수 있고, 그에 따라 결과도 달라지게 된다.

　업이 무르익을 수 있는 조건 즉 과보를 가져올 수 있는 조건은 네 가지 성취와 네 가지 실패로 설명된다. 좋은 과보를 가져올 수 있는 조건이 성취이고, 좋은 과보를 가져오는 데 불리한 것이 실패이다. 성취를 이루게 되면 과거에 지은 악업의 결과가 오기 어렵고, 성취 자체가 새로운 업을 짓게 만든다. 실패는 이와 반대인데, 실패라는 상황 자체가 좋지 않은 업을 짓게 하는 측면이 있다. 성취와 실패가 있을 때는 두 가지 경우가 있다. 과거 업의 과보적인 측면과 새로운 조건이 돼서 영향을 주는 측면이다.

성취에는 네 가지가 있다. 첫째는 태어날 곳의 성취이다. 윤회에서 좋은 곳은 인간계나 천상계이다. 인간으로 태어난 우리는 태어날 곳을 성취하였다고 말할 수 있다. 둘째는 외모의 성취이다. 얼굴뿐 아니라 몸의 건강 상태나 신체의 상태까지 포함한다. 얼굴은 잘생겼지만 신체의 형태에 문제가 있다면 외모의 성취라고 할 수 없다. 얼굴은 성취했어도 다른 외모는 성취하지 못했기 때문이다. 셋째는 시기의 성취이다. 훌륭한 통치자가 있고, 사회는 안정되고 좋은 구성원들이 있으며, 전쟁이 없는 시기에 태어나는 것이다. 사람은 자연조건의 영향도 받지만 동시대를 살아가는 사람들의 영향도 많이 받기 때문에, 시기의 성취에는 어떤 사람들과 더불어 사느냐도 포함된다. 넷째는 수단의 성취이다. 우리는 살아가면서 수단과 도구가 필요한데, 이것들을 성취하는 것을 말한다. 부처님은 몸과 말과 마음으로써 열 가지 선업을 성취한 것을 바른 수단의 성취라고 하였다.

이처럼 태어날 곳, 외모, 시기, 수단의 성취가 있다면 유익한 업이 유익한 과보를 만들어낼 수 있는 좋은 조건을 갖추게 된다. 역으로 생각해 보면, 해로운 업이 과보를 만들지 못하게 하는 좋은 조건이다. 또한 성취 자체가 새로운 업을 만들 수 있으므로 네 가지를 성취하였다면 좋은 업을 받는 것뿐 아니라 좋은 업을 새로 지을 수 있다.

네 가지 성취를 이루지 못했다면 실패이다. 태어날 곳의 실패는 네 가지 악처인 지옥, 축생, 아귀, 아수라에 태어나는 것이고, 좋지 않은 조건을 갖추는 것이 된다. 외모의 실패는 얼굴이나 몸의 형태가 매력적이지 않고 부족한 것이다. 시기의 실패는 전쟁 시기나 포악한 통치자, 좋지 않은 사람들이 있는 사회에 태어나는 것이다. 수단의 실패는 열 가지 악업을 짓고, 좋지 않은 업을 자꾸 짓게 된다.

태어날 곳, 외모, 시기의 성취는 과거에 지은 업의 영향이라고 볼 수 있고, 수단의 성취는 현재 지어가는 업이다. 그러므로 지금 여기서 가능한 성취는 수단의 성취이다. 시기의 성취 중에서 어떤 사람들과 더불어 사느냐도 나의 노력에 영향을 줄 수 있다.

네 가지 성취는 해로운 업을 무력하게 만든다. 유익한 업의 작용으로 인간계나 천상에 태어났다면, 악처에서 받을 수 있는 해로운 업들은 과보를 맺지 못한다. 사형집행인으로 악업을 지으며 살다가 죽음 직전에 상카라(행)에 대한 평온의 지혜를 얻어 천신으로 태어난 땀바다티까는 태어날 곳을 성취했다.

외모의 성취에 대해 주석서는 사마 왕비를 예로 들었다. 소를 잡아먹은 사람들이 바띠야왕 앞에 끌려왔는데 그중에 훌륭한 외모를 가진 여성은 정원을 청소하는 힘든 일을 하지 않았고 왕의 총애를 받아 왕비가 되었다고 한다.

시기의 성취의 경우, 평온하고 안락한 시기뿐만 아니라 어떤 사람들과 더불어 사는가도 매우 중요하다. 부처님은 아난다에게 '좋은 친구와 사귀는 것이 청정범행의 전부'라고 하였다. 선우나 성자와 같이 있으면 8정도를 닦고 계정혜 3학을 닦을 수 있기 때문이다.

아자따삿뚜왕은 데와닷따와 교류하며 아버지인 빔비사라왕을 죽였고, 부처님을 죽이려고도 했다. 나중에는 부처님께 감화받아 참회하고 삼보를 공양하였으며 부처님 열반 후 첫 번째 결집을 이루는 데 크게 후원하였다. 그에게는 예류자이자 주치의인 지와까가 선우가 되어 그를 바른길로 인도하였다. 그만큼 주위에 누가 있느냐는 매우 중요하다.

수단의 성취인 열 가지 선업이라는 바른 수단 또한 해로운 업을 무력하게 만든다. 훌륭한 가문의 아들로 태어났지만 전생에 해로운 업을 많이 지은 사람이라면, 그 해로운 업의 과보가 이 생에 나타날 수 있다. 그러나 이 사람이 계를 지키고 사마타와 위빠사나 수행을 지속하여 예류도, 불환도의 지혜를 얻는다면, 이러한 수행이 바로 수단의 성취가 되어 나쁜 업의 과보가 오는 것을 무력화시킨다. 예류도를 이루면 과거에 지은, 그래서 악처에 태어나게 하는 업이 힘을 잃게 된다.

나아가 네 가지 성취는 유익한 업들이 힘을 얻게 되고, 유익한 결과를 가져올 수 있게 한다. 태어날 곳을 성취하여 선처에 태어날 때 유익한 업들이 오게 되면, 악도로 떨어지는 것을 막는다. 아노마닷시 부처님이 계실 때 빤짜실라 사마다니야 존자는 10만 년 정도 5계를 지키고, 강한 마음의 집중을 계발하여 상카라(행)에 대한 평온의 지혜를 닦았다. 이러한 유익한 업에 의해 천신에서 천신으로, 또 천상계와 인간계를 왔다 갔다 했다고 한다. 외모의 성취를 이룬 사람이 왕자로 태어났다면, 비록 장자가 아니더라도 사람들이 '축복받고 상서로운 사람이라서 그가 통치하는 세상은 행복할 것'이라고 생각하여 왕으로 추대할 수 있다. 마찬가지로 시기의 성취, 수단의 성취도 유익한 업에 힘을 준다.

반면에 네 가지 실패는 해로운 업을 움직이게 한다. 태어날 곳의 실패는 지옥, 아귀, 축생 등으로 태어나게 한다. 이런 곳에 태어나면 해로운 업이 움직여서 계속 이러한 악처에 태어나게 만든다. 로사까 떳사 존자는 자기를 공양하던 신도가 어떤 아라한에게 공양을 올리자 질투하면서 음식을 집어 던졌다. 곧바로 후회하였지만, 후회라는 것도 해로운 업이라서 오랫동안 지옥에 머물고, 아수라로 태어나거나 개로 태어나는 등의 생산업으로 작용하였다. 이처럼 해로운 업이 어떤 과보를 가져오는지를 알게 되면 절대로 악업을 짓지 않으려 노력하게 된다. 해로운 의도를 내는 순간에 엄청난 업의 씨앗이 생기고, 조건을 만나면 그 해로운 업의 과보를 받게 된다.

외모의 실패도 해로운 업을 움직인다. 좋은 집안에 태어났지만 외모의 실패를 한 사람은 노예로 오해받아 끌려갔다는 일화도 있다. 해로운 업 때문에 나쁜 통치자가 다스리고 나쁜 사람들이 사는 시기에 태어나면 먹고 살기 힘들고 수많은 고통을 당할 수 있다. 열 가지 악업을 짓는 수단의 실패 역시 해로운 업을 움직이게 하고, 그 해로운 업들의 과보를 받을 수 있다.

나아가 네 가지 실패는 유익한 업을 무력하게 한다. 아자따삿뚜 왕이 지옥에 떨어지면 자기가 지은 유익한 업이 과보를 맺을 수 없다. 외모의 실패는 왕자로 태어났어도 왕이 되지 못하게 만들 수 있다. 실제로 스리랑카에서 어렸을 때 궁 안에서 닭싸움을 시켰다가 수탉이 왼쪽 눈을 쪼아서 눈이 먼 왕자가 있었다. 그는 이 때문에 왕이 되지 못했다고 한다. 시기의 실패나 수단의 실패도 마찬가지이다. 재정관의 아들로 태어난 마하다나는 돈과 관계되는 업무를 하였고 굉장히 부유한 가문의 여성과 결혼하였다. 하지만 술과 유흥에 전 재산을 탕

진하고 음식을 얻어먹는 거지로 살았다. 수단의 실패로 인해 해로운 업의 과보를 받은 것이다.

그렇다면 네 가지 성취와 네 가지 실패가 어떻게 유익한 업과 해로운 업을 움직이는 것일까. 주석서에는 이에 대해 재미있는 비유를 든다.

어떤 사람이 왕을 굉장히 기쁘게 하였다. 왕은 그 보상으로 그에게 높은 지위를 주고 한 지역을 다스릴 수 있는 영지를 주었다. 그는 자기 직위를 남용하여 사람들의 마차나 집, 노예를 빼앗는 등 온갖 나쁜 일을 하였다. 하지만 그는 왕이 아끼는 사람이었으므로 사람들이 불평하지 못했다. 그런데 기고만장해진 그가 왕의 대신을 화나게 하였다. 왕의 총애를 받던 대신이 그 사람을 가두고 왕에게 사실을 알리자, 왕이 화가 나서 그를 사슬에 묶어 감옥에 넣은 후 결국에는 고문을 하고 사형시켰다. 그의 시체는 화장터에 버려졌고, 그를 묶었던 사슬만이 돌아왔다.

주석서는 그가 왕을 기쁘게 하여 보상을 받은 것을 범부가 유익한 업을 짓고 하늘에 태어나는 것에 비유하였다. 그가 나쁜 짓을 해도 사람들이 불평하지 못했던 것은 유익한 업에 의해 하늘에 태어났기 때문에 해로운 업들이 과보를 만들지 못하는 것에 비유하였고, 대신을 화나게 하여 잡혀들어가자 그제야 사람들이 그의 잘못을 낱낱이 들춰내 왕에게 얘기한 것은 범부가 천상계에서 지옥으로 떨어져 갖가지 해로운 업의 과보를 맺는 것에 비유하였다. 또한 그의 시체가 버려지고 사슬만이 돌아온 것은 범부가 아무리 노력해도 지옥에서 벗어날 수 없음을 비유한 것이다.

그러므로 우리는 네 가지 실패를 피하려고 노력해야 한다. 해로운 업은 네 가지 실패를 가져오고, 해로운 업의 과보를 가져오는 토대가 되는 악순환이 일어난다. 실패를 피할 수 있는 길은 해로운 업을 짓지 않고 유익한 업을 짓는 것뿐이다. 태어날 장소, 시기, 외모라는 세 가지 성취와 세 가지 실패는 우리가 통제할 수 없다. 과거에 지은 업의 과보이기 때문이다. 반면에 수단의 성취는 지금 우리가 통제할 수 있다. 이 세 가지 성취가 있다면 지금 여기에서 수단의 성취를 이룰 수 있는 좋은 조건이 되므로 수단의 성취를 이루도록 노력하여야 한다. 가장 간단한 길은 탐진치를 없도록 하는 것이고, 열 가지 선업을 닦는 것이다.

우리가 다음 생에 가져갈 수 있는 것은 보시, 지계, 수행이라는 세 가지 공덕의 토대이다. 보시, 지계, 수행은 지혜와 행위로 설명된다. 계, 감각기관의 단속, 음식의 절제, 항상 깨어있음, 보시, 믿음, 마음챙김, 부끄러움을 아는 것, 두려움을 아는 것, 철저하게 배우는 것, 정진, 지혜, 네 가지 선정, 상카라(행)에 대한 평온의 지혜라는 통찰지가 있다. 이러한 지혜와 행위는 계정혜 3학으로 말할 수 있고, 8정도로 말할 수도 있다.

《맛지마 니까야》〈업 분석의 긴 경〉(M136)에는 '세상에는 네 부류의 사람'이 있다고 한다. 첫 번째 부류는 열 가지 악업을 짓고 악처에 태어난 사람이고, 두 번째 부류는 열 가지 악업을 짓고 선처에 태어난 사람이다. 세 번째 부류는 열 가지 선업을 짓고 선처에 태어난 사람이고, 네 번째 부류는 열 가지 선업을 짓고 악처에 태어난 사람이다.

악업을 짓고도 선처에 태어나고 선업을 짓고도 악처에 태어나

정신과 의사가 들려주는 불교 사용 설명서

는 것을 본 어떤 사람은 '나쁜 행위와 나쁜 행위의 과보가 있다'고 생각하고, 어떤 사람은 '나쁜 행위와 나쁜 행위의 과보는 없다'고 생각한다. 이처럼 각기 다른 네 부류에 대해 네 가지 견해가 생길 수 있다. 부처님은 이런 주장에 대해 틀린 것과 바른 것을 상세히 설명하고, 세 가지 요인에 의해 누가 어디에 태어나는지가 결정된다고 하였다. 이 생에 지은 업, 이 생 이전에 지은 업, 그리고 죽을 때 지은 업이다. 이와 함께 그가 지은 악업과 선업 또한 결과를 가져온다.

당시 사람들은 업과 윤회에 대해 알고 있었다. 따라서 그 과보에 대한 것에 관심이 많았던 것 같다. 《맛지마 니까야》 〈업 분석의 짧은 경〉(M135)에는 당시 사람들이 가진 의문들에 대해 부처님이 설명한 내용이 있다. 또데야 바라문은 엄청난 부자였다. 그의 아들인 수바가 부처님을 뵙고 질문하였다. 수명이 짧은 사람과 긴 사람, 병약한 사람과 건강한 사람, 외모가 좋은 사람과 좋지 않은 사람, 지위가 높고 영향력이 큰 사람과 그렇지 않은 사람, 가난한 사람과 부유한 사람, 좋은 가문에 태어나는 사람과 비천한 가문에 태어나는 사람, 어리석은 사람과 지혜로운 사람이 있는데 그 이유가 무엇인지 궁금했던 것이다. 일곱 가지 주제에 대한 열네 가지 질문에 대해 부처님은 간단하게 답하였다.

> "업이 중생의 주인이고, 중생은 업의 상속자이다. 중생은 업에
> 서 태어났다. 업이 그들의 친척이고, 그들의 의지처이다. 업이
> 중생을 천박하게 만들고, 업이 그들을 고귀하게 만든다."

어떤 이유로 수승한 사람과 저열한 사람이 있는가. 그 답은 한 마디로 업이다. 중생은 업의 상속자이고, 업이 중생을 천박하게도 고귀하게 도 만든다. 부처님은 수바의 청을 받아서 다시 자세하게 내용을 설명하였다.

살생하면 죽은 후에 악처에 태어난다. 만약 어떤 유익한 업이 작용하여 사람으로 태어났다면, 살생한 업이 방해업으로 작용하고 후에 차단업이 되어서 수명을 아주 짧게 만든다. 그 예로 목갈라나 존자가 있다. 과거 생에서 지었던 유익한 업이 생산업으로 작용하여 인간으로 태어났지만, 잠시 부모를 죽이려고 했던 해로운 업이 방해업, 차단업으로 작용하여 200생 동안 사람들에게 맞아 죽어야 했고, 마지막 생에도 외도들에게 맞아서 거의 죽기 직전까지 간 적도 있었다.

살생하지 않는 업이란 단순히 죽이지 않는 것이 아니다. 살생하지 않는 것을 넘어서서 사람들을 잘 보살피고 그들의 생명을 연장할 수 있는 좋은 일을 하는 것까지 포함된다. 거짓말하지 않는 것에는 진실을 말하는 것까지 포함되는 것과 같다. 살생을 삼가는 것, 나아가 사람들을 살리는 행위를 하는 것이 천상에 태어나거나 긴 수명을 가진 인간으로 태어나는 생산업으로 직접 작용하는 유익한 업이다. 그러므로 단순히 살생하지 않았다고 해서 선처에 태어나는 것이 아니다.

사람들을 괴롭히는 자는 죽은 후에 악처에 태어나거나, 만약 사람으로 태어난다면 병치레를 많이 한다. 괴롭히지 않는 것이란 단순히 괴롭히지 않거나 방관하는 게 아니다. 연민심을 가지고 돕고, 더 적극적으로 자애의 마음을 가지고 사람들에게 좋은 것을 행하는 것을 의미한다. 그러면 죽은 후에 좋은 곳, 천상에 태어나고, 만약 인간으로 온다면 건강한 삶을 누린다.

과거 생에 새 사냥꾼이었던 부띠가따 띳사 존자는 새를 직접 잡아 죽이지 않고, 날개나 다리를 부러뜨려서 도망가지 못하게 만들고 괴롭혔다. 수백만 년 동안 지옥에서 큰 고통을 받다가 고따마 부처님 시대에 인간으로 태어나 비구계를 받게 되었지만, 오랫동안 지었던 해로운 업이 방해업이 되어 건강한 삶을 유지할 수 없었다. 그는 몸에 큰 종기가 생겨 온몸에 고름이 흘러나오고 뼈들이 빠져나와 걷지도 못했다고 한다. 반대로 박꿀라 존자는 80세에 비구로 출가하여 160세까지 살았다. 아노마닷시 부처님 시대에 삼보에 귀의하였고, 부처님이 위장장애가 생겼을 때 약을 만들어 올렸다고 한다. 그 후 죽음의 순간까지 선정을 유지한 것이 유익한 무거운 업이 되어 범천의 세계에 태어나고 셀 수 없는 세월 동안 천신과 인간으로 태어나면서도 결코 어떤 병에도 걸리지 않았다.

화를 내고 성미가 급한 자들은 죽은 뒤에 악처에 태어나거나, 인간으로 온다면 못생긴 외모를 갖고 태어난다. 외모는 여러 가지 신체 상태도 포함된다. 화를 내지 않고 온화한 마음, 따뜻한 마음, 안온한 마음, 남을 아끼는 마음을 가지면 다음 생에 좋은 곳에 좋은 외모로 태어난다.

부처님의 가르침을 접한 후 계정혜 3학을 닦고, 사마타와 위빠사나 수행을 하여 예류자가 된 숩빠붓다는 나병 환자이다. 전생에 사람들이 벽지불에게만 관심을 가지자 실망하고 화를 내었던 업이 생산업으로 작용하여 지옥에 태어나 수백만 년 동안 고통을 받았고, 다른 유익한 업이 생산업으로 작용해 고따마 부처님 시대에 태어났다. 반면에 수부띠 존자는 과거 생에서 뿌맛따라 부처님 시대에 부유한 가문에서 태어나 부처님과 10만 명의 아라한들에게 꽃을 공양하고, 그분들이 멸진정에 들었을 때 부처님의 등 뒤에 서서 움직이지 않고 7일 동안 꽃으로 만든 일산으로 가려주었다. 고따마 부처님 시대에 아나타삔디까 장자의 동생으로 태어났고, 전생에 화를 내지 않는 유익한 업을 지은 결과로 아름답고 훌륭한 외모를 성취하였다. 비구계를 받은 후 숲속에서 수행하며 자애 선정에 기초한 통찰지를 닦아 아라한이 되었다.

질투하는 사람은 죽은 후 악처에 태어나거나, 인간으로 온다 해도 세력이 적은 사람으로 태어난다.

떳사 비구는 전생에 가섭 부처님 시대의 비구였는데, 자신에게 공양을 올리던 어떤 부자가 아라한에게 가르침을 듣고 공양을 올리자 크게 질투하였다. 곧 후회했지만 죽은 후 지옥에 태어났고, 가섭 부처님 시대 2만 년 동안 했던 많은 유익한 업들이 차단되었다. 그는 지옥에서 벗어났을 때도 다른 질투의 업들이 생산업으로 작용하여 500생 동안 야차로 태어나 충분한 음식을 얻지 못했고, 다시 500생 동안 개로 태어나 굶주리며 살았다. 그 뒤의 생에도 많은 고초를 겪다가 유익한 업이 결과를 맺는 조건을 만나 인간으로 태어나는 생산업으로 작용하여 고따마 부처님 시대에 어부의 아들로 태어났다. 일곱 살 때 사리뿟따가 사미계를 받도록 하여 출가하였지만, 사미 때도 비구가 되었을 때도 언제나 죽지 않을 정도의 아주 적은 음식만 얻었다고 한다. 아라한이 되어서도 질투의 업이 계속 차단하는 작용을 하여 공양받은 음식이 사라졌고, 사리뿟따의 도움으로 오후에 약용으로 쓸 수 있는

꿀, 기름, 버터 등을 얻어와 처음으로 배불리 먹은 그날 밤 반열반에 들었다.

우루웰라 깟사빠 존자는 빠두뭇따라 부처님 시대에 평범한 재가 신자였지만, 빠두뭇따라 부처님이 따르는 사람이 제일인 제자는 시하 고사 비구라고 선언하는 것을 보고 엄청난 기쁨과 행복, 같이 기뻐함이 일어났다. 이 마음이 그를 좋은 세계에 태어나게 하고 마지막 생에서 아라한이 되도록 도와주는 업으로 작용하였다. 고따마 부처님 시대에 부처님의 제자가 되었고, 부처님이 우루웰라 깟사빠 존자를 '따르는 자가 제일 많은 비구'라고 선언하였다.

보시하지 않는 사람은 죽어서 악처에 태어나거나, 사람으로 태어난다 해도 가난하다. 세간의 눈으로 보면, 절약하며 살기 위해서 남에게 베풀지 않는 것을 당연하다고 생각할 수 있지만, 사실 부유한 사람이란 보시를 하는 사람이다.

과거 생에서 빠두뭇따라 부처님, 아타닷시 부처님, 위빳시 부처님 시대에 부처님과 비구들에게 꾸준히 크고 훌륭한 보시를 하였던 시왈리 존자는 고따마 부처님 시대에 부유한 집안에 태어났고, 출가하여 비구가 되었을 때는 공양을 제일 많이 받는 비구가 되었다.

자만심이 강한 사람은 존경할 사람과 예경해야 하는 사람에게 존경과 예경을 하지 않는다. 그는 죽은 후에 악처에 태어나거나, 인간으로 온다면 낮은 신분이나 좋지 않은 가문에 태어난다.

수니따 비구는 과거 생에서 마을에 탁발을 나온 벽지불을 만나자 경멸하는 말을 내뱉는 해로운 업을 지어 오랜 세월 동안 지옥에 태어났고, 지옥을 벗어났을 때는 비천한 가문의 사람으로 태어났다. 그

러나 아라한이 되기 위한 유익한 업과 공덕을 지었기 때문에 부처님
의 제자가 될 수 있었고, 결국에는 아라한이 되었다. 반면에 밧디야 비
구는 높은 신분을 가진 비구 중에서 으뜸이다. 그는 과거 생에서 아주
부유한 가문에 태어났는데 빠두뭇따라 부처님에게 신분이 가장 높은
제자가 되고 싶다고 소원하였다. 그 생에서 부처님과 승가에 음식과
여러 가지 필요한 것을 보시하고, 경의를 표하고 존경심을 보였으며
삼보에 귀의하였다. 그 후에도 부처님의 가르침을 기억하고, 철저하
게 주의를 가지고 법을 익혔고, 경전과 주석서에 관해 토론하였으며
상카라(행)에 대한 평온의 지혜라는 통찰지를 얻었다. 전생에서는 바
라나시의 재가자로 태어나 벽지불을 위해 일곱 개의 돌을 놓아 자리
를 마련하고 음식을 드시도록 하면서 존경심을 표하였다. 이러한 업
이 높은 신분으로 태어나게 하는 생산업이 되어, 500생 동안 왕으로
살았으며 고따마 부처님 시대에 석가족 왕족의 일원으로 태어났다.

　　질문하지 않는 사람은 죽은 후 악처에 태어나거나, 인간으로 온
다면 어리석고 우둔하다. 어리석은 사람은 질문하지 않는다. 지혜로
운 사람을 찾아가서 필요한 질문들을 해야 하는데, 질문하지 않으면
모른 채 살아가고, 모르기 때문에 계속 질문하지 않으며 산다. 부처님
은 우리들이 해야 하는 질문이 무엇인지 알려주었다.

　　"무엇이 유익한 것입니까? 무엇이 해로운 것입니까?"
　　"무엇이 비난을 받는 것입니까? 무엇이 비난을 받지 않는 것
　　입니까?"
　　"무엇을 닦아야 합니까? 무엇을 닦지 않아야 합니까?"

"어떤 행위가 오랫동안 손해와 괴로움을 따르게 합니까? 어떤 행위가 나에게 오랫동안 이익과 행복을 줍니까?"

질문하지 않아서 악처에 태어난다는 것은, 이런 질문을 하지 않아서가 아니다. 질문하지 않으면 이런 것들을 모르고, 모르기 때문에 해롭고 비난을 받을 만한 악한 행위를 하고, 그 때문에 악처에 태어난다. 질문하지 않으면 무엇이 옳고 무엇이 그른지 알 수 없다.

숩빠붓다 왕자는 과거 생에 지은 업으로 높은 신분인 왕자로 태어났지만 부처님에 대해 좋지 않은 마음을 가졌기 때문에 지옥으로 떨어졌다. 그는 마야 부인과 마하빠자빠띠와 남매이고, 부처님이 출가 전 결혼한 아소다라와 승가를 분열시키려 했던 데와닷따의 아버지이다. 숩빠붓다 왕자가 부처님과 승가가 탁발하러 가는 길목을 가로막고 술을 마시는 해로운 업을 지었던 이유는 그것이 해롭고 비난받고 손해가 되고 괴로움이 되는 업이라는 것을 몰랐기 때문이다.

반면에 마하꼿티따 존자는 빠두뭇따라 부처님 시대에 부유한 장자로 태어났는데, 자기도 네 가지 무애해(사분석지)에 제일이 되고 싶다고 발원하였다. 그는 마지막 생에 부유한 바라문 가정에서 태어나 베다에 정통했고, 부처님의 설법을 듣고 비구계를 받은 뒤 명상을 통해 곧바로 아라한이 되었다. 부처님과 도반 비구들에게 많은 질문을 하여 사분석지에 통달하게 되었고, 사리뿟따 존자와 법에 대해서 많은 토론을 하였다. 부처님은 그를 네 가지 무애해의 제일이라고 선언하였다. 네 가지 무애해는 뜻과 법에 대해 잘 알고, 언어와 표현에 아주 능한 것을 말한다.

《앙굿따라 니까야》에는 부처님이 제자들에게 '무엇은 누가 제일이다'라고 선언하는 내용이 나온다. "사리뿟따는 지혜 제일이고, 아난다는 다문(多聞), 즉 많이 들은 것으로 제일이다." 이렇게 부처님에게 인정받은 이들은 그때 단지 열심히 노력해서 얻은 결과가 아니다. 오래전 과거 생에서 서원을 세우고 무수한 시간 동안 노력한 결과이다. 그러므로 부처님이 《맛지마 니까야》〈업에 대한 짧은 경〉에서 "업이 중생을 천박하게 만들고, 업이 그들을 고귀하게 만든다"라고 수바에게 가르쳤던 말씀을 항상 기억하며 살아야 한다. 업이 중생의 주인이고, 중생은 업에 의해 태어났기 때문이다.

정신과 의사가 들려주는 불교 사용 설명서

업과 윤회의 법칙 4 :
업의 멈춤

업에 대해 잘 알게 되면 어떤 일이 벌어질까. 업을 잘 이해하고 알게 되면 자연스럽게 업의 멈춤으로 가게 돼 있다. 하지만 업을 잘 알기란 절대 쉽지 않다.

　우리 자신에 대해 정확히 보는 방법은 두 가지가 있다. 하나는 사띠 수행이고, 다른 하나는 위빠사나 수행이다. 사띠 수행은 마음챙김, 마인드풀니스(mindfulness)라고도 하는데, 우리의 몸과 정신을 잘 관찰하여 우리가 어떤 존재인지를 아는 수행이다. 그런데 눈, 귀, 코, 혀, 몸, 통상적인 정신이라는 여섯 가지로 구성된 우리의 몸과 마음은 관습적인 실재와 절대적인 실재라는 두 종류의 형태로 존재한다. 눈으로 손을 보고 '손이 있구나'라고 알 수 있고, 지금 화가 났을 때는 화가 난 마음이 있다는 것을 안다. 이렇듯 눈, 귀, 코, 혀, 몸, 통상적인 정신으로 감지할 수 있는 것이 관습적인 실재이다. 반대로 눈, 귀, 코, 혀,

몸, 통상적인 정신으로 감지할 수 없는 것이 궁극적 실재이다.

궁극적 실재에는 궁극적인 물질과 궁극적인 정신이 있다. 그리고 궁극적 실재는 이를 볼 수 있는 특별한 어떤 상태, 즉 삼매를 얻어야 한다. 왜냐하면 궁극적인 물질과 궁극적인 정신은 구경법으로서, 구경법을 보려면 지혜의 눈이 생겨야 하기 때문이다. 부처님이 '법'이라고 할 때는 대부분 구경법을 지칭한다. 구경법을 보려면 지혜의 눈이 생겨야 하고, 지혜의 눈을 얻으려면 삼매를 얻어야 한다. 삼매를 얻는 수행을 사마타라고 하며, 궁극적인 물질과 정신의 속성인 무상, 고, 무아를 보는 것을 위빠사나라고 한다.

가끔 '우리가 무엇을 하는지, 그것을 아는 것이 위빠사나이다'라고 말하는 사람이 있는데, 엄밀히 말하면 그가 말한 것은 사띠 수행이다. 위빠사나란 삼매를 닦아서 법의 속성을 볼 수 있는 상태가 되어 법의 속성인 무상, 고, 무아를 보는 수행이다. 위빠사나 수행을 통해서 우리의 정신과 물질을 정확히 알게 되면 자연히 마음이 어느 쪽으로 향하게 된다.

위빠사나 지혜는 아홉 가지가 있다. 이 아홉 가지를 넘어서면 도와 과를 얻는 성자의 지혜로 넘어간다. 위빠사나의 아홉 가지 지혜는 모두 무상, 고, 무아를 바탕으로 한다. 무상, 고, 무아가 점점 깊어지면서 지혜가 다른 특성을 가지게 되면서 아홉 가지로 지혜를 구분한 것이라고 보면 된다.

위빠사나의 첫 번째 지혜는 이해의 지혜이다. 우리를 구성하는 5온이 어떤 속성을 가졌는지를 정확하게 아는 지혜이다. 색온은 물질로 구성된 몸이고, 수온은 느낌이다. 상온은 대상을 아는 인식이고, 행온은 마음이 무언가를 하려고 일으키는 것이며, 식온은 근본 마음이다. 우리의 정신은 마음과 마음부수로 이루어져 있는데, 이때의 마음에 해당하는 온이 식온이고 마음부수에 해당하는 온이 수온, 상온, 행온이다.

이해의 지혜는 물질과 정신의 속성을 아는 지혜, 그리고 궁극적인 물질과 정신을 보는 지혜를 바탕으로 연기를 보는 지혜가 선행되어야 한다. 물질은 열여덟 가지 구체적인 물질과 열 가지 추상적인 물질이 있는데, 이들 물질을 정확하게 보는 것이 물질을 아는 지혜이다. 정신을 아는 지혜는 마음과 마음부수를 하나하나 정확하게 볼 수 있는 지혜이다. 이것이 물질과 정신의 속성을 아는 지혜이다. 또한 연기를 보는 지혜란 어떻게 해서 이런 물질이 생겼고 어떻게 해서 이런 정신 작용이 있는지를 보고, 이것이 현재의 원인 혹은 과거 생의 원인인지를 보는 지혜이다.

이해의 지혜는 5온, 즉 궁극적인 물질과 정신이 어떤 속성을 가졌는지를 아는 데 초점이 가 있다. 궁극적인 물질과 정신을 보고 알 때는 이것이 일어났다 사라지는 것을 본다. 이렇게 5온을 잘 보면, 무상이고 고이고 무아이다. 그런데 범부는 '이것은 나다, 나의 것이다, 나의 본질이다, 나의 자아이다'라고 생각한다. 위빠사나 지혜가 무르익으면 이런 생각을 하지 않게 된다.

무상이란 허무가 아니다. '변한다'는 것이다. 수행하여 궁극적인 물질과 정신을 보면, 이것이 굉장히 빠른 속도로 일어났다 사라지는 것을 본다. 일어났다가 사라지는 것이 무상이다. 고는 일어났다가 사라질 수밖에 없는 압박을 의미한다. 원하지 않았지만 그렇게 할 수밖에 없도록 압박받는 것이 고이다.

고에는 고통스러운 몸의 느낌과 고통스러운 마음의 느낌이 있다. 즐거운 느낌, 괴로운 느낌, 즐겁지도 괴롭지도 않은 느낌은 모두 느낌이지만, 즐거운 느낌도 고이다. 즐거운 느낌도 변하는 것이고, 즐거운 느낌이 변할 때 괴로움이 있다. 즐겁지도 괴롭지도 않은 느낌 또한 변하는 것이고, 이 느낌이 변할 때 괴로움이 있다. 따라서 부처님은 이 세 가지 느낌이 모두 괴로움이라고 하였다.

무아는 두 가지로 설명된다. 순간적으로 일어났다가 사라질 뿐 나라고 할 수 있는 고정된 실체가 없다는 것이 무아이다. 그리고 물질과 정신이 일어났다가 사라질 때 그것을 전혀 통제할 수 없다는 사실이 무아이다. 물질과 정신은 인과의 법칙에 따라 일어날 뿐, 내가 어떻게 할 수 있는 것은 없다.

이해의 지혜를 가지게 되면 5온이 무상, 고, 무아라는 것을 철저히 알게 된다. 5온을 무상, 고, 무아로 보지 못하면 고성제를 이해하지 못하는 것이다. 고성제를 철저하게 이해하지 못하면 집성제, 멸성제, 도성제로 나아갈 수 없다. 그러므로 고성제에 대한 이해가 굉장히 중요하다. 보통 사람들은 괴로우면 괴롭다고 알다가, 좀 나아지면 '즐겁다, 살 만하다'라고 한다. 사는 것이 즐겁고 몸도 건강하고 상황도 좋아지고 자기 정신도 잘 돌아갈 때일지라도 '이것은 고성제이다'라고 아는 사람은 불교 공부가 굉장한 수준에 올랐다고 할 수 있다.

5온이 무상, 고, 무아라고 바른 지혜로 알려면, 열한 가지에 대해서 5온을 바르게 알아야 한다. 과거, 미래, 현재, 안과 밖, 거칠거나 미세한 것, 저열하거나 수승한 것, 멀리 있거나 가까이 있는 것, 이러한 열한 가지의 색, 수, 상, 행, 식을 정확하게 무상, 고, 무아로 보게 되면

'이것은 나의 것이다, 이것은 나다, 이것은 나의 자아이다'라는 생각이 사라지게 된다.

과거, 미래, 현재는 기준에 따라 달라진다. 이 생을 중심으로 하면 처음 생의 시작이 재생연결이다. 재생연결 이전을 과거, 재생연결 이후부터 죽음까지를 현재, 다음 재생연결을 미래로 볼 수 있다. 물질이 일어나고 머물고 사라지는 것을 기준으로 하면, 일어남이 과거, 머묾이 현재, 사라짐이 미래가 된다. 오늘 아침을 기준으로 하면, 아침 이전은 과거이고 아침은 현재이며 아침 이후는 미래이다.

안과 밖이란 나를 기준으로 한다. 안이란 나에 속한 것이고, 밖은 다른 사람이나 다른 존재이다. 거친 것은 눈과 눈의 대상인 색의 관계처럼 부딪히는 것이다. 귀와 소리, 코와 냄새, 혀와 맛, 몸과 감촉 등도 거친 것이다. 이에 비해 영양소나 생명 기능, 심장 토대, 성물질은 부딪힘이 없는 것이므로 미세한 것이다.

저열하고 수승한 것은 상대적이다. 예를 들어 범천의 물질은 욕계 천신의 물질보다 수승하다. 인간의 물질은 욕계 천신의 물질보다는 저열하지만, 아귀의 물질보다는 수승하다. 그리고 저열과 수승은 비교할 점이 있다. 배움이 있는 사람들이 좋아하고 혐오하지 않은 물질은 수승하고, 배움이 있는 사람들이 좋아하지 않고 혐오하는 물질은 저열하다. 해로운 업 때문에 생긴 물질은 저열하고, 유익한 업 때문에 생긴 물질은 수승하다. 멀리와 가까이 또한 기준에 따라 다르다. 우리 자신의 물질은 가깝고 다른 사람의 물질은 멀다.

물질과 마찬가지로, 느낌 또한 열한 가지에 대해 무상, 고, 무아로 보아야 한다. 즐거운 느낌, 괴로운 느낌, 즐겁지도 괴롭지도 않은 세 가지 느낌은 기준으로 삼는 시점에 따라 과거의 느낌, 현재의 느낌, 미래의 느낌이 된다. 내 속에 있는 느낌은 안이고, 다른 사람의 느낌은 밖이다.

거친 느낌은 저열하고, 미세한 느낌은 수승하다. 거칠거나 미세함도 상대적이다. 해로운 느낌은 거칠고 유익한 느낌은 미세하다. 하지만 유익한 느낌은 과보의 느낌에 비해서는 거칠다. 작용만 하는 아라한의 느낌은 미세하다. 괴로운 느낌은 거칠고, 즐거운 느낌이나 중립적인 느낌은 미세하다. 선정에 들지 않는 자의 느낌은 거칠다. 오염과 관련된 느낌은 거칠고, 오염과 관계되지 않은 느낌은 미세하다. 성냄과 관련된 느낌은 거칠고, 성냄에 비해서 탐욕과 관계된 느낌은 미세하다. 오래 지속되는 성냄과 관련된 것은 거칠고, 짧은 순간 성냄은 미세하다. 탐욕과 사견이 같이 있는 느낌은 거칠고, 탐욕은 있으나 사견이 없는 느낌은 미세하다. 색계의 느낌은 무색계의 느낌에 비해서는 거칠지만, 욕계의 느낌에 비해서는 미세하다. 보시할 때의 느낌은 거칠다. 계를 지킬 때의 느낌은 미세하지만, 명상할 때의 느낌과 비교하면 거칠다.

거칠고 저열한 느낌은 미세하고 수승한 느낌과는 거리가 멀다. 거칠고 저열한 느낌은 다른 거칠과 저열한 느낌과는 가깝다. 질이 서로 다르다는 말이다.

이러한 열한 가지를 무상, 고, 무아로 알아야 한다. 행과 식에도 열한 가지 범주가 있는데, 물질과 느낌에서 본 것처럼 똑같이 이해하면 된다.

위빠사나의 두 번째 지혜는 일어남과 사라짐의 지혜, 세 번째 지

혜는 사라짐의 지혜이다. 일어남과 사라짐의 지혜는 무상, 고, 무아로
보는 이해의 지혜가 깊어지면 나타난다. 이 과정은 수행자의 통찰지
가 점점 깊어지면 자연스럽게 진행된다. 일어남과 사라짐의 지혜가
있으면, 모든 세상의 만물들이 다 일어났다 사라지는 것을 본다. 이러
면서 무상, 고, 무아가 점점 깊어진다. 또한 일어남과 사라짐의 지혜가
깊어지면 사라짐 쪽으로만 주의가 가게 되고, 사라짐만 계속되는 상
태가 온다. 그때는 일어남에는 주의가 가지 않으면서 무상, 고, 무아의
지혜가 더 강력해진다. 무엇을 보아도 사라지는 것이다. 이것이 사라
짐의 지혜이다.

위빠사나의 네 번째 지혜는 5온이 두려움으로 나타나는 지혜이
다. 자꾸 사라지면, 순간 두려움이 느껴지고, 혐오하는 쪽으로 마음이
기운다. 명심할 것은, 두려움이 생긴다는 말이 아니다. 두려움으로 보
는 지혜가 있다는 것이다. 그렇게 되면 더 이상 5온을 즐거움으로 보지
않게 된다. 5온을 두려움으로 인식하게 되면, 위험하다고 보게 된다.

그래서 위빠사나의 다섯 번째 지혜는 위험이라고 보는 지혜이
다. 두렵고 위험하게 보기 때문에 혐오하는 게 확실해지는 지혜가 생
긴다. 우리를 이루고 있는 5온, 때로는 힘들 때도 있지만 애착을 가졌
던 5온이 두려운 것이라고 아는 지혜가 생긴 것이다. 부처님은 '5온은
질병이고 종기이고 화살이고 재앙이고 위험한 것이다'라고 하였다.
이렇게 위험으로 보는 지혜가 무르익으면 '5온은 위험한 것이구나, 만
족할 만한 것이 없구나, 실체도 없구나'라고 알게 된다. 이러한 지혜의
밑바탕에는 사라짐의 지혜가 있다.

그런데 위험한 것은 업이다. 업의 작용으로 5온이 생겼고, 업의

작용으로 여러 가지가 생긴다. 업을 위험하게 보면, 업을 짓고 그 과보로 나타나는 정신과 물질이 위험하다는 것을 보게 된다. 그러므로 수행자에게 업의 작용은 두렵고 괴로움으로 나타나게 된다. 존재는 욕계, 색계, 무색계로 이루어져 있다. 이 3계에 있는 어떠한 5온도 다 혐오하게 되고, 점점 혐오가 강화된다.

위빠사나의 여섯 번째 지혜는 혐오라고 보는 지혜이다. 이때는 '과거에 지은 업 때문에 금생에서 내가 태어나는 것, 이것은 두려움이고 괴로움이다. 금생에 태어나지 않은 것은 안전이고 행복이고 열반이다. 업의 결과가 발생하는 것은 두려움이고 괴로움이며, 업의 결과가 발생하지 않은 것은 안전이고 행복이고 열반이다. 업을 짓는 의도는 두려움이고 괴로움이다. 의도가 없음이 안전이고 행복이고 열반이다. 다음 생으로의 재생연결은 두려움이고 괴로움이다. 다음 생으로서의 재생연결이 없으면 안전이고 행복이고 열반이다. 재생연결로 태어날 곳은 그곳이 어디든 두려움이고 괴로움이다'라고 마음에 새겨진다.

자연스럽게 '온(蘊)들이 일어나는 것은 괴로움이고, 온들이 없는 것이 열반이고 행복이다. 업의 과보가 일어나는 것은 두려움이고 괴로움이며, 다시 일어나지 않는 것이 열반이고 행복이다. 태어남, 늙음, 병듦, 죽음, 슬픔, 비탄, 육체적 고통, 정신적 고통, 절망이 괴로움이고 두려움이다. 이러한 것들이 사라질 때 행복과 평온과 열반을 얻는다'라는 생각으로 사무치게 된다. 이렇게 보는 것이 상카라(행)들을 염오하고 역겨워하면서 열반으로 자연스럽게 마음을 기울게 한다. 열반은 업이 작용하지 않는 유일한 곳이기 때문이다. 이것이 혐오로 보는 지혜이다.

위빠사나의 일곱 번째 지혜는 해탈하기를 원하는 지혜, 여덟 번째는 숙고의 지혜, 아홉 번째는 상카라(행)들에 대한 평온의 지혜이다. 수행자가 5온의 열한 가지를 무상, 고, 무아로서 계속 명상하다 보면 5온에 대한 평온을 얻게 된다. 5온에 대한 평온에는 세 가지 측면이 있다. 이제 5온을 포기해야겠다, 단념해야겠다는 욕구와 갈망이 일어나는 것이 해탈하기를 원하는 지혜이다. 해탈하고자 하는 욕구를 가지면서 계속해서 5온을 무상, 고, 무아이고 깨끗하지 못한 것이라고 점점 깊이 숙고하는 것이 숙고의 지혜이다. 해탈에 대한 갈망을 가지고 깊이 숙고하다 보면, 5온을 즐거워할 만한 것도 아니고 두려운 것도 아니라고 보게 된다. 점차 5온을 평온하게 보면서 5온에 대해서 초연해지는 경지에 들어가게 되는데 이것이 상카라(행)들에 대한 평온의 지혜이다.

모든 아라한들은 과거 생에 부처님의 회상에서 이러한 지혜를 충분히 닦았기 때문에 아라한이 될 수 있었다. 상카라(행)들에 대한 평온의 지혜는 세간의 지혜 중에서 가장 수승하다고 한다. 만약 보살의 길을 가는 사람이라면 여기까지만 닦아야 한다. 그 이상을 닦으면 성자가 되어 보살의 길을 갈 수가 없다. 상카라(행)들에 대한 평온의 지혜가 무르익으면 열반을 얻고 예류과를 얻는다.

그런데 세간의 지혜가 무르익고 출세간의 지혜 쪽으로 가기 전에 확실히 해야 할 것이 있다. 많이 배우지 못한 범부는 네 가지 면에서 전도(顚倒)되어 있다. 네 가지에 대해서 거꾸로 보고 있다는 말이다. 많이 배우지 못한 범부는 5온을 영원하고, 행복하고, 자아고, 아름답다고 생각한다. 이것을 확실하게 바로 잡아야 성스러운 제자, 출세간의 영역으로 넘어갈 수 있다. 네 가지 전도된 것이 완전히 없어져야 한다. 이는 깨달음의 과정에서 굉장히 중요한 요건이다.

네 가지 전도에는 각각 인식의 전도, 식의 전도, 견해의 전도라는 세 가지 전도가 있다. 무상함을 항상하다고 보는 인식과 식과 견해가 있고, 괴로움을 행복하다 보는 인식과 식과 견해가 있고, 무아를 아(我)라고 보는 인식과 식과 견해가 있고, 부정함을 깨끗하다고 보는 인식과 식과 견해가 있다.

지혜가 무르익으면 5온과 헤어지게 된다. 5온을 무상, 고, 무아로 보면서 결별하는 것이다. 더 이상 5온을 '내 것이다, 나다, 나의 본질이다'라고 보지 않는다. 두려움과 즐거움으로도 보지 않고, 5온을 평온한 마음으로 본다. 3계의 어떤 존재도 가까이할 게 못 된다고 뒷걸음질 치며, 재생연결이 일어나는 곳에서는 좋아할 만한 것이 아니라고 자꾸 물러나게 된다. 상카라(행)들에 대한 평온의 지혜가 생기는 것이다. 이 단계가 되면 5온에 관심을 두지 않고 업이 없는 평화로운 상태를 향해서 나아가게 된다. 마음이 자연스럽게 열반을 대상으로 한다. 만약 이 상태가 나타나지 않으면 5온을 계속 무상, 고, 무아로서 보면서 수행을 이어간다. 그러면 열반을 대상으로 하면서 첫 번째 도와 과가 일어나면서 성자의 길로 가게 된다.

중생은 범부와 성자로 나누어지는데, 예류도 이상을 성취한 성스러운 제자들은 범부와는 다른 열한 가지 특성을 가진다. 성스러운 제자들의 속성이 무엇인지 알고 생활하면서 실천하려고 노력한다면 공부에 도움이 될 것이다.

첫째, 성자들은 부끄러움과 두려움이 있다. 행위와 말, 의도로 뭔가를 할 때 해로운 법을 일으키면 그것에 대해 부끄러워하고 두려워한다. 우리는 부끄럽고 두렵지 않으면 그것이 잘못된 일이라도 계속하기 마련이다. 잘못된 행동이나 말이나 의도를 일으킬 때 부끄럽거나 두렵다면 그 순간에 멈출 것이다. 성스러운 제자에게는 부끄러움과 두려움이라는 확실한 제어장치가 있다.

둘째, 성자들은 감각적 욕망, 악의, 해침에 대한 사유를 제거하기 위해서 노력한다. 8정도에서 정사유는 출리의 사유, 악의 없음의 사유, 해침 없음에 대한 사유이다. 성자들은 이러한 사유를 하려고 노력한다는 것이다.

셋째, 성자들은 눈, 귀, 코, 혀, 몸, 정신을 순간순간 단속한다. 눈으로 무언가를 볼 때, 귀로 소리를 들을 때, 나아가 정신작용을 할 때도 잘못되지 않도록 항상 단속한다.

넷째, 성자들은 눈, 귀, 코, 혀, 몸으로 감각적인 쾌락을 추구하지 않는다. 감각적인 쾌락을 추구하는 것을 놓아 버린다.

다섯째, 성자들은 계를 철저히 지킨다. 자기 상태에 따라서 지키는 계가 다를 수 있다. 출가 비구라면 비구계를, 재가자라면 5계나 8계, 10계를 철저히 지킨다.

여섯째, 성자들은 근접삼매 또는 4선정과 같은 바른 삼매를 성취한다.

일곱째, 성자들은 출세간의 통찰지를 가지고 있다. 열반을 대상으로 취하는 도의 지혜가 있다. 도의 지혜에 의해서 오염원들을 제거한다. 그러므로 성자들은 죽으면 끝이라는 단견, 영원히 계속된다는 상견이 없다. 잘못된 생각이 없고, 견해가 분명하게 서 있다.

여덟째, 성자들은 항상 경전을 배우고 연구하고 탐구한다.

아홉째, 성자들은 불법승 삼보와 과거, 현재, 미래의 생이 있다는 것, 연기와 업의 법칙, 과보에 대해서 전혀 의심이 없다. 즉 육도윤회가 있다는 것에 의심이 없다.

열째, 성자들은 악처에 떨어지지 않는다.

열한째, 성자들은 5온을 자아라고 여기지 않는다. 5온이 나의 자아라고 하지 않으며, 5온을 가진 것이 자아라고 여기지도 않는다. 5온 속에 자아가 있다고 생각하지 않고, 자아 속에 5온이 있다고 여기지 않는다. 이렇게 바른 견해가 분명히 선 분들이다. 니까야를 읽다가 '견해가 바로 섰다'라고 하면 예류자라고 생각하면 된다.

우리가 정신활동을 하면 일어나는 정신인식과정에는 속행이 있다. 속행은 업과 관계가 있다. 그렇다면 범부의 속행과 도와 과의 인식과정에 있는 속행은 같을까 다를까. 결론부터 말하자면, 의도는 똑같이 있지만, 의도가 하는 작용이 다르다.

범부의 인식과정에 있는 속행의 의도들은 항상 업을 짓는다. 업을 짓는 순간에 정신과 물질이 사라지더라도 업력은 있다. 업력이 조건을 만나게 되면 과보를 형성한다. 범부의 속행에 있는 의도들은 언제나 조건을 만나게 되면 금생이나 다음 생에 과보를 가져온다. 그에 비해서 도와 과의 인식과정에 있는 도의 지혜는 바로 금생에서 과보를 만들기 때문에 도가 일어나고 나면 바로 과가 따라온다.

예류도의 정신인식과정이 있고, 곧바로 예류과의 정신인식과정이 나타나게 된다. 도가 있을 때 속행은 특별한 작용을 한다. 범부가 일으키는 인식과정의 속행에 있는 의도와는 다르다. 범부와 성자의

정신과 의사가 들려주는 불교 사용 설명서

마음의 대상이 다르기 때문이다. 범부의 정신인식과정에서 속행에 있는 마음은 언제나 열반이 아닌 인식의 대상에 가 있다. 출세간의 정신인식과정은 마음이 열반을 대상으로 하므로, 열반을 대상으로 하는 힘에 의해서 오염원들이 파괴된다.

오염원이 파괴되는 정도는 예류도, 일래도, 불환도, 아라한도에 따라서 다르다. 이때 업을 짓는 게 아니라 기존에 있는 업을 파괴하는 작용이 일어난다. 아라한도의 지혜가 있을 때는 모든 오염원들, 다음 생에 가져갈 수 있는 업은 완전히 파괴된다. 아라한들의 의도는 순수하게 작용만 하는데, 이건 대단한 일이라는 걸 알아야 한다.

수행하면 오염원들이 가라앉는다. 선정을 닦게 되면 그 순간에는 오염원이 작용하지 못하는데, 이때는 오염원이 파괴된 것이 아니라 가라앉은 상태이다. 위빠사나도 마찬가지이다. 때문에 선정이나 위빠사나에서 나오게 되면 가라앉은 번뇌들이 다시 올라올 수 있다. 부처님은 선정이나 위빠사나로 인해서 오염원, 번뇌가 가라앉는 것을 '일시적인 마음의 해탈'이라고 하였다. 상카라(행)들에 대한 평온의 지혜을 얻었을 때도 번뇌들이 가라앉지만, 이는 일시적이므로 다시 나타날 수 있다.

하지만 도는 오염원들을 가라앉히는 게 아니라 오염원을 파괴한다. 도의 대상은 열반이기 때문이다. 예류도의 지혜가 생기면 사견은 완전히 사라진다. 가라앉은 게 아니라 파괴되었으므로, 이후로는 사견이 올라오는 게 불가능하다. 예류도를 얻는 순간부터는 다시는 악처에 태어날 수 있는 업은 없다. 죽을 때도 악처에 태어날 수 있는 업은 작동할 수 없다. 예류도, 일래도, 불환도, 아라한도로 점점 진행될

수록 더 많은 족쇄, 장애, 오염들이 파괴된다. 열반을 대상으로 하기 때문이다.

업과 윤회의 법칙 5 :
예류자가 되려면

진료실에서 만나는 사람들에게 자주 듣는 말이 있다.

"인생의 의미가 뭔지 모르겠다, 왜 살아야 하는지 모르겠다, 인생의 고통이 너무 크다, 지겹고 힘들다."

나는 그분들이 불교를 믿거나 관심이 있다면 적절한 타이밍을 잡아 이렇게 대답한다.

"이번 생에 예류자가 되어야 합니다."

우리는 삶이 끝나면 윤회하게 된다. 그런데 우리에게는 세 가지 길이 있다. 흐르는 대로 계속 윤회하는 길이 있고, 윤회를 끝내는 길이 있고, 보살의 길이 있다. 니까야를 읽다 보면, 부처님은 우리에게 "윤회를 끝내라, 아라한이 되어라"라고 말씀하신다. 이 말씀을 잘 따른다면 우리는 윤회를 끝내는 삶을 살 수 있다.

"인간의 몸 받기가 참으로 희유하다. 여래 아라한 정등각자
가 출연하는 것도 참으로 희유하다. 여래가 설한 법과 율이
세상을 비추는 것도 참으로 희유하다. 이제 그대들은 인간의
몸을 받았다. 여래는 세상에 출현하였다. 여래가 설한 법과
율이 세상을 비추고 있다. 그러므로 4성제를 수행해야 한다."

모든 부처님의 법은 4성제로 집결된다. 4성제를 수행하는 것이 불교
에서 얼마나 중요한지 잊지 말아야 한다. 그런데 4성제는 예류자와
깊은 관계가 있다. 부처님의 가르침을 주제별로 모은 《상윳따 니까
야》에는 예류자만을 주제로 한 경들이 있다. 그중에서 〈사라까니 경〉
(S55:24)에는 아주 흥미로운 이야기가 있다.

부처님은 어떤 사람이 죽었을 때, 그는 어떤 상태이고 어디에 다
시 태어났다고 이야기해 줄 때가 있다. 사람들이 올바르게 다음 생을
준비할 수 있도록, 지금 어떻게 살아가야 하는지를 알려주기 위해서
이다. 석가족 사람인 사라까니가 죽었을 때도 마찬가지이다.

"그는 흐름에 든 자여서 악취에 떨어지지 않는 법을 가졌고,
해탈이 확실하여, 완전한 깨달음으로 나아간다."

흐름에 든 자는 예류자를 말한다. 부처님의 말씀을 들은 사람들이 굉
장히 동요했다. 왜냐하면 사라까니는 술주정뱅이였기 때문이다. 술주
정뱅이가 어떻게 예류자가 되었단 말인가. 수행과 거리가 먼 술꾼이
예류자가 되었다면 이 세상에 예류자가 되지 못할 사람은 아무도 없

을 것이라며 수군대고 불평하는 사람들이 많아지자, 석가족의 마하나마왕이 부처님을 찾아가 사람들의 의문을 전하였다. 그런데 부처님의 대답은 확고하였다.

"마하나마여, 오랜 세월 부처님과 법과 승가에 귀의한 청신사가 어떻게 악처에 태어나겠는가? 오랜 세월 불법승 삼보에 귀의한 청신사가 어떻게 파멸처에 떨어지겠는가? 바르게 말하는 자가 말하는 '오랜 세월 부처님과 법과 승가에 귀의한 청신사'는 바로 사라까니를 두고 하는 말이다."

그리고 부처님은 악처에 태어나지 않는 길을 하나씩 제시한다. 그 길은 아라한, 불환자, 일래자, 예류자인 성자만이 아니다. 성자가 아니더라도 악처에서 벗어난 경지에 이를 수 있다. 악처에서 벗어나는 길을 부처님이 언급한 순서대로 하나씩 살펴보자. 첫 번째는 아라한이다.

"마하나마여 여기 어떤 사람은 부처님에 대해서 '그분 세존께서는 아라한이시고 완전히 깨달은 분이시며 명지와 실천을 구족한 분이시고 피안으로 잘 가신 분이고 세간을 잘 알고 계신 분이고 가장 높은 분이시고 사람을 잘 길들이시는 분이고 하늘과 인간의 스승이시며 깨달은 분이시고 세존이시다'라고 부처님께 흔들림 없는 청정한 믿음을 가진다. '법은 세존에 의해서 잘 설해졌고 스스로 보아 알 수 있고 시간이 걸리지 않고 향상으로 인도하고 지혜로운 사람들이 각자 알 수 있는 것이다'라고 법에 흔들림 없는 청정한 믿음을 가진다.

'세존의 제자들의 승가는 잘 도를 닦고 바르게 도를 닦고 참되게 도를 닦고 합당하게 도를 닦고 4쌍8배이시다. 이러한 세존의 제자들의 승가는 공양받아 마땅하고 선사받아 마땅하고 보시받아 마땅하고 합장받아 마땅하며 세상에 위없는 복밭이시다'라고 승가에 흔들림 없는 청정한 믿음을 가진다. 그 후에 미소 짓는 통찰지를 얻으면서 기쁨이 있는 통찰지, 전광석화와 같은 통찰지와 해탈을 구족하였다."

아라한이 되어 모든 번뇌가 다하고 아무 번뇌도 없는 마음의 해탈과 통찰지를 통한 해탈을 바로 지금 여기에서 스스로 최상의 지혜로 실현하고 구족하여 머문다. 이러한 인간은 지옥, 축생, 아귀, 아수라와 같은 네 종류의 악처에서 완전히 벗어난다.

두 번째는 불환자이다. 그는 불법승 삼보에 대한 흔들림 없는 청정한 믿음을 가졌고, 미소 짓는 통찰지와 전광석화 같은 통찰지를 가졌다. 그러나 그는 해탈이 구족되지 않았다. 지혜는 있지만 아직 해탈까지는 이르지 못했다. 그래서 다섯 단계의 족쇄를 완전히 없애고 정거천에 화생하여 그곳에서 완전히 열반에 들어서, 그 세계로부터 다시 돌아오지 않는 법을 얻는다. 이러한 불환자는 악처에서 완전히 벗어났다고 한다.

세 번째는 일래자이다. 그는 불법승 삼보에 대한 흔들림 없는 청정한 믿음을 가졌다. 그러나 미소짓는 통찰지, 전광석화와 같은 통찰지를 가지지 못했고, 해탈도 구족하지 못했다. 세 가지 족쇄를 완전히 없애고 탐욕과 성냄과 어리석음이 엷어진 상태이다. 그래서 한 번만 돌아오는 자가 되어, 한 번 더 이 세상에 와서 괴로움을 끝낸다. 이러한 일래자는 악처로부터 완전히 벗어난다.

네 번째는 예류자이다. 그는 불법승 삼보에 대한 흔들림 없는 청정한 믿음을 가졌지만, 미소짓는 통찰지가 없고 전광석화와 같은 통탈지도 없으며 해탈도 없다. 이 사람은 흐름에 든 자가 되어 악취에 떨어지지 않는 법을 가졌고, 해탈이 확실하고, 완전한 깨달음을 나아간다. 이러한 예류자는 악처에서 완전히 벗어난다.

성자는 아니더라도 악처에서 벗어난 경지는 두 종류가 있다. 이들은 불법승 삼보에 대한 흔들림 없는 청정한 믿음을 가지고 있다. 이것은 네 종류의 악처에 태어나지 않는 기본 전제이다. 또한 이들은 미소짓는 통찰지, 전광석화와 같은 통찰지를 구족하지 못했고 해탈도 얻지 못했다. 그러나 수행자가 갖추어야 하는 믿음, 정진, 마음챙김, 삼매, 통찰지라는 다섯 가지 근(根)을 가지고 있다. 이들 중에서 한 부류는 여래가 설한 법들을 지혜로써 충분히 사색하여 다 이해하고 받아들인 상태이고, 다른 부류는 이러한 상태는 아니지만 여래에 대해서 깊은 믿음과 공경을 가지고 있다. 이 두 종류가 악처에서 완전히 벗어난 다섯 번째 경지와 여섯 번째 경지이다.

부처님에 대해 깊은 믿음이 있다면 악처에 떨어지지 않는다. 그것이 나무일지라도 말이다.

"마하나마여, 만일 이 큰 살라 나무들조차도 좋은 말 나쁜 말을 충분히 이해한다면 나는 이 살라 나무들도 흐름에 든 자가 되어 악처에 떨어지지 않는다고 말할 것이다. 하물며 삭까족 사라까니에 대해서는 말해 무엇하겠는가. 삭까족 사라까니는 죽을 때 수행을 성취하였다."

릿차위의 대신인 난다까는 부처님에 대한 청정한 믿음을 내적인 목욕이라고 비유한다. 이는 《상윳따 니까야》〈릿차위 경〉(S55:30)에 나오는데, 부처님이 예류자에 대해 설명한 내용을 들은 후였다.

"난다까여, 네 가지 법을 구족한 성스러운 제자는 흐름에 든 자여서 악취에 떨어지지 않는 법을 가졌고 해탈이 확실하여 완전한 깨달음으로 나아간다."

네 가지 법이란 불, 법, 승, 계에 대한 흔들림 없는 믿음이다. 흔들림이 없다는 것이 굉장히 중요하다. 계는 삼매에 도움이 된다. 이러한 네 가지 법을 구족한 성스러운 제자는 천상계와 인간계에서만 태어난다. 그리고 다른 존재에 비해서 수명이 길고 아름답고 행복하고 권위를 가진다. 이는 다른 사문이나 바라문으로부터 들은 게 아니라, 부처님이 직접 알고 보고 체득한 것이라고 확인해 준다. 이 말씀을 들은 난다까는 내적으로 청정함을 느꼈던 것 같다.

어떤 사람이 와서 말했다.
"존자시여, 목욕할 시간이 되었습니다."

난다까가 말하였다.

"외적인 목욕은 그만하면 되었소. 나는 세존에 대한 청정한 믿음이라는 내적인 목욕으로 충분하니."

그러면 어떻게 예류자가 될 수 있을까. 유신견, 계금취, 의심이라는 세 가지 족쇄를 완전히 없애면 예류자이다. 하지만 《상윳따 니까야》에서 예류를 주제로 한 경들의 모음에는 불법승 삼보에 대한 흔들림 없는 믿음을 가지고 계를 지키는 것이 가장 많이 언급된다.

예류자가 되는 다른 길도 있다. 불법승 삼보에 대한 흔들림 없는 믿음을 가지고 보시를 한다. 불법승 삼보를 믿고 계를 지키고 연기를 잘 이해한다. 참된 사람인 성자들을 섬기면서 성자들에게 정법을 배우고, 항상 지혜롭게 마음을 향하며 배운 법을 잘 수행한다. 8정도를 잘 이해하고 수행하고 깨친다.

5취온(五取蘊)의 일어남과 사라짐, 달콤함, 위험함, 벗어남을 깨달아도 예류자이다. 5취온이란 색, 수, 상, 행, 식의 집착된 5온이다. 5취온으로 인해 즐겁고 기쁨을 느끼는 것이 달콤함이다. 5취온은 괴로움이고 변화한다는 것이 위험함이다. 5취온에 대한 열망과 탐욕을 길들이고 버리는 것이 벗어남이다. 안, 이, 비, 설, 신, 의에 대해서도 일어남, 사라짐, 달콤함, 위험함, 벗어남을 잘 알면 예류자이다. 육체적 즐거움과 괴로움, 정신적 즐거움과 괴로움, 평온의 일어남과 사라짐, 달콤함, 위험함, 벗어남을 알면 된다. 그리고 수행자가 갖추어야 하는 5근의 일어남, 사라짐, 달콤함, 위험함, 벗어남을 잘 아는 것도 예류자가 되는 길이다.

예류자는 성스러운 제자의 일원이다. 예류자가 되면 유신견이 없다. 색, 수, 상, 행, 식을 자아라고 여기지 않고, 그것을 가진 것이 자아라고 여기지 않으며, 그 속에 자아가 있다고 여기지 않고 자아 속에 그것이 있다고 여기지 않는다. 이러한 유신견을 없애는 것이 예류자가 되는 관건이 아닌가 싶다. 유신견이 있으므로 다른 족쇄들이 생기고, 유신견이 방해물이 되어 불법승 삼보에 대한 믿음도 생기지 않기 때문이다. 유신견이 모든 사견의 근원이고, 괴로움의 근원이라고 생각한다. 유신견을 철저히 알고 다스리면 예류자로 가는 길이 잘 열린다고 생각한다. 《상윳따 니까야》 〈유신견 경〉(S22:155)에서 부처님은 분명하게 설명하였다.

> "비구들이여, 물질이 있을 때, 물질에 취착하고 천착하여 불변하는 자신이 존재한다는 견해가 생긴다. 느낌이 있을 때, 인식이 있을 때, 행이 있을 때, 식이 있을 때, 그것을 취착하고 천착하여 불변하는 자신이 존재한다는 견해가 생긴다."

자신이 존재한다는 견해가 유신견이다. 5온인 물질, 느낌, 인식, 행, 식을 취착하기 때문에 유신견이 생긴다. 부처님은 무상하고 괴로움이고 변하기 마련인 것을 취착하지 않는다면 자신이 존재한다는 견해는 생기지 않는다고 하였다.

> "비구들이여, 무상하고 괴롭고 변하기 마련인 것을 취착하지 않는다면 자신이 존재한다는 견해가 생기겠는가?"

"세존이시여, 그렇지 않습니다."

"비구들이여, 이렇게 잘 보고 잘 배운 성스러운 제자는 다시
는 어떤 존재로도 돌아오지 않을 것이라고 꿰뚫어 안다."

이처럼 예류자가 되는 가장 중요한 요소는 유신견을 없애는 것이다.
《맛지마 니까야》〈보름밤의 긴 경〉(M109)은 유신견을 아는 데 매우 유
익한 내용이 있다. 승가는 매달 8일, 15일과 29일(또는 30일)에 포살을
하는데, 이 경은 보름밤에 설해졌다는 것을 알 수 있다.

보름 포살일에 부처님이 비구 승가에 둘러싸여 노지에 앉아 있
는데, 어떤 비구가 자리에서 일어나 부처님에게 합장하고 질문해도
되는지 물었다. 부처님은 자리에 앉아서 질문하라고 하였다. 주석서
는 이 비구가 60명의 제자를 거느린 장로 비구이기 때문에 부처님이
특별히 앉아서 질문하도록 했다고 설명한다. 부처님 당시에는 아주 뛰
어난 제자들이 다른 제자들을 가르쳤다. 그 장로 비구가 제자들에게
근본 물질인 4대를 가르치고 위빠사나도 가르쳤는데, 제자들이 4대에
대해서는 대답을 잘 하지만 도와 과에 대해서는 이해하지 못했기 때
문에 제자들을 대신해서 부처님에게 질문하였다고 한다.

"세존이시여, 취착하는 다섯 무더기(5취온)는 취착하는 물질
의 무더기(색취온), 취착하는 느낌의 무더기(수취온), 취착하는
인식의 무더기(상취온), 취착하는 행의 무더기(행취온), 취착하
는 식의 무더기(식취온)입니까?"

"비구여, 그렇다."

5취온, 즉 취착하는 다섯 무더기가 무엇인지 확인을 받은 후 장로 비구는 차례차례 부처님에게 질문하였다.

"세존이시여, 취착하는 다섯 무더기는 무엇에 뿌리를 둡니까?"
"비구여, 취착하는 다섯 무더기는 갈애에 뿌리를 둔다."
"세존이시여, 취착은 취착하는 다섯 무더기와 동일합니까, 아니면 다릅니까?"
"비구여, 취착은 취착하는 다섯 무더기와 동일하지도 않고 다르지도 않다. 취착하는 다섯 무더기에 대한 열망과 탐욕이 취착이다."

부처님이 '5취온은 갈애가 있기 때문에 생긴다'고 하자, 이와 관련해 좀 더 미세한 질문이 이어졌다. 취착과 5취온은 동일한가 아닌가, 이 질문에 대해서 부처님은 5취온에 대한 열망과 탐욕이 취착이라고 대답하였다. 장로 비구는 다시 열망과 탐욕은 하나인지 다양한지 물었고, 부처님은 다양하다고 대답하였다.

"비구여, '다음 생의 나의 물질은 이렇게 되기를', '미래 생의 나의 느낌, 인식, 행, 식은 이렇게 되기를' 하는 것처럼 취착하는 것에는 여러 가지가 있고, 탐욕과 갈망은 다양하다."

물질, 느낌, 인식, 행, 식을 무더기[蘊]라고 하는 이유는, 이것들에는 각

정신과 의사가 들려주는 불교 사용 설명서

각 열한 가지가 있기 때문이다. 즉 이 다섯 가지 무더기는 그 어떤 것이든 과거, 현재, 미래, 안과 밖, 거칠거나 섬세하거나, 저열하거나 수승하거나, 멀리 있거나 가까이 있거나 물질, 느낌, 인식, 행, 식의 무더기이다. 장로 비구가 다시 물었다.

"세존이시여, 무엇을 원인으로 해서 다섯 가지 무더기가 나타납니까?"

"비구여, 4대가 물질의 무더기(색온)의 원인이다. 접촉은 느낌의 무더기(수온), 인식의 무더기(상온), 행의 무더기(행온)의 원인이다. 물질과 정신이 식의 무더기(식온)의 원인이다."

접촉이 일어나기 때문에 느낌도 있고, '저것은 무엇이다'라고 아는 인식도 일어나고, 행도 일어난다. 식온의 원인에서 정신은 마음부수라고 보면 된다. 마음부수와 물질이 있으므로 식이 존재할 수 있다. 부처님의 대답을 들은 장로 비구가 유신견이 일어나고 사라지는 원인을 물었다.

"세존이시여, 어떻게 해서 유신견이 일어납니까?"

"비구여, 배우지 못한 범부들은 성자를 친견하지 못하고 성스러운 법에 능숙하지 못하고 성스러운 법에 인도되지 못하고 바른 사람을 친견하지 못하고 바른 사람의 법에 능숙하지 못하고 바른 사람 법에 인도되지 않아서, 5온을 자아라고 여기고 5온을 가진 것을 자아라고 여기며 자아 안에 5온이 있고 5온 안에 자아가 있다고 여긴다. 이렇게 유신견이 생긴다."

"세존이시여, 어떻게 하면 유신견이 사라집니까?"

"비구여, 잘 배운 사람은 5온을 자아라고 보지 않고 5온을 가진 것을 자아라고 보지 않으며 5온 속에 자아가 있다고 보지 않고 자아 속에 5온이 있다고 보지 않는다. 이와 같이 하면 유신견이 생기지 않는다."

이어서 장로 비구는 5온의 달콤함, 재난, 벗어남에 관해 물었고, 부처님은 차례차례 대답하였다. 5온에 대한 즐거움과 기쁨이 달콤함이고, 5온은 무상하고 괴로움이고 변하는 것이어서 재난이며, 5온에 대한 열망과 탐욕을 길들여서 버리는 것이 벗어남이다. 장로 비구의 마지막 질문은 바른 통찰지에 관한 것이다.

"세존이시여, 어떻게 보아야 식을 가진 이 몸과 다른 사람의 몸과 모든 표상에서 나라는 생각과 내 것이라는 생각과 자만과 잠재 성향이 생기지 않습니까?"

"비구여, 어떠한 5온이든 내 것이 아니고 내가 아니고 나의 자아가 아니라고 있는 그대로 바른 통찰지로 보면, 이 몸과 다른 몸 그리고 외부의 접촉할 수 있는 많은 표상 가운데서 나라는 생각과 내 것이란 생각과 자만과 잠재 성향이 생기지 않는다."

5온이 왜 '무더기'인지 설명할 때 열거했던 열한 가지를 각각 '내 것이 아니고, 내가 아니고, 나의 자아가 아니다'라고 바른 통찰지로 보라는 것이다. 그런데 법문을 듣던 어떤 비구가 '5온에는 자아가 없는데, 자아 없이 지은 업이 어떤 자아와 만나서 그 과보를 받는지' 생각했다. 타심통으로 그의 생각을 안 부처님은 비구들에게 물었다.

> "비구들이여, 5온은 항상한가 무상한가? 무상한 것은 괴로움인가 즐거움인가? 무상하고 괴롭고 변하는 것을 두고 '이것은 내 것이다, 이것은 나다, 이것은 나의 자아다'라고 여길 수 있겠는가? … 그러므로 비구들이여, '5온은 내 것이 아니고 내가 아니며 나의 자아가 아니다'라고 통찰지로 보아야 한다. 그렇게 보면 염오하고 이욕하며 해탈하게 된다."

부처님의 말씀을 듣고 장로 비구의 제자들 60명이 전부 아라한이 되었다. 이 경을 꼼꼼하게 반복해서 본다면 유신견에 대해 좀 더 이해할 수 있게 된다. 우리가 성자의 흐름에 들기 위해서는 유신견을 없애는 것이 중요하다. 지금까지 경전을 통해 유신견을 이해했다면, 지금부터는 실제 생활에서 실천하는 방법을 이야기하고 싶다.

유신견을 떨치기 위해서는 두 가지를 하는 게 좋다. 하나는 아침에 눈 뜨고 밤에 잠 들기 전까지 무엇을 하든 그것에 집중한다. 우리의 몸과 마음은 우리에게 자기의 속성을 다 보여주는데, 우리가 그것을 보지 않기 때문에 모른 채 산다. 지금부터라도 무엇을 하든지 그것을 집중해서 보자. 컵을 들고 있다면 컵을 들고 있는 매 순간을 집중한다. 그러면 거기서 일어난 현상을 알게 된다. 일어난 현상이란 무상,

고, 무아를 뜻한다. 말할 때는 말하는 것에, 샤워할 때는 샤워하는 것에, 걸어갈 땐 걸어가는 것을 있는 그대로 보면 유신견이 떨어지는 날이 오게 된다.

유신견을 떨치는 두 번째 방법으로 시간이 날 때마다 좌선이나 보행 명상을 해 보자. 그러면 우리의 몸과 마음이 인과의 법칙에 따라서 움직일 뿐이라는 사실을 알게 되고, '내 것'이라는 생각이 없어진다. 유신견을 떨어뜨리는 데 이 두 가지가 상당히 도움이 된다.

4

몸·느낌·마음·법

4념처 수행은
왜 중요한가

그동안 불교공부와 수행을 하고 니까야를 읽으면서 《대념처경》의 중요성을 알게 되었다. 《대념처경》에 부처님의 가르침이 모두 담겨 있다는 생각이 들었다. 부처님은 《대념처경》에서 "내가 말한 대로 4념처를 7년, 아니면 최소 1주일 동안 닦으면 아라한이나 불환자가 된다"고 확실하게 보장하였다.

《상윳따 니까야》 〈세상 경〉(S47:28)에서 아누룻따 존자의 신통과 4념처 수행의 관련성이 언급되어 있다. 천안제일로 알려진 아누룻따 존자에게 사리뿟따 존자와 마하목갈라나 존자가 어떤 법들을 닦아 천(千)의 세상을 아는 큰 신통을 얻었는지 물었다. 그때 아누룻따 존자의 답변도 4념처였다.

"도반이여, 저는 네 가지 마음챙김의 확립을 닦고 많이 공부하였기 때문에 천의 세상을 신통으로 압니다."

몸, 느낌, 마음, 법의 네 가지 마음챙김의 확립인 4념처는 정법과 직접
적인 연관이 있다. 그래서인지 4념처 수행의 중요성은《대념처경》만
이 아니라 니까야 곳곳에 강조되어 있다.《상윳따 니까야》〈오래 머묾
경〉(S47:22)에 의하면, 4념처 수행을 많이 하면 바른 법이 오래 머물지
만, 4념처를 수행하지 않고 공부하지 않으면 정법이 쇠퇴한다. 밧다
존자가 아난다 존자에게 부처님이 완전한 열반에 드신 후에 어떤 원
인과 조건으로 정법이 오래 머물 수 있는지를 물었다.

> 아난다 존자가 밧다 존자에게 답하였다.
> "네 가지 마음챙김의 확립을 닦지 않고 많이 배우거나 수행
> 하지 않기 때문에 여래가 완전한 열반에 든 뒤에 정법이 오
> 래 머물지 못합니다. 네 가지 마음챙김의 확립을 닦고 많이
> 배우고 수행하기 때문에 여래가 완전한 열반에 든 뒤에 정
> 법이 오래 머뭅니다."

부처님은 열반을 앞두고 열반처로 이동하면서 아난다 존자에게 "자
신과 법을 섬으로 삼고 귀의처로 삼아 머물러야 한다"고 당부하면서,
"비구는 마음 챙기고 알아차리면서 머물러야 한다"고 가르침을 남겼
다. 자기 자신과 법을 귀의처로 삼아서 머물 때 4념처에 의해 머물러
야 한다는 가르침이다. 섬은 망망대해를 떠다니는 재앙에서 벗어날
수 있는 피난처이자 생명줄이다. 부처님의 마지막 가르침을 담은《대

반열반경》(D16)에서 4념처 수행을 중요하게 언급한 이유는 《상윳따니까야》〈전에 들어보지 못함 경〉(S47:31)과 〈도 경〉(S47:43)의 설명에서 확실해진다.

〈전에 들어보지 못함 경〉은 부처님이 사왓티에 있는 아나타삔디까 원림(급고독원)에서 설한 법문이다. 어느 날 '몸에서 몸을, 느낌에서 느낌을, 마음에서 마음을, 법에서 법을 관찰하는 것'이라는 지혜가 떠올랐는데 이에 대하여 '이는 전에 들어보지 못한 법이고 이 법들에 대한 눈, 통찰지, 명지, 광명이 생겼다'고 한다. 이러한 네 가지 관찰은 '닦아져야 한다', '닦아졌다'로 이어진다. 부처님이 몸에서 몸을, 느낌에서 느낌을, 마음에서 마음을, 법에서 법을 관찰하는 법이 있다는 것을 알고 그 뒤에 '그것은 닦아야 한다'고 알고, 그다음에 '그것이 나에 의해 닦여졌다'고 하는 앎이 확실하게 생긴 것이다. 이는 〈전법륜경〉에서 부처님이 4성제를 세 번 굴리는 방식과 똑같은 구조이다.

그리고 〈도 경〉은 부처님이 완전한 깨달음을 이루고 49일 동안 그 깨달음을 음미할 때 《대념처경》의 내용이 떠올랐다는 것이다. 그때 이미 이 경이 확립되었고, 이후에 인연에 따라서 적절한 때에 《대념처경》을 설하였다고 볼 수 있다. 이 당부는 "비구는 4념처로 마음을 챙기고 알아차리면서 머물러야 한다. 이것이 부처님의 간곡한 당부이다"로 정리할 수 있다. '자등명 법등명'으로 잘 알려진 가르침의 핵심이다.

"비구들이여, 한때 나는 처음 완전한 깨달음을 성취하고 나서 우루웰라의 네란자라 강둑에 있는 염소치기의 니그로다

나무 아래에서 머물렀다. 그때 내가 한적한 곳에 가서 홀로 앉아 있는 중에 문득 이런 생각이 마음에 일어났다.

'이 도는 유일한 길이다. 중생들의 청정을 위하고 슬픔과 비탄을 다 건네기 위한 것이며 육체적 고통과 정신적 고통을 사라지게 하고 옳은 방법을 터득하고 열반을 실현하기 위한 것이다. 그것은 바로 네 가지 마음 챙김의 확립이다.'

무엇이 넷인가? 여기 비구는 몸에서 몸을 관찰하며 머문다. 세상에 대한 욕심과 싫어하는 마음을 버리면서 근면하게 분명하게 알아차리고 마음 챙기면서 머문다. 느낌에서 느낌을 관찰하며… 마음에서 마음을 관찰하며… 법에서 법을 관찰하며 머문다. 세상에 대한 욕심과 싫어하는 마음을 버리면서 근면하게 분명히 알아차리고 마음 챙기면서 머문다."

이처럼 부처님이 깨달음에 이르는 수행에서도, 완전한 깨달음을 증득한 후에도 4념처 수행의 중요성은 강조되었다. 특히 4념처는 감각적 욕망을 포함한 다섯 가지 장애를 제거하는 데 필수적인 수행이다.

《상윳따 니까야》〈새매 경〉(S47:6)은 4념처 수행을 메추리와 새매의 비유로써 설명한다. 새매는 새를 잡아먹는 맹금류이다. 자기 영역이 아닌 곳을 헤매는 메추리가 새매에게 잡아먹히듯이, 안전한 행동 영역인 4념처를 벗어나는 자는 다섯 가지 욕망에 얽매이게 된다. 반면에 4념처의 영역에 있다면 안전하게 머물 수 있다. 눈, 귀, 코, 혀, 몸과 그 대상이 되는 형상, 소리, 냄새, 맛, 감촉은 우리가 원하고 좋아하고 감각적 욕망을 짝하는 매혹적인 것들이며, 자기 세력이 아닌 남의 세력이기 때문에 위험한 곳이다. 그러나 4념처를 확립하면 눈, 귀, 코, 혀, 몸으로 좋은 대상을 탐하는 다섯 가지 감각적 욕망의 영역이 아니라 자기에게 안전한 영역에서 살아갈 수 있다.

《상윳따 니까야》〈유익함 덩어리 경〉(S47:5)에서는 좀 더 직접적으로 다섯 가지 장애와 4념처를 명시해 놓았다. 5개, 즉 감각적 욕망, 악의, 해태와 혼침, 들뜸과 후회, 의심이라는 다섯 가지 장애는 해로움 덩어리이지만, 4념처 즉 네 가지 마음챙김의 확립은 유익함 덩어리라 하였다.

마음챙김을 할 때 감각적 욕망을 추구해서는 안 된다.《맛지마 니까야》〈길들임의 단계 경〉(M125)에는 "몸에서 몸을 관찰하여 머물고 몸에 관련된 생각을 일으키지 말라"고 한다. 몸과 마찬가지로 느낌, 마음, 법을 관찰하면서 머물러야 한다.

> "여래는 그를 다음과 같이 훈련시킨다.
> '오라 비구여. 그대는 몸에서 몸을 관찰하여 머물고 몸에 관련된 생각을 일으키지 마라. 느낌에서 느낌을 관찰하여 머물고 느낌과 관련된 생각을 일으키지 마라. 마음에서 마음을 관찰하면서 머물고 마음과 관련된 생각을 일으키지 마라. 법에서 법을 관찰하면서 머물고 법에 관련된 생각을 일으키지 마라.'"

사띠(마음챙김)가 깊어지면 삼매를 포함한다.《상윳따 니까야》〈살라 경〉(S47:4)에서는 몸, 느낌, 마음, 법을 관찰할 때는 삼매를 얻을 정도

정신과 의사가 들려주는 불교 사용 설명서

까지 근면하게 알아차리면서 머물라고 당부한다. 4념처 수행에 삼매가 들어 있다는 사실은 매우 중요하다. 부처님은 갓 출가한 비구나 유학뿐 아니라 번뇌가 다한 아라한도 네 가지 마음챙김에 확고하게 머물러야 한다고 가르친다. 출가한 지 얼마 되지 않은 비구들에게는 4념처를 닦아 머물도록 인도하고, 아라한과를 얻지 못한 유학들은 위없는 유가안온을 위하여 4념처에 머물며, 번뇌가 다한 아라한들도 근면하고 분명하게 4념처에 머물러야 한다. 몸에서 몸을, 느낌에서 느낌을, 마음에서 마음을, 법에서 법을 관찰할 때 열심히 근면하게 알아차리면서 삼매를 얻을 정도까지 하라는 것이다.

> "몸에서 몸을 관찰하면서… 느낌에서 느낌을 관찰하면서…
> 마음에서 마음을 관찰하면서… 법에서 법을 관찰하면서 머
> 문다. 근면하고 분명히 알아차리고 하나에 몰입되고, 마음
> 은 맑고, 삼매에 들고, 마음이 하나에 집중되어 법을 철저하
> 게 알기 위해서 머문다."

4념처 수행의 시작은 계목의 단속이다. 《상윳따 니까야》〈빠띠목카경〉(S47:46)에서 어떤 비구가 한 가지 법을 설해 달라고 요청하자, 부처님은 청정한 계에 의지해서 4념처를 공부하라고 가르침을 주었다.

> 어떤 비구가 부처님에게 말씀드렸다.
> "세존이시여, 세존께서 제게 간략하게 법을 설해 주시면 감
> 사하겠습니다. 그러면 저는 세존으로부터 법을 들은 뒤에

혼자 은둔하여 방일하지 않고 열심히 스스로 독려하며 지내고자 합니다."

부처님이 답하였다.

"비구여, 그대는 유익한 법들의 처음 시작점을 청정하게 해야 한다. 그럼 어떤 것이 유익한 법들의 처음 시작점인가? 여기 그대는 계목의 단속으로 머물러라. 바른 행실과 행동에 영역을 갖추고 적은 허물에 대해서도 두려움을 보며 학습계목을 받아 지녀서 공부하라. 그리고 난 뒤에 그 계를 의지하고 계에 굳건히 서서 네 가지 마음챙김의 확립을 다해야 한다."

그러면 마음챙김의 자세는 어떠해야 하며, 어느 정도까지 마음챙김을 해야 하는가.《상윳따 니까야》〈경국지색 경〉(S47:20)은 어떤 심정으로 마음챙김을 해야 하는지 비유를 통해 알려 준다. 기름으로 가득 찬 단지를 들고 걸어가는 사람이 그 나라에서 가장 아름다운 여인이 노래하고 춤을 추는 모습을 보다가 기름을 한 방울이라도 흘린다면, 곧바로 그의 뒤를 따라오던 사람이 칼을 빼 들어 내리쳐 그를 죽일 것이다. 그가 죽임을 당하지 않기 위해 온 마음을 기름 단지에 기울여야 하는 것처럼, 마음챙김을 닦을 때는 몸, 느낌, 마음, 법에 대하여 확실하게 마음챙김해야 한다.

그러면 어떻게 해야 몸에서 몸을 따라가면서 머물 수 있을까.《소부 니까야》에 속하는 〈빠띠삼비다막가(무애해도)〉에는 4념처 수행의 구체적인 방법이 설명되어 있다. 첫째는 몸에서 몸을, 느낌에서 느낌을, 마음에서 마음을, 법에서 법을 관찰할 때는 무상으로 보는 것이다. 항상한다고 보는 것이 아니다. 둘째부터 일곱째까지도 마찬가지이다. 몸, 느낌, 마음, 법을 즐거움이 아니라 고통이라고 보고, 나라고보는 것이 아니라 무아라고 보고, 깨끗한 대상이 아니라 깨끗하지 못한 대상으로 보고, 즐거워할 대상이 아니라 싫어할 대상으로 보고, 탐욕의 대상이 아니라 탐내지 않는 대상이라고 보고, 소멸의 대상이라고 본다. 4념처 수행은 이렇게 일곱 가지에 대해서 각각 수행하는 것이다.

네 가지 마음챙김의 확립인 4념처 수행은 몸이나 느낌, 마음, 법등 어느 부분에 대해서만 하는 것이 아니다. 4념처란 마음챙김을 전체적으로 하는 수행이다. 4념처 수행을 하면서 몸, 느낌, 마음, 법과 관련된 감각적 욕망을 추구하지 말아야 한다.

부처님의 유훈이자 간곡한 당부인 4념처 수행은 《대념처경》과더불어 《맛지마 니까야》 〈염처 경〉(M10)에서도 주요한 내용들이 담겨있다. 하지만 〈염처 경〉은 "법념처에는 4성제가 있다"라고 간략하게언급하는 데 반해, 《대념처경》은 고성제, 집성제, 멸성제, 도성제 각각에 대하여 구체적으로 설명이 되어 있다. 특히 《대념처경》은 집성제를 설명하면서 갈애가 어디서 생겨서 어디에 자리잡는지를, 멸성제를설명하면서 갈애가 어디서 없어지고 소멸하는지를 상세하게 언급해놓았다. 그러므로 4념처 수행에 관해 공부하려면 《대념처경》을 반드시 읽어야 한다.

《대념처경》에서 말하는 4념처 수행은 하나하나의 명상 주제가있다. 그리고 그 명상 주제들은 주제별로 하나의 완결편을 이룬다. 예를 들어 신념처에서 들숨날숨에 집중하는 수행을 네 단계로 하고, 들숨날숨에 집중하는 것을 안으로, 밖으로, 안팎으로 관찰한다. 그 후에 몸에 일어나는 현상과 사라지는 현상, 일어나고 사라지는 현상을 관찰한다. 그러면 몸의 현상만 있을 뿐 그것을 하는 존재가 있지 않다는 지혜가 생긴다. 이러한 지혜가 굉장히 깊어지면 나중에는 도와 과를 얻게 되고, 도와 과를 얻으면 갈애와 사견에 의지하지 않고 지내게 되며, 어떤 것에도 집착하지 않는 상태가 된다.

들숨과 날숨에 집중하는 몸에 대한 마음챙김을 통해 이러한 경지를 얻는 것처럼, 느낌, 마음, 법에 대해서도 이러한 경지를 얻을 수 있다.

정념(正念),
바른 마음챙김이란

비구 보디는 철학박사를 받은 후 스리랑카에서 출가한 미국인이다. 26세에 사미계를 받고 29세에 비구계를 받았다. 4부 니까야 중 《맛지마 니까야》, 《상윳따 니까야》, 《앙굿따라 니까야》를 영어로 번역하였고, 아비담마 해설서인 《A Comprehensive Manual of Abhidhamma》의 책임 편집자이다. 또한 《8정도》를 저술하면서 마음챙김에 대해 명쾌하게 설명해 놓았다. 바른 마음챙김(정념)은 8정도 가운데 일곱 번째 항목이다. 이 책에는 마음챙김이란 무엇이고, 왜 우리가 마음챙김을 해야 하는지, 그리고 마음챙김을 통해서 깨달음에 도달할 수 있다는 것까지 궁금한 내용을 이해하기 쉽게 서술하였다. 그러므로 본격적으로 《대념처경》의 내용을 살펴보기 전에, 《8정도》에서 비구 보디가 설명한 내용을 인용하고, 필요한 경우에는 해설을 덧붙이면서 마음챙김에 관해 이야기하고자 한다.

비구 보디는 법은 관습적인 진리가 아니고 그 자체로 궁극적인 진리라고 하였다. 우리와 멀리 떨어져 있는 신비로운 어떤 것이 아니라, 법은 우리 자신이 경험할 수 있는 진실이라는 것이다. 그러므로 경험의 속성을 잘 알면 진리에 도달할 수 있다. 경험을 잘 이해하고 본질을 꿰뚫어 보아야 한다는 말이다. 진리에 도달할 수 있는 경험, 이것이 바로 마음챙김이다.

진리는 직관을 통해 알게 된다. 중간 매개 없이 직접 일어나는 앎이다. 중간 매개란 우리의 여러 가지 인식 작용이다. 신심으로 무조건 받아들이거나, 책이나 스승의 권위에 의존해 아는 것, 또는 연역(演繹)이나 추리에 의해 생각해 낸 것이 아니다. 마음챙김(사띠)은 경험하는 것에만 오로지 집중돼 있어서 통찰이 일어날 수 있도록 하는 심적 기능이다. 새김, 집중, 마음 지킴 등의 번역도 있지만, 사띠의 우리말 번역은 마음챙김으로 정착되고 있다. 영어 번역은 'mindfulness'이다.

마음챙김은 '지금 여기'에 마음을 둔다. 마음챙김에서 일어나는 알아차림은 일상에서 작용하는 의식 형태로서의 알아차림과는 다른 종류의 알아차림이다. 2003년에 처음 미얀마에 가서 사띠 수행을 할 때였다. 지도하는 스님이 몸과 마음에서 일어나는 것을 관찰하라고 했을 때, '이미 아는 건데 왜 자꾸 이런 걸 하라고 하지?'라는 의문이 들었다. 마음챙김의 알아차림을 경험하고 나서야 '아, 이런 것을 경험하라는 것이구나!' 하고 이해하게 되었다. 마음챙김에서 일어나는 알아차림은 다른 게 섞이지 않은, 오직 주의만 있는 '맨 주의(bare attention)'였다.

마음챙김의 알아차림은 지금 이 순간 우리 안팎에서 일어나는 것들을 약간 떨어져서 바라보는 것이다. 자기의 것이 섞이지 않은, 오로지 경험과 그대로 만나는 알아차림이라고 할 수 있다. 맨 주의의 수준에서 의도적으로 마음을 유지하는 것이다. 자기도 모르게 끼어들 수 있는 것을 알아차려야 한다. 조금이라도 다른 게 끼어들면 그걸 내려놓고 그대로 경험에 다가간다. 경험에 오로지 마음을 집중해야 우리 마음이 아는 기능을 발휘할 수 있다.

바른 마음챙김을 닦을 때는 마음을 현재에 두어야 한다. 마음이 과거나 미래로 가서는 안 된다. 마음을 닫고 자기 것을 고집해서도 안 된다. 마음이 열린 채로 고요히 또렷이 깨어 있게 한 다음, 지금 일어나고 있는 일을 지켜보도록 훈련해야 한다. 모든 판단과 해석은 중지되어야 한다. 만약 좋다 싫다의 판단이 일어났다면, 더 이상 진행되지 않도록 떨쳐내고 마음속에서 일어난 일을 계속 보아야 한다. 오로지 그 경험에만 마음이 가도록 하면, 우리 마음에서 아는 기능이 발휘된다. 그러면 탁 알게 된다.

우리는 자신이 항상 현재를 잘 알아차리고 있다고 생각하지만, 그건 착각이다. 사띠와 일상적 의식의 차이를 살펴보자. 일상 의식에서 우리 마음은 지금 이 순간 접수한 어떤 인상을 계기로 인지 과정을 시작한다. 처음에는 자신이 본 것을 가지고 인지하지만, 그 인상에 계속 머물지는 않는다. 보고 듣는 직접적인 인상에 자기의 것을 덧붙이는 심적인 구조물을 구축한다. 이렇게 형성된 구조물은 원래 자료, 즉 실제 일어난 사실성으로부터 마음을 떼어내 버린다. 우리 마음에서 지어낸 구조물이 실제로부터 멀어지게 만드는 것이다.

우리의 인지 과정은 대체로 해석의 과정이다. 실제로 일어난 것에 대해 이렇다 저렇다 해석을 덧붙인다. 예를 들어 '그 사람이 나를 무시했어'라고 생각했다면, 그 말에는 자기 경험에서 비롯한 해석이 들어 있다. 마음이 대상을 있는 그대로 지각하는 것은 잠시뿐이다. 마음은 대상의 초기 인상을 붙잡자마자 대상 자체를 해석함으로써 관념화의 과정을 시작한다. 그 사람의 어떤 말과 행동이 있었을 뿐인데, 그 자체를 정확하게 보는 것에 머무르지 않고 '나를 무시한다'라고 해석하고 판단한 결과이다. 이렇듯 관념화의 과정에 함몰되면 눈앞의 대상은 구름에 가린 달처럼 관념과 견해라는 두꺼운 장막에 가려져 흐릿해진다. 실제에서 멀어지는 것이다.

비구 보디는 장막이라는 말을 사용하지 않았지만, 나는 우리가 어떤 대상을 인지할 때 세 가지 장막이 있다고 생각한다. 경험이라는 장막과 문화라는 장막, 그리고 본질적인 장막이다.

첫째, 삶에서 축적된 경험은 대상을 정확하게 보지 못하게 작용한다. 한이랄까 희망이랄까, 자기 삶에서 아쉽거나 열망이 있거나 하는 것들이 인지 과정에 영향을 미친다. 한 사람을 여럿이 보았다고 하자. 경제적인 문제로 고생한 사람은 '저 사람은 부자인가?'를 생각하고, 학력에 열등감이나 우월감이 있는 사람은 '저 사람은 학력이 어떻게 되나?'를 먼저 생각한다. 명예를 중시하는 경우도 마찬가지이다.

둘째, 문화라는 장막은 경험보다 더 크고 집단적이다. 문화란 어떤 지역의 사람들이 가지는 성격이라고 규정할 수 있다. 어느 지역에 사는 사람들이 공통으로 가지는 생각이나 가치관 등을 문화라고 한다. 사람마다 성격이 다르듯이 지역마다 문화가 다르다. 문화의 장막이란 그 지역 사람들이 공통으로 지닌 가치관에 영향을 받으며 살아왔기 때문에 그들의 판단에는 그 지역의 문화가 영향을 준다는 의미이다.

셋째, 본질적인 장막이란 우리의 감각기관이 가진 한계와 관련이 있다. 무엇을 볼 때는 눈이라는 감각기관이 작용하고, 소리를 들을 때는 귀라는 감각기관이 작용한다. 코, 혀 등의 여러 감각기관을 통해서 감각 대상을 경험하는데, 이때 감각기관이 가진 한계 때문에 왜곡을 일으킬 수 있다. 그리고 사람은 죽기를 바라지 않는다. 불행하기보다는 행복하기를 바란다. 이런 것들이 영향을 미쳐 대상을 왜곡시킨다.

이 세 가지 장막의 영향을 받지 않고 정확하게 대상을 보는 것이 중요하다. 이것이 바로 사띠(마음챙김)이다. 어쩌면 불가능해 보일 수 있지만, 내가 오랫동안 관심을 가지고 본 바에 따르면, 희망은 있다. 우리가 마음속에서 어떤 것이 일어나는지를 잘 살펴보면 세 가지 장막이 미세한 정신 작용으로 올라오는 것을 볼 수 있다. 그것을 알아차리고, 멈추고, 있는 그대로 정확하게 보려고 하면 우리가 접하는 대상에 가까워진다. 다른 방법도 있다. 삼매를 충분히 닦아서 신통이 생기면 다른 사람의 마음을 정확히 알 수 있다. 우리가 세 가지 장막이라는 한계를 가졌다는 것을 알고, 그 한계의 영향을 받지 않으려고 노력하는 것이 중요하다.

부처님은 이와 같은 심적 짜맞추기를 '빠빤짜(papañca)'라고 하였다. '정교화하는 것'이라는 의미인데, 희론(戱論)으로 번역한다. 있는 그대로 보는 것이 아니라 그것을 자기 생각의 틀에 맞게 가공하여 정교화, 또는 꾸미는 것이다. 이를 개념의 증식이라고도 한다. 그런데 정교화는 인식을 가리는 막으로 작용한다. 정교화하는 과정에서 자기

속에 있는 것을 마치 대상이 그런 것처럼 투사한다. 무지로 뒤덮인 미혹한 마음이 자기 자신이 만든 심적 개념의 구조들을 원래부터 대상이 가지고 있었던 것처럼 그 대상에 투사하는 것이다.

우리가 '저 대상은 이렇다'라고 생각하는 것은 이러저러하게 자신이 짜서 맞춘 것일 뿐이다. 여름에 짧은 치마를 입은 여자를 보고, '저 여자는 남자를 유혹하는 것 같다'고 생각하는 사람이 있다고 하자. 여자는 단지 날이 더워서 짧은 옷을 입었을 뿐인데, 그 사람은 자기의 생각을 투사하여 전혀 다른 결론을 내렸다. 이처럼 우리가 어떤 가치를 가지고 계획을 세우고 행위를 할 때 근거로 삼는 것은 사실 원래부터 그렇게 있었던 것이 아니라 자신이 짜 맞춘 가공물인 경우가 많다.

물론 이런 가공물이 전적으로 허상이라거나 완전히 환상이라는 말은 아니다. 어디까지나 그것은 직접 경험에 의해 주어진 것을 원료로 하여 만들어낸 것이기 때문이다. 여기에는 마음이 가공해 낸 다른 꾸밈이 뒤섞여 있는데, 이러한 가공 과정을 작동시키는 태엽은 번뇌이다. 눈에 보이지 않는 탐, 진, 치 번뇌가 가공 작업을 하게 만든다.

번뇌는 마음의 때이다. 번뇌는 자기 속에서 꾸밈을 만들어내고, 그 꾸밈을 밖으로 투사해서 표면으로 뛰쳐나오도록 하는 갈고리로 삼는다. 일단 번뇌가 뛰쳐나오게 되면, 이것을 바탕으로 번뇌는 다시 더욱 심한 왜곡을 일으킨다. 점점 악순환되어 원래와는 상당히 멀어진 자기만의 뭔가가 일어나게 만든다.

진료실에서 망상이 있는 분들을 만나 보면 그분들 역시 처음의 경험은 다른 사람이 경험하는 것과 똑같은 현실이다. 그 현실에 자기의 것이 덧붙여지면서 현실과 동떨어진 자기만의 현실이 만들어진 것

정신과 의사가 들려주는 불교 사용 설명서

이다. 정도의 차이는 있지만 사람들에게는 직접 경험을 주성분으로 하는 가공물을 만들어내는 과정이 계속 일어나는데, 이것을 우리가 알아차리느냐 알아차리지 못하느냐가 중요하다.

《사피엔스》, 《호모데우스》, 《21세기를 위한 21가지 제언》의 작가로 유명한 유발 하라리는 24세 때 처음으로 고엔카 명상을 경험한 후 이렇게 말했다. "명상하고 보니, 내가 한 생각의 99%는 내가 만든 것이다." 유발 하라리가 실제로 명상하고 사띠를 이해하고 난 뒤에 보니, 자기 생각의 99%는 자기가 덧붙인 것이고 실제는 1%밖에 되지 않는다는 것을 알게 되었다는 말이다. 그렇다면 이러한 인식 과정의 왜곡을 어떻게 바로잡을 수 있을까.

비구 보디는 잘못된 관념을 바로잡는 일은 지혜의 몫이라고 하였다. 지혜가 자기 역할을 효과적으로 수행하려면 대상에 있는 그대로 접근할 수 있어야 한다. 있는 그대로의 대상이란 개념적 정교화에 의해 흐릿해지거나 덧붙여지지 않은 상태라 할 수 있다. 이는 올바른 마음챙김에 의해 가능해진다. 마음챙김은 순수한 현장성 그대로의 경험을 훤히 밝힌다. 마음챙김을 닦는 것은 무엇을 하는 것이 아니라 하지 않는 것이다. 생각하지 않기, 판단하지 않기, 연상하지 않기, 계획하지 않기, 상상하지 않기, 바라지 않기, 중간에 끼어드는 것을 모두 막고 오로지 그것만을 보기. 그러므로 사띠는 경험이 이루어질 때마다 그것이 일어나고 머물고 사라지는 것을 지켜볼 뿐이다.

마음챙김은 마음을 어떤 대상에 굳건히 자리 잡게 해 준다. 잡티 없이 거기에 가 있는 것이다. 올바른 마음챙김은 인식의 장을 깨끗하게 청소하는 역할을 한다. 마음챙김이 강력할 때는 마음이 대상에 머물게 되고 그 특성들을 깊이 꿰뚫어 보게 된다. 마음이 오로지 대상에 가 있고, 마음의 아는 기능에 잡티가 없기 때문에 대상을 알게 되는 것이다.

마음챙김은 고요함과 통찰력을 쉽게 얻을 수 있도록 돕는다. 삼매를 통해서 마음은 번뇌가 없는 고요한 상태로 있게 된다. 또 대상을 정확히 아는 통찰력, 즉 지혜를 얻을 수 있다. 마음챙김을 적용하는 방식에 따라 깊은 집중으로 이끌 수도 있고 지혜로 이끌 수도 있다. 깊은 집중은 마음을 어느 대상에 딱 집중하는 것이다. 호흡에 집중한다면, 호흡에만 집중하다가 마음이 딴 데로 가면 그걸 내려놓고 돌아오고 하면서 집중 쪽으로 가는 것이다. 지혜를 닦을 때, 어떤 현상이 일어나든 그것이 어떤 것인지 잘 보다 보면 바로 거기서 대상이 이런 것이구나 하고 알게 된다.

《대념처경》에서 부처님은 모든 괴로움을 없애고 열반을 얻는 유일한 길은 4념처라고 하였다. 4념처만이 유일한 길이라고 하는 말은 편협하고 독단적인 주장이라고 생각해서는 안 된다. 비구 보디는 부처님이 '해탈은 바른 마음챙김 수행으로 얻어지는 경험의 장을 꿰뚫는 관찰에 의해서만 성취될 수 있다'는 점을 지적하신 것이라고 설명한다. 진리에 토대를 둔 앎을 통해 괴로움에서 벗어날 수 있다는 것이다.

《8정도》에서 비구 보디는 사띠란 무엇이고 사띠와 반대인 인식이란 어떤 것인지, 그리고 올바른 사띠에 관해 이야기하고 나서 4념처를 설명한다. 4념처는 신념처, 수념처, 심념처, 법념처인데 몸을 관찰하는 신념처를 먼저 하여 힘과 분명함을 얻게 되면 그다음 세 가지를 할 수 있다고 한다. 비구 보디는 수행에서 나아가는 데 정해진 순

정신과 의사가 들려주는 불교 사용 설명서

서는 없지만 대체로 몸을 관찰하는 것을 먼저 다루는 이유는 마음챙김이 힘을 얻고 명료해지면 나머지가 시야에 들어오게 된다고 하였다. 이것은 매우 중요한 가르침이다.

신념처를 충분히 닦을 때 선정을 얻을 수 있다. 신념처는 호흡 관찰, 자세 관찰, 하는 행위를 분명히 아는 것, 몸의 32가지 부분 관찰, 4대 관찰, 사체 관찰의 여섯 가지로 이루어져 있다. 그중에 호흡 관찰, 몸의 32가지 부분 관찰, 사체 관찰의 세 가지를 통해 선정을 얻고 관찰하는 힘이 강해지고 난 뒤에 수념처인 느낌을 관찰하는 것이다. 그다음으로 마음 관찰과 법 현상에 대해 관찰하면 어렵지 않게 된다. 우리의 눈에 보이는 근거인 몸에 대해 사띠를 확실하게 확립하고 난 뒤에 미세한 것들을 관찰하는 게 4념처를 닦는 순서이다.

비구 보디는 신념처에 대해 전반적으로 설명하였지만, 그중에서 부정관에 대해 살펴보자. 그는 부정관을 '몸의 비 매력적인 성질에 대한 명상'이라고 하였다. 우리 몸이 깨끗하지 못한 32가지로 구성된 것을 보는 것으로, 육체에 흘려 있는 상태, 육체에 마음이 뺏겨 있는 상태, 특히 성적 욕구에 사로잡혀 있는 상태에 대처하기 위해 부정관을 한다.

부처님은 성적 충동이 갈애의 한 표현이며 고의 원인이 되므로 고를 종식하기 위해서는 먼저 성적 욕구를 반드시 약화시키고 근절시켜야만 한다고 가르쳤다. 관능적 욕구는 우리가 몸을 매력적인 것으로 보기 때문에 생긴다. 아름답다는 인식이 사라지면 관능적 욕구도 사라진다. 몸을 피상적으로 마음에 드는 인상만으로 파악하는 한 신체적 매력에 대한 인식이 계속 지탱된다. 몸에서 일어나는 감각적인 욕망, 특히 성적인 것을 다스리지 않고는 수행이 되지 않는다. 부정관은 우리 몸이 32가지 부정한 것으로 돼 있다는 명상으로 성적 충동을 일으키는 인식적 토대, 즉 몸을 관능적 유혹의 대상으로 받아들이는 인식 자체를 검토함으로써 성적 욕구를 약화시키고자 하는 것이다.

수념처는 느낌에 대한 마음챙김이다. 느낌은 무언가를 경험하는 매 순간 존재한다. 강할 수도, 약할 수도 있고 또는 분명할 수도, 불분명할 수도 있다. 하지만 느낌이 일어나면 번뇌가 활성화될 수 있다. 느낌은 잠재된 번뇌를 활성화하기 때문에 특별히 중요한 마음챙김 수행의 대상이 된다. 느낌이 분명하게 의식에 등재되지 않더라도 미묘한 방식으로 심적 경향을 불순한 상태로 부추기고 지속시킨다. 이것이 바로 느낌을 잘 관찰해야 하는 이유이다. 느낌만 잘 단속해도 해탈을 이룰 수 있다.

느낌은 언제나 어떤 형태로든 있다. 우리가 대상을 경험할 때 대상의 맛이 느낌이다. 이것을 알아차리지 못하고 영향을 받게 되면 번뇌가 그 틈을 타고 올라온다. 대상을 접하면 느낌이 따라온다. 느낌은 언제나 있는 마음의 요소인데 즐거운 느낌, 괴로운 느낌, 즐겁지도 괴롭지도 않은 느낌이 있다. 어떤 인식이 일어나면 거기에 자기의 것이 마구 덧붙여지듯이, 느낌도 순식간에 근본 번뇌를 일으키는 조건이 된다.

즐거운 느낌이 일어나면 탐욕이라는 번뇌의 영향을 받아 즐거운 느낌에 집착한다. 즐겁고 좋으니까 계속하고 싶어지는 것이다. 괴로운 느낌이 일어나면 불쾌하거나 싫어하거나 두렵다고 반응한다. 이들은 혐오와 성냄으로 거부하는 것으로 표출된다. 즐겁지도 괴롭지도 않은 느낌이 일어나면 일반적으로는 잘 알아차리지 못한다. 또는 그 느낌이 우리를 속여서 거짓된 안정감에 빠뜨리도록 방치한다. 즐겁지도 괴롭지도 않은 느낌을 알아차리지 못한 채로 편안한 상태에 있다고 하는, 어리석음에 지배당한 마음 상태가 된다.

물론 모든 느낌이 번뇌와 연결되는 것은 아니다. 느낌과 번뇌 사이의 연결고리가 끊어지도록 해야 하는데, 여기에는 마음챙김의 역할이 필요하다. 느낌은 관찰되지 않을 때 탐닉, 싫어함, 무지의 대상이 되어 번뇌를 자극하고 번뇌를 일으키므로, 습관적으로 관찰을 통해 얻은 경험은 본질을 이해하는 도약대로 삼아야 한다. '내가 느낀다, 내 느낌이다'라면서 자기와 동일시하지 말고 그냥 잘 지켜보자. 느낌의 질감이랄까 색조랄까, 즉 즐거운 느낌, 괴로운 느낌 또는 즐겁지도 괴롭지도 어떤 느낌, 이 느낌에만 주목할 따름이다. 느낌이 일어나면 일어나는 대로 그것을 단순히 하나인 느낌으로, 오로지 그 느낌만 있는 하나의 심적 사건으로 지켜보는 것이다.

이렇게 하면 느낌이란 일어남과 사라짐의 지속적인 흐름이라는 것이 드러난다. 우리가 보고 듣고 맛보고 냄새 맡거나 하면 언제나 생겨나는 것이 느낌이다. 느낌은 대상의 맛이기 때문에 접촉이 일어나면 느낌이 따라오게 돼 있다. 하지만 이를 잘 관찰하면 일체는 그저 쏜살같이 지나가는 허망한 사건들, 진정 즐길 것도 관여할 여지도 없는 사건들의 흐름으로만 보일 뿐이다.

심념처는 마음에 대한 마음챙김이다. 사람들은 보통 마음을 연속적으로 경험하면서도, 마음 자체는 변하지 않는 자기 동일성을 유지하는 지속적인 기능이 있다고 생각한다. 경험은 변화하지만, 그 변화하는 경험을 겪는 마음은 약간의 변화가 있더라도 여전히 동일한 마음이라고 믿는 것이다. 하지만 부처님의 가르침에서 변하지 않으면서도 영속하는 심적 기관이라는 관념은 없다. 비구 보디는 생각, 느낌, 의지로 분리된 순간적 의식이 이어지는 움직임의 연속이 마음이라고 설명한다.

부연하면, 지속적인 마음이 있고 거기서 생각이 일어나고 느낌이 일어나고 의지가 일어나는 것이 아니라 각각이 마음의 작용으로 툭 일어난다는 것이다. 연기적인 관계성으로 보는 것이다. 마음이 순수하건, 때 묻었건, 고상하건, 천박하건 상관없이 그 때문에 의기양양하거나 의기소침해지지 않는다. 단지 그 상태에 대해서 분명하게 마음을 인식해야 한다. 단순하게 관찰하면 그 상태는 바람직하다고 집착하거나 바람직하지 않다고 거부감이 없이 그냥 지나가게 된다.

법념처에서 '법'은 어떤 현상 또는 진리를 의미한다. 눈이나 귀, 나아가 정신을 통해 감지되는 현상은 어떤 본체의 뒷받침 없이 그저 일어나고 있을 뿐인 현상 그 자체라는 것이다. 이것이 부처님이 가르친 무아이다. 법념처의 주제는 다섯 가지 장애, 5취온, 안팎의 여섯 가지 감각기관, 일곱 가지 깨달음의 요소(7각지), 4성제이다. 이 중에서 다섯 가지 장애와 7각지(七覺支)에 주목해야 한다. 다섯 가지 장애는 해탈을 이루는 데 주된 장애이므로 없애야 하고, 7각지는 해탈에 도움이 되기 때문에 성취해야 한다.

정신과 의사가 들려주는 불교 사용 설명서

《대념처경》 요약

《대념처경》은 크게 여섯 부분으로 구성되어 있다. 4념처가 무엇인지 알려주는 서문, 4념처 각각에 대해 설명한 네 부분, 마지막은 4념처를 수행하면 어떤 과를 얻는지 부처님이 보장한 내용이다.

지금부터 《대념처경》의 내용을 차례로 소개하고, 경의 내용이 무엇을 의미하는지는 주석서와 복주서의 해석을 참조하면서 자세하게 설명할 것이다. 이와 함께 우리와 동시대를 산 탁월한 수행자인 미얀마의 마하시 사야도와 파욱 사야도 그리고 파욱 사야도의 제자인 레와따 스님의 법문도 살펴보고, 때때로 내 수행 경험도 이야기하려 한다.

한 가지 유념할 것은 주석서를 간과해서는 안 된다는 점이다. 어떤 이는 주석서가 부처님의 말씀이 아니라고 여기는데, 주석서는 부처님의 가르침을 누구보다 잘 이해한 분들이 기록한 것이고 이미 오랜 세월 동안 검증을 통과하여 인정받았다. 부처님이 위대하신 분이고, 부처님에게 직접 가르침을 받은 위대한 제자들이 많았다는 사실을 부정해서는 안 된다. 니까야에서도 부처님이 중요한 가르침을 직접 설하신 후 제자들이 다른 비구들에게 해설하는 구조로 이루어진 경을 어렵지 않게 찾을 수 있다. 그러므로 우리는 불교 공부를 할 때 주석서를 잘 이용해야 한다.

내가 불교 공부를 시작한 지 얼마 되지 않았을 때, 주석서를 읽으면서 번잡하다고 생각했던 기억이 있다. 이 말이 정말 맞을까에 대해 의심한 적도 있다. 하지만 꾸준히 수행하고 어느 정도 불교 공부가 되었을 때는 주석서의 도움을 많이 받았다. 물론 주석서의 내용이 복잡해서 이해하기 힘들다면 경을 중심으로 읽어도 된다. 다만 주석서에 대해 '잘못됐다, 불필요하다'는 생각을 가지지 말기 바란다.

이제 본격적으로 《대념처경》의 서문을 읽어 보자.

이와 같이 나는 들었다. 한때 세존께서는 꾸루의 깜맛사담마라는 꾸루들의 성읍에 머무셨다.

그곳에서 세존께서는 "비구들이여!"라고 비구들을 부르셨다.

"세존이시여!"라고 비구들은 세존께 응답했다.

세존께서는 이렇게 말씀하셨다.

"비구들이여, 이 도는 유일한 길이니 중생들의 청정을 위하고 슬픔과 비탄을 건너기 위한 것이며 육체적 고통과 정신적 고통을 사라지게 하고 올바른 방법을 터득하고 열반을 실현하기 위한 것이다. 그것은 바로 네 가지 마음챙김의 확립이다."

부처님은 꾸루 지방의 깜맛사담마라는 곳에서 《대념처경》을 설하였다. 그런데 왜 꾸루 지방이고 그중에서도 왜 깜맛사담마였을까? 이에 대해 구체적인 언급이 없으므로 부처님의 의도를 정확하게 알기 어렵다. 부처님이 완전한 깨달음을 이룬 후 일주일씩 일곱 번, 즉 49일간 깨달음의 내용을 음미할 때 4념처도 음미하셨다고 한다. 모든 준비를 완료한 부처님은 '4념처를 어디에서 법문하면 좋을까'도 주도면밀하게 생각하였을 것이다. 그리고 꾸루 지방의 깜맛사담마를 선택하였을 것이다. 이렇게 생각이 펼쳐지면 다시 처음 궁금증으로 되돌아오게 된다. 왜 꾸루이고 왜 깜맛사담마였을까?

이럴 때 주석서를 보면 의문이 풀린다. 부처님 재세 시에 16대국이 있었는데 꾸루국도 그중 하나이다. 당시 꾸루는 기후도 적당하고 환경도 좋았으며, 사람들도 몸과 마음이 건강하여 심오한 법을 듣고 수지할 능력을 갖추었다고 한다. 그들은 물을 길으러 가서도 '당신은 지금 마음챙김 수행을 하고 있습니까?'라고 물을 정도로 가장 신분이 낮은 사람부터 많은 재가자와 출가자들이 마음챙김의 확립에 대한 법을 자주 말하고 수행하고 있었기 때문에 부처님이 《대념처경》을 꾸루국에서 설하였다는 것이다.

비구들을 부른 부처님은 4념처가 '열반을 실현하는 유일한 길'이라고 하였다. 주석서는 '마음챙김 없이 다른 어떠한 길도 없다'라고 설명한다. 또한 '마음챙김의 확립'이라고 한 것은 마음챙김을 대표 방법으로 말한 것이지 마음챙김만 따로 떨어질 수 없다고 하였다. 이는 앞장에서 비구 보디가 '유일한 길이란 독단적인 것이 아니다'라고 해석하였던 것과 같은 맥락이다. 실제로 수행해 보면, 마음챙김만으로는 수행의 길이 성취되지 않는다. 정진과 통찰이라는 여러 법을 동반하여야 수행의 길을 성취할 수 있다.

'올바른 방법을 터득하고'에서 '올바른 방법'은 8정도이다. 4념처 수행을 통해 8정도를 터득하게 된다는 의미이다. 부처님은 예비단계로 4념처를 닦으면 8정도를 터득하게 되고, 출세간도를 터득하게 된다고 설한 것이다.

이에 대해《맛지마 니까야 복주서》는 달리 설명한다. '올바른 방법을 터득하고 열반을 실현하기'란 4념처를 닦아서 도와 과를 이루는 것이라는 것이다. 즉 옳은 방법을 터득하여 열반을 도의 지혜로 실현한다는 것이고, '열반을 실현하기'라는 말은 과의 지혜로 실천한다는 것으로 설명한다. 어찌 되었든 복주서의 설명 또한 4념처를 통해서 8정도를 수행할 수 있게 되고, 8정도를 통해서 열반을 실현하게 된다고 한다.

이어서 부처님은 각각의 마음챙김에서 갖춰야 하는 요소를 네 가지로 설명하였다.

"무엇이 네 가지인가?
비구들이여, 여기 비구는 몸에서 몸을 관찰하며 머문다. 세상에 대한 욕심과 싫어하는 마음을 버리면서 근면하게 분명히 알아차리고 마음 챙기는 자가 되어 머문다.
느낌에서 느낌을 관찰하며 머문다. 세상에 대한 욕심과 싫어하는 마음을 버리면서 근면하게 분명히 알아차리고 마음 챙기는 자가 되어 머문다.

정신과 의사가 들려주는 불교 사용 설명서

마음에서 마음을 관찰하며 머문다. 세상에 대한 욕심과 싫어하는 마음을 버리면서 근면하게 분명히 알아차리고 마음 챙기는 자가 되어 머문다.

법에서 법을 관찰하며 머문다. 세상에 대한 욕심과 싫어하는 마음을 버리면서 근면하게 분명히 알아차리고 마음 챙기는 자가 되어 머문다."

부처님이 '여기 비구는'이라고 하였다. 니까야를 읽다 보면 '여기'라는 말이 많이 나온다. '여기'란 부처님이 법을 설하는 장소를 가리키는 것이 아니다. '여기'란 '이 가르침에서'라는 뜻이다. 즉 '부처님의 가르침에서'로 읽어야 한다. 또 부처님은 '여기 비구는'이라고 하여 '비구'를 언급한다. 마음챙김을 닦는 이들로는 비구 외에도 비구니, 청신사, 청신녀, 천신, 범천이 있다. 부처님이 법을 설할 때 천상의 존재들도 많이 와서 들었는데, 비구만 드러내어 '비구들이여!' 하고 설한 것은 어떤 이유일까. 부처님의 가르침을 받아들이고 실천하는 이들 중에 비구가 모든 가르침을 간직하는 이들로서 제일 거룩한 이들이기 때문이다. 대표적으로 비구를 언급할 때는 비구니, 청신사, 청신녀, 천신, 범천들도 저절로 포함되었다고 보아야 한다.

이어서 부처님은 몸, 느낌, 마음, 법의 네 가지 마음챙김 확립마다 네 가지 요소를 제시한다. 첫째는 '세상에 대한 욕심과 싫어하는 마음을 제거하면서'이고, 둘째는 '근면하게', 셋째는 '분명하게', 넷째는 '마음챙김'이다.

첫째, '세상에 대한 욕심과 싫어하는 마음을 제거하면서'에서 '세상'이란 무엇일까? 주석서는 "세상이란 5취온을 말한다"고 설명하였다. 5취온은 4념처 수행의 관찰 대상이다. 그러므로 이 경문은 '5취온에 대한 욕심과 싫어하는 마음을 버리면서'라고 보면 된다.

이러한 주석서의 해석은 네 번째 요소와도 연결된다. '마음 챙기는 자가 되어'는 '5온을 관찰하는 자가 된다'는 의미이다. 우리는 물질, 느낌, 인식, 행, 식의 5온으로 구성되어 있다. 5온은 계속 일어났다 사라지는 법이므로 항상하지 않고 계속되지 않는다. 괴로움이고, 통제할 수 없고, 고정된 실체가 없으며, 깨끗하지 않은 속성을 가지고 있다. 바로 이러한 5온을 관찰하는 자를 말한다.

수행하지 않는 일반인들은 5온을, 이 중에서도 특히 몸을 소중하다고 여긴다. 평생 항상 유지되는 하나의 몸이 있어서 행복하다고 생각한다. 자기가 바라는 대로 어디든 갈 수 있고, 먹고 싶을 때 먹을 수 있고, 느끼고 행동할 수 있고, 자기가 통제할 수 있는 본질 또는 영혼이 있는 중생으로 생각한다. 아름답고 깨끗한 것이라고도 생각한다. 이 몸에 대해서 무상, 고, 무아, 부정(不淨)을 사실대로 관찰하여 알고 보는 것은 쉬운 일이 아니다. 너무 미세하거나 너무 커서 육안으로는 볼 수 없는 것을 현미경이나 망원경을 이용해서 볼 수 있듯이 수행자가 무상, 고, 무아, 부정을 사실 그대로 보려면 도움이 되는 기구가 필요하다. 그것이 정진, 마음챙김, 삼매, 지혜이다.

마음챙김의 네 가지 요소 중 첫 번째와 네 번째가 5온, 5취온과 관련이 있다면, 두 번째와 세 번째는 앞 인용문의 해석에서 언급한 정진과 통찰지와 통한다. 즉 두 번째 요소인 '근면하게'가 정진이고, 세 번째 요소인 '분명히 알아차리고'가 통찰지이다. 또한 '분명히'란 마음챙김을 통해서 지혜를 얻는다는 의미이다. 요컨대 정진하여 마음챙김을 하면 통찰지를 얻는다. 이 가르침에 의하면 정진과 통찰지는 마음챙김에 포함되지만, '마음챙김'이 주가 되고 정진과 통찰지는 도와주는 것이다.

구체적으로 살펴보자. '근면하게'란 바른 정근을 통해 끊임없이 애쓰는 것이다. '정근'이란 해로운 법이 있으면 없애려고 노력하고, 해로운 법이 없으면 일어나지 않게 노력하며, 선법이 있으면 더 일어나게 노력하고, 선법이 없으면 일어나게 노력하는 것이다. 정근을 끊임없이 하다 보면 물질 현상이 일어날 때마다 일어난 물질 현상을 놓치지 않고 마음챙김을 할 수 있다. 마음챙김을 꾸준히 하다 보면 삼매가 나타난다. 이 삼매를 통해 물질 현상을 분명하고 확실하게 알게 된다. 삼매에서 생긴 지혜의 눈을 통해 궁극적인 물질 현상을 그대로 볼 수 있게 되는 것이다.

내 몸의 손은 항상 있다고 생각한다. 그런데 삼매에서 보면 손은 항상하는 것이 아니라, 손을 이루는 궁극적 물질이 일어났다 사라진다. 이것은 내가 어떻게 할 수 없고, 괴로움이고, 내 것이 아니라는 것을 알게 된다. 그러므로 손은 항상하지 않고, 괴로움이고, 자아가 아니고, 깨끗하지 않다고 알게 되는 것이다. 이것이 바른 앎이고 관찰의 지혜이다. 주석서의 설명에 따르면, 이렇게 마음챙김을 할 때 정진, 마음챙김, 삼매, 지혜가 있다.

이번에는 부처님이 네 가지 마음챙김을 설명한 방식에 주목해보자. 신념처, 수념처, 심념처, 법념처는 각각 네 가지 요소를 공통으로 갖춰야 한다. 그러면 네 가지 마음챙김 확립을 먼저 제시하고 공통

요소를 한꺼번에 설명하면 되는데, 마음챙김 확립의 하나하나마다 공통적인 네 가지 요소를 덧붙이는 방식으로 반복하여 설하였다. 그 이유는 무엇일까?

미얀마 파욱 사야도의 제자인 레와따 스님이 4념처 수행에 관해 설명한 내용에서 그 실마리를 찾을 수 있다. 레와따 스님은 신념처에서 물질을 강조하지만, 물질만을 알아차리는 것만으로는 충분하지 않다고 한다. 느낌을 강조하는 수념처, 마음을 강조하는 심념처도 마찬가지이며, 법념처에서도 어느 하나에 치중하지 않고 수행하라고 지적한다.

수념처의 경우 느낌이란 일종의 정신이고, 우리 정신은 근본이 되는 마음이 있고 마음의 기능을 하는 마음부수가 있는데 느낌도 마음부수에 포함된다. 그러므로 느낌 하나만 알아차리는 것으로는 충분하지 않다. 느낌과 관계된 물질적인 부분과 다른 마음을 모두 알아차려야 한다. 심념처 또한 마음 하나만을 알아차리는 것으로는 충분하지 않고, 물질과 마음부수를 알아차려야 한다. 법념처에서 부처님은 우리를 이루고 있는 정신과 물질을 여러 방면으로 알아차리도록 가르쳤다.

레와따 스님의 말처럼 신념처는 신념처만 해야 한다고 생각하지 말아야 한다. 자연스럽게 신념처와 같이 있는 것들도 관찰해야 한다. 그리고 몸을 몸이라고 관찰하는 동안 정진, 지혜, 마음챙김의 세 가지 요소를 계발해야 하고 세상에 대한 탐욕과 싫어하는 마음을 극복해야 한다.

신념처 1 :
들숨날숨에 대한 마음챙김

《대념처경》에서 신념처는 여섯 부분으로 구성되어 있다. 첫 번째는 들숨날숨에 대한 마음챙김, 두 번째는 네 가지 자세, 세 번째는 분명하게 알아차림, 네 번째는 부정관, 다섯 번째는 4대, 여섯 번째는 공동묘지 관찰이다. 그런데 부처님은 신념처를 설명하기 전에 먼저 수행하는 장소와 자세를 설명한다.

> 비구들이여, 어떻게 비구는 몸에서 몸을 관찰하며 머무는
> 가? 비구들이여, 여기 비구는 숲속에 가거나 나무 아래에 가
> 거나 외진 처소에 가서 가부좌를 틀고 몸을 곧추세우고 전
> 면에 마음챙김을 확립하여 앉는다.

부처님은 신념처를 하는 장소로 '숲속, 나무 아래, 외진 처소'를 지정

해 주었다. 주석서는 이런 곳들이 처음 수행을 시작한 이들에게 적당한 장소이기 때문이라고 설명한다. 이 중에서도 '외진 처소'가 가장 기본이다. 수행을 많이 하여 삼매나 지혜가 성숙한 이들은 어느 장소를 막론하고 수행할 수 있다.

또 부처님은 '가부좌' 한 가지 자세만을 제시하였다. 주석서는 가부좌가 처음 수행을 시작한 이들에게 특히 적당하기 때문이라고 설명한다. 수행을 많이 한 수행자라면 앉고 서고 걷고 눕는 네 가지 자세 모두에서 끊임없이 노력해야 한다. 또한 가부좌를 말한 이유 중 하나는 오랫동안 앉아 있게 하기 위해서라고 한다. 내 경험으로는 평좌 혹은 자기에게 적합한 자세가 있다면 다른 자세로도 앉아 수행할 수 있다.

레와따 스님의 설명을 들으면 부처님이 왜 이들 장소와 자세를 지정하였는지 쉽게 이해할 수 있다. 수행자가 수행하러 오기 전에는 오랫동안 시각적인 대상들과 그 외 다른 감각적 대상들에 안주해 왔기 때문에, 그의 마음은 명상의 길에 들어서는 것을 좋아하지 않는다. 마치 메마른 땅 위에 놓여 팔딱거리는 물고기가 물을 갈망하듯 감각적 즐거움에 익숙해졌기 때문이다. 영화나 음악, 음식, 즐길만한 사회적 삶 같은 다양한 종류의 감각적 대상과 접촉하면서 그 속에서 큰 기쁨을 맛보다가 이런 것들이 없는 단조로운 장소에 오면 마음에 안식이 없고 만족스럽지 않게 된다.

이처럼 마음은 명상의 길에 들어가는 걸 좋아하지 않을뿐더러 저항한다. 그래서 레와따 스님은 감각적 즐거움에 익숙한 수행자가 그의 나쁜 습관을 없애기 위해서는 숲속이나 나무 아래나 한적한 장소에서 반복적으로 마음을 호흡에 되돌려 마음이 오랫동안 호흡에 머물러야 한다고 조언한다. 새로운 습관을 들여야 한다는 말이다. 주석서는 마음대로 돌아다니던 야생의 송아지를 길들이려면 튼튼한 기둥에 단단하게 묶어야 하듯이, 수행자가 자신의 마음을 길들이려면 명상 대상에 마음을 꽁꽁 묶어야 한다고 비유한다.

적당한 장소와 자세를 설명한 뒤 부처님은 들숨날숨에 관한 마음챙김을 설명한다. 빨리어로는 '아나빠나사띠'라고 한다.

"그는 마음챙겨 숨을 들이쉬고 마음챙겨 숨을 내쉰다. 길게 들이쉬면서 '길게 들이쉰다'고 꿰뚫어 알고, 길게 내쉬면서 '길게 내쉰다'고 꿰뚫어 안다. 짧게 들이쉬면서 '짧게 들이쉰다'고 꿰뚫어 알고, 짧게 내쉬면서 '짧게 내쉰다'고 꿰뚫어 안다. '호흡의 전 과정을 경험하면서 들이쉬리라'며 수련하고 '호흡의 전 과정을 경험하면서 내쉬리라'며 수련한다. '미세한 호흡이 되게 하면서 들이쉬리라'며 수련하고 '미세한 호흡이 되게 하면서 내쉬리라'며 수련한다.
비구들이여, 마치 숙련된 도공이나 도공의 도제가 길게 돌리면서 '길게 돌린다'고 꿰뚫어 알고, 짧게 돌리면서 '짧게 돌린다'고 꿰뚫어 아는 것처럼, 그와 같이 비구는 길게 들이쉬면서는 '길게 들이쉰다'고 꿰뚫어 알고 길게 내쉬면 '길게 내쉰다'고 안다."

호흡 관찰에는 두 단계가 있다. 첫 단계는 숨을 길게 또는 짧게 내쉬고 들이쉴 때의 관찰, 두 번째 단계는 호흡의 전 과정과 미세한 호흡 관찰이다. 첫 단계는 내쉬고 들이쉬는 호흡을 그대로 관찰하지만, 호흡의 전 과정과 미세한 호흡은 수련을 해야 한다. 호흡의 전 과정이란 빨리어로 '삽바 까야'이다. 삽바 까야를 '온몸을 경험하면서'라고 번역하는 사람도 있는데, 이때의 몸은 호흡이라고 보아야 한다. 그래서 《청정도론》이나 마하시 사야도는 몸을 호흡으로 설명한다. 실제 명상을 하는 입장에서도 들숨날숨에 집중하는 수행을 하면서 이 대상 저 대상을 보는 것은 이상하다. 호흡이 길면 긴 대로 짧으면 짧은 대로 알고, 숨을 하나도 놓치지 않고 보게 되면 미세한 숨이 된다. 마하시 사야도는 들숨날숨의 관찰을 통해서 나중에 미세한 호흡이 되고, 그 후에 닮은 표상이 생기며, 근접삼매와 본삼매에 이를 수 있다고 한다.

미세한 호흡으로 번역한 것은 원문에 '미세한 몸의 작용'으로 되어 있다. 파욱 사야도가 쓴 《열반에 이르는 길》에는 미세한 호흡이 니미따(표상)와 선정을 포함한다고 설명한다. 마하시 사야도는 위빠사나적으로 들숨날숨을 지켜보면 생멸의 지혜 등 여러 위빠사나의 지혜에 이를 수 있다고 한다.

《청정도론》에는 삼매를 얻는 마흔 가지 방법을 정리해 놓았다. 이 중에는 근접삼매를 얻는 게 있고, 본삼매인 선정을 얻는 것도 있다. 선정 중에서도 초선만 얻는 방법, 제3선까지 또는 제4선까지 얻는 방법이 있는데 들숨날숨에 대한 마음챙김을 하면 제4선까지 얻을 수 있다.

다시 《대념처경》의 경문을 살펴보면, 들숨날숨에 대한 관찰은 네 단계로 이루어져 있다. 첫째, 호흡이 길면 긴 대로 알아차린다. 둘째, 호흡이 짧으면 짧은 대로 알아차린다. 셋째, 호흡을 하나도 놓치지 않는다. 넷째, 미세한 호흡이 되게 한다.

부처님은 숨을 길면 긴 대로 짧으면 짧은 대로 알라고 하였지만, 직접 수행해 보니 그냥 숨에 오로지 집중하는 게 좋다. 숨을 길게 들이쉴 때도 있고 짧게 들이쉴 때도 있는데 '이건 긴 숨인가? 짧은 숨인가?'를 생각하다 보면 숨에 대한 생각에 사로잡혀 숨을 온전히 볼 수 없게 된다. 우리는 오랫동안 산만하게 생각하며 살았기 때문에 들숨날숨에 대한 마음챙김을 한다면서도 과거의 습관대로 생각이 올라올 수밖에 없다. 팔이 가려우면 가려운 데로, 발이 저리면 저린 데로 마음이 가기 쉽다.

호흡이 아닌 다른 데로 마음이 가면 그걸 알아차리고 다시 돌아온다. 마음이 또 다른 데로 가면 그걸 알아차리고 돌아오고 하다 보면 집중력이 생긴다. 집중한다면서 힘을 쓴다고 집중력이 오르는 건 아니다. 집중해야지 하는 것도 알아차림의 대상이고 놓아야 하는 대상이다. 명상의 대상인 들숨과 날숨을 보다가 마음이 딴 데로 가면 '명상하는 데 왜 마음이 딴 데로 가지?' 하며 조급해하지 말고, '마음이 딴 데로 갈 때는 다 이유가 있다'고 여유롭게 생각하며 내려놓다 보면 집중력이 강해진다.

숨에 집중하다가 마음이 다른 데로 가면 놓아 버리고 다시 돌아오는 것이 놓는 훈련이다. 들숨날숨에 대한 마음챙김을 통해 집착을 놓는 훈련이 된다. 마음에 놓는 시스템을 구축하면, 일상에서도 활용할 수 있다. 기분 나쁜 소리를 들어도 쉽게 놓을 수 있어 저절로 편안해진다.

어떤 숨이든지 동요하지 않고 있는 그대로 보면, 숨을 하나도 놓치지 않는 단계에 자연스럽게 들어서게 된다. 나는 이 단계가 제일 중요하다고 생각한다. 숨을 하나도 놓치지 않는 상태가 오래 지속되면 숨이 자연스럽게 미세하게 된다. 숨이 미세하다는 것은 숨을 알 수도 볼 수도 없다는 의미이다. 부처님은 제4선에 들어가기 전에는 숨은 항상 있는 것이기 때문에 숨을 놓치고 있다고 하였다. 미세한 숨을 잘 보고 있으면 숨과 빛이 하나가 되는 현상이 일어나는데, 숨과 하나가 된 빛을 니미따(표상)라고 한다. 이때의 빛은 여러 형태로 있을 수 있다. 이때부터는 숨이 있을 때는 숨을 보고, 숨이 없어진 자리에 빛이 있으면 빛을 보면 된다. 그러면 마음이 하나의 대상에 가 있는 것이다.

이런 노력을 계속하다 보면 마음이 대상에 자동으로 집중하는 상태가 온다. 처음에는 대상에 가는 노력을 했지만, 수행을 계속하다 보면 거기로 길이 나서 자동으로 집중 상태가 오고 나중에는 마음이 니미따가 아닌 다른 곳으로는 가지 않는 확고한 상태가 된다. 이것이 선정이다. 사실 어떤 숨이든지 그 숨이 일어날 만한 인과가 있기 때문에 있는 것이다. 거기에 대해서 좋아하고 싫어할 게 없다. 이렇게 알고 어떤 숨이든지 동요 없이 보다 보면 부처님이 말해준 단계를 밟아서 선정을 얻게 된다.

다음으로 부처님은 '몸에서 몸을 관찰하여 머무는' 것에 대해 말하였다. 이 부분은 마치 후렴구처럼 《대념처경》에 나오는 스물한 가지 수행 주제마다 반복된다. 《대념처경》에는 신념처에 열넷, 수념처에 하나, 심념처에 하나, 법념처에 다섯 개의 수행 주제가 있다. 각 수행 주제의 설명 다음에는 같은 구절이 후렴구처럼 붙어 있다. 신념처는 '몸에서 몸으로', 수념처는 '느낌에서 느낌으로', 심념처는 '마음에서 마음으로', 법념처는 '법에서 법으로'라고 바뀌지만, 세부 내용은 같다. 이 후렴구를 두 부분으로 나누어 살펴보자.

이와 같이 안으로 몸에서 몸을 관찰하며 머문다. 혹은 밖으로 몸에서 몸을 관찰하며 머문다. 혹은 안팎으로 몸에서 몸을 관찰하며 머문다. 혹은 몸에서 일어나는 현상을 관찰하며 머문다. 혹은 몸에서 사라지는 현상을 관찰하며 머문다. 혹은 몸에서 일어나기도 하고 사라지기도 하는 현상을 관찰하며 머문다.

부처님이 '몸에서 몸을 관찰한다'라고 했다. 간단하게 '몸을 관찰한다'고 하지 않고, 왜 몸이라는 용어를 두 번 반복했을까? 《대념처경》을 처음 읽었을 때 굉장히 의아했는데 주석서를 읽으면서 이해가 되었다. 결론부터 말하면 '몸에서'의 몸과 '몸을'의 몸은 다르기 때문이다. 즉 '몸에서 몸을 관찰한다'는 '몸에서 다른 몸을 관찰하라'고 읽어야 한다.

주석서에 의하면 앞의 몸은 '물질로 된 몸'이라는 뜻이다. 빨리어로 몸은 '까야(kāya)'이다. 까야는 무언가가 모인 것을 뜻한다. 그래서 몸뿐만 아니라 코끼리 떼, 마차의 무리 등을 지칭할 때도 까야를 사용한다. 또 까야에는 '혐오스러운 것들'의 뜻이 있다. 빨리어로 혐오스러운 것을 '꿋치따(kucchita)'라고 한다. 주석서는 '꿋치따'에서 '까'가 오고, 출생지라는 뜻의 '아야'가 합쳐져 '까야'가 된 것으로 보았다. '넌더리 나는 혐오스러운 것들이 생기는 곳'이어서 '몸'이라 한다는 것이다. 그러므로 '몸'은 부분들의 집합이라는 의미와 혐오스러운 것들이 생겨나는 곳이라는 두 개의 의미가 있다.

그러면 무엇이 생기는 것일까? 우리 몸은 서른두 가지 부정한 것으로 이루어져 있는데, 예를 들면 머리털, 몸 털, 손톱, 발톱, 치아 등이다. 물질로 된 몸을 부정한 신체의 각 부분으로 보는 것이 '몸에서'의 의미이다. 이렇듯 부정한 물질적인 몸에서 관찰해야 할 다른 몸이 있다고 알아야 한다.

주석서는 몸을 두 번 언급한 것은 두 가지 이유가 있다고 보았다. 첫째는 대상이 섞이지 않도록 확정 짓는 것이고, 둘째는 단단하게 덩어리가 진 것처럼 보이지만 분해될 수 있는 것을 분해하는 등(等)을 보이기 위해서이다.

첫째, 대상이 섞이지 않는다는 것은 몸에서 느낌, 마음, 법을 관찰하는 것이 아니라 오직 몸만을 관찰한다는 뜻이다. 물론 몸만 따로 존재하는 게 아니기 때문에, 수행이 더 깊어지면 몸을 볼 때 다른 것들도 볼 수가 있고 또는 보아야 하지만 일단 여기서는 대상을 구별하기 위해 몸에서 몸만 본다는 것으로 알면 된다.

둘째, 분해한다는 것은 자칫하면 덩어리로서 보는 것을 분해한다는 뜻이다. 분명하게 있는 그대로 관찰한다고도 한다. 몸에서 서른두 가지로 이루어져 있는 것 또는 4대로 이루어져 있는 것을 떠나, 전체로서 '사람이다, 남자다, 여자다'라고 관찰하지 않는 것이다. 머리털 등 몸의 서른두 가지 부분, 그리고 지수화풍 4대와 이러한 4대에서 파생된 물질을 떠나 전체로서 관찰하지 않는 것이 분해해서 보는 것이다.

주석서는 '분해하는 등을 보이기 위해서'에서 '몸에서 오직 몸만을 관찰할 뿐 다른 어떤 법도 관찰하지 않는다'라고 설명을 덧붙였다.

비유하면 신기루에서 물을 찾는 사람은 '저기 호수가 있다. 물이 있겠구나'라고 생각한다. 이처럼 '다른 어떤 법도 관찰하지 않는다'는 것은 몸은 무상이고 괴로움이고 무아이고 부정한 것인데 항상하다, 즐겁다, 나다, 깨끗하다고 관찰하지 않는다는 뜻이다. 참으로 몸을 관찰하는 자는 무상이요 괴로움이요 무아요 부정한 형태의 집합이 몸이라고 관찰한다.

수행의 정도에 따라 관찰이 깊어진다. 처음에는 그냥 '몸이 있다, 몸이 어떠하다'고 보다가 점점 세부적으로 궁극적인 상태로 보게 된다. 《대념처경》에는 우리의 눈, 귀, 코, 혀, 몸, 통상적인 정신으로 관찰하기도 하고, 더 깊어지면 궁극적인 물질과 정신을 보는 단계도 있다. 서문에서 보았듯이, 마음챙김을 하면 삼매를 얻는다. 지금 내가 할 수 있는 수준에서 4념처 수행을 시작하여 꾸준히 정진하면 점점 깊어지게 된다.

레와따 스님은 '몸에서 몸을 관찰한다'라는 말은 '대상을 명확히 한다'는 뜻으로 설명한다. 지혜가 없는 사람은 몸에 연속의 견고함, 덩어리의 견고함, 기능의 견고함이 있다고 생각한다. 우리를 이루는 물질과 정신이 연속되고, 팔 등의 덩어리로 되어 있고, 몸과 마음이 어떤 기능을 하고 있다고 본다. 이 세 가지 견고함은 삼매를 얻고 궁극적인 물질을 보게 되면 깨지게 마련이다. 삼매를 얻으면 순간적으로 일어났다가 사라지고 또 일어났다가 사라지는 것을 보게 된다. 그러면 물질이 연속한다는 생각을 없앨 수 있다. 팔이라는 덩어리도 궁극적인 물질들로 이루어진 덩어리이고, 일어났다 사라지는 물질일 뿐이라고 안다. 팔이라는 전체 덩어리의 기능이 있는 것이 아니라 하나하나의 물질들이 기능하고 있다는 것을 아는 것이다.

수행할 때는 물질과 정신을 네 가지 측면에서 철저하게 본다. 어떤 특징을 가졌나? 어떤 기능을 하나? 어떤 식으로 나타나나? 그것의 가까운 원인은 무엇인가? 이렇게 보면 연속의 견고함, 덩어리의 견고함, 기능의 견고함이 없어진다. 레와따 스님은 이러한 이유로 부처님이 우리에게 '몸에서 몸을 알아차리라'고 가르쳤다고 한다.

이제 '안'과 '밖'에 대해 살펴보자. '안'은 관찰하는 사람의 속이고, '밖'은 다른 대상 또는 다른 사람을 가리킨다.

이에 대해 마하시 사야도는 자신의 들숨날숨에 대해서 관찰하면서 바른 속성을 알게 되었을 때, 다른 사람의 들숨날숨이 생겨나고 있을 때도 '이러한 속성일 뿐'이라고 아는 것으로 설명한다. 내가 관찰한 것처럼 다른 사람에게도 이런 일이 일어났다고 숙고하는 것이다. 일부러 숙고하면서 관찰하는 것이 아니다. 내 것을 충분히 관찰하고 나면 다른 사람에게도 이런 것이 일어난다고 생각하게 된다.

반면에 파욱 사야도는 다르게 설명한다. 우리는 자신의 몸에 대해서 애착을 가질 뿐 아니라 남의 몸에 대해서도 애착을 가지기 때문에 남의 몸에 대해서도 관찰해야 한다고 말한다. 나에게 애착, 자만, 사견이 있듯이 남에게도 갈애적인 애착, 자만, 사견이 있기 때문에 이것들을 없애기 위해서 있는 그대로 관찰해야 한다는 것이다. 이처럼 파욱 전통에서는 '밖'을 직접 관찰한다.

"몸이 있구나' 하는 마음챙김이 확실히 일어나도록 분명한 앎과 마음챙김을 확실히 한다. 갈애와 사견에 의지하지 않고 지낸다. 세상에 대해서 아무것도 움켜쥐지 않는다.

비구들이여, 비구는 이와 같이 몸에서 몸을 관찰하며 머문다."

다시 부처님은 '몸이 있구나'를 말하였다. 앞에서 몸은 빨리어로 까야이고, 까야는 집합이라는 뜻이 있다고 했다. 《빠띠삼비다막가(무애해도)》는 몸에 세 종류가 있다고 설명한다. 호흡의 몸, 네 가지로 생긴 몸, 정신적인 몸이다. 호흡이란 마음에서 만든 현상이다. 마음에서 만든 여덟 가지 물질과 소리라는 물질, 이 아홉 가지를 관찰한다. 물질은 업에서 생긴 물질, 마음에서 생긴 물질, 음식에서 생긴 물질이 있다. 이런 것들을 관찰하고 난 뒤에 정신적인 몸을 관찰한다. 이렇게 물질과 정신을 관찰하는 것은 삼매를 얻어야 가능하다.

몸에서 몸을 관찰하면서 삼매를 얻고 수준이 높아지면 몸만 따로 관찰하는 게 아니라 정신도 관찰하게 된다. 이처럼 4념처 수행은 우리 수준에 따라서 우리가 지금 할 수 있는 최선을 계속하다 보면 점점 깊어지게 된다.

주석서는 몸과 콧구멍이 있고 호흡은 마음에서 일어나는 현상이기 때문에, 마음이라고 하는 세 가지가 생겨나게 하는 원인이다. 이렇게 철저하게 생겨나는 원인을 관찰한다. 생겨난다는 것은 항상 두 가지를 보아야 한다. 생겨남의 성품을 관찰한다는 것은 원인과 그 생겨나는 현상을 보는 것이다. 사라짐도 마찬가지이다. 사라지는 원인과 사라지는 현상을 본다.

레와따 스님은 물질과 정신을 안으로, 밖으로, 안팎으로 관찰하는 것만으로는 열반을 실현하기에 충분하지 않다고 했다. 그것들이 일어나고 사라지는 원인들을 식별해야 하는데, 궁극적 물질과 정신 그리고 그것들의 원인을 무상, 고, 무아로 식별하라고 한다.

다시 주석서는 '몸이 있구나' 하는 것은 다만 몸이 있을 뿐이고, 중생도 없고 인간도 없고, 여자도 남자도 없고, 자아도 없고 자아에 속한 것도 없고, 나도 없고 내 것도 없고, 어느 누구도 없고 누구의 것도 없다고 아는 것이라고 하였다. '몸이 있구나'란 '몸 현상만 있을 뿐이구나' 하는 것을 안다는 것이다.

그러므로 '몸이 있구나'라고 알아차림을 잘 확립하고 지혜만 있고 분명한 앎이 있고 마음챙김만이 현전할 때까지를 수행해야 한다. '몸이 있구나' 하는 마음챙김을 잘 확립한 그때는 지혜와 마음챙김만이 있다. 그 결과 갈애와 사견에 의지하지 않고 머물고, 세상에서 아무것도 움켜쥐지 않는다.

그러면 '그는 세상에서 아무것도 움켜쥐지 않는다'는 무슨 뜻일까? 여기서 '세상'은 우리를 이루는 5온을 말하므로, 색수상행식을 '나의 자아다, 나의 자아에 속한 것이다'라고 움켜쥐지 않는다는 뜻이다.

레와따 스님은 대상을 '이것은 나다'라고 보면 자만이라고 하였다. 자만이 작용하기 때문에 '이것은 나다'라고 파악한다. '이것은 나의 것이라'라고 하면 갈애가 작용한다. '이것이 나의 자아다'라고 보면 그릇된 견해이다. 그러므로 색수상행식 5온은 과거 미래 현재, 안과 밖, 거칠고 미세하고, 수승하고 저열하고, 멀리 있고 가까이 있는 열한 가지 형태로 보고, 그것들을 무상, 고, 무아로 식별해야 한다.

부처님은 5취온을 마라라고 하였다. 5온은 살인자이고 질병이고 종기이고 통증으로 간주해야 한다고도 하였다. 5온을 괴로움으로 보아야 하는 이유는 일어남과 사라짐에 의해서 억압당하기 때문이다. 그것을 거역할 수 없기 때문이다. 궁극적 물질은 일어나자마자 사라진다. 그래서 무상이다. 그것은 항상 일어나고 사라짐에 대해서 압박을 받게 되어 있으므로 고통이다. 원하지 않아도 어쩔 수 없이 해야 하는 것이므로 고통인 것이다. 그리고 궁극적 물질을 마음대로 통제할 수 있는 자아는 없기 때문에 무아이다. 이것은 항상 추한 모습과 고약한 냄새들을 수반하기 때문에 부정하다. 깨끗하지 않다. 결론적으로 몸에 대한 관찰은 무상, 고, 무아, 부정한 성질들을 보는 것이다.

마지막으로 부처님은 '이와 같이 비구는 몸에서 몸을 관찰하며 머문다'고 하였다. 지금까지 설명한 관찰을 잘 수행한다면 이 상태까지 올 수 있다. 단순히 몸을 관찰하는 것만으로는 도달하기 어렵다. 일어나고 사라지는 것을 철저히 알고, 일어나고 사라지는 것의 원인도 철저히 알면 '몸이 있을 뿐이구나' 하는 지혜가 생기면서 아무것도 집착하지 않는 경계까지 이를 수 있다.

신념처 2 : 네 가지 자세,
분명하게 알아차림

신념처의 두 번째는 '네 가지 자세'에 관한 것이다.

> "다시 비구들이여, 비구는 걸어가면서 '걷고 있다'고 꿰뚫어
> 알고, 서 있으면서 '서 있다'고 꿰뚫어 알며, 앉아 있으면서
> '앉아 있다'고 꿰뚫어 알고, 누워 있으면서 '누워 있다'고 꿰
> 뚫어 안다."

네 가지 자세는 행주좌와, 즉 걷고 서고 앉고 눕는 자세이다. 우리는 온
종일 이 넷 중 하나를 취하는데, 그때마다 어떤 자세인지 안다는 것이
다. 이것을 안으로, 밖으로, 안팎으로 일어나고 사라지는 것을 관찰하
면 나중에 몸이 있을 뿐이라는 마음챙김이 확립된다. 그때 분명한 앎
과 마음챙김만이 있다. 그러면 갈애와 사견에 의지하지 않고 세상에서

정신과 의사가 들려주는 불교 사용 설명서

아무것도 움켜쥐지 않는다. 그렇게 비구는 몸에서 몸을 관찰한다.

그런데 걸어가면서 '걷고 있다'고 알기만 하면 아무것도 집착하지 않은 상태까지 갈 수 있을까? 이는 수행의 단계에 따라 설명이 필요하다. 처음에는 걷고 있으면 걷고 있다고 아는 게 필요하다. 하지만 점차 수행이 깊어지면서 걸을 때 어떤 현상이 일어난다는 것을 알게 된다.

주석서는 개나 들개나 저열한 중생이라도 '가면서 간다'라고 알지만, 부처님은 철저하게 수행하지 않은 비구나 일반인을 포함한 저열한 중생들이 아는 앎을 대상으로 설명하신 것이 아니라고 하였다. '내가 가고 있구나' 하는 정도의 저절로 생겨나는 앎은 중생이라고 집착하는 견해를 제거하지 못한다. 또 '자아다, 나다'라고 생각하는 것도 떠나지 못한다. 그래서 이런 앎은 수행 주제나 마음챙김의 확립 수행에 포함되지 않는다고 한다.

'가면 간다라고 안다'라는 부처님의 가르침에 따라 관찰하는 비구의 특별한 앎은 중생이라고 집착하는 견해를 제거한다. '자아다, 나다'라는 생각도 떠난다. 이런 앎이 수행 주제이고, 마음챙김 확립의 수행이다. '가면 간다라고 안다'는 것은 세 가지로 아는 것이다. 누가 가는가? 누구의 감인가? 무슨 이유로 어떻게 해서 가는가? 이렇게 세 가지로 바르게 아는 것을 대상으로 부처님이 설하신 것이다. 이 세 가지를 잘 아는 것이 부처님의 가르침이다.

서고, 눕고, 앉는 자세들도 마찬가지이다. 누가 앉나? 누구의 앉음인가? 무슨 이유로 어떻게 해서 앉게 되나? 어떤 게 일어나서 앉게 되나? 등을 알아야 한다.

마하시 사야도는 이에 대해 자세하게 설명한다. 네 가지 자세를 바르게 관찰하지 않은 일반인이나 저열한 중생들은 마음과 물질, 즉 갈 때는 가려는 마음과 앞으로 움직이는 물질이 계속해서 생겨날 때마다 자세하게 알지 못한다. 마음과 물질을 구분하지 못한다. 가려는 의도, 그리고 걸을 때 단계적으로 일어나는 움직임을 모른다는 말이다. 이들은 동작의 처음이나 중간, 끝의 짧은 순간 정도만 안다. 이마저도 항상 아는 게 아니라서 가끔만 안다. 대부분은 자신이 가고 있다는 것을 인식하지 못하고, 생각하고 숙고하고 계획하지 않고 마음챙김 없이 무심코 가는 경우가 많다.

또는 스스로 가고 있는 것을 가끔 인식한다고 하더라도 항상 존재하는 자기 속에서 '간다'는 것이 일어난다고 안다. 즉 가기 전에 존재하고 있던 마음과 물질이 그대로 가는 것으로 생각한다. '간다' 혹은 '걷는다'를 아는 것은 이런 것이 아니다. 가는 중에 존재하는 마음과 물질이 새로운 장소에 그대로 도착했다고 생각하고, 가기 전이든 가는 중이든 가고 난 후이든 실체가 같다고 생각하고, 자기가, 또는 자기 몸이, 또는 자기의 존재가 간다고 생각한다. 이렇게 알면 중생이라는 견해를 제거할 수 없다.

이런 앎을 대상으로 한다면 위빠사나가 생기지 않는다. 어떤 마음이 일어나고, 그 마음이 일어난 뒤에는 뒷마음이 일어나는 것을 보면서 '마음도 일어났다가 사라지는구나'라고 위빠사나를 할 수 없다. 마찬가지로 이런 앎을 대상으로 한다면 물질이 일어나고 사라지는 것 또한 위빠사나가 생길 수 없다.

몸과 마음에 여러 현상이 생겨날 때마다 그것을 자세하게 끊임

정신과 의사가 들려주는 불교 사용 설명서

없이 관찰하는 수행자는 삼매가 생기고 지혜가 성숙해진다. 지혜가 성숙해지면 가려고 하는 마음과 그 마음으로 인해서 생긴 물질을 볼 수 있다. 누가 가는 것이 아니다. 갈 수 있는 자아, 나, 중생은 없다. 가려고 하는 마음과 그 가려고 하는 마음에서 일어난 물질 중에서 바람 [風]의 밀어줌으로 가는 것이다.

수행할 때 지도해 주시던 스님이 나에게 물었다. "삼매에서 나와서 손을 들어야겠다는 마음을 내면 어떤 현상이 일어나는가?" 수행을 지도할 때 절대로 답을 가르쳐주지 않는다. "보고 오라"고만 한다. 보지 못하면 또 "보고 오라"고 한다. 내가 선정에서 나와서 손을 들어야겠다는 마음을 내는 순간, 마음에서 만든 물질이 심장 토대에서 생겨서 손 쪽으로 이동하는 것이 보였다. 똑같은 물질이 이동하는 게 아니다. 물질이 분열하면서 이동하는 것이다. 물질이 계속 재생되면서 이동하여 그 물질이 손에 닿는 순간, 손이 툭 들렸다. 굉장히 신기한 경험이었다. 그걸 보고 '손을 드는 행위가 손을 들고자 하는 마음을 일으키면, 그 마음에서 만든 물질 중에 있는 바람과 기존에 손에 있던 바람이 손을 움직이게 하는구나'를 알게 되었다.

말할 때도 마찬가지이다. '말해야지' 하는 마음을 내면 마음에서 만든 물질이 심장 토대에서 성대 쪽으로 분열하면서 이동하다가 성대에 부딪히는 순간 소리가 난다. 그 소리는 마음에서 만든 물질의 땅과 기존의 성대에 있는 땅이 서로 부딪혀서 나는 소리이다.

우리가 앉고 움직이는 것은 모두 물질적인 것을 기반으로 한다. 마음과 마음에서 만드는 물질적인 것이 기반이다. 물질 수행을 할 때 하루종일 물질이 나오는 게 보인다. 왜냐하면 마음이 계속 일어나기 때문이다.

주석서에는 '우리가 어떻게 움직이는가?'에 대한 게송이 있다.

돛단배가 바람의 힘 때문에 가는 것처럼,
또는 활이 활줄을 당겼기 때문에 그 힘으로 가는 것처럼,
그와 마찬가지로 이 몸도 마음에서 생성된
물질 중의 바람이 밀어주기 때문에 간다.

꼭두각시는 자기를 묶고 있는 줄의 힘에 따라 조종된다. 이 몸이라는 꼭두각시도 마음이라는 줄의 힘에 따라서 가기도 하고 서기도 하고 앉기도 하고 눕기도 한다. 마음이 움직이지 않으면 몸은 그냥 움직일 수가 없다. 몸은 그냥 가만히 있는 것이고, 몸을 움직이는 것은 마음이다. 마음이라는 근본 원인과 마음으로 인해서 일어난 움직임이라는 조건 없이, 자신의 힘만으로 설 수 있고 갈 수 있는 중생은 세상에 없다.

이 말을 잘못 이해하면, 마음이 고정된 것으로 생각할 수 있다. '내가 움직이겠다' 하는 마음도 여러 가지 조건에 따라 일어난다. 마음은 우리가 마음대로 할 수 있는 게 아니고, 고정불변한 것도 아니다. 몸을 있는 그대로 보다가 깊어지면 삼매를 얻고, 삼매를 얻고 난 뒤에 그 몸들이 어떻게 해서 분명히 일어나는지를 미세하게 알 수 있다. 《대념처경》을 읽을 때도 이런 방식으로 읽어야 한다. 지금 내가 할 수 있는 수준에서 관찰하고, 그것들이 점점 깊어지고 지혜가 생기게 되면 다른 차원으로 갈 수 있다.

다음에 이어지는 후렴구를 읽으면서 일어남과 사라짐에 대해 부

연하고 싶다.

"이와 같이 안으로 몸에서 몸을 관찰하며 머문다. 혹은 밖으로 몸에서 몸을 관찰하며 머문다. 혹은 안팎으로 몸에서 몸을 관찰하며 머문다. 혹은 몸에서 일어나는 현상을 관찰하며 머문다. 혹은 몸에서 사라지는 현상을 관찰하며 머문다. 혹은 몸에서 일어나기도 하고 사라지기도 하는 현상을 관찰하며 머문다.

'몸이 있구나' 하는 마음챙김이 확실히 일어나도록 분명한 앎과 마음챙김을 확실히 한다. 갈애와 사견에 의지하지 않고 지낸다. 세상에 대해서 아무것도 움켜쥐지 않는다.

비구들이여, 비구는 이와 같이 몸에서 몸을 관찰하며 머문다."

마하시 사야도는 몸에서 일어난 현상을 '관찰하며 머문다'는 말은, 몸에서 일어나게 하는 원인과 실제로 일어나는 모습을 보는 것으로 설명한다. 생겨남의 법은 다섯 가지가 있는데, 생겨나게 하는 원인 네 가지와 생겨남이라는 현상 한 가지이다. 네 가지 원인은 무명, 갈애, 업, 음식이다. 마찬가지로 사라질 때는 사라지는 원인 네 가지가 있고 사라짐이라는 현상이 있다.

그런데 《빠띠삼비다막가(무애해도)》의 설명은 조금 다르다. 생겨남은 물질이 계속해서 새로 생겨남이고, 이것을 보는 것이라 한다. 무명, 갈애, 업, 음식이라는 네 가지 원인을 설명하는 것은 같지만, 파욱 센터와 레와따 스님, 《빠띠삼비다막가(무애해도)》는 원인 중에서도 먼 원인을 확정하기 위해 연기를 식별해야 한다고 말한다. 먼 원인이란 이 생이 아닌 과거 생의 원인이다. 연기 수행이란 현재 어떤 현상이 있을 때 그것이 왜 있는지를 정확하게 보는 것이다. 그것이 무엇 때문에 일어나는지를 철저하게 본다. 이렇게 수행하면 자기 생각이 끼어들 틈이 없다. 과거 생의 원인은 과거 생의 무명, 갈애, 취착, 행이다. 이 네 가지가 일어나기 때문에 그 과보로써 물질과 정신이 일어난다. 마하시 사야도와는 다른 설명이다.

그러한 현상들이 일어나고 사라지는 것을 보아야 한다. 원인과 실제로 일어난 모습을 보아야 한다. 수행을 하면 일어났다 사라지는 것이 보인다. 그리고 그것의 원인이 작용하는 것이 보인다.

'세상에 대해서 아무것도 움켜쥐지 않는다'는 '세상의 어떤 것에도 집착하지 않는다', '세상의 어떤 것도 움켜쥐지 않고 독립적으로 머무른다'라고 이해해야 한다. 아무것도 움켜쥐지 않고, 갈애와 사견에 의지하지 않고 지낸다는 것은 어떤 의미일까? 예류도, 일래도, 불환도, 아라한도의 지혜가 번뇌들을 소멸시키고 아라한도에 이르러 모든 번뇌를 버렸기 때문에 어떤 것도 움켜쥐지 않을 수 있다. 처음 수행하는 입장에서 눈, 귀, 코, 혀, 몸, 그리고 통상적인 의식으로 보는 것과 그것들이 깊어지면서 삼매를 얻고 미세하게 보면서 도과에 들게 되면 번뇌가 소멸하고 마지막에는 아무것도 집착하지 않게 되는 경지에 들어간다.

《대념처경》에서 부처님이 한 말은 간단해 보여도 그 말에는 이러한 과정들이 내포되어 있다.

신념처의 세 번째 주제는 '분명하게 알아차림의 수행'이다.

정신과 의사가 들려주는 불교 사용 설명서

"다시 비구들이여, 비구는 나아갈 때도 물러날 때도 자신의 거동을 분명히 알면서 행한다. 앞을 볼 때도 돌아볼 때도 분명히 알면서 행한다. 구부릴 때도 펼 때도 분명히 알면서 행한다. 가사, 발우, 의복을 지닐 때도 분명히 알면서 행한다. 먹을 때도 마실 때도 씹을 때도 맛볼 때도 분명히 알면서 행한다. 대소변을 볼 때도 분명히 알면서 행한다. 서면서 앉으면서 잠들면서 잠을 깨면서 말하면서 침묵하면서도 분명히 알면서 행한다."

부처님은 '분명히 알면서'를 반복하여 언급한다. 마하시 사야도는 '분명히 알면서'라는 말은 우리가 어떤 행위를 하든 모든 행위에서 알아야 할 모든 것을 완전하게 아는 것을 말한다고 설명한다. 알아야 할 모든 것을 완전하게 아는 것이란 네 가지를 충족해야 한다. 첫째는 이익이 있는 앎이고, 둘째는 적당하게 앎이고, 셋째는 영역의 바른 앎이고, 넷째는 미혹이 없는 앎이다.

'이익이 있는 바른 앎'은 나한테 이익이 되는 것이다. 예를 들어 사찰의 탑에 참배하러 가는 것은 우리에게 이익이 되는 행위이고, 이익이 있는 바른 앎이라 할 수 있다. 바른 앎은 자기 손해가 아니다. 하지만 너무 복잡할 때 가는 것은 적당하지 않다. 복잡한 시간을 피해서 가는 것이 '적당한 앎'이다. '영역의 바른 앎'은 마음챙김의 확립이 끊임없이 생겨나게 하는 것이다. 마음챙김, 현재 집중을 계속하게 되면 예리하게 힘이 구족되었을 때 '미혹이 없는 바른 앎'이라는 지혜가 저절로 생겨난다.

이제 '나아갈 때도 물러날 때도 분명히 안다'는 것이 어떤 것인지 살펴보자. 감을 행하게 할 수 있는, 가는 것을 행할 수 있는 어떠한 중생이나 나라는 것은 없다. 끊임없이 생멸하고 있는 물질과 정신의 법들만이 존재한다. 우리 존재는 그냥 이대로 쭉, 계속되는 게 아니다. 일어났다 사라지는 생멸이 계속되고 있는 현상일 뿐이다. 물질과 정신으로 이루어져 있는 우리는 항상하지 않는 법, 무상한 법들이다. '가려고 함'이나 '감'도 법들의 현상일 뿐이라고 분명하게 아는 앎의 지혜가 일어난다. 여기에 미혹함은 없다.

다음으로 부처님이 '앞을 볼 때도 돌아볼 때도'라는 두 행위만 언급한 이유에 관하여 주석서는 이 두 가지 행위만 수행자에게 적합하기 때문이라고 설명한다. 수행자에게 고개를 숙여서 봄, 고개를 들어서 봄, 뒤돌아 봄은 적당하지 않기 때문에 드러내 보이지 않았다고 한다. 마찬가지로 '구부릴 때도'부터 '침묵하면서도'까지의 행위 또한 네 가지 앎을 충족하면서 관찰해야 한다.

> "이와 같이 안으로 몸에서 몸을 관찰하며 머문다. 혹은 밖으로 몸에서 몸을 관찰하며 머문다. 혹은 안팎으로 몸에서 몸을 관찰하며 머문다. 혹은 몸에서 일어나는 현상을 관찰하며 머문다. 혹은 몸에서 사라지는 현상을 관찰하며 머문다. 혹은 몸에서 일어나기도 하고 사라지기도 하는 현상을 관찰하며 머문다.
> '몸이 있구나' 하는 마음챙김이 확실히 일어나도록 분명한 앎과 마음챙김을 확실히 한다. 갈애와 사견에 의지하지 않

고 지낸다. 세상에 대해서 아무것도 움켜쥐지 않는다.

비구들이여, 비구는 이와 같이 몸에서 몸을 관찰하며 머문다."

이러한 '분명하게 알아차림'에도 앞의 주제와 마찬가지로 같은 후렴
구가 붙어 있다.

신념처 3 :
몸의 서른두 가지 혐오, 4대,
공동묘지 관찰

신념처의 네 번째 주제는 '몸의 서른두 가지 부분에 대한 혐오'이다.

> "다시 비구들이여, 비구는 발바닥에서부터 위로 올라가며, 그리고 머리털에서부터 아래로 내려가며 이 몸은 피부로 둘러싸여 있고 여러 가지 부정한 것으로 가득 차 있음을 반조한다. 즉 '이 몸에는 머리털. 몸털, 손톱 발톱, 이빨, 피부, 근육 인대, 뼈, 골수, 콩팥, 심장, 간, 늑막, 비장, 폐, 창자, 장간막, 위 속의 음식, 똥, 담즙, 점막 액, 고름, 피, 땀, 지방, 눈물, 피부의 기름기, 침, 콧물, 관절 활액, 오줌이 있다'라고."

부처님 말씀에 의하면 우리 몸은 서른두 가지 혐오스러운 대상으로 이루어져 있다. 《대념처경》에는 서른한 가지만 언급되어 있는데, 《빠띠삼비다막가(무애해도)》와 4부 니까야의 주석서인 《청정도론》에는 '뇌'를 추가하여 서른두 가지가 있다. 부처님께서 《대념처경》에서 뇌를 포함하지 않은 이유가 분명히 있을 것이다.

이렇게 몸이 혐오스러운 부분들로 이루어져 있음을 반조하는 것을 부처님은 '자루를 푸는 것'에 비유한다. 눈 밝은 사람이 자루를 풀어 안에 있는 것들을 낱낱이 보는 것처럼, 몸을 해체하지 않고도 우리 몸이 서른두 가지 부정한 것으로 가득 차 있다고 낱낱이 볼 수 있다.

> "비구들이여, 이는 마치 양쪽에 주둥이가 있는 자루에 여러 가지 곡물, 즉 밭벼, 보리, 녹두, 완두, 참깨, 논벼 등이 가득 담겨 있는데, 어떤 눈 밝은 사람이 그 자루를 풀고 난 다음에, '이것은 밭벼, 이것은 보리, 이것은 녹두, 이것은 완두, 이것은 참깨, 이것은 논벼다'라고 아는 것처럼."

파욱 사야도는 내부에 있는 것은 삼매를 얻지 않으면 볼 수 없다고 한다. 삼매를 얻어 머리털, 몸털 등의 몸을 관찰할 때, 그 관찰하는 삼매의 마음도 생멸하는 것을 볼 수 있다고 한다. 마하시 사야도는 서른한 가지 몸의 요소와 함께 그걸 보고 있는 삼매의 마음이 다 생멸한다는 것을 분명하게 알 수 있으며, 그렇게 계속 관찰하다 보면 갈애와 사견이 떨어진다고 한다. 레와따 스님은 몸의 서른두 가지 부분에 대해서 안으로만이 아니라 밖으로도 식별하도록 수행해야 한다고 설명한다. 사람들은 자기 몸뿐만 아니라 밖의 몸에 대해서 애착을 가지기 때문이다.

지금껏 나는 몸의 서른두 가지 부분을 여러 가지 방법으로 수행하였다.

먼저 들숨날숨에 대한 마음챙김으로 4선정을 얻었다. 숨이 길면 긴 대로 짧으면 짧은 대로 알고, 하나도 놓치지 않고 미세한 호흡이 되었을 때 미세한 호흡 상태를 계속 유지하면 니미따라는 표상이 생긴다. 니미따를 계속 관찰하다가 익힌 표상에서 닮은 표상으로 가게 되고, 그 표상들을 계속 보다 보면 그 표상에 저절로 집중되는 강력한 집중이 일어난다. 그래서 선정에 들어가고 초선, 제2선, 제3선, 제4선을 얻었다.

그다음에는 10가지 까시나에 대해 수행하고 선정에 자유자재가 되고, 그 뒤에 32상을 수행하였다. 선정에서 나와서 32상 하나하나에 주의를 기울이면, 그 하나하나가 선명하게 마음의 눈에 보이게 된다. 이 상태에서 보면, 우리가 피상적으로 생각하는 것과는 다르게 보인다. 예를 들면 머리카락의 경우에 평소에는 샴푸로 감아서 부드러운 머리카락을 생각하는데, 실제로 몸의 서른두 가지 부분을 보는 수행에서 보면 굵은 머리카락이 머리 피부에 꽉 박혀 있는 것이 보인다. 마찬가지로 이도 단단한 기둥처럼 보이고, 피부는 돋보기로 확대한 것처럼 쭈글쭈글하다.

물론 삼매를 닦지 않고 몸의 서른두 가지 부분을 보는 수행을 한 적도 있다. 나는 의대 시절 해부학 실습 시간에 사체 해부를 몇 개월간 했다. 그런 경험과 지식을 가지고 몸의 서른두 가지 부분을 떠올려 보았을 때, 내 몸이나 이성의 신체에 대한 탐욕이나 좋아하는 마음이 상당 부분 사라진다. 이런 경험도 꽤 효능이 있다고 생각했는데, 삼매를 얻은 후 몸의 서른두 가지 부분수행을 하고 나서는 이런 것들이 훨씬 확연해진다. 사람이든 개이든 다른 존재에 대해서 몸의 서른두 가지 부분을 보는 수행을 하면서 보면 내 몸을 볼 때처럼 다른 존재도 그대로 보인다. 이런 수행을 많이 할 때는 사람들이 뼈 무더기로 보였다. 길을 가다 마주친 사람도, TV에 나오는 멋진 연예인도 외면이 아니라 내부 장기가 보였다. 그러니 이성의 몸을 매력적이거나 아름답게 보지 않고, 애착이나 탐욕이 사라지게 되는 것이다.

이와 같이 안으로, 밖으로, 안팎으로, 일어난 현상과 사라진 현상, 몸이 있을 뿐이라는 분명한 앎과 마음챙김이 있고, 갈애와 사견에 의지하지 않고 지내며, 마지막으로 세상에서 아무것도 움켜쥐지 않는다.

신념처의 다섯 번째 주제는 '4대'이다. 몸을 거시적으로 보면 서른두 가지로 나누어 볼 수 있지만, 미시적으로 보면 땅, 물, 불, 바람의 네 가지 요소로 되어 있다.

> "다시 비구들이여, 비구는 이 몸을 처해진 대로, 놓여진 대로
> 요소별로 고찰한다. 이 몸에는 땅의 요소, 물의 요소, 불의
> 요소, 바람의 요소가 있다고."

마하시 사야도는 몸의 네 가지 요소에 대해 이렇게 설명한다. 몸의 서른두 가지 부분 중에서 머리털부터 뇌까지 스무 가지는 딱딱함과 거침이 두드러지고 현저하기 때문에 땅의 요소라 하고, 담즙부터 오줌까지 열두 가지는 흐르고 응집하는 것이 현저하기 때문에 물의 요소라는 것이다. 이 외에도 네 가지 불의 요소가 있고, 여섯 가지 바람의

요소가 있어서 모두 마흔두 가지를 설명한다.

그런데 자세히 보면 땅이 따로 존재하고 물이 따로 존재하는 것이 아니다. 땅, 물, 불, 바람의 4대는 서로 섞여서 '깔라빠'라는 덩어리로 존재한다. 머리털부터 뇌까지는 땅 성분이 두드러진 것이기 때문에 땅의 요소라 말하지만, 여기에는 물, 불, 바람의 요소가 섞여 있다. 물의 요소가 두드러진 담즙부터 오줌까지의 부분들도 땅, 불, 바람의 요소가 섞여 있다.

그러면 네 가지 불의 요소는 무엇일까? 몸이 아플 때나 날씨가 더워지면 열이 난다. 늙게 만드는 것도, 음식물을 소화하는 것도 불의 요소이다. 여섯 가지 바람의 요소는 트림할 때 배 속에서 위로 올라오는 바람, 방귀를 뀔 때 몸 바깥으로 나오는 바람, 창자 밖의 배 안에 있는 바람, 창자 속에 있는 바람, 신체를 움직이게 하는 바람, 그리고 들숨날숨이라는 바람이다.

파욱 사야도는 이러한 마흔두 가지 무더기를 관찰하여 생멸의 지혜가 생겨나는 원리를 설명한다. 머리털을 시작으로 들숨날숨으로 끝나는 이 마흔두 가지 무더기를 관찰하면서 근접삼매를 구족한 사마타 수행자는 다시 삼매의 마음을 관찰한다. 머리털 등의 물질과 함께 삼매 마음의 생겨남과 사라짐을 분명히 알고 보아 생멸의 지혜 등이 생긴다. 위빠사나 수행자는 분명하게 닿고 접촉하는 것에 집중하는 마음챙김을 통해 특성, 기능, 나타남, 근접 원인을 안다. 이것을 통해 분명히 구분하여 알게 되면, 닿아서 아는 것과 마음챙김에서 아는 것, 그리고 4대 요소들의 생겨남과 사라짐을 분명하게 알고 보아 생멸의 지혜 등이 생겨난다고 한다.

부처님은 땅, 물, 불, 바람의 요소별로 관찰하는 것을 백정이 소를 잡는 것에 비유하였다.

> "비구들이여, 마치 솜씨 좋은 백정이나 그 조수가 소를 잡아
> 서 각을 뜬 다음 큰길 네거리에 이를 벌려 놓고 앉아 있는 것
> 과 같다.
> 비구들이여, 이와 같이 비구는 이 몸을 처한 대로, 놓인 대로
> 요소별로 고찰한다. '이 몸에는 땅의 요소, 물의 요소, 불의
> 요소, 바람의 요소가 있다'고."

이 비유에 대해 주석서는 더 쉽고 자세하게 설명한다. 백정이 소를 키울 때나 소를 도살장으로 끌고 갈 때, 도살장에 끌고 온 다음에 소를 묶어둘 때, 소가 죽은 것을 볼 때도 만약 소를 베어서 부분으로 나누지 않았다면 그에게 소라는 인식은 사라지지 않는다고 한다. 뼈로부터 살을 발라내어 네거리에 벌려 놓은 뒤에야 소라는 인식이 사라지고 고기라는 인식이 일어난다. 마찬가지로 어리석은 범부는 몸을 처한 대로 놓인 대로 덩어리로 분해해서 요소별로 따로따로 반조하지 않으면, 중생이라거나 사람이라는 인식이 사라지지 않는다.

반복되는 후렴구에서 제시한 '안으로, 밖으로, 안팎으로'라는 것은 이와 같이 4대를 파악하여 자신의 몸에서나, 남의 몸에서나, 때로는 자신의 몸과 때로는 남의 몸에서 몸을 관찰하여 머문다는 것이다.

땅, 물, 불, 바람의 속성을 보는 것이 4대 수행이다. 4대 수행에는 두 가지가 있다. 선정을 얻고 나서 하는 방법과 선정을 얻지 않고 하

는 방법이다. 나는 선정을 먼저 얻고 난 후 4대 수행을 하였다. 4대는 궁극적인 물질이다. 궁극적인 물질을 보려면 볼 수 있는 상태가 되어야 하는데, 선정을 얻지 않으면 4대 수행을 하기 어렵다. 선정을 먼저 닦고 지혜의 눈이 열려 궁극적 물질의 속성을 볼 수 있는 상태가 된 후에, 하나하나 4대의 속성을 보는 것이다.

땅, 물, 불, 바람의 4대는 속성을 의미한다. 땅의 경우 단단함, 거침, 무거움, 부드러움, 매끄러움, 가벼움이라는 여섯 가지 속성이 있다. 이 여섯 가지 속성이 있으면 땅의 요소가 있다고 한다. 단단함이 땅이기 때문에 단단함이 있는 곳은 땅이 있는 것이다. 거침, 무거움, 부드러움, 매끄러움, 가벼움이라는 속성이 있으면 땅이 있는 것이다. 이런 속성이 많이 모이면 형태를 이루어 눈에도 보이고, 질량을 갖는다.

물의 속성은 흐름과 응집이다. 고정된 상태로 있다면 응집이 있는 것이고, 그것은 물이 있는 것이다. 그러면 응집은 왜 물의 속성일까? 예를 들어 밀가루는 물을 섞어야 뭉쳐진다. 어떤 형태로든 응집이 있으면 물이 있을 수밖에 없다. 그래서 흐름과 응집을 물의 요소로 보는 것이다. 불의 속성은 따뜻함과 차가움이다. 뜨겁고 차가운 현상, 이 것을 불의 요소로 본다. 바람의 속성은 밈과 지탱이다. 응집이 물의 속성인 것처럼, 여러 방향의 바람이 균형을 이루기 때문에 지탱할 수 있다. 바람이 균형을 잡지 못하면 어느 방향으로든 넘어지게 된다.

4대의 이러한 속성을 하나하나 찾으며 4대 수행을 한다. 만약 선정을 얻고 지혜의 눈이 열리고 단단함에 주의를 기울이면 단단함 쪽으로 간다. 강하게 느껴진다. 흐름에 주의를 기울이면 흐름 쪽으로 가서 흐름이 강하게 느껴진다. 이렇게 땅, 물, 불, 바람의 속성을 하나하나 충분히 찾고 속성을 보는 것이 무르익으면, 그 속성들이 굉장히 선명하게 느껴진다. 그때쯤 깔라빠를 인식할 수 있다.

4대는 따로 존재할 수 없다. 4대는 덩어리로 존재하는데 그걸 깔라빠라고 한다. 깔라빠는 물질이 존재하는 최소한의 단위이다. 깔라빠를 찾으려면 물질 덩어리가 공간을 통해서 각각의 깔라빠로 구분되어야 한다. 내 경험을 기준으로 깔라빠를 설명하자면, 4대 수행을 할 때 처음에는 몸의 서른두 가지 부분에서 땅, 물, 불, 바람을 찾는다. 시간이 좀 지나면 몸의 서른두 가지 부분이 빛 덩어리로 바뀐다. 대략 하루 이틀 정도의 시간이 지났을 무렵이었다. 빛 덩어리 속에서 땅, 물, 불, 사람을 찾고, 그러다가 그것이 생생해지고 분명해지면 깔라빠를 보게 된다. 그다음에는 깔라빠 속에 있는 각각의 땅, 물, 불, 바람을 찾는다.

신념처의 마지막 여섯 번째 주제는 묘지에 버려진 사체를 관찰하는 '공동묘지 관찰'이다. 이는 죽은 후에 우리 몸이 어떻게 변하는지를 보는 부정관의 일종이다. 사체가 썩어 문드러지고 해골이 되고 뼈만 남았다가 가루가 되는 과정을 관찰하면서, 바로 '자신의 몸이 그와 같고 그와 같이 될 것이며, 그에서 벗어나지 못할 것'이라고 바라보는 것이다. 이는 모두 아홉 가지 수행 주제로 설명되며, 각각의 주제는 앞선 주제와 마찬가지로 후렴구가 이어진다.

공동묘지 관찰의 첫 번째와 두 번째 주제는 사체가 겪는 과정을 관찰하는 것이다. 묘지에 버려져 부풀고 검푸르게 되고 문드러지는 사체, 까마귀 떼나 벌레들이 쪼아 먹고 파먹는 사체를 자신의 몸이라고 본다. "그는 바로 자신의 몸을 … 벗어나지 못할 것이다라고"하는 후렴구는 아홉 가지 주제마다 반복적으로 나오기 때문에 여기서는 첫 번째 주제의 후렴구만 인용한다.

> "다시 비구들이여, 비구는 마치 묘지에 버려진 사체가 죽은
> 지 하루나 이틀 또는 사흘이 지나 부풀고 검푸르게 되고 문
> 드러지는 것을 보게 될 것이다.
> 그는 바로 자신의 몸을 그에 비추어 바라본다. '이 몸 또한
> 그와 같고, 그와 같이 될 것이며, 그에서 벗어나지 못할 것이
> 다'라고."

> "다시 비구들이여, 비구는 마치 묘지에 버려진 사체를 까마
> 귀 떼가 달려들어 마구 쪼아 먹고, 솔개 무리가 쪼아 먹고,
> 독수리 떼가 쪼아 먹고, 개 떼가 뜯어먹고 자칼들이 뜯어 먹
> 고, 별의별 벌레들이 다 달라붙어 파먹는 것을 보게 될 것이
> 다…."

이렇게 온갖 동물들에게 뜯어먹히고 나면, 사체는 해골이 된다. 해골에도 세 가지 변화가 있다. 살이나 피가 조금이라고 붙어 있고 인대로 이어져 있는 상태의 해골, 살은 없어졌지만 피는 조금 남아서 인대로 이어져 있는 해골, 살과 피는 없어지고 인대로만 이어져 있는 해골이다. 이것이 세 번째부터 다섯 번째 수행 주제가 된다. 그다음은 뼈들이 인대로 연결되지 못하고 여기저기로 흩어지고, 뼈가 하얗게 변하여 조개껍질의 색깔처럼 되고, 뼈 무더기로 모여 있는 상태를 본다. 마지

막 아홉 번째는 뼈가 가루가 된 것을 본다.

이렇게 아홉 가지로 공동묘지를 관찰하는 신념처 수행은 이것들처럼 나도 그와 같은 운명을 가지고 있고, 그렇게 될 것이고, 그렇게 되는 것을 피할 수 없다고 하면서 수행 주제로 삼는다.

> "이와 같이 안으로 몸에서 몸을 관찰하며 머문다. 혹은 밖으로 몸에서 몸을 관찰하며 머문다. 혹은 안팎으로 몸에서 몸을 관찰하며 머문다. 혹은 몸에서 일어나는 현상을 관찰하며 머문다. 혹은 몸에서 사라지는 현상을 관찰하며 머문다. 혹은 몸에서 일어나기도 하고 사라지기도 하는 현상을 관찰하며 머문다.
> '몸이 있구나' 하는 마음챙김이 확실히 일어나도록 분명한 앎과 마음챙김을 확실히 한다. 갈애와 사견에 의지하지 않고 지낸다. 세상에 대해서 아무것도 움켜쥐지 않는다.
> 비구들이여, 비구는 이와 같이 몸에서 몸을 관찰하며 머문다."

주석서는 '이와 같이 안으로라는 것'은 '이와 같이 부풀어 오른 상태 등을 파악하여 자신의 몸에서나, 남의 몸에서, 때로는 자신의 몸과 때로는 남의 몸에서 관찰하여 머문다'라고 설명한다.

마하시 사야도는 그 대상인 물질도 생멸하고 그것을 보는 마음도 생멸하고 있다고 말한다. 드러나는 그 물질을 형체나 모습과 함께 보고 있는 마음의 생겨남과 사라짐을 관찰하여 아는 바로 그것이 묘지의 장에서 '일어나는 현상과 사라지는 현상을 관찰한다'는 것이라고 한다.

또한 마하시 사야도는 안이비설신의에서 물질과 정신이 생겨날 때마다 그 물질과 정신을 끊임없이 관찰하고 마음챙김을 하는 수행자는 실제로 자기 몸이 묘지의 사체처럼 변화하는 것이 보인다고 한다. 그렇게 관찰하고 마음챙김 수행을 하면 검푸른 사체처럼 드러난 자신의 몸이 가루로 사라져 가는 것을 분명하게 경험할 수 있다. 비록 대상이 실제 성품인 '빠라맛타'나 실재하는 것이 아닌 명칭이나 '빤냐띠'라도, 모습이 전혀 없는 것이 아니라는 것이다. 드러나는 형체나 모습을 알고 보고 있는 마음은 빠라맛타이다. 관찰하고 마음 챙기는 수행자는 그 마음까지도 실제로 생멸하는 것으로 분명하게 알고 본다. 이것이 위빠사나라고 마하시 사야도는 말한다.

요즘은 경에서 설명한 공동묘지 관찰을 하기 어렵다. 사체를 영안실에 안치하여 타인에게 노출되지 않도록 하므로 사체가 서서히 변해가는 아홉 가지 과정을 볼 수가 없다. 그래서 파욱 센터는 우리가 살아오면서 보았던 사체로 대치하여 수행한다. 나는 교통사고로 응급실에 온 사체를 본 적이 있다. 살아오면서 보았던 사체를 수행의 대상으로 삼고 집중하면 초선을 얻을 수 있다. 그러나 그 이상은 얻을 수 없다.

수념처와 심념처

4념처 수행을 시도할 때는 항상 최선을 다해야 한다. 이 정도 하면 다 됐다고 생각하면 안 된다. 열심히 하다 보면 수행이 깊어지고, 깊어지면 아라한까지 될 수 있다. 예를 들어서 신념처에서 무엇을 하든지 알아차리는 수행에서는 '누가 하는가? 누구의 앎인가? 어떻게 그런 앎이 일어나는가?'라는 세 가지 면에서 철저히 의문이 없게 되면 4념처 수행이 잘 되고 있다고 볼 수 있다.

4념처의 두 번째는 느낌의 관찰인 수념처이다. 처음에는 세 가지로 관찰하고, 그다음에 이것을 세분해서 여섯 가지로 관찰한다.

"비구들이여, 어떻게 비구가 느낌에서 느낌을 관찰하며 머무는가?
비구들이여, 여기 비구는 즐거운 느낌을 느끼면서 '즐거운 느낌을 느낀다'고 꿰뚫어 안다. 괴로운 느낌을 느끼면서 '괴로운 느낌을 느낀다'고 꿰뚫어 안다. 괴롭지도 즐겁지도 않은 느낌을 느끼면서 '괴롭지도 즐겁지도 않은 느낌을 느낀다'고 꿰뚫어 안다."

수념처는 먼저 즐거운 느낌, 괴로운 느낌, 괴롭지도 즐겁지도 않은 느낌의 세 가지로 관찰한다. 부처님은 모든 느낌이 고통이라고 설하기도 하였고, 세 가지 느낌에 대해 설하였다. 《맛지마 니까야》〈디가나카 경〉(M74)에는 느낌에 대한 부처님의 가르침이 담겨 있다.

"악기웨사나여, 느낌은 무상하고 형성된 것이며 조건 따라 생겨난 것이고 부서지기 마련이고 사라지기 마련인 것이어서 빛바래기 마련이다. 소멸하기 마련인 것이다. 악기웨사나여, 이와 같이 보는 잘 배운 성스러운 제자는 즐거운 느낌에 넌더리 친다. 괴로운 느낌에도 넌더리 친다. 괴롭지도 즐겁지도 않은 느낌에도 넌더리 친다. 넌더리 치기에 탐욕이 빛바랜다. 탐욕이 빛바래므로 해탈한다. 해탈하면 해탈했다는 지혜가 있다. '태어남은 다했다. 청정범행은 성취되었다. 할 일을 다 해 마쳤으며 다시는 어떤 존재로도 돌아오지 않을 것이다'라고 꿰뚫어 안다."

느낌에 대한 레와따 스님의 설명은 중요한 내용을 담고 있다. 즐거운 느낌은 고통으로 보아야 한다. 괴로운 느낌은 가시가 박혀서 정말 괴로운 것으로 보아야 한다. 즐겁지도 괴롭지도 않은 느낌은 무상으로 보아야 한다. 이렇게 보는 사람은 느낌을 정확하게 이해하고 그의 길을 고요하게 갈 것이라고 하였다.

이와 관련하여 복주서의 설명이 이해에 도움이 된다. 즐거움을 고통으로 보는 사람이란 지혜의 눈으로 즐거운 느낌을 변화하는 것으로 보는 사람이다. 즐거운 느낌이 일어나자마자 사라진다. 즐거움이 일어나자마자 바뀌기 때문에, 내가 원하는 즐거움은 사라지게 마련이므로 즐거움은 고통이다. 고통을 가시라고 보는 사람은 고통스러운 느낌은 지금 나에게 엄청난 고통을 주는 것으로 본다. 즐겁지도 괴롭지도 않은 중립적 느낌은 고통과 즐거움만큼 뚜렷하고 거칠지 않고 편안한 느낌을 주므로 평화롭다고 생각하게 만들지만, 이것이 일어난 후에는 사라지기 때문에 무상하다. 그러므로 모든 느낌은 그저 고통이라고 보아야 한다.

마하시 사야도 또한 주석서와 복주서의 내용에 따라서 해설한다. 갓난아이는 관찰하지 않는다. 학식이나 교양은 있지만 관찰하지 않는 자 또한 관찰하지 않는다. 만약 즐거운 느낌이 일어났다고 아는 경우에도 그 느낌을 관찰한 것은 아니다. 다른 생각을 하며 시간을 보내다가 느낌이 일어났다고 알았더라도 느낌을 관찰한 것이 아니다. '내가 행복하다, 내가 좋다'고 하면서 대충 아는 것뿐이다.

내가 계속 있으면서 그런 느낌을 느낀다고 생각하고, 느낌이 이 순간만 생멸하는 법이라고 알지 못한다. 느낌은 일어났다 사라지는 법이다. 그런데도 '이전에 있었던 바로 그 내가 지금 행복하다'라고 알면, '내가 중생이다, 나다, 내 존재다'라고 생각하는 집착을 제거할 수 없을 뿐만 아니라 이런 생각이 더 확고해진다. 이런 앎은 수행 주제라고 할 수 없고, 마음챙김의 확립 수행도 되지 못한다.

부처님은 '즐거운 느낌을 느끼면서 즐거운 느낌을 느낀다고 꿰뚫어 안다'라고 알도록 가르쳤다. 끊임없이 관찰하는 수행자들은 즐거운 느낌이 생겨날 때마다 그것을 계속해서 안다. 그들은 느낌을 특징, 기능, 나타남, 가까운 원인의 네 가지 측면에서 항상 본다. 특히 위빠사나에 들어가기 전에 이 네 가지로 법을 확실히 아는 공부를 한다.

육체적 즐거움을 예로 들어 보자. 원하는 감촉을 경험하는 것, 이것은 육체적 즐거움의 특징이다. 이 즐거움은 함께하는 정신들을 활기차게 하는 기능이 있다. 이 느낌은 육체적 즐거움으로 나타나고, 육체적 즐거움을 느낄 수 있는 몸의 기능이 가까운 원인이 된다. 이렇게 네 가지 측면에서 법을 정확하게 아는 훈련을 계속한다. 앞과 뒤가 서로 이어지지 않고 거듭 새로운 원인에 따라 일어났다 사라지는 것을 직접 관찰하여 경험한다. 이렇게 관찰하면 '무상하고 괴로움이고 내가 아니다'라고 분명히 느낌에 대해서 알게 된다. 더 세밀하고 정확한 속성을 아는 관찰이 되어야 한다는 것이다.

잘 관찰하려면 누가 느끼는가를 알아야 한다. '내가 느낀다'고 하면 곤란하다. 잘 관찰해 보면 느끼는 사람은 없다. 계속해서 일어났다 사라지는 느낌이라는 법의 연속만이 존재한다고 분명하게 알게 된다. 그다음에는 누구의 느낌인가를 알아야 한다. 이 질문 또한 조건에 따라 계속해서 새로 생겨나는 느낌만 존재할 뿐 느낌의 주인이라고 할 만한 것은 없다고 분명히 알아야 한다. 그리고 무슨 이유 때문에, 어떤 작용 때문에 느낌이 생겨나는가를 알아야 한다. 좋은 대상과 만났기 때문에 좋은 느낌이 생겨난다고 분명하게 알아야 한다. 이렇게 세 가지에 입각해서 분명하게 아는 수행자의 바른 앎을 두고 부처님께서 '즐거운 느낌을 느끼면서 즐거운 느낌을 느낀다고 꿰뚫어 안다'고 말한 것이다.

> "세속적인 즐거운 느낌을 느끼면서 '세속적인 즐거운 느낌을 느낀다'고 꿰뚫어 안다. 비세속적인 즐거운 느낌을 느끼면서 '비세속적인 즐거운 느낌을 느낀다'고 꿰뚫어 안다. 세속적인 괴로운 느낌을 느끼면서 '세속적인 괴로운 느낌을 느낀다'고 꿰뚫어 안다. 비세속적인 괴로운 느낌을 느끼면서 '비세속적인 괴로운 느낌을 느낀다'고 꿰뚫어 안다. 세속적인 괴롭지도 즐겁지도 않은 느낌을 느끼면서 '세속적인 괴롭지도 즐겁지도 않은 느낌을 느낀다'고 꿰뚫어 안다. 비세속적인 괴롭지도 즐겁지도 않은 느낌을 느끼면서 '비세속적인 괴롭지도 즐겁지도 않은 느낌을 느낀다'고 꿰뚫어 안다."

다시 부처님은 세 가지 느낌에 대해 세속적인 세 가지 느낌과 비세속적인 세 가지 느낌의 여섯 가지 느낌으로 세분하여 언급한다. 이렇게 여섯 가지로 느낌을 분명히 아는 것이 수념처의 내용이다.

이에 대해 파욱 사야도는 명쾌하게 설명한다. 세속적인 즐거운 느낌은 우리의 눈, 귀, 코, 혀, 몸, 정신의 여섯 가지 감각의 문에서 일어나는 번뇌가 있는 즐거운 느낌이다. 세속적인 괴로운 느낌도 여섯 가지 감각의 문에서 일어나는 번뇌가 있는 괴로움이다. 세속적인 괴롭지도 즐겁지도 않은 느낌은 여섯 가지 감각의 문에서 일어나는 번 뇌가 있는 괴롭지도 즐겁지도 않은 느낌이다.

이에 비해 비세속적인 세 가지 느낌은 여섯 가지 감각의 문에서 일어나는 감각적 욕망이 없다. 비세속적인 괴로운 느낌은 여섯 가지 문에서 일어나지만, 감각적 욕망이 없는 괴로운 느낌이다. 비세속적인 괴롭지도 즐겁지도 않은 느낌은 여섯 가지 문에서 일어나지만, 감각적 욕망이 없는 괴롭지도 즐겁지도 않은 느낌이다. 이처럼 비세속적 느낌은 세속에서 취하는 감각적 욕망이 없기 때문에 출리의 느낌, 세속을 초월하는 느낌이다.

마하시 사야도의 설명도 이와 비슷하다. 세속적 느낌이란 감각적 욕망의 대상과 관계된 것이어서 재가에 바탕을 둔 즐거운 느낌, 괴로운 느낌, 괴롭지도 즐겁지도 않은 느낌이다. 비세속적 느낌이란 감각적 욕망의 대상과 관계된 것이 아니라 출리에 바탕을 둔 즐거운 느낌, 괴로운 느낌, 괴롭지도 즐겁지도 않은 느낌이다.

수행하면서 관찰하는 대상의 무상, 고, 무아를 볼 때 즐거운 느낌이 일어나면 그것은 비세속적인 즐거움이다. 부처님의 공덕 등에 마음을 기울이고 숙고했을 때 희열이나 즐거움이 생겨나기도 한다. 이런 즐거움이 비세속적 즐거움이다. 수행자가 수행하는 과정에서 삼매의 지혜가 향상되지 않을 때 '왜 안 되지?' 하는 괴로움과 슬픔이 생겨나기도 한다. 이것을 비세속적 괴로움이라고 한다. 출리를 바탕으로 한 근심이라고도 한다.

우리가 살면서 경험하고 부딪히는 감각적 욕망의 대상이나 토대들과 관련해서 무덤덤하게 바라보는 것은 세속적으로 괴롭지도 즐겁지도 않은 느낌이다. 재가를 바탕으로 한 평온함이라고도 한다. 정확하게 알지 못하는, 무지의 평온함이라고도 한다. 괴롭지도 즐겁지도 않은 것을 괜찮다고 보면 무지를 바탕으로 한 평온함이 된다.

마찬가지로 수행하여 번뇌에서 벗어나 생멸의 지혜를 얻고 보는 것부터 시작해서 이 여섯 가지 느낌을 마음챙김할 때마다 위빠사나 지혜와 관련한 무덤덤한 느낌이 생겨날 수 있다. 이것을 비세속적으로 괴롭지도 즐겁지도 않은 느낌이라고 한다. 출리를 바탕으로 한 평온함이라고도 한다.

주석서에 의하면, 즐거운 느낌과 괴로운 느낌의 일어남은 분명하다. 즐거운 느낌이 일어날 때는 온몸에 즐거운 느낌이 확연하게 퍼지고, 스며들고, 넘쳐흐른다. 특히 희열은 대단한 느낌이다. 즐거운 느낌은 좋은 기름으로 마사지를 받을 때와 비슷하다. 더울 때 시원한 물로 씻는 것과 같아서 '너무 좋다, 너무 즐겁다'라는 말이 저절로 나온다. 그래서 분명하다고 설명한다. 괴로운 느낌도 분명하다. 뜨거운 쇠로 달구어진 보습을 박는 것이나 달구어진 쇳물을 우리한테 뿌리는 것처럼 괴로운 것은 아주 분명하기 때문에 '너무 괴롭다'고 말하게 된다.

그러나 괴롭지도 않고 즐겁지도 않은 느낌은 알기 어렵고 불분명하다. 이것은 즐거운 느낌과 괴로운 느낌이 사라질 때, 다시 말해서 분명한 게 사라질 때 오는 중립적인 형태이기 때문이다. 그래서 이 느낌은 분명한 것이 사라지고 그 중간에 있는 것이라고 알 때 분명해진다.

이어서 주석서는 도망치는 사슴에 비유하여 설명한다. 도망가던 사슴이 크고 넓적한 바위 위로 올라갈 때나 내려올 때는 발자국이 분명히 남는다. 그 중간 발자국은 올라가는 발자국과 내려가는 발자국을 보고 알 수 있다. 이처럼 즐거운 느낌과 괴로운 느낌의 중간 느낌이 괴롭지도 즐겁지도 않은 느낌이라고 이해하면 된다고 한다.

세 가지 느낌과 여섯 가지 느낌을 꿰뚫어 안 다음에는 신념처와 마찬가지로 후렴구가 이어진다.

> "이와 같이 안으로 느낌에서 느낌을 관찰하며 머문다. 혹은 밖으로 느낌에서 느낌을 관찰하며 머문다. 혹은 안팎으로 느낌에서 느낌을 관찰하며 머문다. 혹은 느낌에서 일어나는 현상을 관찰하며 머문다. 혹은 느낌에서 사라지는 현상을 관찰하며 머문다. 혹은 느낌에서 일어나기도 하고 사라지기도 하는 현상을 관찰하며 머문다."

주석서는 '이와 같이 안으로'란 자기의 느낌을 관찰하는 것이라고 설명한다. '밖으로'는 다른 존재, 다른 사람의 느낌을 관찰하는 것이다. 또 '일어나는 현상을 관찰하며'는 무명이 일어나기 때문에 느낌이 일어난다고 하였다. 무명, 갈애, 업, 접촉이 있기 때문에 일어나고, 일어남의 현상이 있다는 것이다. 사라지는 것도 마찬가지로 무명, 갈애, 업, 접촉이 사라지기 때문에 사라짐의 현상이 있다고 알아야 한다고 설명한다.

파욱 사야도는 느낌을 관찰할 때는 느낌을 강조해서 보라고 한다. 하지만 느낌이 느낌 단독으로 일어나지 않기 때문에 그때는 궁극적 물질과 정신을 안팎으로 식별해야 한다고 말한다. 느낌은 느낌의 원인에 의해서 순간적으로 일어났다가 사라진다. 일어나고 사라짐을 식별할 때 원인에 의해서 일어나고 사라지는 것을 식별하라는 의미이다.

느낌이 일어나고 사라지는 원인에는 과거 원인과 현재 원인이 있다. 과거 업의 원인이 과거 원인이고, 현재 존재함으로써 일어나는 원인이 현재 원인이다. 주석서는 무명, 갈애, 업, 접촉이 과거 원인이라고 설명하지만, 파욱 사야도는 무명, 갈애, 취착, 행, 업이라고 설명한다. 현재 원인은 현재 느낌을 느낄 수 있는 기능, 토대, 대상이다. 그리고 촉이 있기 때문에 일어나고, 의도가 있기 때문에 일어나므로 이것들도 현재 원인이 된다.

> "'느낌이 있구나' 하는 마음챙김이 확실히 일어나도록 분명
> 한 앎과 마음챙김을 확실히 한다. 갈애와 사견에 의지하지
> 않고 머문다. 세상에서 아무것도 움켜쥐지 않는다.
> 비구들이여, 비구는 이와 같이 느낌에서 느낌을 관찰하며
> 머문다."

파욱 사야도는 느낌 관찰을 설명하면서, 느낌을 강조하면서도 5온을 체계적으로 관찰해서 통찰의 지혜가 무르익으면 성스러운 도를 얻게 되고 성스러운 도에 의해서 단계적으로 번뇌가 파괴된다고 하였다. 아라한이 되면 5온의 세계에서 어떤 것에도 집착하지 않고 독립적으로 머물 수 있다.

4념처의 세 번째는 마음 관찰인 심념처이다. 부처님이 마음 관찰에서 말씀하신 마음은 열여섯 가지이다. 여덟 가지 마음에 대해 있으면 있다고 알며 머물고, 없으면 없다고 알며 머물기 때문에 모두 열여

섯 가지 마음을 나열하였다. 먼저 탐욕이 있는 마음, 탐욕이 없는 마음, 성냄이 있는 마음, 성냄이 없는 마음, 미혹이 있는 마음, 미혹이 없는 마음의 여섯 가지 마음을 살펴보자.

"비구들이여, 어떻게 비구가 마음에서 마음을 관찰하며 머무는가?
비구들이여, 여기 비구는 탐욕이 있는 마음을 탐욕이 있는 마음이라고 꿰뚫어 안다. 탐욕이 없는 마음을 탐욕이 없는 마음이라고 꿰뚫어 안다. 성냄이 있는 마음을 성냄이 있는 마음이라고 꿰뚫어 안다. 성냄이 없는 마음을 성냄이 없는 마음이라고 꿰뚫어 안다. 미혹이 있는 마음을 미혹이 있는 마음이라고 꿰뚫어 안다. 미혹이 없는 마음을 미혹이 없는 마음이라고 꿰뚫어 안다."

탐욕, 성냄, 미혹이 있을 때 어떻게 해야 하는지는 마하시 사야도의 이야기를 들으면 이해하기 쉽고 실천하기도 쉽다. 마하시 사야도는 애착하고 즐기는 마음이 생겨나면 그 마음을 탐욕이 있는 마음이라고 관찰해야 한다고 말한다. 생활하다 보면 애착하고 즐거운 마음이 생겨날 수 있다. 그때 그것을 정확히 관찰하라는 것이다. 그렇게 정확히 계속 관찰하다 보면 그 애착하고 좋아하는 그런 마음이 사라지게 된다. 그 마음을 잘 관찰하면, 그 마음이 사라지게 되고, 애착이 없는 깨끗한 마음이 생겨난다. 미움이나 미혹도 계속 관찰하다 보면 그것이 없는 상태의 마음이 된다. 이렇게 관찰하며 부처님이 말한 것을 수행하면 된다.

다음은 위축된 마음, 산란한 마음, 고귀한 마음, 고귀하지 않은 마음, 아직도 위가 남아 있는 마음, 아직도 위가 없는 마음, 삼매에 든 마음, 삼매에 들지 않은 마음의 여덟 가지 마음이다.

"위축된 마음을 위축된 마음이라고 꿰뚫어 안다. 산란한 마음을 산란한 마음이라고 꿰뚫어 안다. 고귀한 마음을 고귀한 마음이라고 꿰뚫어 안다. 고귀하지 않은 마음을 고귀하지 않은 마음이라고 꿰뚫어 안다. 아직도 위가 남아 있는 마음을 아직도 위가 남아 있는 마음이라고 꿰뚫어 안다. 아직도 위가 없는 마음을 아직도 위가 없는 마음이라고 꿰뚫어 안다. 삼매에 든 마음을 삼매에 든 마음이라고 꿰뚫어 안다. 삼매에 들지 않은 마음을 삼매에 들지 않은 마음이라고 꿰뚫어 안다."

주석서는 해태와 혼침이 있는 마음, 몽롱하고 게으른 상태를 '위축된 마음'이라고 설명한다. 이와 반대로 '산란한 마음'이란 들뜬 마음이다. '고귀한 마음'은 색계와 무색계의 마음이고, '고귀하지 않은 마음'은 욕계의 마음이다.

'아직도 위가 남아 있는 마음'과 '위가 없는 마음'은 기준에 따라 다르게 설명된다. 우리 마음은 욕계 마음, 색계 마음, 무색계 마음이 있다. 욕계의 마음을 기준으로 하면 욕계는 위가 남아 있는 마음이고, 색계와 무색계는 위가 없는 마음이다. 무색계의 마음을 위가 없는 마음이라 하면, 색계와 욕계는 위가 남아 있는 마음이 된다.

마지막 두 가지 마음은 해탈한 마음과 해탈하지 않은 마음이다.

> "해탈한 마음을 해탈한 마음이라고 꿰뚫어 안다. 해탈하지
> 않은 마음을 해탈하지 않은 마음이라고 꿰뚫어 안다."

파욱 사야도는 해탈한 마음에 두 가지가 있다고 설명한다. 일시적인 해탈과 완전한 해탈이다. 우리가 지혜로운 주의를 기울이거나 지혜로운 반조를 할 때 일시적으로 번뇌가 없게 되고, 또는 선정에 들어 번뇌가 눌리면 번뇌가 없는 상태가 된다. 이때 일시적으로 해탈한 마음이 된다. 선정에 한두 시간 들어간다면 그동안에는 번뇌가 없는 해탈이 되고, 일상생활에서 가끔 집착이나 화가 일어날 때 지혜로운 주의를 하게 되면 번뇌가 일어나지 않는다. 이때는 일시적으로 해탈한 것이 된다.

출세간적인 해탈은 근절, 편안히 가라앉음, 벗어남이다. 《청정도론 복주서》는 근절이란 도의 마음이고, 편안히 가라앉음은 과의 마음이고, 벗어남은 열반이라고 설명한다.

> "이와 같이 안으로 마음에서 마음을 관찰하며 머문다. 혹은
> 밖으로 마음에서 마음을 관찰하며 머문다. 혹은 안팎으로
> 마음에서 마음을 관찰하며 머문다. 혹은 마음에서 일어나는
> 현상을 관찰하며 머문다. 혹은 마음에서 사라지는 현상을
> 관찰하며 머문다. 혹은 마음에서 일어나기도 하고 사라지기

도 하는 현상을 관찰하며 머문다.

'마음이 있구나' 하는 마음챙김이 확실히 일어나도록 분명한 앎과 마음챙김을 확실히 한다. 갈애와 사견에 의지하지 않고 지낸다. 세상에 대해서 아무것도 움켜쥐지 않는다.

비구들이여, 비구는 이와 같이 마음에서 마음을 관찰하며 머문다."

주석서는 심념처의 마지막 주제를 이렇게 설명한다. '이와 같이 안으로… 밖으로… 안팎으로…'는 탐욕이 있는 마음 등을 매 순간 어떤 마음이 일어나더라도 그 모두를 주시하고 자신의 마음에 대해서나 남의 마음에 대해서나 때로는 자신의 마음과 때로는 남의 마음에 대해서 마음을 관찰하며 머무는 것이다. '일어나는 현상을 관찰한다'는 무명, 갈애, 업, 정신과 물질을 원인으로 해서 일어남의 현상이 있다고 아는 것이다.

파욱 사야도는 부처님이 심념처에서 다른 것보다도 마음을 강조한다고 말한다. 원인이 있기 때문에 일어나는 것이므로 일어날 때 그 일어난 현상을 잘 보고, 원인이 소멸하여 사라지면 사라질 때 사라지는 현상을 잘 보아야 한다. 원인에는 과거 원인과 현재 원인이 있는데, 과거 원인은 무명, 갈애, 취착, 행, 업이고 현재 원인은 물질과 정신이라고 했다. 또 마음이 작용할 때는 몸이 있고, 마음이 갈 수 있는 대상이 있고, 마음부수가 있기 때문에 마음이 기능할 수 있다. 그걸 정확히 보아야 한다.

부처님은 '마음만이 있구나'라는 마음 챙김을 잘 확립하고, 그래서 마음챙김이 확실히 되면 갈애와 사견에 집착하지 않고 나아가 아무것도 집착하지 않게 된다고 하였다. 지금 할 수 있는 것을 꾸준히 하면서 거기에 만족하지 말고 계속 세밀하게 하다 보면 부처님이 보장한 경지에 들어갈 수 있다.

법념처 1 :
다섯 가지 장애와 다섯 가지 무더기,
여섯 가지 감각 장소와 족쇄

4념처의 네 번째는 법념처이다. 법념처는 다섯 가지 장애(5개)를 먼저 해결하고 그다음에 다섯 가지 무더기(5온), 여섯 가지 감각 장소(6근), 여섯 가지 대상(6경)을 통해 우리가 어떤 존재인지를 본 뒤에 일곱 가지 깨달음의 요소(7각지)와 4성제를 설하는 순서로 구성되어 있다.

법념처의 첫 번째인 5개(五蓋)는 감각적 욕망, 악의, 해태와 혼침, 들뜸과 후회, 의심의 다섯 가지 장애이다. 부처님은 다섯 가지 장애 중 먼저 감각적 욕망에 대해 말씀하셨다.

"비구들이여, 어떻게 비구가 법에서 법을 관찰하며 머무는가? 비구들이여, 여기 비구는 다섯 가지 장애의 법에서 법을 관찰하며 머문다.
어떻게 비구가 다섯 가지 장애의 법에서 법을 관찰하며 머무는가?

여기 비구는 자기에게 감각적 욕망이 있을 때 '내게 감각적 욕망이 있다'고 꿰뚫어 알고 감각적 욕망이 없을 때 '내게 감각적 욕망이 없다'고 꿰뚫어 안다. 비구는 전에 없던 감각적 욕망이 어떻게 일어나는지 꿰뚫어 알고, 일어난 감각적 욕망을 어떻게 제거하는지 꿰뚫어 알며, 어떻게 하면 제거된 감각적 욕망이 앞으로 다시 일어나지 않는지 꿰뚫어 안다."

레와따 스님은 우리가 천상이나 좋은 세상에 태어나거나 선정과 열반의 성취에 이르는 길을 막기 때문에 이 다섯 가지가 장애라고 설명한다. 모든 사람은 비록 이 생에 선정을 닦지 못하더라도, 과거 생에 선정을 이룩한 훌륭한 바라밀을 가지고 있다고 한다. 왜냐하면 세계는 팽창하고 수축하는데, 색계와 무색계를 얻은 사람은 세계가 수축할 때 영향을 받지 않지만, 그렇지 못한 사람들은 색계 두 번째 하늘인 광음천에 태어난다. 광음천은 선정의 마음이 향상되는 하늘이어서, 이곳에 태어나면 언제나 선정을 닦게 된다. 지금 내가 어떻게 선정을 닦을 수 있나 생각하지 말고, 과거에 선정을 닦았던 자기를 믿을 필요가 있다.

마하시 사야도는 우리가 바라고 좋아하는 것, 갈애, 탐욕을 감각적 욕망이라고 설명한다. 감각적 욕망의 범위는 굉장히 넓은데, 이러한 감각적 욕망이 생겨날 때마다 마음을 챙기는 것이 '감각적 욕망이 있다고 꿰뚫어 아는 것'이다. 한 번 두 번, 이렇게 여러 번 마음을 챙기면 감각적 욕망이 생겨나지 않고 사라져 가는 것을 경험할 수 있다.

감각적 욕망이 일어나면, 일어난 것을 계속 본다. 그러다 보면 감각적 욕망은 사라진다. 이것을 '감각적 욕망이 없다'고 꿰뚫어 아는 것이다.

사마타와 위빠사나 수행을 하지 않을 때 눈, 귀, 코, 혀, 몸, 정신의 여섯 가지 문에서 드러나는 물질과 정신을 '이것은 항상하는 것이다, 행복하다, 자아다, 깨끗하다'고 마음을 기울인다. 이렇게 마음을 기울이는 것을 '어리석은 마음 기울이기'라고 한다. 어리석은 마음 기울이기가 모든 불선업을 생기게 하는 근본 원인이다. 지혜롭지 않고 어리석게 볼 때 거기서 모든 번뇌, 불선업이 생긴다. 그러므로 지금 내가 대상을 지혜롭게 대하고 있는지 계속 확인해야 한다.

여기서 '깨끗하다'는 것은 '보기 좋다, 매력적이다, 아름답다'라고 좋게 보는 것이다. 감각적 욕망에 대해서 자칫 멋있고 좋다고 볼 수는 있다. 아직 우리에게 생겨나지 않은 감각적 욕망은 어리석은 마음 기울이기, 어리석은 주의 때문에 생겨난다. 무상, 고, 무아, 깨끗하지 않은 것으로 보아야 하는데, 이와 반대로 보기 때문에 감각적 욕망이 일어난다. 이때 수행자는 내가 지금 어리석은 마음 기울이기를 하는지 분명히 알아차리고 거기서 지혜로운 마음 기울이기로 전환해야 한다.

지혜로운 주의란 빨리어로 '요니소 마나시까라(yoniso manasikāra)' 인데, '무상하다, 괴로움이다, 무아다, 깨끗하지 않다'고 관찰하는 것이다. 지혜로운 마음 기울임으로도 번역된다. 지혜로운 주의는 위빠사나적인 것과 사마타적인 것이 있다. '이것은 더러운 것이다'라며 더러운 것에만 마음을 기울이면 사마타가 된다. 지혜롭지 않게 마음을 기울여서 감각적 욕망이 생겨났을 때 위빠사나 관찰을 하든 사마타적인 주의를 기울이든, 지혜롭게 마음을 기울이면 그 감각적 욕망이 사라진다. 이렇게 감각적 욕망이 사라지게 하는 것은 지혜로운 마음 기울임, 지혜로운 주의이다.

감각적 욕망은 감각적으로 기분 좋은, 즐거운, 호감을 느끼게 하는 대상에 대해서 현명하지 못한 주의를 기울이기 때문에 일어난다. 이렇게 현명하지 못한 주의를 기울이는 것은 적절한 숙고가 아니다. 잘못된 길로 들어선 숙고이다. 내가 접하는 모든 것은 무상, 고, 무아, 부정이고 그 반대를 취하면 감각적 욕망이 생기므로, 대상을 접할 때 잘 보아야 한다는 것을 잊지 않아야 한다.

레와따 스님은 네 가지 현명하지 못한 주의에 대해 이렇게 설명한다. 첫째, 무상을 영원함, 항상한 것으로 본다. 5온은 일어나자마자 바로 사라진다. 일어났다가 사라지고 또 일어났다가 사라지는 것을 식별하지 못하면, 5온을 '비구다, 비구니다, 사람이다, 나다, 아버지다, 어머니다' 등으로 생각하게 된다. 궁극적인 진리의 측면에서는 남자, 여자, 아버지, 어머니 같은 게 없지만, 관습적인 진리 측면에서는 남자, 여자, 아버지, 어머니가 있다. 관습적인 측면과 궁극적인 진리의 측면 둘 다를 정확하게 볼 수 있어야 한다. 둘째, 괴로움을 즐거움으로 잘못 안다. 존재를 볼 때 항상 괴로움 속에 있다고 알아야 한다. 나도 그렇고 상대도 그렇다는 것을 알아야 하고, 나와 남의 괴로움을 어떻게 하면 줄일 수 있나 하고 생각해야 한다. 그렇지 않고 '즐겁다'라고 생각하면 안 된다. 셋째, 무아를 자아로 본다. 나를 내 마음대로 할 수 있고 언제나 존재하는 자아로 보는 것이다. 넷째, 깨끗하지 못한 불결한 것인데 깨끗함으로 본다.

지혜로운 주의를 계속하지 않으면 감각적 욕망 등의 다섯 가지 장애가 생긴다. 사마타와 위빠사나를 통해 유익한 마음이 되어 없애거나, 선정이나 삼매를 통해 욕망을 눌러서 제거한다. 이에 관하여 주석서는 자세하게 설명한다.

감각적 욕망을 제거하는 데 도움이 되는 여섯 가지 방법이 있다. 첫 번째와 두 번째는 '부정한 표상 지님'과 '부정함 닦기'이다. 감각적 욕망은 대상을 좋게 보는 것이므로, 이것을 없애려면 부정한 표상을 닦아야 한다. 부정한 표상이란 사체가 부풀어 오르고, 검푸르게 되고, 문드러지고, 끊어지고, 뜯어먹히는 등의 열 가지 사체와 우리 몸을 이루는 서른두 가지 부분이다. 마음이 이 대상에 계속 가 있으면 표상이 생긴다. 열 가지 사체는 신념처에서의 '아홉 가지 묘지 관찰'과 같은 내용도 있고 다른 내용도 있다.

우리가 어떤 대상을 지속적으로 관찰하다 보면 눈을 감고도 그 대상과 관계된 상이 나타나는데, 이것을 표상이라고 한다. 표상은 익힌 표상과 닮은 표상의 두 종류가 있다. 예를 들어 들숨날숨에 집중하는 아나빠나사띠(호흡 관찰)를 계속하다 보면 호흡과 빛이 하나가 된다. 그 빛이 처음에는 아지랑이처럼 뚜렷하지 않은데 이것을 익힌 표상이라 하고, 관찰을 지속하다 보면 그 빛이 보석처럼 밝아지고 환한 분명한 표상이 되는데 이때의 표상을 닮은 표상이라고 한다. 평소에 부정한 표상, 그러니까 사체 열 가지나 몸을 이룬 서른두 가지 부분을 계속 관찰하여 익힌 표상을 얻어도 감각적 욕망이 많이 제거된다. 나아가 익힌 표상을 얻은 후 수행을 철저히 해서 닮은 표상을 얻어 삼매를 얻어도 감각적 욕망을 제거하는 데 많은 도움이 된다.

감각적 욕망을 다스리는 세 번째는 감각적 문들을 잘 단속하는 것이다. 감각적 욕망은 우리가 눈, 귀, 코, 혀, 몸, 정신을 통해서 무언가를 지각할 때 일어나기 때문에 감각의 문을 잘 단속해도 감각적 욕망이 많이 사라진다. 네 번째 방법은 음식을 적절하게 먹는 것이다. 일반 사람들은 감각적 욕망으로 음식을 먹는 경우가 많다. 음식을 너무 많이 먹어서 문제가 생기기도 하고, 허한 마음을 먹는 행위로 채울 때도 있다. 식사할 때 마음을 다스리는 훈련이 되어 있으면 감각적 대상을 대해도 감각적 욕망이 일어나지 않을 수 있다. 다섯 번째는 우리에게 도움이 되는 훌륭한 도반들을 가까이하는 것인데, 그분들에게 감화를 받아 '나도 청정하게 살아야겠다'는 마음을 내는 것이다. 감각적 욕망을 잘 다스리는 여섯 번째 방법은 적절한 대화이다.

감각적 욕망은 감각적으로 매력적인 대상에 현명하지 못한 주의가 일어날 때 생긴다. '내게 감각적 욕망이 있다'고 꿰뚫어 알고, 현명하지 못한 주의로 인해 감각적 욕망이 일어날 때마다 마음에 감각적 욕망이 일어난다고 알아야 한다. 이것이 감각적 욕망에 대한 부처님의 가르침이다.

다섯 가지 장애의 두 번째는 악의이다.

"악의가 있을 때 '나에게 악의가 있다'고 꿰뚫어 알고 악의가 없을 때 '나에게 악의가 없다'고 꿰뚫어 안다. 비구는 전에 없던 악의가 어떻게 일어나는지 꿰뚫어 알고, 일어난 악의를 어떻게 제거하는지 꿰뚫어 알고, 어떻게 하면 제거된 악의가 앞으로 다시 일어나지 않는지를 꿰뚫어 안다."

악의는 화 또는 분노라고도 볼 수 있는데, 기본적인 의미는 무언가를 싫어하고 거부하는 것이다.

마사히 사야도는 세상의 모든 것은 인과의 법칙에 의해 있을 만한 이유가 있기 때문에 있는 법이지만, 그것에 대해 싫어하는 마음을 내는 것이 악의라고 설명한다. 악의가 있는 사람은 '무상, 고, 무아, 깨끗하지 않음'을 '항상하다, 행복하다, 자아다, 깨끗하다'라고 보기 때문에 그것이 아닌 다른 것을 받아들이지 못한다. 자기가 원하는 대로 되지 않기 때문에 화를 내는 것이다. '그러니까 화를 내도 된다, 화를 낼 만하다'라고 생각하는 것, 이것은 어리석은 주의, 어리석은 마음 기울이기이다.

그런데 불환자 이상은 화를 내지 않는다. 악의는 불환도에서 완전히 소멸하기 때문이다. 주석서는 화를 제거하는 데 도움이 되는 여섯 가지 방법을 소개하는데 대부분 자애와 관련된다. 자애의 표상을 가지고 자애의 마음을 닦으며, 자애의 좋은 점과 화의 해로움을 깊이 생각하고 또 자애의 이익과 화의 불이익에 대해 말한다. 그리고 모든 사람은 업이 자기의 주인이고 업에 따라 산다고 보며, 자애를 잘 닦은 분과 가까이한다. 이처럼 자애를 닦는 수행을 하면 어떤 대상에게도 화가 나지 않는다. 상대가 나를 화나게 할 때, 그 사람의 나쁜 업이 일어난 것이므로, 그를 자애로써 대하면 미워하거나 화를 내는 일이 없어진다.

다섯 가지 장애의 세 번째는 해태와 혼침이다.

"해태와 혼침이 있을 때 '나에게 해태와 혼침이 있다'고 꿰

뚫어 알고, 해태와 혼침이 없을 때 '나에게 해태와 혼침이 없
다'고 꿰뚫어 안다. 비구는 전에 없던 해태와 혼침이 어떻게
일어나는지 꿰뚫어 알고, 일어난 해태와 혼침을 어떻게 제
거하는지 꿰뚫어 알고, 어떻게 하면 제거한 해태와 혼침이
앞으로 다시 일어나지 않는지 꿰뚫어 안다."

주석서는 해태와 혼침의 원인으로 과식을 언급한다. 너무 무리하게
활동해도 해태와 혼침이 될 수 있다. 때문에 해태와 혼침이 올 때 자
세를 바꾸는 것이 도움이 된다. 또 광명상을 마음에 가지면 좋은데 밤
이라면 달빛이나 불빛으로 마음을 향하고, 낮이라면 태양 빛을 마음
에 가진다. 실내에 있다가 누우면 해태와 혼침이 일어나기도 하는데,
이럴 때는 바깥에 머무르는 것이 도움이 된다. 열심히 수행하는 훌륭
한 분들을 가까이하는 것도 좋은 방법이다. 수행의 일종인 두타행에
는 열세 가지가 있는데 분소의만 입는다거나 하루에 한 번 탁발한 음
식만을 먹거나 숲속에서 수행하거나 눕지 않는 것 등이다. 두타행에
대해서 대화해도 해태와 혼침이 사라질 수 있다.
　　다섯 가지 장애의 네 번째는 들뜸과 후회이다.

"들뜸과 후회가 있을 때 '나에게 들뜸과 후회가 있다'고 꿰
뚫어 알고, 들뜸과 후회가 없을 때 '나에게 들뜸과 후회가 없
다'고 꿰뚫어 안다. 비구는 전에 없던 들뜸과 후회가 어떻게
일어나는지 꿰뚫어 알고, 일어난 들뜸과 후회를 어떻게 제
거하는지 꿰뚫어 알고, 어떻게 하면 제거한 들뜸과 후회가

앞으로 다시 일어나지 않는지 또 꿰뚫어 안다."

마하시 사야도는 아라한도에 의해 들뜸이 완전히 소멸한다고 설명한다. 아라한이 되어야 어떤 형태의 아주 작은 들뜸이라도 완전히 없애고 고요한 상태에 있게 된다. 후회는 화의 일종이다. 불환자가 되어야화가 완전히 없어지는데, 그때 후회가 완전히 소멸한다.

　주석서는 들뜸과 후회는 지혜롭지 못하고 차분하지 않은 상태라고 설명한다. 따라서 니까야와 주석서를 철저히 공부하면 들뜸과 후회가 없어진다고 가르친다. 경전을 철저히 공부하고 탐구하여 경에서배운 내용을 '이것은 유익한가 해로운가' 하는 탐구를 꾸준히 해도 들뜬 마음과 후회가 사라질 수 있다. 또 후회란 것은 후회할 만한 일을했기 때문에 생겨나므로 계율을 철저히 이해하고 지키면 된다. 계를잘 지키면 들뜬 마음도 없어진다. 나아가 계를 잘 지키는 분들을 가까이하는 것도 도움이 되며, 들뜸과 후회를 제거하는 데 도움이 되는 대화를 많이 해도 좋다.

　다섯 가지 장애의 다섯 번째는 의심이다.

"의심이 있을 때 '나에게 의심이 있다'고 꿰뚫어 알고, 의심
이 없을 때 '나에게 의심이 없다'고 꿰뚫어 안다. 비구는 전
에 없던 의심이 어떻게 일어나는지 꿰뚫어 알고, 일어난 의
심을 어떻게 제거하는지 꿰뚫어 알고, 어떻게 하면 제거한
의심이 앞으로 다시 일어나지 않는지 또 꿰뚫어 안다."

주석서에서 소개하는 의심을 제거하는 방법으로는 철저하게 경전을 공부하고 탐구하는 것과 계율을 잘 숙지하고 지키는 것이 있다. 의심이란 자기가 해야 할 일은 하지 않고 삿된 생각을 할 때 생긴다. 그러므로 계율을 철저히 지키고 불법승 삼보에 대한 확고한 믿음을 가지면 의심이 사라진다. 불법승 삼보의 공덕에 대해 대화하는 것도 좋다. 의심은 예류자가 되면 완전히 없어진다. 예류자부터 성자이기 때문에 예류도를 얻을 때 의심이 다시는 일어나지 않는다. 의심이 남아 있다면 범부이다. 범부는 항상 의심 속에 있다고 보아야 한다.

> "이와 같이 안으로 법에서 법을 관찰하며 머문다. 혹은 밖으로 법에서 법을 관찰하며 머문다. 혹은 안팎으로 법에서 법을 관찰하며 머문다. 혹은 법에서 일어나는 현상을 관찰하며 머문다. 혹은 법에서 사라지는 현상을 관찰하며 머문다. 혹은 법에서 일어나기도 하고 사라지기도 하는 현상을 관찰하며 머문다.
>
> '법이 있구나' 하는 마음챙김이 확실히 일어나도록 분명한 앎과 마음챙김을 확실히 한다. 갈애와 사견에 의지하지 않고 지낸다. 세상에 대해서 아무것도 움켜쥐지 않는다.
>
> 비구들이여, 비구는 이와 같이 법에서 법을 관찰하며 머문다."

파욱 사야도는 다섯 가지 장애가 일어난다는 것은 감각적으로 매력적이고 아름다운 대상을 볼 때 지혜롭지 않은 주의를 기울이기 때문이라고 설명한다. 감각적 대상에 대해서 지혜로운 주의를 하면 감각적 욕망이 사라진다. 우리는 언제나 지혜로운 주의와 어리석은 주의를 잊지 않아야 한다. 대상을 무상, 고, 무아, 부정으로 보는 지혜로운 주의를 실천하여야 한다.

법념처의 두 번째 주제는 다섯 가지 무더기, 5온이다.

"다시 비구들이여, 여기 비구는 나 등으로 취착하는 다섯 가지 무더기의 법에서 법을 관찰하며 머문다. 어떻게 비구가 나 등으로 취착하는 다섯 가지 무더기들의 법에서 법을 관찰하며 머무는가?

여기 비구는 5취온을 볼 때 '이것은 물질이다. 이것이 물질의 일어남이다. 이것이 물질의 사라짐이다. 이것이 느낌이다. 이것이 느낌의 일어남이다. 이것이 느낌의 사라짐이다 이것이 인식이다. 이것이 인식의 일어남이다. 이것이 인식의 사라짐이다. 이것이 행들이다. 이것이 행들의 일어남이다. 이것이 행들의 사라짐이다. 이것이 식이다. 이것이 식의 일어남이다. 이것이 식의 사라짐이다'라고."

우리는 5온을 어떻게 아는가. 마하시 사야도는 이에 대해 쉽게 설명한다.

내가 무언가를 볼 때 '내가 지금 보고 있다'고 하며 마음을 챙기는 자에게 이런 일이 일어난다. 본다는 것은 볼 수 있는 뭔가가 있기 때문에 볼 수 있다. 즉 내가 무엇인가를 볼 때는 눈 감성 물질로 보이는 대상, 형색, 형상 등을 본다. 이것이 물질 무더기(색온)를 아는 것이다. 무언가를 보는 눈 감성 물질은 눈 감각기관이라고도 하는데, 삼매를 얻어야 볼 수 있는 궁극적 실재이다. 대상을 보고 난 뒤에는 느낌이 있다. 좋다, 나쁘다, 좋지도 않고 싫지도 않다는 느낌을 알면, 이것이 느낌 무더기(수온)를 아는 것이다. 보이는 형색에 대해서 '저것은 무엇이다' 하고 인식한다. 이때는 인식 무더기(상온)를 아는 것이다. 대상을 대하고 난 후 무언가 자극을 받거나 무엇을 원하거나 믿음을 내거나 하는 것, 다시 말하면 무언가를 접촉하면서 마음에서 일어나는 반응을 보는 것은 행들의 무더기(행온)를 아는 것이다. 기본적으로 아는 마음이 식 무더기(식온)이다.

이렇게 하면 우리는 5온을 보게 된다. 5온들을 자세히 보면 눈 감성 물질이나 보이는 형색, 움직임 등이 일어났다 사라진다. 삼매를 얻으면 더욱 분명하게 보인다. 이렇게 보는 것이 바로 생멸의 지혜이다. 또는 '무명이 아직 사라지지 않아서 이 물질이 생겨난다. 무명이 사라지면 이 물질은 사라진다. 또 즐기고 애착하는 갈애가 아직 사라지지 않아서 이런 물질이 생겨난다'라고 보아도 일어났다가 사라지는 것을 보는 것이다.

이렇게 아는 것은 생겨나게 하는 원인법들과 사라지고 소멸하게 하는 원인법들을 유추하여 추측하는 생멸의 지혜이다. 유추도 있지만 실제로 관찰을 통해서 생멸을 볼 수 있다. 느낌 등의 생겨남과 사라지는 모습은 특별한 게 없다. 단지 생겨나게 하는 원인에서 느낌, 인식, 형상들에서는 무명, 갈애, 업, 접촉이 원인이 되고 식, 마음은 무명, 갈애, 업과 정신, 물질이 있을 뿐이다.

주석서는 '이것이 물질의 일어남이다'라는 것은 무명, 갈애, 업,

음식의 네 가지 원인과 일어남의 현상, 이렇게 다섯 가지 형태로 물질의 일어남이 있다고 설명한다. '이것이 물질의 사라짐이다'는 앞의 네가지 원인이 소멸하기 때문에 사라짐의 현상이 있다고 한다.

> "이와 같이 안으로 법에서 법을 관찰하며 머문다. 혹은 밖으로 법에서 법을 관찰하며 머문다. 혹은 안팎으로 법에서 법을 관찰하며 머문다. 혹은 법에서 일어나는 현상을 관찰하며 머문다. 혹은 법에서 사라지는 현상을 관찰하며 머문다. 혹은 법에서 일어나기도 하고 사라지기도 하는 현상을 관찰하며 머문다.
> '법이 있구나' 하는 마음챙김이 확실히 일어나도록 분명한 앎과 마음챙김을 확실히 한다. 갈애와 사견에 의지하지 않고 지낸다. 세상에 대해서 아무것도 움켜쥐지 않는다.
> 비구들이여, 비구는 이와 같이 법에서 법을 관찰하며 머문다."

'이와 같이 안으로'는 이처럼 다섯 가지 무더기를 파악함으로써 자신의 법들인 5온에 대해서 아는 것이다. '밖으로'는 남의 법들인 5온에 대해서 아는 것이다. '안팎으로'는 자신의 법들인 5온과 남의 법들인 5온에 대해서 관찰하며 머무는 것이다.

레와따 스님은 일어나고 사라지는 것을 볼 때 그 일어나고 사라지는 원인적인 것과 다시 일어나는 현상과 사라짐의 원인적인 현상, 그리고 사라진 그 자체들을 잘 보아야 한다고 말한다.

법념처의 세 번째는 여섯 가지 감각 장소와 여섯 가지 대상, 그리고 족쇄에 대한 가르침이다. 여섯 가지 안의 감각 장소는 눈, 귀, 코, 혀, 몸, 정신이고, 그 대상은 형상, 소리, 냄새, 맛, 감촉, 법이며, 그 둘 사이에서 족쇄가 생긴다. 이는 생활하면서 순간순간 실천하고 도움을 받을 수 있는 주제이다. 내용을 확실히 이해하고 실천하면 좋다.

> "다시 비구들이여, 여기 비구는 여섯 가지 안팎의 감각 장소의 법에서 법을 관찰하며 머문다. 어떻게 비구가 여섯 가지 안팎의 감각 장소의 법에서 법을 관찰하며 머무는가? 비구들이여, 여기 비구는 눈을 꿰뚫어 안다. 형상을 꿰뚫어 안다. 이 둘을 조건으로 일어난 족쇄도 꿰뚫어 안다."

파욱 수행은 기본적으로 삼매를 닦고, 삼매를 닦아서 생긴 지혜의 눈을 가지고 궁극적 물질과 정신을 보는 수행이다. 파욱 사야도는 '비구는 눈을 꿰뚫어 안다'를 눈 감성 물질을 본다고 설명한다. 눈은 보는 기능을 하는 눈 감성 물질과 살덩어리로 되어 있다. 눈의 감각기관은 눈 감성 물질을 말하는데, 이것의 기능과 특징 등에 의해서 안다는 뜻이다. 아비담마 전통에서는 법을 특징, 기능, 나타남, 가까운 원인의 네 가지 측면에서 알아야 한다고 설명한다. '형상을 꿰뚫어 안다'는 것은 형상을 이루는 물질을 확실히 안다는 것이다. 물질은 업, 마음, 음식, 온도(불)에서 만들어지는데, 형상을 구성하는 종류가 다른 물질을 확실히 안다는 의미이다. '이 둘을 조건으로 일어난 족쇄도 꿰뚫어 안다'는 것은 눈과 형상을 조건으로 일어나는 열 가지 족쇄를 기능과 특징 등으로 철저히 안다는 것을 말한다.

파욱 사야도는 열 가지 족쇄를 아비담마의 분류로 설명한다. 아비담마에서 말하는 열 가지 족쇄는 감각적 욕망, 악의, 자만, 사견, 의심, 존재에 대한 욕망, 계금취, 질투, 인색, 무지이다. 이들을 구체적으로 살펴보면 다음과 같다. 감각적 욕망의 족쇄는 눈의 문에 보이는 즐거운 형상의 즐거움을 느끼는 감각적 즐김이 있을 때 생기고, 악의의 족쇄는 좋지 않은 형상, 마음에 안 드는 형상을 보고 화가 날 때 일어난다. 대상을 볼 때 '나 아닌 어떤 사람도 이렇게 대상을 지혜롭게 볼 수 없다'는 마음을 가지면 자만의 족쇄가 생기고, 계속 생멸하는 형상을 항상 있는 것으로 받아들일 때 사견의 족쇄가 일어난다. '내가 보는 지금 이 형상이 존재인가? 아니면 형상에 속한 것일까?' 하고 정확히 보지 못하고 의심의 머리를 굴릴 때 의심의 족쇄가 생기며, 인간이나 천상과 같은 선처에 태어나고자 하면 존재에 대한 욕망의 족쇄가 일어난다. 어떤 계든 계만 잘 지키면 범천에 태어날 수 있다고 생각하면 계금취의 족쇄이고, 남이 잘되는 것을 좋아하지 않고 남이 못 되는 것을 좋아하는 것은 질투의 족쇄이다. 가지고 있는 것을 남에게 주려 하지 않는 사람에게는 인색의 족쇄가 생겨난다. 이러한 아홉 가지 족쇄가 일어날 때는 반드시 무지의 족쇄가 함께 일어난다.

경에서는 예류자, 일래자, 불환자, 아라한이 되는 이정표로서 열 가지 족쇄를 제시한다. 유신견, 계금취, 의심이라는 세 가지 족쇄를 없애야 예류자가 될 수 있고, 여기에 감각적 욕망과 악의라는 두 가지 족쇄마저 없애면 불환자가 된다. 아라한이 되려면 색계 존재에 대한 욕망, 무색계 존재에 대한 욕망, 자만, 들뜸, 무지라는 다섯 가지 족쇄를 없애야 한다.

아비담마는 경에서 언급한 색계 존재에 대한 욕망과 무색계 존재에 대한 욕망을 '존재에 대한 욕망'으로 묶고, 들뜸을 제외한 자리에 인색과 질투를 언급한다. 들뜸은 아라한이 되어야 완전히 없어지지만, 인색과 질투는 예류자가 되면 없어진다. 아비담마 분류에 의한 사견, 의심, 계금취, 질투, 인색의 다섯 가지 족쇄는 예류도를 얻으면 다시 생겨나지 않게 된다. 이 족쇄들이 완전히 사라졌다는 것을 예류자들은 안다. 감각적 욕망과 악의가 완전히 없어지면 불환자이다. 거친 감각적 욕망과 거친 악의의 족쇄는 그 전에 일래도를 얻음으로써 완전히 소멸하고, 미세한 감각적 욕망과 미세한 악의는 불환도를 얻음으로써 완전히 사라진다. 이 족쇄들이 완전히 없어졌다는 것을 불환자들은 안다. 자만, 존재, 무명의 세 가지 족쇄는 아라한도를 얻음으로써 완전히 소멸하며, 이 사실을 아라한들은 안다.

"전에 없던 족쇄가 어떻게 일어나는지 꿰뚫어 알고, 일어난 족쇄를 어떻게 제거하는지 꿰뚫어 안다. 또 어떻게 하면 그 제거된 족쇄가 앞으로 다시 일어나지 않는지 꿰뚫어 안다."

족쇄가 완전히 없어지려면 수행해서 도와 과를 얻어야 한다. '전에 없던 족쇄가 어떻게 일어나는지 꿰뚫어 안다'는 것은 전에 일어나지 않았던 열 가지 족쇄가 어떻게 일어나는지 그 이유를 안다는 것이고, '일어난 족쇄를 어떻게 제거하는지 꿰뚫어 안다'는 것은 족쇄가 어떻게 해서 제거되는지 그 이유를 안다는 것이다. 그리고 제거된 족쇄가 다시 일어나지 않는 것을 꿰뚫어 안다.

정신과 의사가 들려주는 불교 사용 설명서

이 세 가지에 대해 레와따 스님은 일시적인 포기와 더 나아간 포기, 완전한 포기로 설명한다. 레와따 스님은 열 가지 족쇄를 번뇌의 다른 분류라고 한다. 아직 일어나지 않은 족쇄는 지혜롭지 못한 주의 때문에 일어난다. 그러므로 지혜로운 주의를 하면 족쇄를 없앨 수 있다. 이것이 일시적 포기이다. 예를 들어 한 시간 동안 계속 숨에 집중할 때 그 시간 동안에는 오직 유익한 마음만 일어나고 열 가지 족쇄는 일시적으로 풀린다. 또 형상을 무상, 고, 무아, 부정으로 식별하면서 위빠사나 수행을 할 때, 지혜로운 주의와 유익한 마음에 의해 유익한 법이 일어난다. 이 유익한 법들이 열 가지 족쇄를 일시적으로 풀어버리므로 이 또한 일시적 포기이다. 대상을 유익한 마음으로 보아서 번뇌가 일어나지 않는 게 일시적 포기이다.

그리고 사마타 수행을 할 때 닮은 표상에 집중하면서 한 시간 또는 그 이상의 시간 동안 본삼매에 머물러 있을 때, 그러한 본삼매는 열 가지 족쇄를 오랫동안 일어나지 않도록 한다. 이것이 더 나아간 포기이다. 그다음으로 번뇌가 성스러운 도에 의해서 완전히 파괴되었을 때, 그것은 완전한 포기이다. 이처럼 포기의 수준은 다르다. 우리가 지금 할 수 있는 것은 유익한 마음을 자꾸 일으키는 것이다.

> "귀를 꿰뚫어 안다. 소리를 꿰뚫어 안다. 이 둘을 조건으로 일어난 족쇄도 꿰뚫어 안다. 코를 꿰뚫어 안다. 냄새를 꿰뚫어 안다. 이 둘을 조건으로 일어난 족쇄도 꿰뚫어 안다. 혀를 꿰뚫어 안다. 맛을 꿰뚫어 안다. 이 둘을 조건으로 일어난 족쇄도 꿰뚫어 안다. 몸을 꿰뚫어 안다. 감촉을 꿰뚫어 안다.

이 둘을 조건으로 일어난 족쇄도 꿰뚫어 안다. 마노를 꿰뚫어 안다. 법을 꿰뚫어 안다. 이 둘을 조건으로 일어난 족쇄도 꿰뚫어 안다.

전에 없던 족쇄가 어떻게 일어나는지 꿰뚫어 알고, 일어난 족쇄를 어떻게 제거하는지 꿰뚫어 안다. 또 어떻게 하면 그 제거된 족쇄가 앞으로 다시 일어나지 않는지 꿰뚫어 안다.

이와 같이 안으로 법에서 법을 관찰하며 머문다. 혹은 밖으로 법에서 법을 관찰하며 머문다. 혹은 안팎으로 법에서 법을 관찰하며 머문다. 혹은 법에서 일어나는 현상을 관찰하며 머문다. 혹은 법에서 사라지는 현상을 관찰하며 머문다. 혹은 법에서 일어나기도 하고 사라지기도 하는 현상을 관찰하며 머문다.

'법이 있구나' 하는 마음챙김이 확실히 일어나도록 분명한 앎과 마음챙김을 확실히 한다. 갈애와 사견에 의지하지 않고 지낸다. 세상에 대해서 아무것도 움켜쥐지 않는다.

비구들이여, 비구는 이와 같이 법에서 법을 관찰하며 머문다."

법념처 2 :
일곱 가지 깨달음의 요소

법념처의 네 번째는 일곱 가지 깨달음의 구성요소이다. 마음챙김의 깨달음의 구성요소, 법을 간택하는 깨달음의 구성요소, 정진의 깨달음의 구성요소, 희열의 깨달음의 구성요소, 고요함의 깨달음의 구성요소, 삼매의 깨달음의 구성요소, 평온의 깨달음의 구성요소의 일곱 가지이며, 한문으로는 염각지, 택법각지, 정진각지, 희각지, 경안각지, 정각지, 사각지라고 한다.

> "비구들이여, 비구는 일곱 가지 깨달음의 구성요소들의 법에서 법을 관찰하며 머문다.
> 비구들이여, 어떻게 비구가 일곱 가지 깨달음의 구성요소들의 법에서 법을 관찰하며 머무는가?
> 여기 비구는 자기에게 마음챙김의 깨달음의 구성요소(염각

지)가 있을 때 '나에게 마음챙김의 깨달음의 구성요소가 있
다'고 꿰뚫어 알고, 마음챙김의 깨달음의 구성요소가 없을
때 '나에게 마음챙김의 깨달음의 구성요소가 없다'고 꿰뚫
어 안다.

비구는 전에 없던 마음챙김의 깨달음의 구성요소가 어떻게
일어나는지 꿰뚫어 알고, 일어난 마음챙김의 깨달음의 구성
요소를 어떻게 닦아서 성취하는지 꿰뚫어 안다."

마음챙김의 깨달음의 구성요소(염각지)와 같이 나머지 여섯 가지 깨달
음의 구성요소들도 동일한 구조로 이어진다.

일곱 가지 깨달음의 구성요소는 스펙트럼 구조처럼 조금 약한
것부터 좀 더 발전된 것, 그리고 완성된 것으로 보아야 한다. 완전히
완성된 것만 깨달음의 구성요소라고 하지 않는다. 예를 들어서 열심
히 노력해서 마음챙김이 약하게 조금이라도 생기면 그만큼의 마음챙
김의 깨달음의 구성요소가 있다고 보아야 한다.

그러면 왜 깨달음의 구성요소라고 하는가? 마하시 사야도는 4성
제를 알게 하기 때문이라고 설명한다. 일곱 가지 깨달음의 구성요소
를 닦게 되면 4성제를 알고 실천하게 된다는 것이다.

이제 일곱 가지 깨달음의 구성요소를 하나씩 살펴보자.

마음챙김의 깨달음의 구성요소(염각지)는 부처님의 가르침을 잘
기억하고 잊어버리지 않는 것이다. 마음챙김, 즉 사띠는 두 가지 측면
이 있다. 하나는 기억하는 것이고 다른 하나는 현재 집중인데, 깨달음
의 구성요소의 마음챙김은 기억이라고 보면 된다. 기억한 법들 중에

어떤 법이 선법이고 어떤 법이 악법인지 알고, 선법은 행하고 악법은 행하지 않도록 정진한다. 마음은 고정되지 않고 흐르듯이 일어났다 사라지기 때문에 상속이라는 용어를 사용하는데, 기억(마음챙김)의 깨달음의 구성요소를 자기 상속에서 끊임없이 생겨나게 하는 것은 아라한도를 얻음으로써 완전히 성취된다.

주석서는 네 가지 법이 마음챙김의 깨달음의 구성요소를 일어나게 한다고 설명한다. 마음챙김을 계속하면 거기서 일어난 현상을 분명히 아는 것이 일어나는데 이것을 정념 정지라고 한다. 마음을 기울이고 거기서 정확히 아는 것이 중요하다. 그리고 마음챙김을 하지 않고 사는 사람들을 피해야 한다. 이런 사람들과 어울리면 자신도 영향을 받아 마음챙김을 하지 않을 가능성이 높다. 그러므로 마음챙김을 확립한 사람과 가까이 지내야 한다. 이들과 교류하면 마음챙김이 더 깊어질 수 있다. 또한 서거나 앉거나 항상 '마음챙김을 일으켜야지'라는 마음으로 살면 마음챙김의 깨달음의 구성요소가 일어난다. 이렇게 노력하면 마음챙김의 깨달음의 구성요소가 일어나고, 그것을 철저히 하면 나중에 완성을 이루게 된다.

마음챙김의 깨달음의 구성요소만이 아니라 모든 깨달음의 구성요소의 완성은 아라한도에서 일어난다. 부처님은 차례로 나머지 깨달음의 구성요소에 관해 설명하였다.

"법을 간택하는 깨달음의 구성요소(택법각지)가 있을 때 '나에게 법을 간택하는 깨달음의 구성요소가 있다'고 꿰뚫어 알고, 법을 간택하는 깨달음의 구성요소가 없을 때 '나에게 법을 간택하는 깨달음의 구성요소가 없다'고 꿰뚫어 안다. 비구는 전에 없던 법을 간택하는 깨달음의 구성요소가 어떻게 일어나는지 꿰뚫어 알고, 일어난 법을 간택하는 깨달음의 구성요소를 어떻게 닦아서 성취하는지 꿰뚫어 안다."

마하시 사야도는 '이것은 물질이다. 이것은 정신이다. 이것은 어떤 물질이다. 이것은 어떤 정신이다'라며 조사하고 간택하여 아는 지혜를 법을 간택하는 깨달음의 구성요소(택법각지)라고 설명한다. 이것이 물질이고, 이것이 정신이고, 이것이 생겨남이고, 이것이 사라짐이고, 이것이 물질의 일어남이고, 이것이 물질의 사라짐이고, 이것이 정신의 일어남이고, 이것이 정신의 사라짐이고, 이것은 무상이고, 고이고, 무아이고, 깨끗하지 않다고 확실하게 아는 지혜이다.

파욱 사야도는 어떤 법이 좋은 법이고 나쁜 법인지, 어떤 것이 바르고 틀린지를 잘 보는 것이 법을 간택하는 깨달음의 구성요소라고 설명한다. 법에도 좋고 나쁜 것이 있고 바르고 틀린 것이 있는데, 이에 대해 자주 지혜로운 주의를 기울이면 일어나지 않은 법을 간택하는 깨달음의 구성요소를 일어나게 한다고 말한다.

레와따 스님은 법을 간택하는 것은 분석이라고 설명한다. 법은 선하고 악한 다섯 쌍이 있다. 유익한 법과 해로운 법, 비난받지 않는 법과 비난받을 만한 법, 수행해야 하는 법과 수행하지 말아야 하는 법, 수승한 법과 열등한 법, 순수한 법과 불선한 법이다. 각 쌍에서 앞의 다섯 가지는 유익하고 좋은 결과를 일으키지만, 뒤의 다섯 가지는 해롭고 나쁜 결과를 일으키는 법들이다. 이렇게 법을 확실히 하는 것이

정신과 의사가 들려주는 불교 사용 설명서

법을 간택하는 깨달음의 구성요소라고 하였다.

주석서는 법을 간택하는 깨달음의 구성요소를 완성하는 일곱 가지 방법을 소개하였다. 5온, 4대, 6근, 5력 등에 대해 그 의미를 잘 탐구하는 것이 첫 번째이고, 안팎의 토대를 깨끗이 하는 것이 두 번째이다. 토대는 안팎이 있는데 안은 우리 몸이고 밖은 우리 몸의 밖에 있는 수행처 등을 지칭한다. 그리고 수행자가 가진 기능을 조화롭게 잘 닦는 것, 지혜가 있는 사람을 가까이하는 것, 심오한 지혜로 행해야 할 것에 대해 반조하는 것, 앉거나 서거나 무엇을 하든 법을 간택하는 깨달음의 요소를 일으켜야겠다라는 마음 등에 의해서도 이 깨달음의 구성요소가 일어난다.

다음은 정진의 깨달음의 구성요소(정진각지)이다.

"정진의 깨달음의 구성요소(정진각지)가 있을 때 '나에게 정진의 깨달음의 구성요소가 있다'고 꿰뚫어 알고, 정진의 깨달음의 구성요소가 없을 때 '나에게 정진의 깨달음의 구성요소가 없다'고 꿰뚫어 안다.
비구는 전에 없던 정진의 깨달음의 구성요소가 어떻게 일어나는지 꿰뚫어 알고, 일어난 정진의 깨달음의 구성요소를 어떻게 닦아서 성취하는지 꿰뚫어 안다."

마하시 사야도는 관찰과 마음챙김을 할 때 느슨하지도 않고 지나치지도 않게 잘 균형이 잡힌 노력이 중요한데, 이것을 정진의 깨달음의 구성요소(정진각지)라고 한다.

주석서는 정진의 깨달음의 구성요소가 법을 간택하는 깨달음의 구성요소를 기반으로 일어난다고 설명한다. 아직 해로운 법이 일어나지 않았으면 일어나지 않게 하고 이미 일어났다면 제거하며, 아직 유익한 법이 일어나지 않았으면 일어나게 하고 이미 일어났다면 더 크게 하는 것이 정진이다.

정진을 일어나게 하는 열한 가지 법이 있다. 악처의 두려움을 반조하고, 정진의 이로운 점을 잘 알며, 우리가 가야 할 길의 과정을 반조하고, 탁발한 음식을 공경하며, 정법의 유산의 위대함을 생각하는 것이다. 그리고 스승, 출가자라는 신분, 동료 수행자의 위대함을 반조한다. 게으른 사람을 멀리하고 부지런한 사람은 가까이하며, 정진의 깨달음의 구성요소를 얻어야겠다는 것을 마음속에 가지는 것이다.

이 중에서 우리가 가야 할 길이란 부처님, 벽지불, 상수제자들이 간 길이다. 사람들은 수행자가 공부를 열심히 해서 윤회를 벗어나길 바라면서 음식을 공양하므로 탁발한 음식을 공경하는 마음이 들면 더욱 열심히 공부하게 될 것이다. 정법의 유산이란 믿음, 계, 부끄러워하는 것, 두려워하는 것, 배움, 보시, 지혜로서, 부처님이 우리에게 준 일곱 가지 재산이다.

다음은 희열의 깨달음의 구성요소(희각지)이다.

"희열의 깨달음의 구성요소(희각지)가 있을 때 '나에게 희열의 깨달음의 구성요소가 있다'고 꿰뚫어 알고, 희열의 깨달음의 구성요소가 없을 때 '나에게 희열의 깨달음의 구성요소가 없다'고 꿰뚫어 안다.

정신과 의사가 들려주는 불교 사용 설명서

비구는 전에 없던 희열의 깨달음의 구성요소가 어떻게 일
어나는지 꿰뚫어 알고, 일어난 희열의 깨달음의 구성요소를
어떻게 닦아서 성취하는지 꿰뚫어 안다."

마하시 사야도는 희열의 깨달음의 구성요소(희각지)를 소름 끼침, 전
율 등을 생겨나게 하며 몸과 마음에서 분명하게 생겨나는 기쁨, 흡족
함, 기분 좋은 것으로 설명한다. 희열은 작은 희열, 순간적으로 희열이
있다가 없어짐, 희열이 반복해서 계속 일어남, 용약하듯이 몸이 팔짝
공중으로 올라갈 정도의 희열, 충만한 희열의 다섯 가지가 있다.

　수행을 해 보면 번뇌가 없을 때 희열이 자연스럽게 생긴다. 또 부
처님을 계속 생각해도, 마음이 부처님에게만 가 있어도 희열이 생긴
다. 이는 주석서에서 제시한 희열의 깨달음의 구성요소가 일어나게
하는 열한 가지 법 가운데 하나이다. 즉 부처님, 법, 승가, 계, 관대함,
남한테 베푸는 관대함, 천신, 고요함, 거친 자를 멀리하고 인자한 자를
가까이하면서 신심을 일으키는 경전들을 반조한다. 이 중에서 고요함
은 열반의 경지이지만, 주석서에서는 '선을 닦은 사람은 오랫동안 오
염원이 생기지 않는다'고 반조해도 희열이 생긴다고 하였다.

　다음은 고요함의 깨달음의 구성요소(경안각지)이다.

"고요함의 깨달음의 구성요소(경안각지)가 있을 때 '나에게
고요함의 깨달음의 구성요소가 있다'고 꿰뚫어 알고, 고요
함의 깨달음의 구성요소가 없을 때 '나에게 고요함의 깨달
음의 구성요소가 없다'고 꿰뚫어 안다.

비구는 전에 없던 고요함의 깨달음의 구성요소가 어떻게 일
어나는지 꿰뚫어 알고, 일어난 고요함의 깨달음의 구성요소
를 어떻게 닦아서 성취하는지 꿰뚫어 안다."

마하시 사야도는 고요함의 깨달음의 구성요소(경안각지)를 관찰과 마
음챙김이 좋아졌을 때 특별히 애쓰지 않아도 몸과 마음에 걱정이나
근심이 사라지고 편안하고 고요한 것이라고 설명한다.

주석서는 고요함의 깨달음의 구성요소를 생기게 하는 일곱 가지
법을 전한다. 좋은 음식을 먹고, 기후가 안락하며, 자세를 편안하게 하
고 적절한 노력을 한다. 또 '업이 나의 주인이다'라고 생각하는 것, 포
악한 사람을 멀리하고 편안한 사람을 가까이하며, 고요함의 깨달음의
구성요소를 일으키겠다고 노력하는 것이다.

다음은 삼매의 깨달음의 구성요소(정각지)이다.

"삼매의 깨달음의 구성요소(정각지)가 있을 때 '나에게 삼매
의 깨달음의 구성요소가 있다'고 꿰뚫어 알고, 삼매의 깨달
음의 구성요소가 없을 때 '나에게 삼매의 깨달음의 구성요
소가 없다'고 꿰뚫어 안다.
비구는 전에 없던 삼매의 깨달음의 구성요소가 어떻게 일
어나는지 꿰뚫어 알고, 일어난 삼매의 깨달음의 구성요소를
어떻게 닦아서 성취하는지 꿰뚫어 안다."

마하시 사야도는 관찰하고 마음 챙기는 대상마다 꿰뚫어 들어가듯이

계속해서 밀착하여 오로지 거기만 가 있는 것, 매 순간 집중되어 머무는 것이 삼매의 깨달음의 구성요소(정각지)라고 설명한다.

　　주석서는 삼매의 깨달음의 구성요소를 생기게 하는 열한 가지 법을 설명한다. 삼매는 마음이 번뇌 없이 하나로 집중되어야 한다. 따라서 마음의 번뇌가 하나도 없어야 하므로 우리를 둘러싸고 있는 안팎의 토대를 깨끗이 해야 한다. 다음으로는 믿음, 마음챙김, 정진, 삼매, 지혜의 기능들을 잘 조절해야 삼매에 들 수 있다. 표상을 능숙하게 볼 수 있어야 하고, 적당한 때 마음을 분발시키며, 마음이 가라앉아 있을 때는 올려야 하고, 마음을 절제할 수 있어야 한다. 필요할 때 격려할 수 있어야 한다. 마음의 맥이 풀려서 노력하지 않을 때는 여덟 가지 두려움을 가져오는 원인을 반조하면서 자극을 주어야 한다. 여덟 가지 두려움의 원인이란 태어남, 늙음, 병듦, 죽음, 악처의 고통, 과거의 윤회에서 겪었던 고통, 미래의 윤회에서 겪어야 할 고통, 음식 등 필요한 것을 구할 때 오는 고통이다. 또한 삼매의 공덕을 생각하고, 적당한 때 평온하게 한다. 삼매에 들지 않는 사람을 멀리하고 삼매에 든 사람을 가까이하며, 선과 해탈에 대해 반조하고 삼매를 일으키기 위해서 언제나 마음의 노력을 하는 것도 삼매에 도움이 된다.

　　다음은 평온의 깨달음의 구성요소(사각지)이다.

　　"평온의 깨달음의 구성요소(사각지)가 있을 때 '나에게 평온의 깨달음의 구성요소가 있다'고 꿰뚫어 알고, 평온의 깨달음의 구성요소가 없을 때 '나에게 평온의 깨달음의 구성요소가 없다'고 꿰뚫어 안다.

비구는 전에 없던 평온의 깨달음의 구성요소가 어떻게 일
어나는지 꿰뚫어 알고, 일어난 평온의 깨달음의 구성요소를
어떻게 닦아서 성취하는지 꿰뚫어 안다.”

마하시 사야도는 관찰할 때마다 믿음과 지혜, 정진과 삼매, 이 둘이 조
화를 이루는 것을 평온의 깨달음의 구성요소(사각지)라고 설명한다.
관찰할 때 믿음이 지나칠 수 있고 지혜, 정진, 삼매가 지나칠 수 있는
데, 지나칠 수 있는 법들을 균형 맞추게 하는 것이 평온의 깨달음의
구성요소이다. 쉽게 말하면, 평온이란 어느 쪽에도 치우치지 않고 적
절하게 가장 좋은 상태를 유지하는 것이다.

　평온의 깨달음의 구성요소는 관찰이 좋을 때는 특별히 애쓰지
않아도 수행의 힘에 의해서 저절로 마음을 챙겨 알고 있는 것처럼 분
명하게 생겨난다. 비유하면 두 마리의 소가 서로 발을 잘 맞춰서 가면
소를 재촉할 필요도 없고 늦출 필요도 없다. 그냥 두 마리 소를 따라
가기만 하면 된다. 또는 잘 닦여진 길 위로 좋은 차를 몰고 갈 때의 편
안함처럼, 조화를 잘 이룬 수행자에게는 평온함이 나타난다.

　레와따 스님은 평온의 깨달음의 요소가 일어나는 원인은 어느
쪽으로도 치우치지 않은 상태라고 했다. 이는 어디에도 걸리지 않고
자유로운 상태이다. 만약 매력과 혐오스러움으로부터 자유가 있다면
거기에 평온이 있다고 한다.

　평온은 치우침 없이 보는 상태이다. 좋아하지도 않고 싫어하지
도 않고 정확하게 있는 그대로 보면 평온하게 된다. 주석서는 평온의
깨달음의 구성요소를 일어나게 하는 데 도움이 되는 다섯 가지 법을

말한다. 중생에 대해, 그리고 상카라(행)에 대해 중립적인 태도를 가진다. 중생과 상카라에 대해 애착을 가진 사람을 멀리하고, 중립을 지키는 사람을 친근하게 하며, 평온의 깨달음의 구성요소를 길러야겠다는 마음으로 산다. 이 다섯 가지에 대해 자세하게 살펴보자.

첫째, 사람이나 동물, 또는 천상의 존재 등 중생에 대해 중립적인 태도를 가진다는 것은 두 가지 측면이 있다. 하나는 중생은 업을 따라와서 업을 따라간다는 것을 알고 집착이나 애착하는 마음을 줄인다. 다른 하나는 중생이란 일어났다 사라지는 존재이므로 궁극적인 의미에서 중생은 없다고 본다. 이 두 가지 측면에서 중생을 치우치지 않고 보면 자연스럽게 중생에 대한 중립적인 태도가 생긴다.

둘째, 상카라에 대한 중립적인 태도를 가지는 것도 두 가지 형태로 일어난다. 어떤 대상을 접하거나 소유할 때 이것들은 순간순간 계속 변화할 수밖에 없다고 반조하면 중립적인 태도가 생긴다. 또 물질적인 것은 있다가 없어지는 일시적인 것이라고 반조하면 평온의 깨달음의 각지가 생기는 데 도움이 된다.

셋째, 중생과 상카라에 대해 애착을 가진 사람이란 재가자라면 부모나 자식을, 출가자라면 사형이나 사제 등에 애착을 가진 사람이다. 물질에 대해서도 내 옷이라면서 집착한다. 이런 사람을 가까이하면 자신도 영향을 받게 되므로 이들을 멀리해야 한다.

그러므로 넷째와 다섯째가 중요해지는데, 즉 중생과 상카라에 대해 중립을 지키는 사람을 친근히 하고, 앉거나 서거나 간에 평온의 깨달음의 구성요소를 기르겠다는 마음으로 살아야 한다.

이와 같이 다섯 가지로 평온의 깨달음의 구성요소를 일으킨 자

는 아라한도를 얻어 평온의 깨달음의 구성요소에 대한 수행을 완성한
다고 꿰뚫어 안다.

> "이와 같이 안으로 법에서 법을 관찰하며 머문다. 혹은 밖으
> 로 법에서 법을 관찰하며 머문다. 혹은 안팎으로 법에서 법
> 을 관찰하며 머문다. 혹은 법에서 일어나는 현상을 관찰하
> 며 머문다. 혹은 법에서 사라지는 현상을 관찰하며 머문다.
> 혹은 법에서 일어나기도 하고 사라지기도 하는 현상을 관찰
> 하며 머문다.
> '법이 있구나' 하는 마음챙김이 확실히 일어나도록 분명한
> 앎과 마음챙김을 확실히 한다. 갈애와 사견에 의지하지 않
> 고 지낸다. 세상에 대해서 아무것도 움켜쥐지 않는다.
> 비구들이여, 비구는 이와 같이 법에서 법을 관찰하며 머문다."

'안으로'란 자신의 일곱 가지 깨달음의 구성요소를 파악하는 것이고,
'밖으로'는 남의 일곱 가지 깨달음의 구성요소를 파악하는 것이다. '안
팎으로'는 자신과 남의 일곱 가지 깨달음의 구성요소를 파악하는 것
이다. 그다음에는 깨달음의 구성요소가 어떻게 일어나고 사라지는지
를 안다.

지금까지 일곱 가지 깨달음의 구성요소에 대해 하나씩 살펴보았
다. 수행에서는 이 요소들의 균형을 이루는 것이 중요하다. 평온이 바
로 균형을 이루는 작업이다. 신심과 지혜가 균형을 이루어야 하고, 삼
매와 정진이 균형을 이루어야 한다. 신심, 지혜, 삼매, 정진, 마음챙김

은 수행자가 갖추어야 하는 5근 즉 다섯 가지 기능이다. 강한 마음챙김은 어느 기능에서도 항상 필요하다.

신심, 정진, 지혜는 흥분하는 경향이 있고, 삼매는 무뎌지는 경향이 있다. 이들을 바로잡는 것이 마음챙김이다. 마음챙김은 신심, 정진, 지혜로부터 생길 수 있는 들뜸으로부터 마음을 보호하고, 또는 삼매로부터 생기는 게으름으로부터 마음을 보호한다. 그러므로 수행자는 항상 마음챙김을 해야 한다. 마음챙김은 모든 반찬에 들어가는 소금과 같고, 왕의 국정을 보필하는 대신과 같다. 마음챙김이 없으면 마음의 노력, 또는 자제가 없다.

평온의 깨달음의 요소에는 노력의 균형이 최상이다. 균형 잡힌 노력으로 수행할 때 평온의 깨달음의 구성요소가 일어난다. 자기를 잘 보아서 치우치는 게 있다면 균형을 잡도록 노력해야 한다. 그러면 평온이 생긴다.

법념처 3 :
네 가지 성스러운 진리 ①
고성제, 집성제

법념처의 다섯 번째는 네 가지 성스러운 진리인 4성제이다. 4성제는 괴로움의 성스러운 진리(고성제), 괴로움이 일어남의 성스러운 진리(집성제), 괴로움이 소멸함의 성스러운 진리(멸성제), 도 닦음의 성스러운 진리(도성제)이다.

4성제 속에 모든 법이 있다는 의미이다. 부처님은 "4성제를 몰랐기 때문에 윤회의 고통을 겪었지만, 4성제를 알고 윤회의 고통을 끝냈다"고 말씀하셨다. 모든 법은 4성제에 들어간다. 《맛지마 니까야》 〈코끼리 발자국 비유 경〉(M28)에서 사리뿟따 존자는 "모든 동물들의 발자국은 코끼리 발자국 안에 다 들어간다. 코끼리의 발자국이 크기 때문이다. 이처럼 모든 유익한 법들은 4성제 안에 들어간다"라고 하였다.

4넘처 수행의 마지막 종결점이자 법념처의 마지막은 4성제이다.

"다시 비구들이여, 여기 비구는 네 가지 성스러운 진리의 법에서 법을 관찰하며 머문다.

비구들이여, 어떻게 비구가 네 가지 성스러운 진리의 법에서 법을 관찰하며 머무는가?

여기 비구는 '이것이 괴로움이다'라고 있는 그대로 꿰뚫어 안다. '이것이 괴로움의 일어남이다'라고 있는 그대로 꿰뚫어 안다. '이것이 괴로움의 소멸이다'라고 있는 그대로 꿰뚫어 안다. '이것이 괴로움의 소멸로 인도하는 도 닦음이다'라고 있는 그대로 꿰뚫어 안다."

파욱 사야도는 부처님이 네 가지 성스러운 진리를 두 가지로 설명하였다고 한다. 우리가 통상적으로 알고 감지할 수 있는 관습적 진리, 그리고 관습적인 수준에서는 볼 수 없는 궁극적 진리이다. 이를 기준으로 부처님이 설명한 네 가지 성스러운 진리에 대해 살펴보자.

첫 번째는 괴로움의 성스러운 진리이다.

"비구들이여, 그러면 무엇이 괴로움인가?

태어남도 괴로움이다. 늙음도 괴로움이다. 병도 괴로움이다. 죽음도 괴로움이다. 슬픔, 비탄, 육체적 고통, 정신적 고통, 절망도 괴로움이다. 원하는 것을 얻지 못하는 것도 괴로움이다. 간략하게 말하면 나 등으로 취착하는 다섯 가지 무더기가 괴로움이다."

여기《대념처경》에는 언급되어 있지 않지만《상윳따 니까야》〈초전법륜 경〉(S56:11)에는 두 가지의 괴로움을 더 언급한다. 이렇게 부처님은 괴로움을 자세하게 열한 가지로 설명하고, 이를 요약하면 '나라고 취착하는 다섯 가지 무더기(5취온)가 괴로움'이라고 하였다. 왜냐하면 자세하게 설한 괴로움들이 모두 취착하는 다섯 가지 무더기를 통해서 경험되는 것이기 때문이다.

위빠사나 지혜나 도의 지혜 등으로 물질과 정신의 무상, 고, 무아를 알지 못하면 갈애와 사견이 생겨 집착하게 된다. 이를 취착이 있는 다섯 무더기, 즉 집착이 가해진 5온이므로 5취온이라 한다. 부처님은 5온은 있지만, 5취온은 없다. 우리도 존재하는 한 5온을 가지고 살 수밖에 없지만, 5온에 취착이 활동하지 않도록 해야 한다.

이제 각각의 괴로움을 하나씩 살펴보자.

"비구들이여, 그러면 어떤 것이 태어남인가?
이런저런 중생들의 무리로부터 이런저런 중생들의 태어남,
출생, 도래함, 생김, 탄생, 5온의 나타남, 감각 장소를 획득
함. 비구들이여, 이를 일러 태어남이라 한다."

부처님은 태어남에 관해서 우리가 알아들을 수 있도록 여러 측면으로 묘사하였다. 이에 대해 파욱 사야도는 중생들의 태어남, 출생, 도래함, 생김은 관습적 진리로 설한 것이고 5온의 나타남, 감각 장소를 획득함은 궁극적 진리로 설하였다고 설명한다. 그러므로 태어남이 무엇인지 깨달으려면 두 가지 방법이 필요하다. 궁극적 진리를 보려면 삼매

를 얻어야 한다. 궁극적 실재에는 매 순간 일어나고 지속되고 사라지는, 즉 태어남과 머무름과 사라짐이 있다. 궁극적으로 본다면 순간적으로 일어날 때가 태어남이다. 관습적으로 본다면 삶에서 첫 번째 순간, 없던 존재가 생겼을 때가 태어남이다. 괴로움의 성스러운 진리를 식별하려면 이러한 두 가지의 태어남을 식별해야 한다.

> "비구들이여, 그러면 어떤 것이 늙음인가?
> 이런저런 중생들의 무리 가운데서 이런저런 중생들의 늙음, 노쇠함, 부서진 이빨, 희어진 머리털, 주름진 피부, 수명의 감소, 감각기능의 허약함. 비구들이여, 이를 일러 늙음이라 한다.
> 비구들이여, 그러면 어떤 것이 죽음인가?
> 이런저런 중생들의 무리로부터 이런저런 중생들의 종말, 끝이 나고 제거함, 부서짐, 사라짐, 사망, 죽음, 서거, 5온의 부서짐, 시체를 안치함, 생명기능의 끊어짐. 이를 일러 죽음이라 한다."

파욱 사야도는 부처님이 5온의 부서짐은 궁극적 실재, 나머지는 관습적 진리에 따라 설명하였다고 한다. 그런데 무더기(온)는 항상 궁극적 실재이다. 참고로 생명기능은 궁극적 물질의 하나이고, 생명기능의 끊어짐은 궁극적 실재이다. 그런데 파욱 사야도는 생명기능의 끊어짐이 경에는 없다고 설명한다. 니까야 판본이 여러 종류인데, 생명기능의 끊어짐이 있는 판본이 있고, 없는 판본이 있다. 아마도 파욱 사야도는 생명기능의 끊어짐이 없는 판본을 참조하여 설명한 듯하다.

　관습적 진리에 따르면 한 삶의 첫 번째 순간은 태어남으로 불리고 마지막 순간은 죽음으로 불린다. 첫 번째 순간과 마지막 순간 사이는 늙음이라 한다. 궁극적 실재에 따르면 매 순간 일어난 단계를 태어남이라 하고, 지속되는 단계를 늙음이라 하고, 사라지는 단계를 죽음이라 한다. 이처럼 늙음과 죽음은 관습적 진리와 궁극적 실재에 따라 식별해야 한다.

　그러므로 괴로움의 성스러운 진리를 식별한다면, 관습적으로 보는 것도 필요하지만 삼매를 통해 궁극적으로 우리의 물질과 정신이 어떻게 일어나고 머물고 사라지는지를 잘 보아야 한다.

> "비구들이여, 그러면 어떤 것이 슬픔인가? 이런저런 불행을 만나고 이런저런 괴로운 현상에 맞닿은 사람의 슬픔, 슬퍼함, 슬퍼하는 상태, 내면의 슬픔, 이를 일러 슬픔이라 한다.
> 비구들이여, 그러면 어떤 것이 비탄인가? 이런저런 불행을 만나고 이런저런 괴로운 현상에 맞닿은 사람의 비탄, 비탄함, 한탄, 한탄함, 비탄스러움, 이를 일러 비탄이라 한다.
> 비구들이여, 그러면 어떤 것이 육체적 고통인가? 몸의 고통과 몸의 불편함, 몸에 맞닿아 생긴 고통스럽고 불편한 느낌, 이를 일러 육체적 고통이라 한다.
> 비구들이여, 그러면 어떤 것이 정신적 고통인가? 정신적 불편함과 마음에 맞닿아 생긴 고통스럽고 불편한 느낌, 이를 일러 정신적 고통이라 한다.

비구들이여, 그러면 어떤 것이 절망인가? 이런저런 불행을 만나고 이런저런 괴로운 현상에 맞닿은 사람의 실망, 절망, 실망함, 절망함, 이를 일러 절망이라 한다.

비구들이여, 그러면 어떤 것이 원하는 것을 얻지 못하는 괴로움인가? 태어날 수밖에 없는 중생들에게 이런 바람이 일어난다. '오! 참으로 우리에게 태어나는 일이 있지 않기를. 참으로 그 태어남이 우리에게 오지 않기를.' 늙을 수밖에 없는 중생들에게, 또 병들기 마련인 중생들에게, 죽기 마련인 중생들에게, 슬픔·비탄·육체적 고통·정신적 고통·절망을 느끼기 마련인 중생들에게 이런 바람이 일어난다. '오! 참으로 우리에게 늙음이 없기를, 병이 없기를, 죽음이 없기를, 슬픔·비탄·육체적 고통·정신적 고통·절망이 있지 않기를. 참으로 그 슬픔·비탄·육체적 고통·정신적 고통·절망이 우리에게 오지 않기를' 하고 바란다.

그러나 이것은 원한다고 해서 얻어지지 않는다. 원하는 것을 얻지 못하는 이것도 괴로움이다."

부처님은 태어남, 늙음, 죽음에 이어 슬픔, 비탄, 육체적 고통, 정신적 고통, 절망, 원하는 것을 얻지 못하는 괴로움에 관해 설명하였다. 파욱 사야도는 '원하는 것을 얻지 못하는 괴로움'에서 언급한 것들, 즉 모든 괴로움이 없기를 바라는 것은 성스러운 8정도를 체계적으로 수행할 때 얻을 수 있다고 한다. 이 설명은 본질적인 내용을 담고 있다. 죽지 않기를 바라지만 태어난 존재는 죽을 수밖에 없다. 성스러운 8정도를 닦아야 태어나지 않게 된다. 이미 태어났다면 죽지 않기를 바란다고 죽지 않음을 얻을 수 없다. 태어나고 5취온이 있기 때문에 모든 괴로움이 있게 되므로, 성스러운 8정도를 통해서 벗어날 때 비로소 다시는 그러한 괴로움이 일어나지 않게 된다.

> "비구들이여, 그러면 요컨대 나 등으로 취착하는 다섯 가지
> 무더기들 자체가 괴로움이라는 것은 어떤 것인가?
> 그것은 나 등으로 취착하는 물질의 무더기, 그것은 나 등으
> 로 취착하는 느낌의 무더기, 그것은 나 등으로 취착하는 인
> 식의 무더기, 그것은 나 등으로 취착하는 행들의 무더기, 그
> 것은 나 등으로 취착하는 식의 무더기이다.
> 비구들이여, 요컨대 나 등으로 취착하는 다섯 가지 무더기
> 들 자체가 괴로움이다.
> 이를 일러 괴로움의 성스러운 진리라 한다."

지금까지 부처님이 설명한 괴로움의 성스러운 진리에서 알 수 있듯이, 불교는 철저하게 괴로움의 끝을 본 완벽한 가르침이다.
　네 가지 성스러운 진리의 두 번째는 괴로움이 일어남의 성스러운 진리이다.

> "비구들이여, 그러면 무엇이 괴로움의 일어남의 성스러운
> 진리인가?
> 그것은 갈애이니, 다시 태어남을 가져오고 환희와 탐욕이

함께하며 여기저기서 즐기는 것이다. 즉 감각적 욕망에 대한 갈애, 존재에 대한 갈애, 존재하지 않은 것에 대한 갈애가 그것이다."

괴로움이 일어날 때는 반드시 원인이 있다. 부처님은 괴로움이 일어나는 가장 주요한 원인이 갈애라고 하였다. 이에 대해 파욱 사야도는 성숙한 씨에 비유하여 설명한다.

성숙한 씨를 적절한 땅에 묻고 수분이 있으면 싹이 나겠지만, 만약 수분이 없다면 아무리 좋은 토양에 씨를 심어도 싹이 나지 않는다. 업력은 씨와 같고, 갈애는 수분과 같다. 따라서 업력은 있지만 갈애가 없다면 결과가 생기지 않는다. 부처님은 갈애를 '다시 태어남을 가져오고 환희와 탐욕이 함께하며 여기저기서 즐기는 것'이라고 설명한다.

업력은 행이 있을 때 행에 붙어 있는, 유익하거나 해로운 행의 에너지이다. 그런데 행은 일어나자마자 사라진다. 하지만 업력은 여전히 있어서 5온을 만들어낸다.

부처님은 괴로움의 성스러운 진리를 요약하면 나 등으로 취착하는 다섯 가지 무더기, 즉 5취온이라 하셨다. 갈애는 괴로움의 성스러운 진리인 5취온을 만들어내는 주요 원인이다. 업력과 갈애가 있기 때문에 5취온이 있게 되고, 다음 존재나 괴로움이 생기게 된다. 그러나 갈애가 없다면 업력은 어떠한 괴로움도 만들어 낼 수 없다. 이런 이유로 부처님은 갈애가 괴로움의 원인이라고 가르쳤다.

갈애가 있을 때 무명과 취착이 있다. 무명이 없으면 갈애가 생길 수 없다. 갈애가 계속 이어지는 것이 취착이므로, 갈애가 있을 때 무명과 취착도 있다. 무명, 갈애, 취착은 업력을 강력하게 지지하고, 그중에서 갈애가 가장 중요한 지지 요인이다.

마하시 사야도는 '존재하지 않은 것에 대한 갈애'란 '죽으면 다음 생은 없다'라는 생각을 좋아하고 애착하는 갈애라고 한다. 바꿔 말하면 '죽으면 끝'이라는 생각에 집착하는 갈애이다.

부처님은 다시 갈애가 어디서 일어나는지와 어디에서 소멸하는지에 대해 설명한다.

> "다시 비구들이여, 이런 갈애는 어디서 일어나고 어디서 자리잡는가?
> 세상에서 즐겁고 기분 좋은 것이 있으면 거기서 갈애는 일어나서 거기서 자리잡는다. 그러면 세상에서 어떤 것이 즐겁고 기분 좋은 것인가?
> 눈은 세상에서 즐겁고 기분 좋은 것이다. 귀, 코, 혀, 몸, 마노는 세상에서 즐겁고 기분 좋은 것이다. 여기서 갈애가 일어나서 여기서 자리잡는다.
> 형상은 세상에서 즐겁고 기분 좋은 것이다. 소리, 냄새, 맛, 감촉, 법은 세상에서 즐겁고 기분 좋은 것이다. 여기서 갈애가 일어나서 여기서 자리잡는다."

마하시 사야도는 '여기서 자리 잡는다'는 것은 단순히 머문다는 뜻이 아니라고 한다. 갈애는 조건이 될 때 항상 일어나기 때문에 대상에 접했을 때 관찰하지 않으면 갈애나 사견이 잠재함을 의미한다는 것이다. 잠재한다는 것도 항상 마음속에 머무는 것이 아니라, 조건이 형성되면 언제든지 생겨날 힘을 갖고 있다. 초기불교에서는 그냥 계속 있는 건 없다. 조건에 따라서 어떤 현상들이 일어나고 사라진다.

주석서는 '일어난다'는 것은 생긴다는 말이고, '자리 잡는다'는 것은 계속 일어나서 확립된다는 뜻이라고 했다. '세상에서 즐겁고 기분 좋은 것'은 세상에서 사랑스러운 고유 성질과 달콤한 고유 성질을 말한다. 그런 것들을 가진 것에 갈애가 생긴다는 것이다. '눈은 세상에서'라는 말은 눈 등에 대해서 내 것이라는 생각에 빠진 중생들이 눈을 내 것이라고 하면서 세속적인 성공을 얻어 기고만장해지고, 눈, 귀, 코, 혀, 몸, 정신을 보배처럼 여긴다는 말이다. 이렇게 눈, 귀, 코, 혀, 몸, 정신을 대단한 것으로 보기 때문에 그 대상을 사랑스럽고 기분 좋은 것으로 보게 된다. 그렇게 되면 거기서 갈애가 계속 일어나면서 자리 잡는다. 이것이 부처님이 말한 뜻이라고 한다.

그런데 여기서 의문이 생길 수 있다. 대상에는 좋지 않은 대상도 있는데, 왜 대상을 좋다고만 말씀하신 것일까? 이에 대해 파욱 사야도는 부처님이 여섯 가지씩 열 종류를 말씀하셨던 것으로 설명한다. 여섯 가지씩 열 종류란, 앞의 인용문에서 언급한 눈, 귀, 코, 혀, 몸, 정신 다음에 형상, 소리, 냄새, 맛, 감촉, 법의 여섯 가지 등 총 열 종류를 나열하신 것을 말한다. 여섯 가지씩 총 열 종류이므로 부처님이 언급하신 갈애는 모두 예순 가지이다.

> "눈이 대상을 접하면 안식이 생긴다. … 마노가 대상을 접하면 마노의 식이 생긴다. 눈의 식은, 귀의 식은, 코의 식은, 혀

의 식은, 몸의 식은, 마노의 식은 세상에서 즐겁고 기분 좋은 것이다. 여기서 갈애가 일어나서 여기서 자리잡는다.

눈과 형상과 안식, 이 세 가지가 만날 때 눈의 접촉이 생긴다. … 마노와 법과 마노의 식, 이 세 가지가 만날 때 마노의 접촉이 생긴다. 눈의 접촉은, 귀의 접촉은, 코의 접촉은, 혀의 접촉은, 몸의 접촉은, 마노의 접촉은 세상에서 즐겁고 기분 좋은 것이다. 여기서 갈애가 일어나서 여기서 자리잡는다.

눈의 접촉에서 느낌이 생긴다. … 마노의 접촉에서 느낌이 생긴다. 눈의 접촉에서 생긴 느낌은, 귀의 접촉에서 생긴 느낌은, 코의 접촉에서 생긴 느낌은, 혀의 접촉에서 생긴 느낌은, 몸의 접촉에서 생긴 느낌은, 마노의 접촉에서 생긴 느낌은 세상에서 즐겁고 기분 좋은 것이다. 여기서 갈애가 일어나서 여기서 자리잡는다.

눈의 인식, 귀의 인식, 코의 인식, 혀의 인식, 몸의 인식, 마노의 인식은 세상에서 즐겁고 기분 좋은 것이다. 여기서 갈애가 일어나서 여기서 자리잡는다.

보이는 형상에 대한 의도, 소리에 대한 의도, 냄새에 대한 의도, 맛에 대한 의도, 감촉에 대한 의도, 법에 대한 의도는 세상에서 즐겁고 기분 좋은 것이다. 여기서 갈애가 일어나서 여기서 자리잡는다.

보이는 형상에 대한 갈애, 소리에 대한 갈애, 냄새에 대한 갈애, 맛에 대한 갈애, 감촉에 대한 갈애, 법에 대한 갈애는 세상에서 즐겁고 기분 좋은 것이다. 여기서 갈애가 일어나서 여기서 자리잡는다.

보이는 형상에 대한 일으킨 생각은, 소리에 대한 일으킨 생각은, 냄새에 대한 일으킨 생각은, 맛에 대한 일으킨 생각은, 감촉에 대한 일으킨 생각은, 법에 대한 일으키는 생각은 세상에서 즐겁고 기분 좋은 것이다. 여기서 갈애가 일어나서 여기서 자리잡는다.

보이는 형상에 대한 지속적인 고찰, 소리에 대한 지속적인 고찰, 냄새에 대한 지속적인 고찰, 맛에 대한 지속적인 고찰, 감촉에 대한 지속적인 고찰, 법에 대한 지속적인 고찰은 세상에서 즐겁고 기분 좋은 것이다. 여기서 갈애가 일어나서 여기서 자리잡는다.

비구들이여, 이를 일러 괴로움의 일어남의 성스러운 진리라 한다.”

이를 요약하면, 눈, 귀, 코, 혀, 몸, 마노라는 여섯 가지 내적 감각기관, 그 대상인 형상, 소리, 냄새, 맛, 감촉, 법의 여섯 가지가 있고, 눈 등의 여섯 가지 내적 감각기관이 그 대상인 형상 등의 여섯 가지를 각각 만나면 여섯 가지 식이 생긴다. 그리고 눈 등의 여섯 가지와 그 대상인 형상 등의 여섯 가지와 각각의 여섯 가지 식이 만나는 것을 촉이라 하는데 안 등의 촉이 여섯 가지이다. 이러한 여섯 가지 촉이 있으면 그것을 대상으로 각각의 느낌 여섯 가지가 생긴다. 형상, 소리, 냄새, 맛, 감촉, 법에 대한 각각의 여섯 가지 인식, 여섯 가지 의지, 여섯 가지 갈애, 여섯 가지 일으킨 생각, 여섯 가지 지속적인 고찰이 있다.

'일으킨 생각'이란 대상에 대한 생각을 일으키는 것, 정신작용을 일으켜서 그쪽으로 관심을 가지고 생각하는 것이다. '지속적인 고찰'은 정신이 계속 생각하는 것이다. 어떤 것에 대해 골똘히 생각하면 그것이 지속적인 고찰이다.

사람들 대부분은 자신의 눈, 귀, 코, 혀, 몸, 마노에 강한 집착을 두고 있다. 이런 이유로 사람들은 언제나 거울로 자신을 본다. 여섯 가지 내적인 감각기관에 의지하여 강한 갈애와 집착이 일어나고, 여섯 가지 외적 토대를 대상으로 취하여 강한 집착이 일어날 수 있다. 이들 열두 가지 토대를 다른 말로 하면 5온, 궁극적 물질과 정신이다. 궁극적 물질과 정신에 갈애가 생긴다는 것이다. 또한 이것에 의지해서 생기는 인식, 의지, 일으킨 생각, 지속적 고찰에도 다 갈애가 생긴다.

파욱 수행에서는 기본적으로 삼매를 닦고 삼매를 통해서 지혜의 눈이 열려 궁극적인 물질과 정신을 보는 것을 목표로 한다. 정신인식과정이 있을 때 궁극적인 정신이 있다. 궁극적인 정신은 마음과 마음부수이다. 눈, 귀, 코, 혀, 몸, 정신의 각각의 문에서 정신과정을 체계적으로 식별하면 여섯 종류의 식을 분명하게 볼 수 있다. 정신인식과정의 궁극적인 정신 중 식은 근본적인 마음이다. 마음을 볼 수 있다. 촉은 마음부수이고, 언제나 식과 같이 있다. 눈을 예로 들면, 안촉은 안식과 같이 있기 때문에 안식을 볼 수 있으면 안촉도 볼 수 있다. 식과 촉에 의지해서 강한 갈애가 일어날 수 있고, 접촉에서 생긴 느낌에 의지하여 강한 갈애가 일어날 수 있다. 특히 느낌에 대해서 갈애가 강하게 일어난다. 느낌은 자연스럽게 오는 것인데 즐거운 느낌, 괴로운 느낌, 괴롭지도 즐겁지도 않은 느낌이 일어날 때 갈애가 일어나지 않도

록 하면 된다. 느낌은 갈애의 근본적인 원인이다. 궁극적인 정신을 식
별할 때 식, 접촉, 느낌, 인식을 식별하면서 갈애를 식별할 수 있다.

법념처 4 :
네 가지 성스러운 진리 ②
멸성제, 도성제

법념처의 세 번째는 괴로움이 소멸함의 성스러운 진리이다.

> "비구들이여, 그러면 무엇이 괴로움의 소멸의 성스러운 진
> 리인가?
> 그것은 갈애가 남김없이 빛바래어 소멸함, 버림, 놓아버림,
> 벗어남, 집착 없음이다. 비구들이여, 이를 일러 괴로움의 소
> 멸의 성스러운 진리라고 한다."

부처님은 괴로움이 완전히 없어지는 것은 곧 갈애가 완전히 없어지는
것이라고 하였다.

마하시 사야도는 고요하고 적정한 열반을 도의 지혜로 알고 보
게 되면, 생멸하는 모든 물질과 정신 무더기들은 전부 괴로운 것일 뿐

임을 사실 그대로 바르게 알아볼 수 있다고 하였다. 열반을 체험해야 열반이 아닌 다른 것들, 즉 일어났다가 사라지는 물질과 정신은 괴롭다는 것을 알게 된다는 것이다.

물질과 정신이 괴로움임을 알게 되면 물질과 정신 무더기들에 대해 좋아하고 바라는 갈애가 생겨날 수 없다. 좋아하고 바라는 것이 사라지기 때문에 새로운 생의 물질과 정신 무더기도 생겨날 수 없다. 새로운 5온이 생겨날 수 없다는 것이다. 이렇게 새로운 생에서 물질과 정신 무더기인 5온이 생겨나지 않는 것을 '무여열반'이라 한다. 죽고 난 뒤에 새로운 정신과 물질이 생기지 않는 것을 남김 없는 열반이라 해서 '완전한 열반'이라고도 한다. 무여열반이란 괴로움의 소멸이다. 생겨남의 진리는 갈애로 인해 생겨난다. 괴로움의 진리는 물질과 정신 무더기인 5온이다. 만약 물질과 정신이 생겨나지 않음과 소멸이 있다면 괴로움은 사라진다. 괴로움의 소멸은 열반을 대상으로 하고, 열반은 소멸의 진리이다.

여섯 가지 내적인 토대인 눈, 귀, 코, 혀, 몸, 마노와 여섯 가지 외적 토대인 형상, 소리, 냄새, 맛, 감촉, 법의 열두 가지 토대는 궁극적인 물질과 정신이다.

파욱 사야도는 갈애가 이들 열두 가지 토대를 대상으로 일어난다고 한다. 도의 지혜를 얻으면 갈애는 파괴된다. 도의 지혜는 오로지 열반만이 대상이 된다. 우리 마음은 언제나 대상이 있는데, 도가 일어날 때 우리 마음은 열반을 대상으로 한다. 여섯 가지 내적인 토대와 여섯 가지 외적인 토대를 대상으로 하지 않기 때문에 괴로움이 사라진다. 따라서 부처님은 갈애의 소멸을 갈애가 소멸하는 장소인 내적인 토대와 외적인 토대, 즉 열두 가지 토대와 연관 지어 설명한다.

> "비구들이여. 그러면 갈애는 어디서 없어지고 어디서 소멸
> 되는가?
> 세상에서 즐겁고 기분 좋은 것이 있으면 거기서 갈애는 없
> 어지고 거기서 소멸한다.
> 세상에서 어떤 것이 즐겁고 기분 좋은 것인가?
> 눈은 세상에서 즐겁고 기분 좋은 것이다. 귀, 코, 혀, 몸, 마노
> 는 세상에서 즐겁고 기분 좋은 곳이다. 여기서 갈애는 없어
> 지고 여기서 소멸한다.
> 형상은, 소리는, 냄새는, 맛은, 감촉은, 법은 세상에서 즐겁고
> 기분 좋은 것이다. 여기서 갈애는 없어지고 여기서 소멸한다."

이와 마찬가지로 부처님은 여섯 가지 식과 여섯 가지 접촉을 포함한
열 종류에 대해 일일이 '여기서 갈애는 없어지고 여기서 소멸한다'고
설명한다.

> "눈의 식, 귀의 식, 코의 식, 혀의 식, 몸의 식, 마노의 식은 세
> 상에서 즐겁고 기분 좋은 것이다. 여기서 갈애는 없어지고
> 여기서 소멸한다.
> 눈의 접촉, 귀의 접촉, 코의 접촉, 혀의 접촉, 몸의 접촉, 마노
> 의 접촉은 세상에서 즐겁고 기분 좋은 것이다. 여기서 갈애
> 는 없어지고 여기서 소멸한다.

정신과 의사가 들려주는 불교 사용 설명서

눈의 접촉에서 생긴 느낌, 귀의 접촉에서 생긴 느낌, 코의 접촉에서 생긴 느낌, 혀의 접촉에서 생긴 느낌, 몸의 접촉에서 생긴 느낌, 마노의 접촉에서 생긴 느낌은 세상에서 즐겁고 기분 좋은 것이다. 여기서 갈애는 없어지고 여기서 소멸한다.

보이는 형상에 대한 인식, 소리에 대한 인식, 냄새에 대한 인식, 맛에 대한 인식, 감촉에 대한 인식, 법에 대한 인식은 세상에서 즐겁고 기분 좋은 것이다. 여기서 갈애는 없어지고 여기서 소멸한다.

보이는 형상에 대해서 어떻게 하겠다는 의도, 소리에 대한 의도, 냄새에 대한 의도, 맛에 대한 의도, 감촉에 대한 의도, 법에 대한 의도는 세상에서 즐겁고 기분 좋은 것이다. 여기서 갈애는 없어지고 여기서 소멸한다.

형상에 대한 갈애, 소리에 대한 갈애, 냄새에 대한 갈애, 맛에 대한 갈애, 감촉에 대한 갈애, 법에 대한 갈애는 세상에서 즐겁고 기분 좋은 것이다. 여기서 갈애는 없어지고 여기서 소멸한다.

형상에 대한 일으킨 생각, 소리에 대한 일으킨 생각, 냄새에 대한 일으킨 생각, 맛에 대한 일으킨 생각, 감촉에 대한 일으킨 생각, 법에 대한 일으킨 생각은 세상에서 즐겁고 기분 좋은 것이다. 여기서 갈애는 없어지고 여기서 소멸한다.

형상에 대한 지속적인 고찰, 소리에 대한 지속적인 고찰, 냄새에 대한 지속적인 고찰, 맛에 대한 지속적인 고찰, 감촉에 대한 지속적인 고찰, 법에 지속적인 고찰은 세상에서 즐겁

고 기분 좋은 것이다. 여기서 갈애는 없어지고 여기서 소멸
된다.
비구들이여, 이를 일러 괴로움의 소멸의 성스러운 진리라
한다."

부처님은 괴로움이 일어남의 성스러운 진리(집성제)에서 여섯 가지씩
열 종류 총 60개의 갈애가 일어나는 것을 언급하였고, 괴로움이 소멸
함의 성스러운 진리(멸성제)에서는 그 갈애들이 없어지고 소멸하는 것
을 말하였다. 열반을 체험하여 갈애가 없어지면 외적인 토대와 내적
인 토대에서 갈애는 당연히 사라진다. 도의 지혜가 갈애를 완전히 파
괴하면 내적인 토대와 외적인 토대에 있는 갈애가 사라진다. 우리가
열반을 얻기 전이라도 자꾸 점검하고 없애려 노력하면 종국에는 갈애
를 없애는 데 큰 도움이 될 것이다.

파욱 사야도는 괴로움이 소멸함의 진리는 열반이라고 하였다.
도의 지혜와 과의 지혜는 열반을 대상으로 일어난다. 도는 번뇌가 없
어지는 것인데, 도가 있고 난 뒤에 바로 과가 일어난다. 번뇌가 없어지
면 번뇌로부터의 해탈을 경험하는 것이 과이다. 쉽게 말하면 도는 번
뇌들을 잘라 내는 것이고, 번뇌가 잘린 결과를 경험하는 게 과라고 보
면 된다. 도의 지혜는 갈애를 포함한 번뇌를 완전히 단계적으로 파괴
한다. 그런데 만약 부처님이 "열반이 멸성제이다"라고만 말하였다면,
대부분 사람은 열반이 어디에서 일어나는지, 또는 열반은 어떤 상태
인지에 대해 의문을 품을 것이다. 그래서 부처님은 갈애와 괴로움의
소멸이라는 은유와 비유로써 멸성제를 말하였고, 갈애가 어디서 일어

나고 어디서 소멸하는지를 설명하였다고 한다.

법념처의 네 번째는 도 닦음의 성스러운 진리이다.

"비구들이여, 그러면 무엇이 괴로움의 소멸로 인도하는 도
닦음의 성스러운 진리인가?
그것은 바로 여덟 가지 구성요소를 가진 성스러운 도, 8정
도이다. 즉 바른 견해, 바른 사유, 바른말, 바른 행위, 바른 생
계, 바른 정진, 바른 마음챙김, 바른 삼매이다."

파욱 사야도는 이 생에서 열반을 실현하고 싶다면 성스러운 8정도를
닦아야 한다고 말한다. 8정도에는 세간적인 것과 출세간적인 것이 있
다. 출세간적인 성스러운 도는 열반을 대상으로 한다. 열반을 경험한
상태에서 일어나는 8정도는 출세간적인 8정도이고, 열반을 경험하지
않은 상태에서 노력하는 것은 세간적인 8정도이다.

괴로움의 성스러운 진리(고성제)와 괴로움이 일어남의 성스러운
진리(집성제)는 세간적인 성스러운 진리이다. 아직 열반을 체험하지
않은 상태에서 어떤 것이 괴로움이라고 지혜로써 알고, 어떻게 해서
괴로움이 일어난다는 것을 알기 때문이다. 이 두 진리는 통찰지의 대
상이다. 반면에 괴로움이 소멸함에 대한 진리(멸성제)와 괴로움의 소
멸로 인도하는 도 닦음에 대한 진리(도성제)는 열반과 관계가 되므로
출세간적인 성스러운 진리이다.

괴로움의 성스러운 진리는 5취온으로 집약된다. 5취온이 어떻게
일어나는지 그 원인을 찾는 것은 통찰지의 대상이다. 통찰을 가지고

나중에 열반을 체험하면서 출세간적인 것이 일어난다. 세간적인 8정
도로써 5취온이 무엇이고 그것에 왜 일어나는지 5취온과 그것의 원
인을 무상, 고, 무아로 체계적으로 관찰한다. 계속 무상, 고, 무아를 체
계적으로 관찰하면 통찰지가 성숙하고 통찰지의 끝에서 도의 지혜와
과의 지혜가 열반을 대상으로 일어난다. 그래서 부처님은 열반이 괴
로움의 소멸에 대한 진리라고 말씀하였다.

　다음으로 부처님은 여덟 가지 성스러운 진리, 즉 8정도에 관해
설명한다.

> "비구들이여, 그러면 무엇이 바른 견해인가? 괴로움에 대한
> 지혜, 괴로움의 일어남에 대한 지혜, 괴로움의 소멸에 대한
> 지혜, 괴로움의 소멸로 인도하는 도 닦음에 대한 지혜, 이를
> 일러 바른 견해라 한다.
> 무엇이 바른 사유인가? 출리에 대한 사유, 악의 없음에 대한
> 사유, 해코지하지 않음에 대한 사유, 이를 일러 바른 사유라
> 한다."

바른 견해는 4성제를 정확하게 아는 것이다. 바른 견해를 가지면 '나
는 이렇게 살아야겠다'라는 의도가 나온다. 그것이 바른 사유인데 출
리, 악의 없음, 해코지하지 않음에 대한 사유의 세 가지가 있다. 여기
서 출리는 감각적 욕망이나 세속적인 것을 추구하지 않는 것을 말한
다. 악의 없음은 자애의 마음을 가지면 생긴다. 4무량심 수행 중에 자
애 수행이 있는데, 선정을 얻을 때까지 자애 수행을 하면 악의 없음의

사유가 그 선정과 함께한다. 파욱 사야도는 자애 수행으로 얻은 선정을 최고의 악의 없음의 사유라고 했다. 선정을 얻을 때까지 연민 수행을 하면 최고의 해코지하지 않음에 대한 사유가 된다.

> "무엇이 바른말인가? 거짓말을 삼가고 중상모략을 삼가고 욕설을 삼가고 잡념을 삼가는 것, 이를 일러 바른말이라 한다. 무엇이 바른 행위인가? 살생을 삼가고 도둑질을 삼가고 삿된 음행을 삼가는 것, 이를 일러 바른 행위라 한다."

파욱 사야도는 두 종류의 바른말이 있다고 했다. 세간의 바른말과 출세간의 바른말이다. 열반을 체험한 상태에서 하는 바른말이 출세간의 바른말이다. 열반을 실현할 때 도의 지혜는 그릇된 말을 만들어내는 불선한 법을 없앤다. 그릇된 말이 제거되면 바른말이 저절로 일어난다. 반면에 열반을 실현하지 않은 상태에서 중상모략하지 않고, 거친 말을 하지 않고, 쓸데없는 말을 하지 않고, 거짓말을 하지 않아도 바른말이 일어나는데, 이것은 세간의 바른말이다.

바른 행위에도 두 종류가 있다. 살생을 삼가고, 주지 않은 것을 삼가고, 잘못된 성행위를 삼가는 계를 준수하는 동안에 바른 행위가 일어나는데, 이것은 세간의 바른 행위이다. 열반을 실현할 때 도의 지혜는 그릇된 행위를 만들어내는 불선한 업을 완전히 소멸시킨다. 그릇된 행위가 제거될 때 바른 행위가 저절로 일어나는데, 이것이 출세간의 바른 행위이다. 이처럼 열반의 힘으로 일어나는 것은 모두 출세간이라고 보면 된다.

"비구들이여, 그러면 무엇이 바른 생계인가? 성스러운 제자
는 삿된 생계를 제거하고 바른 생계로 생명을 영위한다. 이
를 일러 바른 생계라 한다."

주석서는 '바른 생계로'라는 말은 부처님이 칭송한 생계를 통해서라는
말이라고 해석한다. 파욱 사야도는 바른 생계도 두 종류로 설명한다.
바른 수단에 의해서 생계를 영위할 때 바른 생계가 일어나는데, 이것
은 세간의 바른 생계이다. 열반을 실현할 때 도의 지혜는 그릇된 생계
를 만들어내는 불선한 법을 완전히 소멸시킨다. 그릇된 생계가 제거될
때 바른 생계가 저절로 일어나고, 이것이 출세간의 바른 생계이다.

"무엇이 바른 정진인가? 여기 비구는 아직 일어나지 않은 악
하고 해로운 법들을 일어나지 않게 하기 위해서 의욕을 생
기게 하고 정진하고 힘을 내고 마음을 다잡고 애를 쓴다. 이
미 일어난 악하고 해로운 법들을 제거하기 위해 의욕을 생
기게 하고 정진하고 힘을 내고 마음을 다잡고 애를 쓴다. 아
직 일어나지 않은 선하고 유익한 법들을 일어나도록 하기
위해서 의욕을 생기게 하고 정진하고 힘을 내고 마음을 다
잡고 애를 쓴다. 이미 일어난 유익한 법들을 지속시키고 사
라지지 않게 하고 증장시키고 충만하게 하고 계발하기 위해
서 의욕을 생기게 하고 정진하고 힘을 내고 마음을 다잡고
애를 쓴다. 이를 일러 바른 정진이라 한다."

불교에서 말하는 정진은 네 가지이다. 해로운 법이 아직 일어나지 않았다면 그것이 일어나지 않도록 노력하고, 이미 일어났다면 사라지게 한다. 아직 유익한 법이 일어나지 않았다면 일어나도록 노력하고, 이미 일어났다면 더욱 증장시킨다. 이처럼 정진은 단순히 노력만 하는 게 아니라, 이 네 가지 측면에서 노력하는 것이다. 그렇다면 정진하기 위해서 어떻게 노력해야 할까. 파욱 사야도는 사마타와 위빠사나 수행, 또는 계정혜 3학을 닦아야 한다고 답한다. 사마타, 위빠사나, 3학을 닦는 노력을 꾸준히 하면 열반을 실현할 수 있다. 그때 도와 과의 지혜가 열반을 대상으로 일어난다.

이어서 부처님은 8정도의 일곱 번째인 바른 마음챙김을 4념처로 설명하였다.

> "무엇이 바른 마음챙김인가? 여기 비구는 몸에서 몸을 관찰하며 머문다. 세상에 대한 욕심과 싫어하는 마음을 버리면서 근면하게 분명히 알아차리고 마음 챙기면서 머문다. 느낌에서 느낌을 … 마음에서 마음을 … 법에서 법을 관찰하며 머문다. 세상에 대한 욕심과 싫어하는 마음을 버리면서 근면하게 분명히 알아차리고 마음 챙기면서 머문다. 이를 일러 바른 마음챙김이라 한다."

8정도의 마지막 여덟 번째는 바른 삼매이다.

> "무엇이 바른 삼매인가? 여기 비구는 감각적 욕망을 완전히

떨쳐 버리고 해로운 법들을 떨쳐 버린 뒤 일으킨 생각과 지속적인 고찰이 있고 떨쳐 버림에서 생긴 희열과 행복이 있는 초선에 들어 머문다. 일으킨 생각과 지속적인 고찰을 가라앉혔기 때문에 더 이상 존재하지 않으며 자기 내면의 것이고 확신이 있으며 마음이 단일한 상태이고 일으킨 생각과 지속적인 고찰이 없고 삼매에서 생긴 희열과 행복이 있는 제2선에 들어 머문다. 희열이 빛바랬기 때문에 평온하게 머물고 마음 챙기고 분명하게 알아차리며 몸으로 행복을 경험한다. 이를 일러 성자들이 평온하게 마음 챙기며 행복하게 머문다고 묘사하는 제3선에 들어서 머문다. 행복도 버리고 괴로움도 버리고 아울러 그 이전에 이미 기쁨과 슬픔을 없앴으므로 괴롭지도 즐겁지도 않으며 평온으로 인해 마음 챙김이 청정한 제4선에 들어 머문다. 비구들이여, 이를 일러 바른 삼매라 한다."

주석서는 부처님이 말씀한 '이를 일러 바른 삼매라 한다'고 한 것은 세간적인 삼매를 뜻한다고 설명한다. 세간적인 삼매를 충분히 닦고서 세간적인 삼매에서 열반에 들면 그것에 출세간에 이르는 바른 삼매라고 한다.

"이와 같이 안으로 법에서 법을 관찰하며 머문다. 혹은 밖으로 법에서 법을 관찰하며 머문다. 혹은 안팎으로 법에서 법을 관찰하며 머문다. 혹은 법에서 일어난 현상을 관찰하며

정신과 의사가 들려주는 불교 사용 설명서

머문다. 혹은 법에서 사라지는 현상을 관찰하며 머문다. 혹
은 법에서 일어나기도 하고 사라지기도 하는 현상을 관찰하
며 머문다.

'법이 있구나.' 하는 마음챙김이 확실히 일어나도록 분명한
앎과 마음챙김을 확실히 한다. 갈애와 사견에 의지하지 않
고 지낸다. 세상에 대해서 아무것도 움켜쥐지 않는다.

비구들이여, 이와 같이 비구는 법에서 법을 관찰하며 머문다."

지금까지 4념처에 대한 부처님의 말씀을 살펴보았다. 마하시 사야도
는 《대념처경》에는 스물한 가지의 주제가 있고, 그 하나하나의 주제
를 통해서 아라한이 될 수 있다고 한다. 신념처의 첫 번째 수행 주제
였던 들숨날숨에 집중하는 수행을 예로 들면, 들숨날숨에 관해 설명
하고 들숨날숨을 안으로, 밖으로, 안팎으로, 일어난 현상을, 사라지는
현상을, 이 몸이 있을 뿐이라는 마음챙김 확립을 할 때까지 노력하고,
아무것도 집착하지 않는다. 이것이 하나의 주제이다. 이렇게 《대념처
경》은 신념처부터 법념처까지 스물한 가지 주제를 제시한다.

이 중에서 들숨날숨에 집중하는 수행, 몸의 서른두 가지 혐오스
러운 부분 관찰, 묘지 관찰을 통해 선정에 들어갈 수 있다. 어찌 보면
몸의 관찰에서 선정에 들어가고, 그다음에 미세한 느낌, 마음, 법을 수
행할 수 있게 된다는 것을 가르쳐 주었다고 볼 수 있다.

그런데 《대념처경》은 여기서 끝나지 않는다. 부처님은 4념처를
수행하면 어떤 결과를 얻을 수 있는지 확실하게 보장하는 말씀을 덧
붙인다.

"비구들이여, 누구든지 이 네 가지 마음챙김의 확립을 이와 같이 7년을 닦는 사람은 두 가지 결과 중의 하나를 기대할 수 있다. 지금 여기에서 구경의 지혜를 얻거나 취착의 자취가 남아 있다면 다시는 돌아오지 않는 경지를 기대할 수 있다."

부처님은 4념처 수행을 통해 지금 여기에서 구경의 지혜를 얻어 아라한이 되거나, 아직 취착의 자취가 남아 있다면 다시는 돌아오지 않는 경지인 불환자가 될 수 있다고 말씀하였다.

마하시 사야도는 부처님이 '누구든지'라고 한 것은 출가자든 재가자든 남자든 여자든 누구를 막론하고 4념처를 바른 방법에 따라 닦는다면 아라한까지 될 수 있다고 말씀하였으므로, 이 말씀을 믿고 기억해야 한다고 말한다. 그리고 여러 위빠사나 지혜들과 아래 단계의 두 가지 과인 일래자와 예류자를 설명하지 않고 불환자와 아라한만 말씀하신 것은 이 법의 가르침이 바른길이라는 것, 올바로 인도하는 것, 그리고 거룩한 모습이란 것을 분명하게 알게 하여 제도가 가능한 이들에게 이 수행에 대해서 믿음과 의욕이 매우 강하게 일어나게 하기 위해서라고 설명한다. 그러면 열심히 노력하게 되고 도, 과, 열반이라는 결과의 법을 스스로 직접 경험하여 즐길 수 있게 될 것이다.

"비구들이여, 7년까지 아니더라도 누구든지 네 가지 마음챙김의 확립을 이와 같이 6년을 닦는 사람, 5년, 4년, 3년, 2년, 1년까지는 아니더라도 누구든지 네 가지 마음챙김의 확립을 이와 같이 일곱 달을 닦는 사람은 두 가지 결과 중의 하나를 경험할 수 있다. 아라한이나 불환자가 될 수 있다.

비구들이여, 7달까지 아니라도 누구든지 여섯 달, 다섯 달, 넉 달, 석 달, 두 달, 한 달, 보름, 보름까지는 아니더라도 누구든지 이 네 가지 마음챙김 확립을 이와 같이 7일을 닦는 사람은 두 가지 결과 중의 하나를 기대할 수 있다. 지금 여기에서 구경의 지혜를 얻거나 취착의 자취가 남아 있다면 다시는 돌아오지 않는 경지를 기대할 수 있다.

비구들이여, 이 도는 유일한 길이니 중생들의 청정을 위하고 슬픔과 비탄을 다 건너기 위한 것이며 육체적 고통과 정신적 고통을 사라지게 하고 좋은 방법을 터득하고 열반을 실현하기 위한 것이다. 그것은 바로 네 가지 마음챙김의 확립이다."

세존께선 이와 같이 설하셨다. 비구들은 마음이 흡족해져서 세존의 가르침에 크게 기뻐하였다.

《대념처경》은 비구들이 '마음이 흡족해져서 크게 기뻐하였다'고 끝맺고 있지만, 파욱 사야도는 주석서를 인용하여 3만의 비구들이 아라한이 되었다고 부연하였다. 그러므로 우리도 바로 이번 생의 열반을 실현하도록 강력한 신심과 노력으로 수행해야 한다고 당부한다. 지금부터라도 4념처 수행에 관심을 가지고 지금 할 수 있는 수준에서 계속 노력한다면 점점 더 높은 경지까지 갈 수 있다고 믿어 보면 어떨까. 나 역시 꾸준히 노력한다면《대념처경》에서 부처님이 보장하였던 결과를 충분히 얻을 수 있다고 믿는다.

5

마지막 가르침

《대반열반경》속
부처님 최후의 발자취

부처님은 45년간 제자들을 가르쳤다. 처음 20년까지는 특별한 거처
가 없이 여기저기서 안거를 보냈다. 이후 21번째부터 44번째 안거는
사왓티에 있는 제따와나 승원에서 보냈다.《대반열반경》은 부처님이
44번째 안거를 보낸 후 어느 시점부터 돌아가실 때까지의 내용을 시
간 순서에 맞게 담은 경이다.

　《대반열반경》은 부처님 자신의 가르침인 불교, 그 가르침을 따르
는 교단을 어떻게 생각하였고, 제자들에게 무엇을 간곡하게 당부하는
지를 알려준다. 또 제자들 입장에서는 위대한 부처님이 이제 우리 곁
에 없다는 상황을 받아들이며 중요한 질문을 많이 하였을 것이다. 이
와 더불어 그 당시 시대 상황도 알 수 있다. 그러므로 부처님의 마지
막 몇 개월을 함께한다고 생각하면서《대반열반경》을 읽으면 좋을 것
이다. 부처님과 같이 부처님의 마지막을 함께한다는 마음이 되었으면

좋겠다.

《대반열반경》은 의외의 이야기로 시작한다. 바로 전쟁 이야기다. 당시에는 16대국이 있었다. 마가다국과 꼬살라국이 가장 크고 강하였고, 왓지국도 16대국 중 하나였다. 마가다국은 인도 대륙의 중동부에 위치하였고, 그 위쪽에 왓지국이 자리했다.

마가다국의 아자따삿뚜왕이 왓지국을 침공하려는 계획을 세웠다. 출병하기 전에 아자따삿뚜왕은 부처님에게 조언을 구하기 위해 왕의 스승인 왓사까라 바라문을 부처님에게 보냈다. 그때 부처님은 라자가하의 독수리봉산에 있었다.

> 마가다의 대신인 왓사까라 바라문은 세존께 이렇게 말씀드렸다.
>
> "고따마 존자시여, 마가다의 왕 아자따삿뚜 웨데히뿟따는 세존의 발에 머리 조아려 절을 올립니다. 그리고 병이 없으시고 어려움도 없으시며 가볍고 힘 있고 편안하게 머무시는지 문안을 여쭙니다.
>
> 고따마 존자시여, 마가다의 왕 아자따삿뚜 웨데히뿟따는 왓지국을 공격하려 합니다. 그는 이와 같이 말했습니다. '왓지국이 이처럼 크게 번창하고 이처럼 큰 위력을 가졌지만, 나는 왓지국을 멸망시킬 것이고 왓지국을 파멸시킬 것이고 왓지국이 참극을 당하게 하고야 말 것이다'라고."

부처님은 아자따삿뚜왕을 대신하여 찾아온 왓사까라 바라문의 질문에 직접적인 답변을 하는 대신, 부처님의 뒤에서 부채질을 해드리던 아난다 존자에게 일곱 가지를 물었다.

"아난다여, 그대는 왓지국 사람들이 정기적으로 모이고 자주 모인다고 들었는가?

아난다여, 그대는 왓지국 사람들이 화합하여 모이고, 화합하여 해산하고, 화합하여 왓지의 업무를 본다고 들었는가?

아난다여, 그대는 왓지국 사람들이 공인하지 않은 것은 인정하지 않고, 공인한 것은 깨뜨리지 않으며, 공인되어 내려온 오래된 왓지의 법들을 준수하고 있다고 들었는가?

아난다여, 그대는 왓지국 사람들이 왓지의 연장자들을 존경하고 존중하고 숭상하고 예배하며, 그들의 말을 경청해야 한다고 여긴다고 들었는가?

아난다여, 그대는 왓지국 사람들이 남의 집안의 아내와 남의 집안의 딸들을 강제로 끌고 와서 자기와 함께 살게 하지 않는다고 들었는가?

아난다여, 그대는 왓지국 사람들이 안에 있거나 밖에 있는 왓지의 탑묘들을 존경하고 존중하고 숭상하고 예배하며, 탑묘에 전에 이미 바쳤고 전에 이미 시행했던 법다운 봉납을 철회하지 않는다고 들었는가?

아난다여, 그대는 왓지국 사람들이 아라한들을 법답게 살피고 감싸고 보호해서 아직 오지 않은 아라한들은 그들의 영토에 오게 하며, 이미 그들의 영토에 온 아라한들은 편안하

정신과 의사가 들려주는 불교 사용 설명서

게 살도록 한다고 들었는가?”

앞의 여섯 가지는 사회적인 이슈이고 일곱 번째는 불교적인 이야기이
다. 아난다 존자는 모두 “그렇습니다”라고 답하였다.

"세존이시여, 저는 그렇게 들었습니다."
"아난다여, 그러면 왓지국은 번영할 것이고, 쇠퇴란 기대할
수 없다."

왓지국 사람들이 이 일곱 가지를 지키고 있다면 마가다국 아자따삿뚜
왕이 침공하더라도 정복할 수 없다는 말씀이다. 마가다국의 왓사까라
바라문은 굉장히 지혜로운 사람이어서 부처님의 말씀을 바로 알아들
었다.

왓사까라 바라문이 물러난 후 부처님은 아난다 존자에게 모든
비구를 모이도록 하였다. 부처님은 차례대로 퇴보하지 않는 법들에
대해 설하였다.

"비구들이여, 그대들에게 일곱 가지 퇴보하지 않는 법들을
설하리라. 그것을 듣고 마음에 잘 새겨야 한다."

부처님은 퇴보하지 않고 향상하는 법을 여섯 가지로 설하는데, 일곱
가지로 설한 것이 다섯 가지이고 여섯 가지로 설한 것이 한 가지이다.
첫 번째로 설한 ‘퇴보하지 않고 향상하는 일곱 가지 법’은 다음과 같다.

"비구들이 정기적으로 모이고 자주 모인다.

비구들이 화합하여 모이고 화합하여 해산하고 화합하여 승가의 업무를 본다.

비구들이 공인하지 않는 것은 인정하지 않고 공인한 것은 깨뜨리지 않으며 공인되어 온 학습계목들을 준수한다.

비구들이 승가의 아버지요, 승가의 지도자인 구참이요, 출가한 지 오래된 장로 비구들을 존경하고 존중하고 숭상하고 예배하며 그들의 말을 경청해야 한다고 여긴다.

비구들이 다시 태어남을 가져오는 갈애가 생겼더라도 그것에 지배받지 않는다.

비구들이 숲속의 거처들에 대해서 큰 관심을 가진다.

비구들이 개인적으로 각각 마음챙김을 확립해서 아직 오지 않은 좋은 동료 수행자들은 오게 하고 이미 온 좋은 동료 수행자들은 편안하게 머물도록 한다.

비구들이여, 이러한 비구들은 퇴보하는 일이 없고 오직 향상이 기대된다."

앞의 두 가지는 마가다국 왓사까라 바라문에게 들려주었던 내용과 동일하지만, 나머지는 다르다. 세속이나 승가나 공통으로 지켜야 하는 법은 모임과 화합에 대한 것이다. 세속이든 승가든 정기적으로, 그리고 자주 모여야 하고, 모이고 해산할 때는 화합해야 하며, 업무를 볼 때도 화합해야 한다. 세 번째는 내용은 유사하지만, 세부 내용이 다르다. '공인되어 내려온, 오래된 왓지의 법'과 '학습계목'의 차이이다. 계목은

정신과 의사가 들려주는 불교 사용 설명서

부처님이 제정한 율을 말한다. 네 번째는 구참 비구와 장로 비구들을 존경하는 것이다. 재가자라면 왓지의 연장자들을 존경하는 것이다.

비구들에게 당부한 다섯 번째는 갈애에 지배받지 않는 비구들이고 재가자는 남의 아내나 딸들을 강제로 끌고 와서 살지 않는 것이다. 여섯 번째는 숲속의 거처에 관해 관심을 가지는 비구들이다. 이렇게 하는 비구들은 퇴보하지 않고 향상할 수 있다. 마지막 일곱 번째는 마음챙김을 확립하고 동료 수행자들이 편안하게 머물도록 하는 것이다. 재가자가 해야 할 여섯 번째와 일곱 번째는 종교와 관련된 사항인 탑묘에 예배하고 법다운 공양을 올리는 것, 아라한들을 보호하는 것 등에 상응하는 가르침이라고 생각할 수 있다. 불교를 외호하는 것도 쇠퇴하지 않는 법인 것이다.

부처님이 두 번째로 설한 '퇴보하지 않고 향상하는 일곱 가지 법'도 알아보자.

"비구들이 잡다한 일을 하기를 즐겨 하지 않고, 잡다한 일을 하기를 기뻐하지 않고, 잡다한 일을 하는 즐거움에 몰입되지 않는다.

비구들이 말하기를 즐겨 하지 않고, 말하기를 기뻐하지 않고, 말하는 즐거움에 몰입하지 않는다.

비구들이 잠자기를 즐겨 하지 않고, 잠자기를 기뻐하지 않고, 잠자는 즐거움에 몰입하지 않는다.

비구들이 무리 지어 살기를 즐겨 하지 않고, 무리지어 살기를 기뻐하지 않고, 무리지어 사는 즐거움에 몰입하지 않는다.

비구들이 삿된 원들을 갖지 않고, 삿된 원들의 지배를 받지
않는다.

비구들이 삿된 친구가 되지 않고, 삿된 동료가 되지 않고, 삿
된 벗이 되지 않는다.

비구들이 낮은 경지의 특별한 증득을 얻었다 하여 도중에
포기해 버리지 않는다.

비구들이여, 이러한 비구들은 퇴보하지 않고 오직 향상만이
기대된다.”

두 번째로 설한 일곱 가지 법은 승가 생활에서 지켜야 하는 항목으로
구성되어 있다. 비구는 옷이나 책상 등을 만드는 일 등의 잡다한 일에
치중하지 말고 공부와 수행 등 비구가 오로지 해야 할 일을 해야 한
다. 그리고 불교 승원은 항상 조용했다고 한다. 필요한 경우 외에는 말
하지 않았기 때문이다. 말하기를 즐기거나 말하는 즐거움에 몰입하지
않는 것을 지키라는 것이다. 또한 무리를 지어 다니다 보면 생길 수
있는 문제들을 경계해야 한다. 나아가 삿된 것에 지배받지 말아야 하
고, 더 높은 경지를 증득하기 위해 노력해야 한다. 그런 비구들은 퇴보
하지 않고 향상하게 된다.

부처님이 세 번째로 설한 ‘퇴보하지 않고 향상하는 일곱 가지 법’
은 다음과 같다.

“비구들이 믿음이 있는 한, 부끄러움이 있는 한, 두려움이 있
는 한, 많이 배우는 한, 열심히 정진하는 한, 마음챙김을 확

립하는 한, 통찰지를 가지는 한, 비구들은 퇴보하는 일은 없고 오직 향상이 기대된다."

부처님이 네 번째로 설한 '퇴보하지 않고 향상하는 일곱 가지 법'은 7각지이다. 7각지란 일곱 가지 깨달음의 구성요소를 말한다. 마음챙김에 대한 깨달음의 구성요소, 법을 간택하는 깨달음의 구성요소, 정진의 깨달음의 구성요소, 희열의 깨달음의 구성요소, 고요함의 깨달음의 구성요소, 삼매의 깨달음의 구성요소, 평온의 깨달음의 구성요소를 열심히 하는 비구들은 퇴보하지 않는다.

부처님이 다섯 번째로 설한 '퇴보하지 않고 향상하는 일곱 가지 법'은 일곱 가지 인식에 대한 가르침이다.

"비구들이여, 무상의 인식을 계속 닦는 한, 무아·부정·위험·버림·탐욕의 빛바램·소멸의 인식을 닦는 한 비구들은 퇴보하는 일은 없고 오직 향상이 기대된다."

부처님이 여섯 번째로 '퇴보하지 않고 향상하는 법'을 가르치는데, 이때는 여섯 가지로 설한다.

"비구들이 대중적으로나 개인적으로 동료 수행자들에 대해서 몸의 업으로 자애를 유지한다.
비구들이 대중적으로나 개인적으로 동료 수행자들에 대해서 말의 업으로 자애를 유지한다.

비구들이 대중적으로나 개인적으로 동료 수행자들에 대해서 마음의 업으로 자애를 유지한다.

비구들이 법답게 얻은 법다운 것들은 그것이 비록 발우 안에 담긴 것일지라도 혼자 두고 사용하지 않고 계를 잘 지키는 동료 수행자들과 함께 나누어서 사용한다.

비구들이 훼손되지 않았고, 뚫어지지 않았고, 오점이 없고, 얼룩이 없고, 벗어나게 하고, 지자들이 찬탄하고, 들러붙지 않고, 삼매에 도움이 되는 그런 계들은 대중적으로나 개인적으로 동료 수행자들과 함께 구족하여 머문다.

비구들이 그대로 실천하면 괴로움의 소멸로 인도하며, 성스럽고 출리로 인도하는 견해를 대중적으로나 개인적으로 동료 수행자들과 함께 구족하여 머문다.

비구들이여, 이러한 비구들은 퇴보하는 일은 없고 오직 향상이 기대된다."

이처럼 부처님이 승가가 퇴보하지 않는 법을 여러 가지로 설명한 것은, 부처님의 열반을 앞둔 상태에서 매우 절박한 주제였기 때문이다.

《대반열반경》에는 부처님이 반복하여 계정혜 3학을 언급하는 모습을 볼 수 있다. 퇴보하지 않는 법을 설한 다음, 부처님은 같은 장소에서 계정혜 3학을 설하였다. 그리고 라자가하의 독수리봉을 떠나 암발랏티까에 도착하여 왕의 객사에 머물면서도 비구들에게 3학을 설하였다. 그만큼 3학은 중요한 가르침이라는 것을 알 수 있다.

경에서 계정혜 3학은 거의 정형구처럼 같은 구조로 설해진다. 삼

정신과 의사가 들려주는 불교 사용 설명서

매를 닦기 위해서는 계를 철저히 지켜야 한다. 계는 삼매의 전제 조건이다. 통찰지를 얻기 위해서는 삼매를 닦아야 한다. 이렇듯 3학의 가르침은 계, 정, 혜, 해탈의 순서로 설해진다.

> "이러한 것이 계다. 이러한 것이 삼매다. 이러한 것이 통찰지다. 계를 철저히 닦아서 생긴 삼매는 큰 결실이 있고 큰 이익이 있다. 삼매를 철저히 닦아서 생긴 통찰지는 큰 결실이 있고 큰 이익이 있다. 통찰지를 철저히 닦아서 생긴 마음은 바르게 번뇌들로부터 해탈하나니 그 번뇌들은 바로 이 감각적 욕망에 기인한 번뇌와 존재에 기인한 번뇌와 무명에 기인한 번뇌이다."

《대반열반경》은 부처님의 마지막 발자취를 기록한 경이다. 부처님이 어느 곳에 머물면서 법을 설하고, 그곳을 떠나 다른 곳으로 이동하여 그곳에서 원하는 만큼 머물다가 다시 길을 떠난다. 지도상으로 볼 때 부처님의 이동 경로는 열반 장소인 꾸시나라를 향한다. 《대반열반경》의 첫 장소인 라자가하의 독수리봉은 마가다국이었고, 마지막 장소인 꾸시나라는 말라국에 있다. 이 여정은 부처님이 아난다 존자를 불러 "어디로 가자"라고 말하는 대로 이동하는 구조로 되어 있다.

암발랏티까에서 원하는 만큼 머문 후 부처님은 날란다의 빠와리까 망고 숲에 머물렀다. 이곳에서 사리뿟따 존자가 부처님에 대한 청정한 믿음을 이야기하였다. 사리뿟따 존자는 이 이야기를 한 후 얼마 지나지 않아서 열반에 들었다고 한다.

"세존이시여, 저는 세존께 이러한 청정한 믿음이 있습니다. 바른 깨달음에 관한 한 세존을 능가하고 세존을 초월하는 사문이나 바라문은 이전에도 없었고 앞으로도 없을 것이고 지금도 없습니다."

그런데 이 말을 들은 부처님이 사리뿟따 존자에게 세 가지를 물었다. 그가 청정한 믿음을 가졌다고 한 부처님들에 대하여 마음으로 마음을 통해 알았는지이다.

"사리뿟따여, 그대는 '그분 세존들께서는 이러한 계를 가진 분들이셨다, 그분 세존들께서는 이러한 법을 가진 분들이셨다, 그들 세존께서는 이러한 통찰지를 가진 분들이셨다, 그들 세존께서는 이러한 머묾을 가진 분들이셨다, 그분 세존들께서는 이런 해탈을 성취하신 분들이셨다'라고 과거의 모든 아라한 정등각들을 마음으로 마음을 통하여 알았는가?"
"아닙니다, 세존이시여."

과거의 부처님에 대한 질문에 이어 미래의 부처님, 현재의 부처님에 대한 질문에 대해서도 사리뿟따 존자의 대답은 같았다. 그러자 부처님이 반문하였다.

"사리뿟따여, 그렇다면 참으로 그대에게는 과거와 미래와 현재의 아라한 정등각들에 대해서 마음을 아는 지혜가 없다.

정신과 의사가 들려주는 불교 사용 설명서

사리뿟따여, 그런데 어떻게 그대는 '세존이시여, 저는 세존께 이러한 청정한 믿음이 있습니다. 바른 깨달음에 관한 한 세존을 능가하고 세존을 초월하는 사문이나 바라문은 이전에도 없었고 앞으로도 없을 것이며 지금도 없습니다'라고 이처럼 황소같이 우렁찬 목소리로 말을 하고 확신에 찬 사자후를 토하는가?"

사리뿟따 존자는 부처님의 반문을 듣고 자기가 어떤 방법으로 부처님에게 청정한 믿음을 가지게 되었는지 설명하였다.

"세존이시여, 제게는 분명 과거와 미래와 현재의 아라한 정등각들의 마음을 아는 지혜는 없습니다. 그러나 법다운 추론으로 알았습니다."

사리뿟따 존자는 부처님에 가까운 지혜를 가진 제자이다. 사리뿟따 존자는 과거 미래 현재의 모든 부처님들이 다섯 가지 장애를 제거하였고, 마음의 오염원들을 통찰지로서 무력하게 만들었으며, 네 가지 마음챙김을 잘 확립하였고, 일곱 가지 깨달음의 구성요소들을 있는 그대로 닦은 뒤 위없는 정등각을 완전하게 깨달았다는 것을 법다운 추론으로 알았다고 답하였다. 모든 부처님들에 대한 청정한 믿음, 이것이 부처님과 사리뿟따 존자가 함께하였던 마지막 법문이었다.

윤회를 벗어나 깨달음으로

부처님은 날란다에서 빠딸리 마을로 발길을 옮겼다.

그때 세존께서는 날란다에서 원하는 만큼 머무신 뒤 아난다
존자를 불러서 말씀하셨다.
"아난다여, 이제 빠딸리 마을로 가자."
아난다 존자가 세존께 응답하였다.
"그렇게 하겠습니다. 세존이시여."
그리하여 세존께서는 많은 비구승가와 함께 빠딸리 마을에
도착하셨다.

부처님과 비구 승가가 빠딸리 마을에 도착하자, 빠딸리 마을의 청신
사들이 찾아와 공회당에 머물러 달라고 청하였다. 부처님이 침묵으로

정신과 의사가 들려주는 불교 사용 설명서

허락하자, 청신사들은 부처님에게 경의를 표하고 물러나 공회당으로 향하였다. 그들은 덮개로 공회당을 완전히 덮고 자리를 준비하였으며, 물 항아리를 마련하고 기름 등불을 매달았다.

> 준비를 끝낸 빠딸리 마을의 청신사들이 부처님을 뵙고 인사 드렸다.
> "세존이시여, 시간이 되었습니다."
> 그러자 부처님이 옷매무시를 가다듬고 발우와 가사를 수하 고 비구 승가와 함께 공회당으로 갔다.

이 부분에서 당시 사람들이 부처님에게 어떻게 예를 올리는지, 부처님과 승가를 청하였을 때 어떠한 준비를 하였는지 알 수 있다. 부처님을 찾아갔을 때는 절을 올린 뒤 한편에 앉아 말씀을 듣는다. 부처님의 말씀이 끝나면 자리에서 일어나 부처님에게 인사하고, 오른쪽으로 세 번 돌아 경의를 표한다. 부처님에게 공양을 올려도 된다는 허락을 받은 뒤에는 부처님과 비구들이 불편함이 없도록 자리를 마련하였고, 물 항아리와 기름 등불을 준비하였다. 그리고 모든 준비를 끝내고 부처님을 모시러 간다.

빠딸리 마을의 청신사들이 마련한 장소는 공회당이다. 부처님은 공회당으로 들어가기 전에 발을 씻는다. 청신사들이 부처님을 위해 공회당 안의 중앙 기둥 곁에 마련해 놓은 자리에 앉는다. 부처님이 앉는 방향은 동쪽이다. 부처님의 뒤를 이어 비구들도 물로 발을 씻고 공회당 안으로 들어가 준비된 자리에 앉는다.

비구들의 자리는 서쪽 벽 근처이며, 앉는 방향은 동쪽이다. 그 뒤를 이어 청신사들도 발을 씻고 공회당으로 들어가서 동쪽 벽 근처에 마련한 자리에 앉는다. 이들이 앉는 방향은 서쪽이다. 경에서 묘사한 대로 상상해 보면, 부처님이 앉아 있는 중앙을 중심으로 서쪽과 동쪽에 각각 비구들과 청신사들이 나누어 앉는 구조인 것 같다. 앉는 방향을 보면, 부처님과 비구들은 동쪽을 향하고 청신사들은 서쪽을 향한다.

모두 자리에 앉은 뒤, 부처님은 빠딸리 마을의 청신사들에게 계행에 대한 법문을 하였다. 먼저 계행을 지키지 않았을 때 생기는 다섯 가지 위험을 설한 뒤, 계를 지니면 생기는 다섯 가지 이익을 설하였다. 다섯 가지 위험과 이익은 각각 완벽하게 대응한다.

> "장자들이여, 계행이 나쁘고 계를 파한 자에게 다섯 가지 위험이 있다.
> 계행이 나쁘고 계를 파한 자는 방일한 결과로 큰 재물을 잃는다.
> 계행이 나쁘고 계를 파한 자는 악명이 자자하다.
> 계행이 나쁘고 계를 파한 자는 끄샤뜨리야, 바라문, 장자, 수행자 등 어떤 회중에 들어가더라도 의기소침하여 들어간다.
> 계행이 나쁘고 계를 파한 자는 혼미하게 죽는다.
> 계행이 나쁘고 계를 파한 자는 몸이 무너져 죽은 뒤에 처참한 곳, 불행한 곳, 파멸처, 지옥에 떨어진다."

계를 지키지 않는 사람은 방일하기 때문에 재물을 잃고, 사람들에게

나쁜 평판이 퍼진다. 어떤 모임에 가더라도 당당하지 못하다. 죽을 때도 명료하지 못하고, 죽어서는 악처에 떨어지게 된다. 이와 반대로 계를 지키는 사람은 다섯 가지 이익을 얻는다.

"장자들이여, 계를 받들어 지니면 다섯 가지 이익이 있다.
계를 지키고 계를 갖춘 자는 방일하지 않은 결과로 큰 재물을 얻는다.
계를 지키고 계를 갖춘 자는 훌륭한 명성을 얻는다.
계를 지키고 계를 갖춘 자는 끄샤뜨리야, 바라문, 장자, 수행자 등 어떤 회중에 들어가더라도 두려움 없고 당당하다.
계를 지키고 계를 갖춘 자는 혼미하지 않게 죽는다.
계를 지키고 계를 갖춘 자는 몸이 무너져 죽은 뒤에 선처 혹은 천상 세계에 태어난다."

부처님은 계, 정, 혜, 해탈을 누누이 설하였는데, 이 중에 계의 가르침을 빠딸리 마을의 청신사들에게 설하였다. 그들을 격려하고 분발하게 하고 기쁘게 한 뒤, 깊은 밤이 되자 부처님은 그들에게 떠날 것을 권하였다.

"장자들이여, 밤이 참 아름답구나. 이제 그대들이 갈 시간이 되었구나."
"그렇게 하겠습니다. 세존이시여."

빠딸리 청신사들이 물러가고 새벽이 되었을 때 부처님은 하늘의 눈으로 수천이나 되는 많은 신들이 빠딸리 마을에 터를 잡고 있는 것을 보았다. 큰 위력을 가진 신들은 왕의 측근 대신들이 그곳에 거처를 건설하도록 마음을 움직였다. 중간의 위력을 가진 신들, 낮은 위력을 가진 신들 또한 각자 위력에 따라 대신들의 마음을 움직여 거처를 건설하고 있었다. 사실 그 무렵 빠딸리 마을에는 큰 공사가 진행되고 있었다. 마가다국이 왓지국을 침략하려는 목적으로 도시를 건설하던 중이었다.

"아난다여, 마치 삼십삼천의 신들과 협의나 한 듯이 마가다
의 대신인 수니다와 왓사까라가 왓지국을 침략하기 위해서
빠딸리 마을에 도시를 건설하는구나."

이 상황은 마가다국의 아자따삿뚜왕이 왓지국을 쳐들어가기 전에 왓사까라 바라문 대신을 부처님에게 보내 조언을 청한《대반열반경》의 첫 번째 이야기와 연결된다.

부처님은 왓지국 사람들이 일곱 가지 법을 잘 지키고 있어서 쇠퇴하지 않고 번영할 것이라 하였다. 그러자 왓사까라 바라문 대신은 왓지국을 정복할 수 없다는 것을 알고 물러났다.

경에서는 이 상황이 짧게 기술되어 있지만, 밍군 사야도가 쓴《마하붓다왕사》에 자세한 설명이 있다. 미얀마의 밍군 사야도는 경율론 삼장을 모두 외우고 주석서에 능통한 삼장법사이다. 해박한 지식을 토대로 부처님의 일대기를 시간별로 구성하였다. 니까야에 '어느 때 어느 곳에서'라고 되어 있어서 정확한 일시와 상황이 불분명하지

정신과 의사가 들려주는 불교 사용 설명서

만,《마하붓다왕사》에는 부처님이 첫 번째 안거는 어디서 보내고 언제 무엇을 어떻게 하였는지 부처님의 일대기가 정리되어 있다. 방대한 주석서를 참고하여 재정리하였으므로 주석서의 주석서라고 볼 수 있다. 이것이 영어로 번역되어《The Great Chronicle of Buddhas(붓다의 위대한 연대기)》로 출간되었다. 전체 6권 10책의 방대한 양이며, 우리나라에도《대불전경》으로 번역되어 출판되었다.

《마하붓다왕사》의 설명에 의하면, 마가다국 아자따삿뚜왕은 릿차이족을 증오하였다. 이 릿차이족이 세운 나라가 왓지이고, 수도는 웨살리이다. 웨살리는 매우 번창한 도시로 갠지스강 북쪽에 있었고, 마가다국의 수도인 라자가하는 갠지스강 남쪽에 있었다. 무역상들이 머무는 빳따나가마는 두 도시의 중간에 위치해서, 반은 아자따삿뚜왕의 영역에 속했고, 나머지 반은 릿차위족 영역에 속해 있었다.

그런데 어느 날 아자따삿뚜왕이 빳따나가마 근처에 보물이 매장되어 있다는 사실을 알게 되었다. 하지만 보물은 이미 릿차위들이 모두 가져간 후였다. 아자따삿뚜왕은 크게 분노하였지만, 빈손으로 발길을 돌려야 했다. 다음 해에도 릿차위들이 보물을 발견했다는 소식을 들은 아자따삿뚜왕의 분노는 걷잡을 수 없이 커졌고, 급기야 릿차위들을 파멸시켜야 한다는 생각에 사로잡히고 말았다.

하지만 부처님을 만나고 온 왓사까라 바라문 대신이 침공으로는 왓지국을 이길 수 없다고 보고하자, 그는 작전을 변경하였다. 그들을 파멸시킬 방법은 군사적 침략이 아니라 분열이라는 것을 알았다. 아자따삿뚜왕은 수니다와 왓사까라 두 대신을 보내 왓지국의 왕자들을 분열시키는 작업을 꾸준히 진행하였다.

수니다와 왓사까라 대신은 왓지국 사람들이 서로 불신하도록 계략을 세웠다. 마가다국의 아자따삿뚜왕이 왓지국을 침공하려고 하자 왓사까라 바라문 대신이 반대했고, 이 때문에 왓사까라 바라문 대신은 마가다국에서 쫓겨난 것처럼 꾸몄다. 그 거짓 소문을 들은 왓지국 사람들은 왓사까라 바라문이 웨살리에 오자 그를 경계하지 않았다. 왓사까라 바라문은 인내심을 가지고 3년 동안 왓지국을 분열시키는 작업을 꾸준히 전개하였다. 그의 작전은 성과가 있었다. 왓지국 사람들은 서로를 믿지 않았고 분열되어 있었다.

드디어 침공할 때가 되었다고 판단한 마가다국은 웨살리를 공격하였고, 계략을 세우고 실행한 지 3년 만에 왓지국 수도 웨살리 공략에 성공하였다.

부처님은 이러한 일련의 일들을 모두 알고 있었고, 앞으로 어떤 일이 벌어질지도 알았다. 마가다국에서 파견된 수니다와 왓사까라 대신들이 무역의 중심지인 빠딸리 마을에 도시를 건설하는 것은 왓지국을 침공하려는 목적 때문이었다. 하지만 부처님은 위력을 가진 천신들도 터를 잡은 빠딸리 마을이 무역의 최고 도시로 변모하겠지만, 세 가지 재난에 맞닥뜨릴 것도 이미 알고 있었다.

"아난다여, 고귀한 사람들이 계속해서 머물고 상인들이 왕래를 계속하는 한 이곳은 빠딸리뿟따라 불리는 물품이 가득 든 통을 풀어 놓는 최고의 도시가 될 것이다. 아난다여, 빠딸리뿟따는 세 가지 재난을 가질 것이니, 불로 인한 재난과 물로 인한 재난과 상호 불신이다."

결국 빠딸리 마을은 왕성한 무역이 이루어지는 도시인 빠딸리뿟따가 되었지만, 서로를 불신하다가 세 가지 재난을 겪었던 것 같다.

부처님은 빠딸리 마을을 떠나, 꼬띠가마로 향하였다. 이곳에서 부처님은 모든 비구들을 불러모아 4성제를 설하였다.

> "비구들이여, 네 가지 성스러운 진리를 깨닫지 못하고 꿰뚫지 못하였기 때문에 나와 그대들은 이처럼 긴 세월을 이곳에서 저곳으로 윤회하였다."

네 가지 성스러운 진리는 괴로움의 성스러운 진리, 괴로움이 일어남의 성스러운 진리, 괴로움이 소멸함의 성스러운 진리, 괴로움의 소멸로 인도하는 도 닦음의 성스러운 진리이다. 이 네 가지 성스러운 진리를 각각 꿰뚫지 못하면 윤회에서 벗어나지 못하게 된다. 이 진리들을 깨닫고 꿰뚫어야 더 이상의 존재함이 없게 된다.

> "비구들이여, 이제 괴로움의 성스러운 진리를 깨닫고 꿰뚫었다. 괴로움이 일어남의 성스러운 진리를 깨닫고 꿰뚫었다. 괴로움이 소멸함의 성스러운 진리를 깨닫고 꿰뚫었다. 괴로움의 소멸로 인도하는 도 닦음의 성스러운 진리를 깨닫고 꿰뚫었다. 그러므로 존재에 대한 갈애는 잘라졌고, 존재로 인도함은 부수어졌으며, 다시 태어남은 이제 더 이상 존재하지 않는다."

네 가지 성스러운 진리들을 있는 그대로 본다면, 존재에 대한 갈애가 잘려 더 이상 이러저러한 존재로 치달리지 않게 된다. 다시 태어남이란 없는 것이다.

부처님은 꼬띠가마에서 많은 비구에게 법에 관하여 설하였다. 그리고 계, 정, 혜, 해탈의 법문을 하였고, 원하는 만큼 머문 다음에 많은 비구들과 함께 나디까 마을로 이동하였다. 나디까 벽돌집에 머물면서 부처님은 윤회에 대한 가르침을 설하였다.

> 아난다 존자는 부처님의 한 곁에 앉아서 세존께 이와 같이 말씀드렸다.
> "세존이시여, 살하라는 비구가 나디까에서 임종을 했습니다. 그의 태어날 곳은 어디이고 그는 내세에 무엇이 되겠습니까?"

아난다 존자는 나디까에서 임종한 살하 비구가 어디에 태어나고 내세에는 무엇이 되는지 물었다. 그리고 계속해서 난다 비구니, 수닷따 청신사, 수자따 청신녀, 까꾸다 청신사, 깔링가 청신사, 니까따 청신사, 까띳사바 청신사, 뚯타 청신사, 산뚯타 청신사, 밧다 청신사, 수밧다 청신사가 나디까에서 임종하였는데, 한 명씩 그들의 이름을 밝히면서 그들이 각각 태어날 곳은 어디이고 내세에 무엇이 될 것인지 질문하였다.

부처님은 한 명 한 명을 호명하며 아난다의 질문에 모두 답하였다.

> "아난다여, 살하 비구는 모든 번뇌가 다하여 아무 번뇌가 없

는 마음의 해탈과 통찰지의 해탈을 바로 지금 여기에서 스스로 최상의 지혜로 실현하고 구족하여 머물렀다.

어떠한 번뇌가 없이 마음의 해탈과 통찰지의 해탈을 구족한 자는 아라한이다. 부처님은 나디까에서 임종한 살하 비구가 아라한이 되었다고 하였다.

> "아난다여, 난다 비구니는 다섯 가지 낮은 단계의 족쇄를 완전히 없애고 정거천에 화생하여 그곳에서 완전히 열반에 들어 그 세계로부터 다시 돌아오지 않는 법을 얻었다."

낮은 단계의 다섯 가지 족쇄를 완전히 없애고 정거천에 화생한 자는 불환자이다. 왜냐하면 정거천에서 완전히 열반에 들어 다시 돌아오지 않는 자이기 때문이다. 부처님은 난다 비구니가 불환자가 되었고, 재가자인 까꾸다 청신사, 깔링가 청신사, 니까따 청신사, 까띳사바 청신사, 뚯타 청신사, 산뚯타 청신사, 밧다 청신사, 수밧다 청신사도 불환자가 되었다고 하였다.

> "아난다여, 수닷따 청신사는 세 가지 족쇄를 완전히 없애고 탐욕과 성냄과 미혹이 엷어져서 한 번만 더 돌아올 자가 되어 한 번만 이 세상에 와서 괴로움의 끝을 만들 수 있다."

한 번만 더 돌아올 자는 일래자를 말한다. 수닷따 청신사가 세 가지 족쇄를 완전히 없앴고, 탐진치가 옅어져 일래자가 되었다.

> "아난다여, 수자따 청신녀는 세 가지 족쇄를 완전히 없애고
> 흐름에 든 자가 되어 악취에 떨어지지 않는 법을 가지고 해
> 탈이 확실하며 정등각으로 나아가는 자가 되었다."

흐름에 든 자는 예류자를 말한다. 예류자가 된 수자따 청신녀는 세 가
지 족쇄를 완전히 없애고 흐름에 들었다. 예류자는 악취에 떨어지지
않는 법을 가지고 해탈이 확실한 지위이다.

그런데 아난다가 언급한 사람들 외에도 나디까에서 임종하고 불
환자, 일래자, 예류자가 된 이들이 상당히 많다. 부처님은 50명이 넘는
나디까의 청신사들이 불환자가 되었고, 90명이 넘는 나디까의 청신
사들이 일래자가 되었으며, 500명이 넘는 나디까의 청신사들이 예류
자가 되었다고 하였다. 매우 많은 숫자이다. 부처님이 재세하는 시대
였고, 부처님과 인연이 있는 중생이 많아서 그런지 일반 재가자임에
도 수많은 사람들이 불환자, 일래자, 예류자가 되었다.

> "아난다여, 사람으로 태어난 자가 죽는 것은 놀랄 만한 일이
> 아니다. 그런데 이런저런 사람이 죽을 때마다 여래에게 다
> 가와서 이러한 뜻을 묻는다면 이것은 여래에게 성가신 일이
> 다. 그러므로 여기서 법의 거울이라는 법문을 하리니, 이것
> 을 구족한 성스러운 제자는 그가 원하기만 하면 '나는 지옥
> 을 부수었다. 나는 축생의 모태를 부수었고 아귀계를 부수

었으며 나는 처참한 곳, 불행한 곳, 파멸처를 부수어서 흐름
에 든 자가 되어 악취에 떨어지지 않는 법을 가지고 해탈이
확실하며 정등각으로 나아가는 자가 되었다'라고 스스로 자
신에 대해서 설명할 수 있을 것이다."

태어남이 있으면 죽음도 있다. 사람이 죽는다는 것은 놀랄 일이 전혀
아니라는 뜻이다. 그런데도 그가 죽어서 어디에 태어나고 어떤 존재
가 되었는지 일일이 묻는다면 부처님을 매우 성가시게 하는 것이다.
따라서 부처님은 스스로 자신에 대해서 설명할 수 있는 기준을 제시
한다. 이것이 법의 거울이라는 법문이다.

　법의 거울이라는 법문을 구족한 성스러운 제자는 그가 원하기만
하면 스스로 자신에 대해서 설명할 수 있게 된다. '자신이 지옥, 축생,
아귀계를 부수었고, 처참하고 불행한 파멸처를 부수어서 흐름에 들었
으며, 악취에 떨어지지 않고 해탈이 확실하고 정등각으로 나아가는
자'라고 말할 수 있다는 것이다.

　자신이 정등각으로 나아가는 자라고 스스로 설명할 수 있는 첫 번
째 기준은 부처님에 대해 흔들리지 않는 깨끗한 믿음이다. 이때 부처님
은 여래의 열 가지 명호, 즉 여래십호로써 믿음의 내용을 언급한다.

"여기 성스러운 제자는 '그분 세존께서는 아라한이시며, 완
전히 깨달은 분이시며, 영지와 실천이 구족한 분이시며, 피안
으로 잘 가신 분이며, 세간을 잘 알고 계신 분이시며, 가장 높
은 분이시며, 사람을 잘 길들이시는 분이시며, 하늘과 인간의

스승이시며, 부처님이시며 세존이시다'라고 부처님께 흔들리지 않는 깨끗한 믿음을 흔들리지 않는 믿음을 가진다."

여래십호는 부처님의 능력을 열 가지로 부르는 이름이다. 이 중에서 아라한은 응공, 완전히 깨달은 분은 정등각, 영지와 실천이 구족한 분은 명행족, 피안으로 잘 가신 분은 선서, 세간을 잘 알고 계신 분은 세간해, 가장 높은 분은 무상사, 사람을 잘 길들이는 분은 조어장부, 하늘과 인간의 스승은 천인사라고 한다.

두 번째 기준은 법에 대해 흔들리지 않는 깨끗한 믿음을 지닌다.

"또 '법은 세존에 의해서 잘 설해졌고, 스스로 보아 알 수 있고, 시간이 걸리지 않고, 와서 보라는 것이고, 향상으로 인도하고, 지혜로운 자들 각자가 알 수 있는 것이다'라고 법에 대해서 흔들리지 않는 깨끗한 믿음을 지닌다."

세 번째 기준은 승가에 대해서도 흔들리지 않는 깨끗한 믿음이다.

"또 세존의 제자들의 승가는 도를 잘 닦고, 바르게 도를 닦고, 참되게 도를 닦고, 합당하게 도를 닦으며, 4쌍의 인간들이며, 8단계에 있는 사람들이시다. 이러한 세존의 제자들의 승가는 공양받아 마땅하고, 선사받아 마땅하고, 보시받아 마땅하고, 합장받아 마땅하며, 세상의 위없는 복밭이시다'라고 승가에 흔들리지 않는 깨끗한 믿음을 지닌다."

승가는 부처님의 출가 제자들로 구성된다. 승가는 잘, 바르게, 참되게, 합당하게 도를 닦는다. 그리고 흔들리지 않는 깨끗한 믿음을 지녀야 하는 승가란 예류자부터 아라한까지, 예류도부터 아라한과까지의 제자들이다. 그러므로 승가는 세상의 위없는 복밭이고, 공양, 보시, 합장 등을 받아 마땅하다.

마지막으로, 자신이 정등각으로 나아가는 자라고 스스로 설명할 수 있는 네 번째 기준은 계의 구족이다. 계를 구족하면 삼매에 도움이 되기 때문이다.

"성자들이 좋아하며, 훼손되지 않았고, 뚫어지지 않았고, 오점이 없고, 얼룩이 없고, 벗어나게 하고, 지혜로운 자들이 찬탄하고, 들러붙지 않고, 삼매에 도움이 되는 계를 구족한다."

이렇듯 부처님, 법, 승가, 계에 대해 흔들리지 않는 깨끗한 믿음을 구족한 성스러운 제자는 스스로 자신에 대해서 설명할 수 있다고 한다. 이것이 법의 거울이라는 법문이다. 부처님은 누가 죽어서 어디에 태어났는지 알려고 하기보다는, 먼저 예류자가 되기 위해 노력하라고 가르쳤다. 예류자가 되고 싶다면 부처님, 법, 승가, 삼매에 도움이 되는 계에 대해 흔들리지 않는 깨끗한 믿음을 지녀야 한다.

부처님은 나디까에 원하는 만큼 머물면서 비구들에게 많은 가르침을 주었다. 그리고 계, 정, 혜, 해탈에 대한 법문을 하고 나서 왓지국의 수도 웨살리로 이동하였다.

마지막 안거, 열반의 암시

마가다국에서 시작한 부처님의 마지막 여정은 국경을 넘어 웨살리로 향하였다. 웨살리에서 부처님은 암바빨리 숲에 머물렀다.

> 세존께서는 웨살리에서 비구들을 불러서 말씀하셨다.
> "비구들이여, 비구는 마음 챙기고 알아차려서 머물러야 한다. 이것이 그대들에게 주는 나의 간곡한 당부이다."

'마음 챙기고 알아차려서'는 한자로는 정념(正念), 정지(正知)이다. 마음을 현재에 집중하고, 집중함으로써 뭐가 일어나는지 정확히 아는 것이고, 항상 마음 챙기고 알아차리라는 것이다. 공연하게 생각하여 현재를 벗어나서 딴 데 가지 말고 알아차리고 뭐가 일어나는지 분명히 보라는 가르침이다. 부처님은 비구들에게 마음챙김과 알아차림을

간곡히 당부하였다.

"비구들이여, 그러면 비구는 어떻게 마음을 챙기는가?
여기 비구는 몸에서 몸을 관찰하며 머문다. 세상에 대한 욕
심과 싫어하는 마음을 버리면서 근면하게, 분명히 알아차리
고 마음챙기는 자가 되어 머문다. 느낌에서 느낌을 관찰하며
머문다. … 마음에서 마음을 관찰하며 머문다. … 법에서 법
을 관찰하며 머문다. 세상에 대한 욕심과 싫어하는 마음을
버리면서 근면하게, 분명히 알아차리고 마음챙기는 자가 되
어 머문다. 비구들이여, 이와 같이 비구는 마음챙김을 한다."

**마음을 챙기는 정념은 몸, 느낌, 마음, 법을 관찰하며 머무는 것이다.
이는《대념처경》에서 자세하게 살펴보았다.**

"비구들이여, 비구는 어떻게 알아차리는가?
비구들이여, 비구는 나아갈 때도 물러날 때도 자신의 거동
을 분명히 알면서 행한다. 앞을 볼 때도 돌아볼 때도 분명
히 알면서 행한다. 구부릴 때도 펼 때도 분명히 알면서 행한
다. 가사, 발우, 의복을 지닐 때도 분명히 알면서 행한다. 먹
을 때도 마실 때도 씹을 때도 맛볼 때도 분명히 알면서 행한
다. 대소변을 볼 때도 분명히 알면서 행한다. 걸으면서, 서면
서, 앉으면서, 잠들면서, 잠을 깨면서, 말하면서, 침묵하면서
도 분명히 알면서 행한다. 비구들이여, 이와 같이 비구는 알

아차린다."

마음을 알아차리는 정지는 거동을 분명히 알면서 행하는 것이다. 나아가거나 물러날 때는 물론이고 먹고 마시고 대소변을 볼 때도 분명히 알면서 행하는 것이다.

그때 암마빨리 기녀가 부처님이 자신의 숲에 머물고 있다는 소식을 듣고는 화려한 마차를 타고 부처님을 찾아갔다. 부처님의 법문을 들은 암바빨리 기녀는 격려받고 분발하고 기뻐하였다.

암바빨리 기녀가 부처님에게 말씀드렸다.
"세존이시여, 세존께서는 비구 승가와 함께 내일 저희의 공양을 허락하여 주십시오."
부처님이 침묵으로 허락하였다.

웨살리에 사는 릿차위들도 부처님이 웨살리에 도착한 것을 알게 되었다. 릿차위들은 푸르고 노랗고 붉고 흰 장식을 한 멋진 마차를 타고 부처님이 머무는 숲으로 향하였다. 그런데 빠르게 달려오는 암바빨리의 마차와 부딪히며 차축, 바퀴, 멍에 등이 뒤섞이고 말았다. 암바빨리 기녀가 급하게 마차를 몰았던 이유는 부처님과 승가의 공양을 준비하기 위해서였다. 릿차위들은 많은 돈을 줄 테니 공양을 자기들에게 팔라고 하였지만, 암바빨리는 거절하였다. 암바빨리 숲에 머무는 부처님을 만나 법을 들은 릿차위들도 부처님과 승가에 공양을 청하였으나, 이미 암바빨리에게 공양을 허락한 부처님에게 승낙을 받지 못하였다.

다음 날 부처님과 승가는 암바빨리의 집으로 가서 지정된 자리에 앉았다. 부처님이 공양을 마치자 암바빨리는 부처님과 비구 승가에 원림을 보시하였다.

"세존이시여, 이 원림을 부처님을 으뜸으로 한 비구 승가에 드립니다."

부처님은 웨살리 암바빨리 숲에 머물면서 법에 관한 많은 법문을 하였다. 부처님은 계, 정, 혜, 해탈의 법문을 하고, 원하는 만큼 이곳에 머문 뒤 벨루와가마로 이동하였다. 이곳에서 부처님은 마지막 안거를 하였다.

"비구들이여, 이제 그대들은 도반을 따르거나 지인을 따르거나 후원자를 따라서 웨살리 전역으로 흩어져서 안거하여라. 나는 여기 이 벨루와가마에서 안거하겠다."

비구들은 웨살리 전역으로 흩어져 안거를 하였고, 부처님은 벨루와가마에서 안거하였다. 이 안거가 부처님의 45번째 안거였는데, 도중에 부처님은 혹독한 병에 걸려서 죽음에 이를 만큼 극심한 고통이 생겼지만, 마음을 챙기고 알아차리면서 흔들림 없이 감내하였다고 한다.

그때 부처님에게 이런 생각이 들었다.
'내가 신도들에게 아무런 말도 하지 않고, 비구 승가에게 알리지도 않고 반열반에 드는 것은 어울리지 않는다. 그러니 나는 이 병을 정진으로 다스리고 생명의 상카라를 굳세게 하여 머무르리라.'

주석서에 의하면 아난다 존자는 25년간 부처님의 시자였는데, 한시도 잠을 자지 않았다고 한다. 아난다 존자는 부처님이 마지막 안거에서 겪은 고통, 마음을 챙기고 알아차리며 감내하는 모습을 옆에서 모두 지켜보았던 것이다.

아난다가 부처님에게 말씀드렸다.
"세존이시여, 저는 세존께서 인내하시는 모습을 뵈었습니다. 저는 세존께서 삶을 지탱하시는 모습을 뵈었습니다.
세존이시여, 그런 저의 몸도 세존께서 아프셨기 때문에 마치 술에 취한 것과 같이 되어버렸습니다. 세존께서 아프셨기 때문에 저는 방향 감각을 잃어버렸고 어떠한 법들도 제게 분명하게 드러나지 않았습니다.
그래도 제게는 '세존께서는 비구 승가를 두고 아무런 분부도 없으신 채로 반열반에 들지는 않으실 것이다'라는 어떤 안심이 있었습니다."

그런데 부처님은 아난다 존자에게 의외의 대답을 하였다.

"아난다여, 그런데 비구 승가는 나에 대해서 무엇을 더 바라

는가? 아난다여, 나는 안과 밖이 없이 법을 설하였다. 아난
다여, 여래가 가르친 법들에는 스승의 주먹과 같은 게 따로
없다."

'스승의 주먹과 같은 것이 없다'는 말은 어떤 의미일까. 이 말은 인도
의 우빠니샤드 전통과 관련이 있다. 손에 꼭 쥔 중요한 물건을 아무도
모르게 전한다는 뜻으로, 스승이 가장 뛰어난 제자에게만 자신의 비
법을 전하는 행위를 은유한 말이다. 부처님은 다른 외도의 교주들처
럼 무언가를 꼭 움켜쥐고 감춰둔 비밀이 없다는 의미이다. 즉 제자들
에게 숨김없이 모든 것을 다 가르쳐주었다는 이야기이다. 또한 '아무
런 분부도 없이 반열반에 들지 않을 것'이라는 아난다의 생각은 부처
님의 의도와 달랐다. 부처님은 비구 승가를 거느린다고 생각하지도
않았고, 비구 승가가 부처님의 지도를 받는다고 생각하지도 않았다.
굉장히 놀라운 답변이다. 부처님은 해야 할 것을 충분히 하였으며, 승
가에 대해서 분부할 말은 없다고 하였다.

"아난다여, 그러므로 여기서 그대들은 자신을 섬으로 삼고
자신을 귀의처로 삼아 머물고, 남을 귀의처로 삼아 머물지
마라. 법을 섬으로 삼고 법을 귀의처로 삼아 머물고 다른 것
을 귀의처로 삼아 머물지 마라."

거친 망망대해를 표류하는 것처럼 두려운 일은 없다. 두 발을 딛고 설
곳만이 유일한 도피처이다. 그곳이 바로 '섬'이다. 그러면 어떻게 자신

을 섬으로 삼고 귀의처로 삼아야 하고, 어떻게 법을 섬으로 삼고 귀의처로 삼으며 머물러야 하는가. 부처님은 여기에서 4념처를 언급한다.

> "비구들이여, 여기 비구는 몸에서 몸을 관찰하여 머문다. 세상에 대한 욕심과 싫어하는 마음을 버리면서 근면하게 분명하게 알아차리고 마음챙기는 자가 되어 머문다. 느낌에서 느낌을 관찰하며 머문다. … 마음에서 마음을 관찰하며 머문다. … 법에서 법을 관찰하며 머문다. 세상에 대한 욕심과 싫어하는 마음을 버리면서 근면하게 분명히 알아차리고 마음챙긴 자가 되어 머문다.
> 아난다여, 이와 같이 비구는 자신을 섬으로 삼고 자신을 귀의처로 삼아 머물고, 남을 귀의처로 삼아 머물지 않으며, 법을 섬으로 삼고 법을 귀의처로 삼아 머물고, 다른 것을 귀의처로 삼아 머물지 않는다."

이어서 부처님은 이렇게 자신과 법을 귀의처로 삼고 머물면서 공부하고 수행하는 비구들은 최고 중의 최고가 될 것이라고 하였다. 마지막 안거에 극심한 통증을 얻었지만, 정진으로써 병을 다스리고 상카라들을 굳게 하여 머무르던 부처님은 비구들에게는 몸, 느낌, 마음, 법을 분명히 알아차리고 마음챙긴 자가 되어 머무르라고 당부하였다. 이것이 부처님이 가르치신, 자신과 법을 섬으로 삼고 귀의처로 삼으며 머무는 방법이다.

그때 부처님은 오전에 웨살리로 들어가 걸식하여 공양을 마쳤다. 걸식에서 돌아와 아난다 존자를 불러 낮 동안 짜빨라 탑묘에서 머무르겠다고 하였다. 아난다 존자가 좌구를 챙겨서 부처님의 뒤를 따랐다. 부처님이 짜빨라 탑묘에 마련된 자리에 앉자, 아난다 존자는 한쪽 곁에 앉았다.

"아난다여, 웨살리는 아름답구나. 우데나 탑묘도 아름답고, 고따마까 탑묘도 아름답고, 삿땀바까 탑묘도 아름답고, 바후뿟따 탑묘도 아름답고, 사란다 탑묘도 아름답고, 짜빨라 탑묘도 아름답구나."

부처님은 웨살리의 탑묘들을 언급한 후, 중요한 의미가 담긴 가르침을 설하였다.

"아난다여, 누구든지 네 가지 성취수단을 닦고 많이 공부하고 수레로 삼고 기초로 삼고, 확립하고, 굳건히 하고, 부지런히 닦은 사람은 원하기만 하면 일 겁을 머물 수도 있고, 겁이 다하도록 머물 수도 있다.
아난다여, 여래는 네 가지 성취 수단을 닦고, 많이 공부하고, 수레로 삼고, 기초로 삼고, 확립하고, 굳건히 하고, 부지런히 닦았다. 여래는 원하기만 하면 일 겁을 머물 수도 있고, 겁이 다하도록 머물 수도 있다."

부처님이 가르친 것을 성취하려면 네 가지 성취 수단을 가지고 노력해야 한다. 네 가지는 열의의 성취 수단, 정진의 성취 수단, 마음의 성취 수단, 검증의 성취 수단이다. 이 네 가지를 부지런히 닦으면 겁이 다하도록 머물 수 있다고 한다. 겁에는 여러 가지가 있는데, 여기서 말한 겁은 수명의 겁이다. 충분하게 살 수 있는 수명을 말한다.

　　부처님의 이 말은 분명한 암시이다. 부처님은 분명한 빛을 드러내었다. 하지만 아난다 존자는 그 뜻을 꿰뚫어 보지 못했다. 그의 마음이 마라에게 사로잡혔기 때문이다.

　　아난다 존자는 "세존이시여, 세존께서는 많은 사람의 이익을 위하고 많은 사람의 행복을 위하고 세상을 연민하고, 신과 인간의 이상과 이익과 행복을 위하여 일 겁을 머물러 주소서. 부디 선서께서는 일 겁을 머물러 주소서"라고 간청하지 않았다.

부처님은 아난다 존자를 두 번 세 번 불러 분명한 암시를 주고 분명한 빛을 드러내었지만, 아난다 존자는 여전히 마라에게 마음을 사로잡혀 부처님의 뜻을 꿰뚫어 보지 못하였다. 부처님에게 "신과 인간의 이상과 이익과 행복을 위해 일 겁을 머물러 주소서"라고 간청하지 않았다.

　　그러자 세존께서는 아난다 존자를 불러서 말씀하셨다.
　　"아난다여, 그대는 좀 떨어져 있어라. 이제 그럴 시간이 된 것 같구나."
　　"그렇게 하겠습니다. 세존이시여."

정신과 의사가 들려주는 불교 사용 설명서

부처님의 한쪽 곁에 앉아 있던 아난다 존자는 자리에서 일어났다. 부처님에게 절을 올리고 오른쪽으로 세 번 돌아 경의를 표한 뒤 부처님의 자리에서 멀지 않은 곳에 있는 어떤 나무 아래에 앉았다. 이렇게 부처님이 열반을 암시하였지만, 아난다 존자가 알아차리지 못해서 계속 머무르시라고 간청하지 않았다. 부처님은 "이제 그럴 때가 되었다"라고 하여, 열반에 드는 것으로 마음을 정하였다.

아난다 존자가 떠난 지 오래되지 않은 때에 마라 빠삐만이 부처님에게 다가와 한 곁에 섰다. 마라 빠삐만은 전에 부처님이 반열반에 들지 않는 이유가 모두 충족되었다고 말하였다.

> "세존이시여, 지금 세존의 비구 제자들은 입지가 굳고, 수행이 되고, 출중하며, 많이 배우고, 법을 잘 호지하고, 출세간법에 이르게 하는 법을 닦고, 합당하게 도를 닦고, 법을 따라 행하며, 자기 스승에게 속하는 것을 파악한 뒤 그것을 천명하고 가르치고 알게 하고 확립하고 드러내고 분석하고 명료하게 설명하며, 다른 삿된 교설이 나타날 때 그것을 법으로 잘 제압하고, 제압한 뒤 해탈을 성취하는 기적을 갖춘 법을 설할 수 있습니다."

마라 빠삐만은 부처님의 비구 제자들이 입지가 굳었다고 하였다. 이는 부처님의 제자들이 도를 얻어서 도에 잘 머물러 있다는 뜻이다. 이러한 제자들이 합당하게 도를 닦고 행하고, 그것을 명료하게 설명하며, 해탈을 성취하는 기적을 갖춘 법을 설할 수 있다고 하였다. 해탈을 성취한다는 것은 어마어마한 기적이다. 어떤 다른 기적보다 더한 기적이다. 마라 빠삐만은 부처님의 제자들이 그런 기적을 갖춘 법을 설할 수 있다고 하였다.

비구 제자만이 아니다. 마라 빠삐만은 비구니 제자들, 청신사 제자들, 청신녀 제자들이 입지가 굳고 출중하며 출세간에 이르게 하는 법을 닦고, 나아가 해탈을 성취하는 기적을 갖춘 법을 설할 수 있으니 부처님이 반열반에 들어도 된다고 하였다.

이 내용을 보면 부처님은 출가자나 재가자를 구별하지 않고 가르치신 것 같다. 비구, 비구니, 청신사, 청신녀들이 이러한 수준에 도달하게끔 가르쳤고, 그러므로 출가 제자들과 재가 제자들의 차이가 없다.

"세존이시여, 세존께서는 전에 이렇게 말씀하셨습니다.
'빠삐만이여, 나는 나의 이러한 청정범행이 잘 유지되고 번창하고, 널리 퍼지고, 많은 사람들이 따르고 대중적이어서 신과 인간들 사이에서 잘 설명되기 전까지는 반열반에 들지 않을 것이다'라고.
세존이시여, 그러나 지금 세존의 이러한 청정범행은 잘 유지되고 번창하고, 널리 퍼지고, 많은 사람들이 따르고 대중적이어서 신과 인간들 사이에서 잘 설명되었습니다.
세존이시여, 이제 세존께서는 반열반에 드십시오. 선서께서는 반열반에 드십시오. 세존이시여, 지금이 반열반에 드실 시간입니다."

이미 앞에서 아난다 존자에게 "그대는 좀 떨어져 있어라. 이제 그럴 시간이 된 것 같구나"라고 하였을 때, 부처님은 반열반에 들겠다는 암시를 주었다. 그리고 지금 부처님은 마라 빠삐만에게 반열반에 들겠다고 확실하게 천명하였다.

> "빠삐만이여, 그대는 조용히 있거라. 오래지 않아 여래는 반열반에 들 것이다. 지금부터 3개월이 넘지 않아서 여래는 반열반에 들 것이다."

어느 시기에 반열반에 들겠다는 첫 언급이었다. 부처님은 짜빨라 탑묘에서 마음챙김과 알아차림을 하면서 수명의 상카라를 포기하였다. 상카라는 행이라는 뜻이다. 무엇을 어떻게 하려는 의도가 행이다. 즉 부처님이 가진 모든 능력을 그대로 유지하면서, 수명의 상카라만을 포기하였다.

부처님이 수명의 상카라를 포기하자 큰 지진과 천둥, 번개가 내리쳤다. 무시무시하고 털을 곤두서게 하는 큰 지진이었다. 그때 부처님은 이런 것을 알고 감흥어를 읊었다.

> "잴 수 없는 열반과 존재를 견주어 보고
> 성자는 존재의 상카라를 포기하였고,
> 안으로 침잠하고 삼매에 들어
> 껍질을 벗듯이 자신의 생성을 벗어버렸노라."

여덟 가지 지배와
여덟 가지 해탈

부처님이 수명의 상카라를 벗어버리자, 털을 곤두서게 하는 무시무시한 큰 지진이 일어나고 천둥, 번개가 내리쳤다. 부처님과 떨어져 있던 아난다 존자는 무슨 이유와 조건 때문에 이러한 큰 지진이 발생했는지 궁금하였다. 그래서 부처님에게 다가가 물었다. 부처님은 여덟 가지 원인과 조건으로 대답하였다.

첫째는 자연조건에 의해 일어나는 지진이다. 대개 우리는 이 지진에 대해서만 알고 있다.

> "아난다여, 이 대지는 물에 놓여 있고, 물은 바람에 놓여 있고,
> 바람은 허공에 놓여 있다. 아난다여, 허공에서 생긴 바람이
> 불면 바람은 물을 흔들고 물은 흔들려서 땅을 흔든다. 이것이
> 큰 지진이 일어나는 첫 번째 원인이요. 첫 번째 조건이다."

둘째는 대단한 능력이 있는 사람들이 신통을 통해 일으키는 지진이다.

> "다시 아난다여, 신통이 있고 마음의 자유자재를 얻은 사문
> 이나 바라문이나 큰 신통과 큰 위력을 가진 신이 있는데 그
> 들의 인식이 땅에 대해서는 제한적으로 계발되었지만, 물에
> 대한 인식은 무량하게 계발되었다. 이런 자들이 이 땅을 흔
> 들리게 하고 아주 흔들리게 하고 강하게 흔들리게 하고 요
> 동치게 한다. 이것이 큰 지진이 일어나는 두 번째 원인이고
> 두 번째 조건이다."

신통을 통해서 물을 흔들면, 제한적인 땅은 흔들릴 수밖에 없다. 무량
한 물을 움직여서 땅을 움직이는 원리를 설명하였다.
  셋째는 보살이 모태에 들 때 일어나는 지진이다.

> "다시 아난다여, 보살이 마음 챙기고 분명하게 알아차리면
> 서 도솔천에서 몸을 버리고 모태에 들 때 땅은 흔들리고 많
> 이 흔들리고 강하게 흔들리고 요동친다. 이것이 큰 지진이
> 일어나는 세 번째 원인이요 세 번째 조건이다."

도솔천에 머물던 보살이 도솔천의 몸을 버리고 모태에 들 때 땅이 강
하게 흔들리고 요동친다.
  넷째는 보살이 모태에서 나올 때 일어나는 지진이다.

"다시 아난다여, 보살이 마음을 챙기고 분명하게 알아차리면서 모태로부터 나올 때 땅은 흔들리고 많이 흔들리고 강하게 흔들리고 요동친다. 이것이 큰 지진이 일어나는 네 번째 원인이요. 네 번째 조건이다."

정등각을 이루어 부처가 될 보살이 모태에서 나오는 때에도 땅이 요동치며 지진이 일어난다.

다섯째는 부처님이 정등각을 깨달을 때 일어나는 지진이다.

"다시 아난다여, 여래가 위없는 정등각을 깨달을 때 땅은 흔들리고 많이 흔들리고 강하게 흔들리고 요동친다. 이것이 큰 지진이 일어나는 다섯 번째 원인이요 다섯 번째 조건이다."

여섯째는 부처님이 법의 바퀴를 굴릴 때 일어나는 지진이다.

"다시 아난다여, 여래가 위대한 법의 바퀴를 굴릴 때 많이 땅은 흔들리고 강하게 흔들리고 요동친다. 이것이 큰 지진이 일어나는 여섯 번째 원인이요. 여섯 번째 조건이다."

일곱째는 부처님이 수명의 상카라를 포기할 때 일어나는 지진이다.

"다시 아난다여, 여래가 마음 챙기고 알아차리면서 수명의 상카라를 포기할 때 땅은 흔들리고 많이 흔들리고 강하게

정신과 의사가 들려주는 불교 사용 설명서

흔들리고 요동친다. 이것이 큰 지진이 일어나는 일곱 번째
원인이요. 일곱 번째 조건이다."

여덟째는 부처님이 반열반할 때 일어나는 지진이다.

"다시 아난다여, 여래가 무여열반의 요소로 반열반할 때 땅
은 흔들리고 많이 흔들리고 강하게 흔들리고 요동친다. 이
것이 큰 지진이 일어나는 여덟 번째 원인이요. 여덟 번째 조
건이다.
이들 여덟 가지 원인과 여덟 가지 조건 때문에 큰 지진은 일
어난다."

무시무시하고 강력한 지진이 일어날 때는 그만한 확실한 이유가 있
다. 부처님이 일곱 번째로 언급한 '여래가 마음 챙기고 알아차리면서
수명의 상카라를 포기할 때'를 듣고 아난다 존자는 부처님의 반열반
을 감지하였을 것이다.
이어서 부처님은 여덟 가지 회중, 여덟 가지 지배의 경지, 여덟
가지 해탈에 대해 차례로 설명하였다.
여덟 가지 회중은 끄샤뜨리야의 회중, 바라문의 회중, 장자의 회
중, 사문의 회중, 사대천왕의 회중, 삼십삼천의 회중, 마라의 회중, 범천
의 회중이다. 각각의 회중에 모인 이들이 빼어난 용모와 좋은 음성을
가졌더라도, 부처님 또한 이들처럼 빼어난 용모와 좋은 음성을 가졌다.
부처님은 이들의 회중에서 대화하고 토론하였으며 법을 설하였다.

"아난다여, 전에 나는 수백의 끄샤뜨리야 회중, 바라문의 회중, 장자의 회중, 사문의 회중, 사대천왕의 회중, 삼십삼천의 회중, 마라의 회중, 범천들의 회중을 만나러 가서 거기에 함께 앉았고, 대화하였고, 토론에 몰두하였음을 잘 알고 있다. 거기서 그들이 어떤 빼어난 용모를 가졌다 할지라도 나도 그런 빼어난 용모를 가졌으며 그들이 어떤 좋은 음성을 가졌다 할지라도 나도 그런 좋은 음성을 가졌다.

나는 그들에게 법을 설하고 격려하고 분발하게 하고 기쁘게 하였지만, 그들은 내가 그렇게 말할 때 '누가 이런 말을 하는가? 그는 신인가 인간인가?' 하면서 나를 알지 못하였다. 그들에게 법을 설하고 격려하고 분발하게 하고 기쁘게 한 뒤 사라졌나니 그들은 내가 사라졌을 때 '누가 여기서 사라졌는가? 그는 신인가 인간인가?' 하면서 나를 알지 못했다."

예전에 부처님이 각각의 여덟 회중에 가서 법을 설하여 그들을 격려하고 분발하게 하고 기쁘게 하였다. 부처님이 법을 설할 때 회중들은 묘한 음성을 들었지만, 이 회중에 모인 이들 중에서 누구의 목소리인지 알지 못했다. 자기들 중에서 대단한 존재의 목소리라고만 생각하였다. 하지만 법을 설한 후 부처님이 사라지자 조금 전까지 설법한 존재가 누구인지 알 수가 없었다. 그래서 신인지 인간인지 궁금해하였다.

이 경에는 나오지 않지만 니까야에는 부처님 목소리의 특징이 있다.

"나의 목소리는 여덟 가지 특징이 있다. 분명하게 하는 특징이 있고, 들으면 이해가 되는 특징이 있고, 선율이 있다. 관심을 끄는 특징이 있고, 함축적이고, 아주 깊고, 낭랑하다. 목소리가 말하는 회중에게만 들리고 회중을 벗어나지 않는 특징이 있다."

끄샤뜨리야, 바라문, 장자, 사문의 회중뿐 아니라 범천이나 천상의 존재들의 회중에서도 부처님은 어디에서건 그들과 대화하고 토론하고 법을 설할 때 위축되거나 힘들이지 않았다.

이어서 부처님은 아난다 존자에게 여덟 가지 지배의 경지(8승처)와 여덟 가지 해탈의 경지(8해탈)를 설하였다. 지배의 경지는 반대되는 법을 지배하는 여덟 가지 방법을 말한다. 반대되는 법이란 감각적 욕망이나 해로운 법이다. 소위 말하는 번뇌를 가리킨다. 여덟 가지 해탈의 경지 또한 반대되는 법으로부터의 해탈을 의미하며, 반대되는 법인 번뇌를 지배하여 완전한 해탈을 이루는 것이다. 이러한 지배의 경지와 해탈의 경지는 모두 삼매의 경지를 말한다. 그렇지만 여덟 가지 지배의 경지는 색계 선정이고, 여덟 가지 해탈의 경지는 색계, 무색계부터 상수멸까지의 선정을 의미한다는 차이가 있다.

"아난다여, 여덟 가지 지배의 경지가 있다. 무엇이 여덟인가?"

《마하붓다왕사》를 쓴 밍군 사야도는 여덟 가지 지배의 경지를 '삼매를 가리는 덮개로 작용하는 심리적 현상과 감각적 대상물을 극복하여 마음을 조복하는 여덟 가지 방법'으로 설명한다. 심리적 현상과 감각적 대상물들이 삼매를 가리는 덮개로 작용하는데, 이것들을 극복하고 삼매에 들어가는 방법이라고 이해하면 된다.

그러면 여덟 가지 지배의 경지를 하나씩 알아보자.

> "아난다여, 어떤 자는 안으로 물질을 인식하면서, 밖으로 좋은 색깔이나 나쁜 색깔을 가진 제한된 물질들을 본다. 이것들을 '나는 알고 본다'라고 인식한다. 이것이 첫 번째 지배의 경지이다."

'안으로 물질을 인식하면서'는 어떤 것일까. 우리 몸에 있는 장기를 생각해 보자. 만약 지방이라면 노란색을 통해서 준비 표상(니미따)을 얻는다. 안으로 준비 표상을 얻고, 그 상태에서 밖으로 좋은 색깔이든지 나쁜 색깔이든지 그 물질을 가지고 선정에 든다. 그런데 이 물질은 아직 확장되지 않은 제한된 물질이다. 그 제한된 물질은 까시나인데, 이러한 까시나를 가지고 선정에 드는 것이 첫 번째 단계의 삼매이다. 다시 말해 첫 번째 삼매는 내 속의 어떤 물질을 가지고 준비 표상을 얻고, 밖의 물질을 가지고 선정을 얻는다.

밍군 사야도는 첫 번째 지배의 경지를 이렇게 해설하였다.

"탁월한 정신적 능력과 지성을 갖추고 있는 사람이 자신의 몸에 있는 어떤 부분의 색깔에 대해서 예비정(가행, parikamma), 즉 준비 단계의 삼매를 얻는다. 그런 뒤 자신이 선택한 홈이 있거나 홈이 없는 바깥의 작은 형상들, 다시 말해 아직 확대되지 않은 까시나에 마음을 집중한다. 마음이 그 작은 형상에 맞추어지게 되면 그 형상을 조복하게 되어 선정에 머물게 된다. 선정에서 나온 뒤에 그는 자신이 그 형상을 알고 봄을 인지한다. 이것이 첫 번째 지배, 승리처의 선정이다."

두 번째 지배의 경지는 바깥의 어떤 물질을 무한히 확장하여, 즉 까시나를 확장해서 선정을 얻는 것이 두 번째 지배의 경지이다.

> "어떤 자는 안으로 물질을 인식하면서 밖으로 좋은 색깔이
> 나 나쁜 색깔을 가진 무량한 물질들을 본다. 이것이 두 번째
> 지배의 경지이다."

세 번째 지배의 경지는 확장되지 않는 상태의 까시나를 통해 선정을 얻는다.

> "안으로 물질을 인식하지 않으면서 밖으로 좋은 색깔이나
> 나쁜 색깔을 가진 제한된 물질들을 본다. 이것이 세 번째 지
> 배의 경지이다."

네 번째 지배의 경지는 까시나를 확장하여 선정을 얻는 것이다.

> "어떤 자는 안으로 물질을 인식하지 않으면서 밖으로 좋은
> 색깔이나 나쁜 색깔을 가진 무량한 물질을 본다. 이것이 네
> 번째 지배의 경지다."

이 네 가지 지배하는 경지에 대해 요약해 보면, 첫 번째 경지와 두 번째 경지는 안으로 물질을 인식하지만, 세 번째 경지와 네 번째 경지는 안으로 물질을 인식하지 않는다. 이 상태에서 첫 번째 경지와 세 번째 경지는 제한된 물질들을 보고, 두 번째 경지와 네 번째 경지는 무량한 물질들을 본다는 차이가 있다.

다섯 번째부터 여덟 번째까지의 지배하는 경지는 까시나를 확장하여 선정을 얻는다. 이는 안으로는 물질을 인식하지 않으면서 각각 푸른색, 노란색, 붉은색, 흰색의 색깔을 통해서 색계 선정을 얻는 방법이다.

> "어떤 자는 안으로 물질을 인식하지 않으면서 밖으로는 푸른 색깔을 가졌고 푸른 외양을 가졌고 푸른 광명을 가진 푸른 물질들을 본다. 아마꽃이 푸르고 푸른 색깔을 가졌고 푸른 외양을 가졌고 푸른 광명을 가진 것처럼, 마치 양면이 모두 부드러운 와라나시 옷감이 푸르고 푸른 색깔을 가졌고 푸른 외양을 가졌고 푸른 광명을 가진 것처럼, 어떤 자는 안으로 물질을 인식하지 않으면서 밖으로 푸르고 푸른 물질을 가졌고 푸른 외양을 가졌고 푸른 광명을 가진 물질들을 본다. 이것들을 지배하면서 '나는 알고 본다'라고 인식한다. 이것이 다섯 번째 지배의 경지이다."

우리가 푸른색 까시나를 가지고 선정 수행을 할 때 푸른 색종이를 보고 있다가 눈을 감고, 눈에서 계속 있는 푸른색을 가지고 확장하여 파

정신과 의사가 들려주는 불교 사용 설명서

란색 까시나 선정에 드는 원리와 같다.

마찬가지로, 안으로 물질을 인식하지 않으면서 노란색, 외양, 광명을 가진 노란 물질들을 본다. 이것들을 지배하면서 '나는 알고 본다'라고 인식하는 것이 여섯 번째 지배의 경지이다. 일곱 번째 지배의 경지는 빨간색을, 여덟 번째 지배의 경지는 흰색을 통해 선정에 든다. 이러한 여덟 가지 경지가 바로 감각적 욕망이나 해로운 법을 지배하여 색계 선정에 드는 방법들이다.

그러면 여덟 가지 해탈에 대해서는 부처님이 어떻게 설명하였을까.

"아난다여, 여덟 가지 해탈이 있다. 무엇이 여덟인가?"

이에 대해서도 밍군 사야도의 해설을 보면 도움이 된다. 그는 해탈을 아버지의 품에 안긴 평화로운 아이에 비유하는데, 아버지를 어머니로 대체하여 이해하여도 무방하다.

여기서 해탈에 해당하는 원어는 '위목카(vimokkha)'이다. 위목카란 마음을 가리는 덮개와 장애가 되는 정신 상태가 완전히 자유로워진 것으로서, 아버지의 품에 안긴 아이의 평화로움에 비견되는 크나큰 축복의 상태를 의미한다. 이러한 자유 또는 해탈은 선정이 유지되는 한 지속된다.

그러면 여덟 가지 해탈에 대해 하나씩 살펴보자.

"여기 비구는 안으로 색계에 속하는 선에 들고 밖으로 물질들을 본다. 이것이 첫 번째 해탈이다."

밍군 사야도는 "수행자는 자신의 몸을 성찰함으로써 선정을 성취한 후 까시나로 외적인 형상을 성찰한다"라고 설명한다. 안으로 자기 몸을 가지고 선정에 들고, 밖의 까시나를 가지고 선정에 든다는 것이다.

두 번째 해탈은 밖의 물질만 가지고 선정에 든다.

> "안으로 물질에 대한 인식이 없이 밖으로 물질들을 본다. 이것이 두 번째 해탈이다."

세 번째 해탈은 색깔을 가지고 색계 선정에 든다.

> "깨끗하다고 확신한다. 이것이 세 번째 해탈이다."

푸른색, 노란색, 빨간색, 흰색의 네 가지 색깔로 선정에 들고, 그 선정에 참으로 깨끗한 상태라고 확신하는 것이다. 밍군 사야도는 "수행자는 밝고 깨끗한 것을 대상으로 삼아 성찰한다. 매우 깨끗하고 순수한 색깔, 즉 푸른색, 황색, 붉은색, 흰색의 물질적 대상에 집중하여 성취되는 선정이다"라고 해설하였다.

네 번째 해탈은 무색계 선정의 공무변처이다.

> "물질에 대한 인식을 완전히 초월하고, 부딪힘의 인식을 소멸하고 갖가지 인식을 마음에 두지 않기 때문에 아무것도 없는 '무한한 허공'이라 하면서 공무변처를 구족하여 머문다. 이것이 네 번째 해탈이다."

정신과 의사가 들려주는 불교 사용 설명서

물질들이 없으므로 부딪힘도 없다. 물질이 있어야 갖가지 인식이 있는데, 물질이 없으므로 부딪힘의 인식이 없는 것이다.

다섯 번째 해탈은 무색계 선정의 식무변처이다.

> "공무변처를 완전히 초월하여 '무한한 알음알이'라고 하면서 식무변처를 구족하여 머문다. 이것이 다섯 번째 해탈이다."

여섯 번째 해탈은 무색계 선정의 무소유처이다.

> "식무변처를 완전히 초월하여 '아무것도 없다'고 보면서 무소유처를 구족하여 머문다. 이것이 여섯 번째 해탈이다."

식무변처라고 본 마음이 한계가 있기 때문에 '아무것도 없다'고 보는 것이다.

일곱 번째 해탈은 무색계 선정의 비상비비상처이다.

> "무소유처를 완전히 초월하여 비상비비상처를 구족하여 머문다. 이것이 일곱 번째 해탈이다."

여덟 번째 해탈은 상수멸이다.

> "일체 비상비비상처를 완전히 초월하여 상수멸을 구족하여 머문다. 이것이 여덟 번째 해탈이다."

상수멸이란 인식과 느낌의 그침을 의미한다. 색계 4선정, 무색계 4선정을 구족한 불환자와 아라한이 상수멸에 들 수 있다. 무색계 선정인 무소유처에 들었다가 나와서 결심하여 비상비비상처에 드는데, 그 결정의 힘에 의해서 비상비비상처에는 두 가지 마음 순간만 있다. 그다음에 상수멸로 들어가게 되는데, 이는 굉장히 어려운 경지이다.

지금까지 부처님은 아난다 존자에게 큰 지진이 일어나는 원인과 조건, 여덟 가지 지배의 경지와 여덟 가지 해탈을 차례로 설한 후, 마라 빠삐만과 했던 대화를 그대로 전하였다.

마라는 욕계 천상 중에서 가장 위에 있는 타화자재천에서 가장 우두머리이다. 마라 빠삐만은 중생들이 욕계를 벗어나는 것을 견디지 못한다. 어떻게 하면 중생들이 욕계를 벗어나지 못하게 할까, 이 하나만을 생각한다. 부처님의 법이 널리 퍼지면 색계, 무색계, 열반으로 들어가게 되므로, 부처님이 법을 설하지 못하게 하려고 계속 틈만 노렸을 것이다.

부처님이 우루웰라의 네란자라 강둑에 있는 염소치기의 니그로다 나무 아래에서 처음 등정각을 성취하여 머물 때 마라 빠삐만이 찾아왔다. 법을 설하지 말고 반열반에 들라고 청하기 위해서였다. 그러나 부처님은 제자들이 입지가 굳고 나아가 해탈을 성취하는 기적을 갖춘 법을 설할 수 있게 되기까지는 반열반에 들지 않겠다고 하였다. 그때의 대답을 기억하고 있던 마라 빠삐만은 웨살리의 짜빨라 탑묘로 다시 찾아와 부처님이 말하였던 것들이 이루어졌으므로 "지금이 반열반에 드실 때"라며 청하였다.

이미 라자가하와 웨살리에서 부처님이 아난다 존자에게 반열반의 조짐을 여러 번이나 보여주었지만, 아난다 존자는 알아차리지 못하였기 때문에 부처님은 반열반에 들 때가 되었다고 생각한 후였다. 그리하여 부처님은 마라 빠삐만에게 3개월 후 반열반에 들 것이라고 답하였다는 사실을 있는 그대로 아난다에게 말해주었다.

"아난다여, 오늘 이 짜빨라 탑묘에서 여래는 마음을 챙기고 알아차리면서 수명의 상카라를 포기하였다."

부처님이 수명의 상카라를 포기하고 3개월 후에 반열반에 든다고 결정하기까지, 부처님은 아난다 존자가 예견할 수 있도록 여러 번 암시를 주었다. 하지만 아난다 존자는 부처님의 의도를 알아차리지 못하였고, 결과적으로 부처님이 더 머무르시도록 요청하지 못했다. 그런데 인제야 아난다 존자가 사태의 심각성을 깨닫고 부처님에게 더 오래 머물러 주기를 간청하였다.

"세존이시여, 세존께서는 많은 사람의 이익을 위하고, 많은 사람의 행복을 위하고, 세상을 연민하고, 신과 인간의 이상과 이익과 행복을 위하여 일 겁을 머물러 주소서. 부디 선서께서는 일 겁을 머물러 주소서."
"아난다여, 이제 되었다. 여래에게 간청하지 마라. 아난다여, 지금은 여래에게 간청할 적당한 시간이 아니다."

아난다 존자가 두 번 세 번 간청하였지만, 부처님의 대답은 같았다. 라자가하의 독수리봉산, 니그로다 숲, 도둑의 낭떠러지, 웨바라 산비탈의 칠엽굴, 이시길리 산비탈의 검은 바위, 차가운 숲에 있는 뱀 못의 비탈, 따뽀다 원림, 웰루와나의 다람쥐 보호구역, 지와까의 망고 숲, 맛다꿋치의 녹야원에서도 네 가지 성취수단을 언급하면서 반열반의 암시를 주었다. 웨살리의 우데나 탑묘, 고따마까 탑묘, 삿따마까 탑묘, 바후뿟따 탑묘, 사란다다 탑묘, 짜빨라 탑묘에서도 마찬가지였다.

이처럼 여러 번 부처님이 분명한 암시를 주고 분명한 빛을 드러내었는데도 그 뜻을 꿰뚫어 보지 못한 아난다 존자에게 잘못이 있다고 하였다.

> "만일 그대가 여래에게 간청했더라면 두 번은 그대의 말을
> 거절했을 것이지만 여래는 세 번째에는 허락하였을 것이다.
> 아난다여, 그러므로 이런 잘못은 그대에게 있다. 그대가 이
> 런 잘못을 범하였다."

만약 부처님이 암시를 주었을 때 아난다 존자가 그 뜻을 알아차렸더라면, 그래서 부처님에게 더 머물러 주기를 간청하였다면, 부처님이 반열반에 들지 않았을 수 있다. 주석서에도 이에 대한 특별한 설명이 없어서 더 답답하기만 하다.

보리분법, 네 가지 큰 권위,
마지막 공양

열반을 앞둔 부처님의 가르침 하나하나는 굉장히 중요한 의미가 있다. 뒤늦게 부처님의 반열반을 알게 된 아난다 존자에게 부처님은 더 오래 머물도록 간청하지 말라고 하였다. 더 이상 부처님을 성가시게 하지 말라는 것이다. 그러면서 부처님은 아난다 존자에게 이런 말씀을 하였다.

> "아난다여, 참으로 내가 전에 사랑스럽고 마음에 드는 모든 것과는 헤어지기 마련이고 없어지기 마련이고 달라지기 마련이라고 그처럼 말하지 않았던가. 아난다여, 그러니 여기서 그대가 간청하는 것이 무슨 소용이 있겠는가? 아난다여, 태어났고 존재했고 형성된 것은 모두 부서지기 마련인 법이거늘 그런 것을 두고 '절대 부서지지 마라'고 한다면 그것은

있을 수 없는 일이다.

아난다여, 그리고 여래는 이미 수명의 상카라를 포기하여 그것을 버렸고 내던졌고 풀어버렸고 제거했고 방기하였다. 그리하여 '오래지 않아서 여래는 반열반에 들 것이다'라고 분명히 말하였다. 그런데 그것을 여래가 더 살기 위해서 다시 돌이킨다는 것은 결코 있을 수 없는 일이다."

이제 부처님의 반열반은 기정사실이 되었다. 부처님은 큰 숲의 중각강당으로 모든 비구들을 불러 모았다.

"아난다여, 그대는 웨살리를 의지하여 머무르는 비구들을 모두 집회소로 모이게 하라."

웨살리에 있는 모든 비구가 중각강당에 모였다. 부처님은 모든 비구에게 당부의 말과 더불어, 곧 부처님이 반열반에 들 것이라고 말하였다.

"비구들이여, 여기 이 세상에서 나는 이런 법들을 최상의 지혜로 안 뒤에 설하였나니 그대들은 그것을 호지한 뒤 받들어 행해야 하고 닦아야 하고 많이 공부해야 한다. 그래서 이 청정범행이 길이 전해지고 오래 머물게 해야 한다. 이것이 많은 사람들의 이익을 위하고 많은 사람의 행복을 위하고 세상을 연민하고 신과 인간의 이상과 이익과 행복을 위하는 것이다."

부처님이 최상의 지혜로 알고 설한 법들을 비구들이 받들어 행하고 공부하여 청정범행이 오래 머물도록 하라는 당부였다. 그렇다면 부처님이 최상의 지혜로 알고 설한 법들이란 무엇일까.

> "비구들이여, 그러면 나는 어떤 법들을 최상의 지혜로 안 뒤에 설하였는가? 그것은 네 가지 마음챙김의 확립, 네 가지 바른 노력, 네 가지 성취수단, 다섯 가지 기능, 다섯 가지 힘, 일곱 가지 깨달음의 구성요소, 여덟 가지 구성요소를 가진 성스러운 도이다."

네 가지 마음챙김의 확립, 네 가지 바른 노력, 네 가지 성취 수단, 다섯 가지 기능, 다섯 가지 힘, 일곱 가지 깨달음의 구성요소, 여덟 가지 구성요소를 가진 성스러운 도를 합하면 모두 서른일곱 가지이다. 이를 37조도품이라고도 하고, 37보리분법이라고도 한다. 조도품(助道品)이란 '도를 도와준다'는 뜻이고, 보리분법(菩提分法)이란 '깨달음에 속하는 법'이라는 뜻이다.

　네 가지 성취 수단은 4여의족이라고도 한다. 부처님이 가르친 것을 성취하는 수단이다. 열의를 통해서, 정진을 통해서, 마음을 통해서, 검증을 통해서 성취한다. 다섯 가지 기능은 수행자가 가져야 하는 믿음, 정진, 마음챙김, 삼매, 지혜이다. 마찬가지로 다섯 가지 힘은 믿음, 정진, 마음챙김, 삼매, 지혜이다. 기능은 노력하는 시스템이고, 힘은 그 시스템을 통해서 완전히 자기 것으로 만들어 힘을 발휘하는 상태이다.

　네 가지 마음챙김의 확립은 몸, 느낌, 마음, 법에 대한 마음챙김의 확립이고, 일곱 가지 깨달음의 구성요소는 마음챙김, 법을 간택함, 정진, 희열, 고요함, 삼매, 평온이다. 여덟 가지 구성요소를 가진 성스러운 도는 8정도이다.

부처님은 이러한 서른일곱 가지를 최상의 지혜로 알고 깨달았으므로, 모든 비구도 이 법들을 자기 것으로 만들어야 한다고 당부하였다. 왜냐하면 이것들은 "많은 사람들의 이익을 위하고 많은 사람의 행복을 위하고 세상을 연민하고 신과 인간의 이상과 이익과 행복을 위하는 것"이기 때문이다. 다음으로 부처님은 모든 비구에게 반열반에 대해 공표하였다.

"비구들이여, 참으로 이제 나는 당부하노니, 모든 형성된 것들은 소멸하기 마련인 법이다. 방일하지 말고 해야 할 바를 모두 성취하라. 오래지 않아서 여래의 반열반이 있을 것이다. 지금부터 3개월이 넘지 않아서 여래는 반열반할 것이다."

승가에 공식적으로 반열반의 시기를 발표하면서, 부처님은 '모든 형성된 것들은 소멸하기 마련인 법'이라는 것과 '방일하지 말라'는 말을 먼저 언급하였다. '형성된 것'이란 조건을 가지고 만들어졌다는 것이고, 그것은 소멸하기 마련이다. 그리고 '방일하지 말라'는 주석서에 의하면 마음챙김을 하라는 의미이다. 4념처를 닦는 것, 이것이 방일하지 않는 것이다.

부처님은 이를 다시 게송으로 설하셨다.

내 나이 무르익어
나의 수명은 이제 한계에 달했도다.
그대들을 버리고 나는 가리니.
나는 나 자신을 의지처로 삼았다.

비구들이여, 방일하지 말고
마음챙김을 가지고 계를 잘 지켜라.
사유를 잘 집중시키고
자신의 마음을 잘 보호하라.

이 법과 율에서
방일하지 않고 머무는 자는
태어남의 윤회를 버리고
괴로움의 끝을 만들 것이다.

게송에서 부처님은 '버린다'라는 표현을 하였다. 이는 야박하게 버리는 것이 아니다. '그대들을 떠나서 나는 간다'의 뜻으로 이해하면 된다. 열반에 든다는 의미이다. 그리고 부처님은 '마음챙김을 가지고 계를 잘 지켜라'라고 하였다. 마음챙김과 계의 바탕 위에서 4념처 수행을 하면 부처님이 말씀한 최고의 경지에 들 수 있다.

그때 세존께서는 오전에 옷매무시를 가다듬고 발우와 가사를 수하시고 걸식을 위해서 웨살리로 들어가셨다. 웨살리에

서 걸식하여 공양을 마치고 걸식에서 돌아오시면서, 코끼리
가 뒤를 돌아보듯이 웨살리를 돌아다보신 후 아난다 존자를
불러서 말씀하셨다,

"아난다여, 이것이 여래가 웨살리를 보는 마지막이 될 것이
다. 오라, 아난다여. 이제 반다가마로 가자."

《마하붓다왕사》에 의하면, 부처님의 뼈는 통뼈라고 한다. 그래서 코
끼리가 돌아볼 때 몸 전체로 돌아보듯이, 부처님도 몸 전체를 돌려서
마지막으로 웨살리를 돌아보았다고 하였다. 반다가마에 머물면서 부
처님은 모든 비구들에게 말하였다.

"비구들이여, 네 가지를 깨닫지 못하고 꿰뚫지 못하였기 때
문에 나와 그대들은 이처럼 긴 세월을 이곳에서 저곳으로
치달리고 윤회하였다. 무엇이 네 가지인가?
비구들이여, 성스러운 계를 깨닫지 못하고 꿰뚫지 못하였기
때문에, 성스러운 삼매를 깨닫지 못하고 꿰뚫지 못하였기
때문에, 성스러운 통찰지를 깨닫지 못하고 꿰뚫지 못하였기
때문에, 성스러운 해탈을 깨닫지 못하고 꿰뚫지 못하였기
때문에 나와 그대들은 이처럼 긴 세월을 이곳에서 저곳으로
치달리며 윤회하였다."

《대반열반경》에서는 계, 정, 혜, 해탈을 굉장히 중요시한다. 윤회로부
터 벗어나지 못한 것은 계, 정, 혜, 해탈을 몰랐기 때문이다. 이런 맥락

에서 보면 계는 이것들의 시작이다. 계로 시작하지 않으면 뒤의 정, 혜, 해탈은 따라올 수 없다. 여덟 가지 지배, 여덟 가지 해탈도 정(삼매)에 대한 가르침이다. 그런데 계, 정, 혜, 해탈 앞에 '성스러운'이라는 수식어가 붙은 표현은 《대반열반경》에서 처음 본 것 같다.

부처님은 이를 다시 게송으로 이렇게 설하였다,

계와 삼매와 통찰지와 위없는 해탈의 법들을
명예로운 고따마는 깨달았도다.
이처럼 부처는 최상의 지혜로 안 뒤에
비구들에게 법을 설하였노라.
이제 괴로움의 끝을 낸
눈을 갖춘 스승은 반열반할 것이다.

반다가마에서 계, 정, 혜, 해탈의 법문을 한 뒤 부처님은 핫타가마, 암바가마, 잠부가마로 이동하여 원하는 만큼 머물렀다. 그리고 보가나가라로 이동하였다. 점점 열반처인 꾸시나라를 향해서 이동하는 것이다.

보가나가라의 아난다 탑묘에 머물면서 부처님은 비구들에게 네 가지 큰 권위를 설하였다. 네 가지 큰 권위는 부처님의 교법에 대한 것으로, 사람들이 부처님에게 직접 들었다거나, 장로와 뛰어난 비구승가에게 들었다거나, 많이 배우고 법에 능통하고 율과 논(마띠까)을 호지하는 장로 비구들에게 들었다거나, 많이 배우고 법에 능통하고 율과 논(마띠까)을 호지하는 한 명의 장로 비구에게 들었다는 네 가지 경우가 경율론에 합치한 경우를 말한다.

아마도 부처님이 열반에 든 뒤의 상황에 대비한 법문인 것 같다. 첫 번째인 부처님에 의한 권위는 부처님 재세 시의 상황이고, 두 번째 승가에 의한 권위는 부처님이 반열반 후 얼마 지나지 않았을 때, 세 번째 많은 장로에 의한 권위는 부처님이 열반한 후 오랜 시간이 흘렀을 때, 네 번째 한 장로에 의한 권위는 세월이 훨씬 더 많이 지나서 장로 비구가 한 명만 있는 시대를 염두에 두었다고도 볼 수 있다.

이럴 때는 무작정 권위를 인정하지 말아야 하고, 경과 율과 논에 비추어 보아야 한다. 세 번째와 네 번째 권위에서 언급된 마띠까는 각 아비담마(논장)에서 다루는 법의 목록만을 모아 아비담마의 제일 앞에 실어놓은 것이다.

> "비구들이여, 그런 비구의 말은 인정하지도 말고 공박하지도 말아야 한다. 인정하지도 공박하지도 않은 채로 그 단어와 문장들을 주의 깊게 들어서 경과 대조해 보고 율에 비추어서 보아야 한다."

아무리 믿을 만한 사람의 말이라도 경과 율에 비추어 보아야 하고, 만약 경과 율에 맞지 않는다면 잘못된 주장이라고 결론짓고 물리쳐야 한다.

> "그의 말을 경과 대조해 보고 율에 비추어 봐서 만일 경과 견주어지지 않고 율과 맞지 않는다면 여기서 '이것은 세존의 말씀이 아닙니다. 이 비구가 잘못 호지한 것입니다'라는

결론에 도달해야 된다. 비구들이여, 이렇게 해서 이것은 물리쳐야 한다.”

경과 율에 맞는 것만이 권위를 가져야 하고 힘을 가져야 한다. 그러므로 그 비구의 말이 경과 율과 논에 맞는다면 그 말은 권위를 갖게 된다. 부처님이 반열반하고 나서, 가장 권위 있는 사람들 사이에서 들었다 하더라도 반드시 경율론과 대조 작업을 하여 부처님의 말씀인지 확인해야 한다. 이처럼 부처님이 열반한 뒤에는 경과 율과 논이 부처님의 역할을 한다고 볼 수 있다.

부처님은 보가나가라에서 계, 정, 혜, 해탈의 법문을 한 뒤, 말라 족의 도시인 빠와로 이동하였다. 많은 비구 승가와 함께 빠와에 도착하여 대장장이의 아들 쭌다의 망고 숲에 머물렀다. 밍군 사야도의《마하붓다왕사》에 의하면, 쭌다는 매우 부유한 사람이었고 예전에 부처님을 만나 예류자가 되었다. 그 후 자신의 망고 동산에 큰 승원을 지어 부처님 승가에 희사하였다.

쭌다가 찾아와 인사를 드리자, 부처님은 그를 위해 법을 설하였고, 그의 공양을 침묵으로 허락하였다. 쭌다는 집으로 돌아가 맛있는 여러 음식과 부드러운 돼지고기로 만든 음식을 준비하였다. 다음 날 부처님은 비구 승가와 함께 쭌다의 집으로 갔다.

부처님은 비구 승가와 함께 지정된 자리에 앉으셔서는 대장장이의 아들 쭌다를 불러서 말씀하였다.
“쭌다여, 부드러운 돼지고기로 만든 음식은 나에게 공양하고, 다른 여러 음식은 비구 승가에게 공양하여라."

통상적으로는 공양을 준비한 사람이 알아서 음식을 배분하는데, 부처님의 특이하게도 '부드러운 돼지고기만 나에게 공양하라'고 하였다. 부처님은 이런 말씀을 거의 하지 않는다. 쭌다는 부처님이 하라는 대로 공양을 올렸다.

> 세존께서는 대장장이의 아들 쭌다를 불러서 말씀하셨다.
> "쭌다여, 부드러운 돼지고기로 만든 음식이 남은 것은 깊은
> 구덩이를 파서 묻어라. 쭌다여, 나는 신들을 포함하고 마라
> 를 포함하고 범천을 포함한 세상에서, 사문, 바라문을 포함
> 하고 신과 인간을 포함한 생명체들 가운데서, 여래를 제외
> 한 어느 누구도 이 음식을 먹고 바르게 소화시킬 사람을 보
> 지 못했다."

매우 의미심장한 말씀이다. 쭌다는 부처님이 하라는 대로 남은 돼지고기 음식을 깊은 구덩이에 버렸다. 쭌다가 돌아와 부처님의 한쪽에 앉자, 부처님은 그에게 법을 설하고 격려하고 분발하게 하고 기쁘게 하였다. 그런데 쭌다의 공양을 받은 후에 부처님에게 죽음에 다다르는 극심한 고통이 생겼다. 부처님은 마음을 챙기고 알아차리면서 흔들림 없이 고통을 감내하였다.

부처님에게 극심한 고통이 생긴 이유는 어쩌면 쭌다가 올린 음식에 문제가 있었기 때문이라고 생각할 수 있다. 부처님이 직접 '이 음

정신과 의사가 들려주는 불교 사용 설명서

식은 여래밖에 소화하지 못한다'라고 하였으므로 이런 생각이 타당해 보이기도 한다.

그러나 밍군 사야도는 쭌다의 음식 공양 때문에 부처님이 고통을 겪은 것이 아니라고 설명한다. "부처님이 병에 걸린 것이 쭌다의 공양을 받은 후라고 해서 그 음식이 병의 원인인 것은 아니다. 실제로 쭌다가 매우 정성을 들여 마련한 음식으로 인해 부처님의 체력은 강화되었다. 그러한 높은 영양가의 음식이 아니었다면 부처님은 그 병을 참아내지 못했을지도 모른다. 그처럼 부처님은 쭌다가 공양한 부드러운 돼지고기 요리 때문에 꾸시나라까지 도보로 여행할 기력을 찾았던 것이다."

나는 이렇게 들었나니
대장장이 쭌다가 올린 음식을 드시고
현자께서는 죽음에 다다르는 극심한 병에 걸리셨다.
부드러운 돼지고기로 만든 음식을 드신
스승께 극심한 병이 생겼나니
그것을 깨끗하게 하시면서
세존께서는 꾸시나라 도시로 가자고 말씀하셨다.

고통을 마음챙김과 알아차림으로 다스리면서 부처님은 아난다 존자를 불러 꾸시나라로 향하였다. 길을 가던 중 부처님은 어떤 나무 아래에서 멈추었고, 아난다 존자가 만든 자리에 앉았다. 부처님이 목마르다고 하면서 물을 가져오라고 하였다. 아난다 존자는 방금 500대의 수레가 지나가서 강물이 혼탁해졌으므로 조금 먼 강에서 물을 떠 오겠다고 했다. 부처님은 다시 목마르다고 하면서 물을 가져오라고 하였고, 아난다 존자의 대답이 반복되었다. 세 번째로 이 대화가 오가고 나서, 아난다 존자가 어쩔 수 없이 물을 떠 오기 위해 혼탁해진 강으로 갔다. 그런데 아난다 존자가 다가갈수록 혼탁했던 강물이 점점 맑아졌다.

> "세존이시여, 여래의 큰 신통과 큰 위력은 참으로 경이롭습니다. 세존이시여, 참으로 놀랍습니다. 세존이시여, 수레바퀴로 휘저어져서 좋지 않고 뒤범벅이 되어 혼탁해진 물이 제가 다가가자 좋고 맑고 혼탁하지 않게 되었습니다. 세존께서는 물을 드십시오. 선서께서는 물을 드십시오."

《대반열반경》을 읽을수록 부처님의 열반을 실감하게 된다. 쭌다가 공양한 음식을 먹고 병에 걸렸지만, 그 고통을 이기면서 꾸시나라로 이동하는 부처님을 보면, 열반의 때가 점점 다가오는 것을 느낄 수 있다. 500대의 수레가 지나가서 혼탁해진 강물이 부처님의 힘으로 다시 깨끗해지는 걸 보면, 부처님이 참으로 대단한 존재라고 생각할 수밖에 없다.

한 쌍의
살라 나무 아래에서

꾸시나라로 향하던 부처님이 잠시 나무 아래에 앉아 있는 모습을 뿍꾸사 말라뿟따가 보았다. 말라뿟따는 '말라의 아들'이라는 뜻이므로 뿍꾸사 말라뿟따는 말라국 또는 말라족의 왕자이다. 무소유처를 가르치는 알라라 깔라마의 제자였는데, 그는 부처님의 고요한 모습을 경이롭게 바라보며 부처님에게 다가왔다.

생전에 알라라 깔라마는 정신을 집중하면 500대의 수레가 지나가도 보지 못했고 소리를 듣지 못했다고 한다. 인식이 깨어 있었고 겉옷이 먼지로 범벅이 되었어도 고요하게 머무르는 알라라 깔라마를 보고 뿍꾸사 말라뿟따는 그에게 청정한 믿음을 크게 표시하였다.

이 말을 들은 부처님은 예전에 아뚜마의 탈곡장에서 있었던 일을 들려주었다. 억수같이 비가 내리고 천둥 번개가 요란하게 내리치는 날, 탈곡장에서 농부 두 명과 황소 네 마리가 벼락에 맞아 죽었다.

마을 사람들이 몰려왔다가 부처님이 인식을 가지고 깨어 있으면서도 바로 옆에서 일어난 일들을 보지도 못하고 소리를 듣지도 못하였다는 사실에 크게 놀랐다.

"그러자 그 사람에게 이런 생각이 들었다. '출가자들은 이처럼 고요하게 머무르니 참으로 경이롭고 놀랍구나. 여기에서 인식을 가지고 있고 깨어 있으면서도 비가 억수같이 내리고 비가 콸콸 쏟아지고 번개가 치고 천둥소리가 요란한 것을 보지도 못하고 듣지도 못하는구나'라고. 이와 같이 그는 나에게 청정한 믿음을 크게 표시한 뒤 떠났다."

뿍꾸사 말라뿟따는 500대의 수레가 아니라 1,000대, 10만 대의 수레라도 억수같이 비가 내리고 번개가 치고 천둥소리가 요란한 것을 보지도 듣지도 못하는 것이 더 행하기 어렵고 경험하기 어렵다는 것을 인정하였다. 그리고 부처님에게 귀의하였다.

"세존이시여, 제가 알라라 깔라마에게 가졌던 청정한 믿음은 마치 강풍에 날아가듯이 날아가 버렸고, 강의 급류에 휩쓸리듯이 휩쓸려 가버렸습니다.
경이롭습니다, 세존이시여. 경이롭습니다, 세존이시여. 마치 넘어진 자를 일으켜 세우시듯, 덮여 있는 것을 걷어내 보이시듯, 방향을 잃어버린 자에게 길을 가르쳐 주시듯, '눈 있는 자 형상을 보라'고 어둠 속에서 등불을 비춰 주시듯, 세존께서는 여러 가지 방편으로 법을 설해주셨습니다. 저는 이제 세존께 귀의하옵고, 법과 비구 승가에 또한 귀의하옵니다. 세존께서는 저를, 오늘부터 목숨이 있는 날까지 귀의한 청신사로 받아 주소서."

이 표현은 재가 신자가 부처님에게 귀의할 때 말하는 정형구이다. 부처님이 뿍꾸사 말라뿟따에게 부처님의 경지를 말하였지만, 사실 부처님의 경지는 상상을 초월한다. 《앙굿따라 니까야》〈생각할 수 없음 경〉(A4:77)에서 부처님은 네 가지를 생각해서는 안 된다고 하였다. 만약 능력이 없는 자가 부처님의 경지, 선정의 경지, 업의 과보, 세상에 대한 사색을 생각하다가는 미쳐버리거나 엄청난 곤혹에 빠진다고 한다. 밍군 사야도는 《마하붓다왕사》에서 부처님이 하루에 240만 꼬띠 번 선정에 들었다고 하였다. 1꼬띠가 10만이므로 240만에 10만을 곱한 수만큼 선정에 든 것이다. 이 정도로 부처님은 선정에 자유자재로 들었다.

뿍꾸사 말라뿟따는 황금색 옷 두 벌을 가져와 부처님에게 바쳤다. 부처님은 한 벌은 부처님에게, 다른 한 벌은 아난다 존자에게 보시하라고 하였다. 그리고 뿍꾸사 말라뿟따에게 법을 설하고 격려하고 분발하게 하고 기쁘게 하였다. 그는 부처님에게 경의를 표한 뒤 그 자리에서 물러났다.

부처님은 왜 아난다 존자에게 옷을 보시하도록 하였을까. 밍군 사야도는 아난다 존자가 부처님의 요청으로 시자가 되면서 몇 가지 요청을 하였는데, 그중에 하나가 "부처님 앞으로 온 보시를 자기에게 주지 마십시오"였다고 한다. 실제로 부처님은 아난다 존자가 시자 생활을 25년간 할 때까지 그 어떤 선물도 주지 않았다고 한다. 그런데 아난다 존자에게 보시하라고 한 것은 뿍꾸사로 하여금 승단에도 보시할 수 있는 공덕을 누리게 하기 위해서였다. 부처님의 의도를 아난다 존자도 이해하였기 때문에 그 옷을 거절하지 않았다. 부처님은 아난다 존자가 그 옷을 다시 자신에게 바칠 것을 알고 있었다.

뿍꾸사 말라뿟따가 돌아간 뒤에, 아난다 존자는 황금색 옷을 부처님에게 입혀드렸다. 그런데 그 옷의 황금빛은 마치 죽어버린 것처럼 빛이 나지 않았다. 황금빛 옷보다 부처님의 몸에서 나는 빛이 훨씬 더 강했기 때문이다.

> "경이롭습니다, 세존이시여, 놀랍습니다, 세존이시여. 여래의 피부색이 이렇게 청정하고 이렇게 깨끗하다니요. 세존이시여, 지금 입을 수 있는 황금색 옷을 세존의 몸에 입혀드렸지만, 그 옷의 황금빛은 마치 광채가 죽어 버린 것처럼 빛이 나지 않습니다."
> "참으로 그러하다, 아난다여. 참으로 그러하다, 아난다여. 아난다여, 두 가지 경우에 여래의 몸은 지극히 청정하고 피부색은 깨끗하게 된다.
> 그러면 그 두 가지 경우란 어떤 것인가? 아난다여, 여래가 위없는 정등각을 깨달은 그 밤과 여래가 무여열반의 요소로 반열반하는 밤이다. 아난다여, 이런 두 가지 경우에 여래의 몸은 지극히 청정하고 피부색은 깨끗하게 된다."

위없는 정등각을 깨달은 밤에 부처님의 몸이 지극히 청정하고 피부색이 깨끗했던 것처럼, 그날 밤의 부처님 몸도 지극히 청정하고 피부색이 깨끗하였다. 부처님이 무여열반하는 순간이었기 때문이다.

> "아난다여, 오늘 밤 삼경에 꾸시나라 근처에 있는 말라들의
> 살라 숲에서 한 쌍의 살라 나무 사이에서 여래의 반열반이
> 있을 것이다. 아난다여, 까꿋타강으로 가자."

이 말을 마치고 부처님은 마지막 여정의 목적지인 꾸시나라로 향하였다. 까꿋타강에서 목욕하고 물을 마시고 다시 나와 망고 숲으로 간 부처님은 쭌다 존자에게 가사를 네 겹으로 접어서 자리를 만들게 하였다. 그리고 발과 발을 포개고, 마음챙김과 알아차림을 하면서 일어날 시간을 인식하여 마음에 잡도리한 후 오른쪽 옆구리로 사자처럼 누웠다. 그리고 부처님은 아난다 존자를 불렀다.

> "아난다여, 그런데 대장장이의 아들 쭌다가 이렇게 자신을
> 힐난할지도 모른다. '여보게 쭌다여, 여래께서는 네가 드린
> 탁발 음식을 마지막으로 드시고 반열반에 드셨으니 이건 참
> 으로 너의 잘못이고, 너의 불행이로구나.'
> 아난다여, 대장장이 아들인 쭌다에게 이와 같이 말하여 자
> 책감을 없애주어야 한다.
> '도반 쭌다여, 여래께서는 그대가 드린 탁발 음식을 마지막
> 으로 드시고 반열반에 드셨으니 이건 그대의 공덕이고 그대

의 행운입니다.'"

이 이야기에서 우리는 부처님의 세심한 배려와 자비를 느낄 수 있다. 부처님은 자신의 몸보다 자책감에 사로잡히거나 타인에게 비난받을 지도 모를 쭌다를 더 걱정하고 있다.

부처님은 오히려 쭌다가 큰 공덕을 쌓았다고 위로한다. 부처님에게 삶의 마지막 음식을 공양한 공덕은 매우 크기 때문에 쭌다는 긴 수명과 좋은 용모, 행복과 명성을 가져다주고, 천상에 태어날 업과 위세를 가질 업을 쌓았다고 선언한다. 부처님은 아난다 존자를 불러 직접 이 감흥어를 쭌다에게 전하도록 했다.

베풂에 의해서 공덕은 증가하고
제어에 의해서 증오는 쌓이지 않는다.
지혜로운 자 사악함을 없애고
탐욕과 성냄과 어리석음을 버려서 열반을 얻는다.

그리고 나서 부처님은 꾸시나라 근처에 있는 말라들의 살라 숲으로 이동하였다.

"아난다여, 그대는 한 쌍의 살라 나무 사이에 북쪽으로 머리를 둔 침상을 만들어라. 아난다여, 피곤하구나. 누워야겠다."

아난다 존자가 머리를 북쪽으로 둔 침상을 만들자, 부처님은 발과 발을 포개고 마음챙김과 알아차림을 하면서 오른쪽 옆구리로 사자처럼 누웠다. 그때 한 쌍의 살라 나무는 때아닌 꽃들로 만개하였고, 꽃잎이 부처님의 몸 위로 떨어져 흩날리고 덮었다고 한다. 이는 나무의 천신이 나뭇가지를 흔들어서 꽃잎을 떨어뜨렸다고 보면 된다. 이어서 하늘나라의 전단향 가루가 허공에서 떨어지고, 하늘나라의 음악이 흘러나오며 노래가 울려 퍼졌다. 모두 부처님에게 예배를 올리기 위해서였다. 그러나 부처님은 이런 것들은 부처님을 존경하는 것이 아니라고 하였다.

> "아난다여. 그러나 이러한 것으로는 여래를 존경하고 존중하고 숭상하고 예배하는 것이 아니다. 비구나 비구니나 청신사나 청신녀가 출세간법에 이르게 하는 법을 닦고, 합당하게 도를 닦고, 법을 따라 행하며 머무는 것이 참으로 최고의 예배로 여래를 존경하고 존중하고 숭상하고 예배하는 것이다.
> 그러므로 아난다여, 여기서 우리는 출세간법에 이르게 하는 법을 닦고, 합당하게 도를 닦고, 법을 따라 행하며 머물러야 한다."

진정한 부처님에 대한 예배는 출세간법을 닦고, 도를 닦고, 법에 따라 행하면서 사는 것이다. 이 가르침에서도 부처님의 중생과 세상에 대한 진정한 자비심이 느껴진다. 그런 사람들이 많아져야 사람들은 괴롭지 않고 세상은 살기 좋은 곳이 될 것이다.

그때 우빠와나 존자가 부처님의 앞에 서서 부채를 부쳐드리고 있었는데, 부처님은 그를 다른 곳으로 가도록 하였다. 아난다 존자가 그 이유를 묻자, 부처님은 우빠와나 존자 때문에 신들이 부처님의 임종을 친견하지 못하고 있다고 하였다. 이미 살라 숲은 12요자나까지 가득 채우고 열 곳의 세계로부터 신들이 모여들어 머리카락 한 올 들어갈 틈이 없을 정도였다. 그런데 우빠와나 존자는 큰 위력을 가진 아라한이기 때문에 그들이 부처님 가까이 접근할 수 없었다. 부처님은 신들을 배려하기 위해 우빠와 존자를 다른 곳에 가 있도록 한 것이다.

그러면 살라 숲으로 모여든 신들은 어떠했을까.

"세존이시여, 그러면 세존께서는 어떠한 신들에 주의를 기울이고 있습니까?"
"허공에서 땅을 만들고 땅의 인식을 가진 신들, 땅에서 땅을 만들고 땅의 인식을 가진 신들이 있나니, 그들은 머리카락을 뜯으면서 울부짖고, 손을 마구 흔들면서 울부짖고, 다리가 잘린 듯이 넘어지고, 이리 뒹굴고 저리 뒹굴면서 '세존께서는 너무 빨리 반열반하려 하시는구나. 너무 빨리 선서께서는 반열반하려 하시는구나. 너무 빨리 눈을 가진 분이 세상에서 사라지려 하시는구나'라고 한다."

이 신들은 자기들이 설 수 있는 땅을 만들어야 했던 것 같다. 이러한 신들은 부처님의 반열반이 임박해 오자 울부짖으며 슬퍼하였다. 그런데 부처님은 또 다른 신의 경우를 이야기한다.

"그러나 애욕을 벗어난 신들은 마음챙김을 하고 알아차리면서 '형성된 것들은 무상하다. 그러니 여기서 울부짖는다 해서 무슨 소용이 있겠는가?'라고 한다."

이처럼 부처님의 열반을 대하는 반응이 신들의 종류에 따라 다르다.

아난다 존자 또한 부처님의 열반이 임박해 오자, 염려스러운 것들에 대해 질문하였다. 지금까지는 안거가 끝나고 마음을 잘 닦은 비구들이 부처님을 친견하러 왔는데, 부처님이 열반하고 나면 그들이 찾아올 수도 없고 그들을 맞이할 수 없게 된다.

당시 비구들은 항상 부처님을 두 번 찾아왔다고 한다. 안거가 시작되기 전에 수행 주제를 받기 위해서 찾아왔고, 안거가 끝나고 나서는 수행의 성과에 관해 이야기하려고 찾아왔다. 아난다 존자는 부처님이 계실 때는 마음을 잘 닦은 분들을 만날 수 있고, 이야기도 할 수 있어서 좋았는데 앞으로 그들을 보지 못하게 될 것 같아 염려한 것이다.

이에 대해 부처님은 네 가지 장소에 대해 언급한다.

"아난다여, 믿음을 가진 선남자가 친견해야 하고 절박함을 일으켜야 하는 네 가지 장소가 있다. 어떤 것이 넷인가?"

절박함에는 여덟 가지가 있다. 생, 노, 병, 사, 지옥에 떨어졌을 때, 그리고 과거 윤회한 것, 현재 윤회 중인 것, 미래에 윤회하게 되는 것의 절박함이다. 이러한 절박함을 일으켜야 하는 장소 네 곳이 있다.

> "여기서 여래가 태어나셨다, 여기서 여래가 위없는 정등각
> 을 깨달으셨다, 여기서 여래가 위없는 법의 바퀴를 굴리셨
> 다, 여기서 여래가 무여열반의 요소로 반열반하였다.' 이것
> 이 믿음을 가진 선남자가 친견해야 하고 절박함을 일으켜야
> 하는 장소이다."

이것은 지금 우리에게도 해당된다. 이 네 곳에 가서 절박함을 일으키
고, 또한 그곳에서 선지식을 만날 수 있을 것이다.

> "여기서 여래가 태어나셨다, 여기서 여래가 위없는 정등각
> 을 깨달으셨다, 여기서 여래가 위없는 법의 바퀴를 굴리셨
> 다, 여기서 여래가 무여열반의 요소로 반열반하였다'라는
> 믿음을 가진 비구들과 비구니들과 청신사들과 청신녀들이
> 이곳을 방문할 것이다.
> 아난다여, 누구든 이러한 성지순례를 떠나는 청정한 믿음을
> 가진 자들은 모두 몸이 무너져 죽은 뒤 좋은 곳, 천상세계에
> 태어날 것이다."

불교 4대성지라고 불리며 지금도 우리가 성지순례 하는 곳은 열반에
들기 전 부처님이 직접 언급한 곳들이다.

아난다 존자의 질문이 이어진다. 이런 질문들은 아난다 존자가
해결하지 못하는 문제이거나, 다른 제자들에게 도움이 될 만한 질문
들이다.

"세존이시여, 저희는 어떻게 여인에 대처해야 합니까?"

"아난다여, 쳐다보지 마라."

"세존이시여, 쳐다보게 되면 어떻게 대처해야 합니까?"

"아난다여, 말하지 마라."

밍군 사야도는 '부처님이 여인을 쳐다보게 되면 말하지 마라'고 하였지만, 말해야 하는 경우에 어떻게 해야 하는지를 두 가지로 해설한다. 마치 날카로운 칼을 쥐고 '만일 당신이 나에게 말을 걸면 머리를 잘라 버리겠다'고 말하는 남자로 보거나, '만일 나에게 말을 걸면 너를 삼켜 버리겠다'고 말하는 괴물로 여기라고 한다. 왜냐하면 사나운 남자나 괴물에게 말을 걸면 오직 이 생에서만 위기에 처하겠지만, 불가피하게 여자를 쳐다보고 말을 한다면 네 종류의 악처에 떨어질 수 있기 때문이다.

밍군 사야도의 말을 기억하고 있으면, 여자에 대해 조심하게 될 것이다. 나는 필요한 경우라면, 진료실에서 이성 문제가 있는 남자, 특히 바람을 피우는 남자에게 이 이야기를 해 준다.

"세존이시여, 말하게 되면 어떻게 대처해야 합니까?"

"아난다여, 마음챙김을 확립해야 한다."

부처님은 여자와 말하게 되는 경우에는 마음챙김을 확립하라고 하였다. 밍군 사야도는 '지금 얘기하는 여자에 대해서 그대의 어머니나 누이로 여기고 바른 마음챙김을 갖춰야 한다'고 해설한다. 욕망의 대상으로 보면 안 된다는 것이다.

아난다 존자는 열반에 든 부처님의 유체를 어떻게 해야 하는지에 대해서도 물었다. 하지만 부처님은 "여래의 몸을 수습하는 것에는 관심을 두지 마라"고 대답하였다. 청정한 믿음이 있는 현명한 끄샤뜨리야, 바라문, 장자들이 부처님의 몸을 수습할 것이기 때문이다.

> "아난다여, 그대들은 여래의 몸을 수습하는 것에는 관심을 두지 마라. 그대들은 근본에 힘쓰고 근본에 몰두하여라. 근본에 방일하지 말고 근면하고 스스로 독려하며 머물러라. 여래에 청정한 믿음이 있는 끄샤뜨리야 현자들과 바라문 현자들과 장자 현자들이 여래의 몸을 수습할 것이다."

이어서 부처님은 전륜성왕의 유체에 대처하듯이 부처님의 유체에 대처하고, 큰길 사거리에 여래의 탑을 조성하라고 답하였다. 존체(尊體), 유체(遺體), 사리(舍利)는 '사리라(sarīra)'라는 빨리어의 번역어이므로 모두 '몸'이라는 뜻이다. 번역어만 다를 뿐이다.

> "아난다여, 전륜성왕의 유체에 대처하듯이 여래의 유체도 대처해야 한다. 그리고 큰길 사거리에 여래의 탑을 조성해야 한다. 거기에 화환이나 향을 올리거나 절을 하거나, 마음으로 청정한 믿음을 가지는 자들에게는 오랜 세월 이익과 행복이 있을 것이다."

전륜성왕의 유체는 새 천으로 감싼 뒤 새 솜으로 감싸고, 다시 새 천으로 감싼다. 이런 방법으로 500번 감싼 뒤 황금으로 만든 기름통에 넣고, 황금으로 만든 또 다른 통으로 덮은 뒤에 모든 향으로 장엄하여 화장한다. 이와 같은 방법으로 열반 후 남겨진 부처님의 몸을 대처하라는 것이다.

탑을 조성할 만한 사람으로는 여래·아라한·정등각, 벽지불, 여래의 제자들, 전륜성왕이 있다. 이들의 탑을 조성하면 많은 사람들이 "이것은 여래·아라한·정등각, 벽지불, 여래의 제자들, 전륜성왕의 탑이다"라고 청정한 믿음을 가지게 되고, 몸이 무너져 죽은 뒤에 좋은 곳에 태어나는 이익이 있다.

이처럼 부처님은 열반 후 제자들이 해야 할 일과 재가자가 해야 할 일을 구분하여 명확하게 알려주셨다.

마지막 제자, 마지막 유훈

아난다 존자는 정이 많았던 것 같다. 참 특별한 비구라는 생각이 든다. 부처님의 열반이 가까워지자 아난다는 슬피 흐느끼며 생각했다.

'나는 아직 유학이라서 더 닦아야 할 것이 있다. 그러나 나를 연민해 주시는 스승께서는 이제 반열반을 할 것이다.'

그때 부처님이 어떤 비구를 불러 아난다 존자를 데려오라고 하였다. 아난다 존자가 부름을 받고 부처님 앞으로 와 절을 올리고 한 곁에 앉았다.

"그만하여라, 아난다여, 슬퍼하지 마라. 탄식하지 마라. 아난다여, 사랑스럽고 마음에 드는 모든 것과는 헤어지기 마련

정신과 의사가 들려주는 불교 사용 설명서

이고 없어지기 마련이고 달라지기 마련이라고 그처럼 말하지 않았던가?

아난다여, 그러니 여기서 그대가 슬퍼한들 무슨 소용이 있겠는가? 태어나고 존재했고 형성된 것은 모두 부서지기 마련인 법이거늘 그런 것을 두고 '절대 부서지지 마라'고 한다면 그것은 있을 수 없는 일이다. 그런 경우란 존재하지 않는다."

부처님은 진리와 법의 말씀으로 아난다 존자를 위로하였다.

"그대는 오랜 세월 동안 이롭고 행복하고 둘이 아니고 한량이 없는 자애로운 몸의 업과, 이롭고 행복하고 둘이 아니고 한량이 없는 자애로운 말의 업과, 이롭고 행복하고 둘이 아니고 한량이 없는 자애로운 마음의 업으로 여래를 시봉하였다. 그대는 참으로 공덕을 지었다. 정진에 몰두하여라. 그대는 곧 번뇌를 다한 아라한이 될 것이다."

《디가 니까야 주석서》에 의하면, 그때 아난다 존자는 예류자였다. 부처님이 열반에 들고 장례 절차를 마친 후 두 달이 지나 제1차 결집이 이루어졌는데, 아난다 존자는 그때 아라한이 되었다.

아난다 존자를 위로한 부처님은 비구들을 불렀다. 아난다 존자가 부처님에게 어떤 시자인지 이야기하였다. 지금의 부처님에게 아난다 존자가 있는 것처럼, 과거세의 부처님에게도 최고의 시자들이 있었고 미래세의 부처님들에게도 최고의 시자들이 있을 것이라고 했다.

부처님이 비구들에게 확인해 주었듯이, 아난다 존자는 부처님의 최고 시자였다.

또 아난다 존자는 지혜로웠다. 비구들, 비구니들, 청신사들, 청신녀들, 왕들, 왕의 대신들, 외도들, 외도의 제자들이 부처님을 친견하러 가기에 적당한 시간을 잘 알았기 때문이다.

부처님은 제자에게 지혜롭다고 말할 때 거의 사리뿟따 존자에게 한해서 하는데, 열반을 앞두고 아난다 존자에게도 지혜롭다고 하였다. 그렇지만 사리뿟따 존자와 아난다 존자의 지혜로운 내용이 다르다.

그리고 아난다 존자에게는 네 가지 경이로운 법이 있다. 만일 비구의 무리, 비구니의 무리, 청신사의 무리, 청신녀의 무리가 아난다 존자를 보기 위해서 다가가면 보는 것만으로 그들의 마음이 흡족해진다. 아난다 존자가 법을 설하는 것만으로도 마음이 흡족해진다. 아난다 존자가 침묵하고 있으면 각각의 무리는 흡족해하지 않는다. 이러한 네 가지 경이로운 법은 끄샤뜨리야, 바라문, 장자, 사문의 무리가 전륜성왕을 보기 위해 다가가서 흡족해할 때와 흡족해하지 않을 때의 상황과 같다. 아난다 존자를 보고 싶어 하고, 그의 법을 듣고 싶어 하는 사람들이 있다는 것이다. 비구, 비구니, 청신사, 청신녀들이 아난다 존자에게 그런 마음을 가졌다는 건 놀라운 일이다. 아난다 존자는 누구나가 같이 있고 싶고 믿을 수 있고 평생을 같이하고 싶다는 마음이 드는 보배 같은 존재였던 것 같다.

부처님이 비구들을 불러 아난다 존자는 최고의 시자인지, 어떤 지혜가 있는지, 어떤 경이로운 법을 가졌는지를 직접 알려주었다. 그러자 아난다 존자가 부처님에게 중요한 질문을 한다. 왜 열반처를 꾸

정신과 의사가 들려주는 불교 사용 설명서

시나라로 결정하였는지였다. 비구들이 모여 있을 때 다 같이 이유를 듣기 위해서 질문했던 것 같다.

> "세존이시여, 세존께서는 이처럼 조그마하고 천박하고 볼품 없는 도시에서 반열반하지 마시옵소서. 세존이시여, 짬빠, 라자가하, 사왓티, 사께따, 꼬삼비, 와라나시 같은 다른 큰 도시들이 있습니다. 거기에는 세존께 청정한 믿음을 가진 많은 끄샤뜨리야 부호들과 바라문 부호들과 장자 부호들이 있습니다. 그들은 여래의 존체를 잘 수습할 것입니다."

다른 비구들도 충분히 궁금할 수 있는 내용이다. 부처님에게 청정한 믿음이 있는 부호들이 많은 더 큰 도시에서 반열반한다면 부처님의 유체도 잘 수습할 것인데, 부처님은 왜 작고 볼품없는 작은 도시인 꾸시나라에서 반열반하려 하는가. 그런데 부처님은 옛날의 전륜성왕인 마하수닷사나왕의 이야기를 들려주었다. 정의롭고 법다운 마하수닷사나왕이 다스리는 나라의 수도가 꾸사와띠인데, 그곳은 부유하고 번창하였으며 인구가 많고 풍족하였다. 지금의 꾸시나라가 바로 예전의 꾸사와띠였다.

밍군 사야도의 《마하붓다왕사》에는 부처님이 앞으로 일어날 세 가지 사태를 미리 보고 나서 최후에 쉴 곳으로 꾸시나라를 택하였다고 설명한다. 첫째는 만약 다른 곳에서 부처님이 열반에 든다면 〈마하수닷사나 경〉을 설할 기회가 없을 것이다. 부처님이 보살이었을 때 마하수닷사나왕이었고, 부처님은 가르침을 통해 사람들이 선행을 짓도록 하려고 이 경을 설하였다고 한다.

둘째는 다른 곳에서 열반에 든다면 꾸시나라에 사는 수밧다 유행 승이 부처님을 만날 기회가 사라지기 때문이었다. 수밧다는 부처님의 마지막 제자가 되어 마침내 부처님이 열반하기 전에 아라한이 된다.

셋째는 다른 곳에서 열반에 든다면 사람들이 부처님의 사리를 두고 다투다가 피를 흘리는 일이 벌어질 것이다. 꾸시나라의 도나 바라문이 이 재앙을 막고 평화롭게 유해를 분배하여 전쟁을 막는다. 참으로 부처님은 대단하신 분이다.

다시 부처님은 아난다 존자에게 꾸시나라에 사는 말라족들에게 부처님의 반열반을 알리도록 하였다. 아난다 존자가 집회소에 모여 있는 말라들에게 부처님의 말을 그대로 전하였다.

> "와셋타들이여, 오늘 밤 삼경에 여래의 반열반이 있을 것입니다. 와셋타들이여, 오십시오. 와셋타들이여, 오십시오. '우리 마을의 땅에서 여래의 반열반이 있었는데 우리는 마지막 임종 시간에 여래를 친견하지 못했구나'라고 나중에 자책하지 마십시오."

아난다 존자의 말을 듣고, 꾸시나라에 사는 말라들이 괴롭고 슬프고 정신적인 공황 상태에 빠졌다. 어떤 자들은 머리카락을 뜯으면서 울부짖고, 다리가 잘린 듯이 넘어지고, 이리 뒹굴고 저리 뒹굴면서 "부처님이 너무 빨리 반열반에 들려고 하신다"고 울부짖었다. 말라들, 말라의 아들들, 말라의 며느리들, 말라의 아내들이 살라 숲으로 모여들

정신과 의사가 들려주는 불교 사용 설명서

었다. 아난다 존자는 이들이 한꺼번에 부처님에게 인사를 드린다면 밤새도록 끝나지 않을 것이라고 예상하고, 이들을 가문별로 나누어 인사를 드리도록 하였다. 이런 방법으로 꾸시나라에 사는 말라들 모두가 초경 즈음에 부처님에게 인사를 마칠 수 있었다.

그 무렵 수밧다 유행승도 부처님의 반열반 소식을 들었다. 그는 살라 숲으로 찾아가 부처님의 법을 듣고 싶다고 하였다.

"아난다 존자여, 내게는 법에 대한 의문이 생겼습니다. 나는 사문 고따마께 청정한 믿음이 있습니다. 그러므로 사문 고따마께서는 내가 품은 법에 대한 의심을 제거할 수 있도록 법을 설해주실 것입니다. 아난다 존자여, 이런 내가 사문 고따마를 친견하도록 해주시면 감사하겠습니다."

"도반 수밧다여, 그만 되었습니다. 여래를 성가시게 하지 마십시오. 세존께서는 피로하십니다."

당시에는 절실한 요청은 항상 세 번 말하는 것이 전통이었다. 수밧다 유행승이 세 번째로 요청했을 때, 부처님이 둘의 대화를 들었다.

"아난다여, 그만하라, 수밧다를 막지 마라. 수밧다가 여래를 친견하게 해주어라. 수밧다가 내게 질문하려 하는 것은 모두 구경의 지혜를 터득하고자 함이다. 나를 성가시게 하고자 함이 아니다. 그가 질문한 것에 대해 내가 설명해 주면 그는 빨리 그것을 알게 될 것이다."

마지막 가르침

수밧다 유행승이 법에 대한 의심을 품은 것은 육사외도와 관련이 있다. 부처님 당시에 주된 세력이자 종교 집단인 바라문이 있었고, 육사외도와 불교가 있었다. 육사외도는 승가와 무리를 가졌고 교단의 창시자이며 스승으로 인정받는 뿌라나 깟사빠, 막칼리 고살라, 아지따 께사깜발라, 빠꾸다 깟짜야나, 산자야 벨랏티뿟따, 니간타 나따뿟따였다. 이들이 모두 스스로 자처하듯 최상의 지혜를 가졌는지, 아니면 가지지 못했는지, 아니면 어떤 자는 가졌고 어떤 자는 가지지 못했는지 수밧다 유행승은 의문이 생겼던 것이다. 이들이 제대로 깨달았는지 궁금했다.

그런데 부처님은 그의 질문을 중단시켰다. 그들이 최상의 지혜를 가졌건 아니건 간에, 부처님이 수밧다 유행승에게 법을 설하겠다고 하였다.

> "수밧다여, 어떤 법과 율에서든 여덟 가지 성스러운 도가 없으면 거기에는 사문이 없다. 거기에는 두 번째 사문도 없다. 거기에는 세 번째 사문도 없다. 거기에는 네 번째 사문도 없다."

첫 번째 사문이 예류자이다. 두 번째 사문이 일래자, 세 번째 사문이 불환자, 네 번째 사문이 아라한이다. 8정도가 없으면 그런 네 부류의 성자가 없다는 것이다.

> "이 법과 율에는 여덟 가지 성스러운 도가 있다. 수밧다여, 그러므로 오직 여기에만 사문이 있다. 여기에만 두 번째 사

문도 있다. 여기에는 세 번째 사문도 있다. 여기에는 네 번째 사문도 있다. 다른 교설들에는 사문들이 텅 비어 있다. 수밧다여, 이 승가에 있는 비구들이 바르게 머문다면 세상에는 아라한들이 텅 비지 않을 것이다."

누가 최상의 지혜를 가졌는지 아닌지를 묻는 수밧다 유행승에게 부처님은 비구들이 여덟 가지 성스러운 도에 바르게 머무른다면 세상에는 아라한들이 존재할 것이라고 설하였다. 이 간략한 설법으로 수밧다 유행승의 의문은 바로 해결되었다. 부처님의 말씀이 진리라는 것을 깨달았다. 아마도 수밧다 유행승은 준비가 되어 있었던 듯하다. 그는 불법승 삼보에 귀의하고 부처님에게 출가하여 구족계를 받겠다고 청하였다.

"수밧다여, 한때 외도였던 자가 이 법과 율에서 출가하길 원하고 구족계를 받길 원하면 그는 넉 달의 견습 기간을 거쳐야 한다. 넉 달이 지나고 비구들이 동의하면 출가하게 하여 비구가 되는 구족계를 받게 된다. 물론 여기에 개인마다 차이가 있음을 나는 인정한다."

수밧다 유행승은 넉 달이 아니라 4년의 견습 기간을 거치겠다고 답하였다. 부처님은 그 자리에서 그의 출가를 허락하였다. 수밧다 유행승은 구족계를 받고 방일하지 않으며 스스로 독려하며 지냈다. 그리고 최상의 지혜를 실천하여 구족하고 머물러 아라한이 되었다. 말라족들이 부처님에게 인사를 하고 난 뒤, 초경부터 그 짧은 시간에 부처님의 가르침을 듣고 확실하게 진리를 깨달아 바로 아라한이 된 것이다.

부처님 재세 시 마지막으로 아라한이 된 수밧다 유행승은 부처님의 마지막 직계제자였다. 밍군 사야도는 《마하붓다왕사》에서 수밧다 유행승이 전생에 쌀을 보시한 공덕으로 마지막 제자가 되었다고 한다. 전생에 그의 형은 농사를 지을 때 볍씨 일부를 보시용으로 남겨 볍씨 공양을 하였고, 벼가 자라 쌀알을 맺을 때는 쌀즙을 추출해서 사람들에게 보시하였다. 그 공덕으로 고따마 부처님 시대에 꼰단냐로 태어나 최초로 법을 듣고 법안을 얻었다고 한다. 그 동생이 지금의 수밧다 유행승이고, 그는 벼농사가 끝나고 곳간에 쌀이 쌓이면 보시하였기 때문에 가장 마지막으로 법을 듣고 아라한이 되었다고 한다.

이어서 부처님은 아난다 존자를 불러 율에 대한 중요한 말씀을 하였다.

"아난다여, 아마 그대들에게 '스승의 가르침은 이제 끝나버렸다. 이제 스승은 계시지 않는다'라는 생각이 들지도 모른다. 아난다여, 그러나 그렇게 봐서는 안 된다.
아난다여, 내가 가고 난 후에는 내가 그들에게 가르치고 천명한 법과 율이 그대들의 스승이 될 것이다.
아난다여, 지금 비구들은 서로를 모두 도반이라는 말로 부르고 있다. 그러나 내가 가고 난 뒤에는 그대들은 그렇게 불러서는 안 된다.
아난다여, 구참 비구는 신참 비구를 이름이나 성이나 도반

정신과 의사가 들려주는 불교 사용 설명서

이라는 말로 불러야 한다. 신참 비구는 고참 비구를 존자라
거나 장로라고 불러야 한다.

아난다여, 승가가 원한다면 내가 가고 난 후에는 소소한 학
습계목을 폐지해도 좋다."

부처님이 열반에 든 후에는 부처님이 가르친 법과 율이 스승이 될 것
이다. 부처님은 구참 비구와 신참 비구의 호칭을 바로잡고, 사소한 학
습계목은 폐지해도 좋다고 하였다. 굉장히 중요한 말씀이지만, 부처님
은 어떤 것이 소소한 계율인지 자세하게 말하지 않았고 아난다 존자도
묻지 않았다. 이 문제로 아난다 존자는 후에 비난을 받게 된다.

이에 대해 밍군 사야도는 부처님이 승단에 권한을 넘김으로써
선택의 여지를 남겼다고 설명한다. 부처님은 자신이 분명한 지시를
하더라도 마하깟사빠 존자가 이끄는 결집회의에서 승단은 작고 소소
한 어떤 계율이라도 폐지하는 것에 동의하지 않을 것이라고 미리 보
았기 때문이다. 부처님은 마하깟사빠 존자의 신앙심과 저력을 알고
있었다.

다음으로 부처님은 비구들에게 마지막 계율을 내린다.

"아난다여, 내가 가고 난 후에 내가 열반에 들고 난 뒤에 찬
나 비구에게는 최고의 처벌을 줘야 한다"

"세존이시여, 그러면 어떤 것이 최고의 처벌입니까?"

"아난다여, 찬나 비구가 자기가 하고 싶은 대로 말하더라도
비구들은 결코 그에게 말을 해서도 안 되고 훈계를 해서도

안 되고 가르쳐서도 안 된다."

부처님이 열반에 든 후에 비구들은 찬나 비구와 상대하면 안 된다는 것이 부처님이 정한 마지막 계율이었다.

찬나 비구는 부처님과 같은 날 태어났다. 부처님이 왕자 시절에 마부였고, 출가를 위해 왕궁을 나설 때 말을 몰아 동행하였다. 출가 후에는 장신구들과 말을 찬나에게 모두 주었다. 찬나는 부처님이 깨달은 뒤 석가족 왕궁을 방문했을 때 출가하였다. 하지만 찬나 비구는 부처님에 대한 각별한 집착 또는 자부심이 있었던 것 같고, 승단에 문제를 일으키기도 하였다.

부처님이 찬나 비구에게 이런 처벌을 내린 이유는 비구와 비구니 사이의 논쟁이 있었고 찬나 비구가 의도적으로 비구니 편을 들었기 때문이었다. 아난다 존자는 부처님이 열반에 든 후 찬나 비구의 처벌을 집행하였다. 그 과정에서 찬나 비구는 깊이 반성하고 열심히 노력하여 결국 아라한이 되었다.

부처님은 다시 비구들을 불렀다. 이번에는 법에 대한 의문이 있는지를 확인하려는 것이었다.

"비구들이여, 어느 한 비구라도 부처나 법이나 승가나 도나 도 닦음에 대해서 의심이 있거나 혼란이 있으면 지금 물어라. 비구들이여, 그대들은 '우리의 스승은 면전에 계셨다. 그러나 우리는 세존의 면전에서 제대로 여쭈어보지 못했다'라고 나중에 자책하는 자가 되지 마라."

부처님이 두 번 세 번 물었지만 모두 침묵하였다. 부처님의 가르침은 모든 게 명확하기 때문에 의심이 남지 않는다. 아난다 존자는 부처님, 법, 승가, 도, 도 닦음에 대해 의심이나 혼란이 있는 비구는 한 명도 없다는 청정한 믿음이 있었다. 부처님은 마지막 유훈을 남긴다.

> "비구들이여, 참으로 이제 그대들에게 당부하노니 형성된 것들은 소멸하기 마련인 법이다. 방일하지 말고 해야 할 바를 모두 성취하라. 이것이 여래의 마지막 유훈이다. 방일하지 말고 성취할 것을 성취해라."

'형성된 것은 소멸하기 마련인 법이다. 방일하지 말고 해야 할 바를 모두 성취하라'는 것이 부처님의 마지막 유훈이다. 이 유훈을 남기고 부처님은 반열반에 들었다.

부처님의 반열반

부처님이 열반에 드는 과정은 굉장히 경이롭다. 수행해도 선정에 드는 것은 쉬운 일이 아닌데, 부처님은 죽음의 순간에 선정에 들었다. 부처님은 '방일하지 말고 성취하라'는 유훈을 남기고 초선에 들었다.

> 세존께서는 초선에 드셨다. 초선에서 나오신 뒤에 제2선에 드셨다. 제2선에서 나온 뒤에 제3선에 드시고, 제3선에서 나와서 제4선에 드시고, 제4선에서 나오신 뒤에 공무변처에 드셨다. 공무변처에서 나와서 식무변처에 드시고, 식무변처에서 나와서 무소유처에 드셨다. 무소유처에서 나오셔서 비상비비상처에 드시고, 비상비비상처에서 나오신 후에 상수멸에 드셨다.

아난다 존자는 부처님이 반열반에 들었는지 궁금했다. 그때 부처님의 상태를 있는 그대로 보고 있던 아누룻다 존자가 아니라고 대답했다.

> "세존께서는 상수멸에서 나오셔서 비상비비상처에 드시고, 비상비비상처에서 나오신 후 무소유처에 드시고, 무소유처에서 나와서 식무변처에 드시고, 식무변처에서 나와서 공무변처에 드시고, 공무변처에서 나와서 제4선에 드시고, 제4선에서 나와서 제3선에 드시고, 제3선에서 나와서 제2선에 드셨다. 제2선에서 나오신 후에 초선에 들고, 초선에서 나오신 후에 제2선에 드시고, 제2선에서 나오신 후에 제3선에 드시고, 제3선에서 나오신 후에 제4선에 드시고, 제4선에서 나오신 바로 다음에 반열반하였다."

부처님의 경지는 엄청나서 우리가 모델로 삼기 어렵다. 하지만 경전과 주석서와《마하붓다왕사》를 보면 사리뿟따도 이와 똑같이 열반에 들었다. 그러므로 쉽지는 않지만 불가능하지는 않다. 우리도 선정에 들어 임종할 수 있도록 평소에 많은 노력을 기울여야 한다.

부처님이 반열반하자 두려움과 공포와 전율을 일으키는 큰 지진이 일어났고, 천둥 번개가 내리쳤다. 사함빠띠 범천, 제석천, 아누룻다 존자, 아난다 존자가 차례로 게송을 읊었다.

사함빠띠 범천은 이런 게송을 읊었다.

> 세상의 모든 존재들은 필경에는 몸을 내려앉는구나.

이 세상 그 누구와도 견줄 수 없는 스승,
힘을 갖추시고 바르게 깨달으신 여래,
그분도 이처럼 반열반하시는구나!

신들의 왕인 삭까(제석천)는 이런 게송을 읊었다.

형성된 것들은 참으로 무상하여
일어났다가는 사라지는 법이고
일어났다가는 소멸하나니
이들의 가라앉음이 행복이로다.

아누룻다 존자는 이런 게송을 읊었다.

들숨날숨이 없으신 분, 확고부동하신 분, 여여하신 분,
욕망을 여의신 분, 성인께서는 고요함으로 가셨네.
흔들림 없는 마음으로 고통스러운 느낌을 감내하셨으니
등불이 꺼지듯 그렇게 그분의 마음은 해탈하셨네.

아난다 존자는 이런 게송을 읊었다.

최상의 계행 등 모든 덕을 구족하신
정등각께서 반열반하셨을 때
그때 생긴 지진은 무서웠고,

그때 생긴 지진은 모골이 송연했네.

애정을 버리지 못한 비구들은 이리저리 뒹굴며 울부짖었지만, 애정을 벗어난 비구들은 마음챙김과 알아차림을 하면서 "형성된 것들은 무상하다. 그러니 여기서 슬퍼함이 무슨 소용이 있겠는가?"라고 말하였다. 아누룻다 존자는 비구들을 불러 그만 탄식하고 슬퍼하라고 하면서 신들이 불평한다고 전하였다. 성자인 비구들도 저렇게 울부짖는데, 신들인 우리는 어떻게 해야 하나 푸념한다는 것이다.

　아누룻다 존자는 부처님의 열반 현장에 와 있는 신들에 대해 이야기하였다. 허공에서 땅을 만들어서 땅의 인식을 가진 신들, 땅에서 땅을 만들어서 땅의 인식을 가진 신들은 부처님이 너무 빨리 반열반하였다고 울부짖었고, 애정을 벗어난 신들은 마음챙김과 알아차림을 하면서 "형성된 것들은 무상하다. 그러니 여기서 슬퍼함이 무슨 소용이 있겠는가?"라고 하였다.

　아난다 존자는 아누룻다 존자의 말을 듣고, 꾸시나라에 사는 말라들에게 부처님의 반열반을 알렸다. 말라들은 정신적인 공황 상태에 빠져 울부짖었다. 그리고 나서 꾸시나라에 사는 말라들은 사람들에게 꾸시나라로 향과 화환을 가져오게 하고 음악가들을 불렀다. 아마도 당시의 풍습이었던 것 같다. 그들은 또 500필의 천을 마련하여 살라 숲으로 갔다.

　그들은 세존의 존체가 있는 말라들의 살라 숲으로 다가갔다. 가서는 춤과 노래와 음악과 화환과 향으로 세존의 존체를 존경하고 존중하고 숭상하고 예배하고 천으로 차일을 치고 둥근 천막을 만들면서 그날을 보냈다.

그때 꾸시나라의 말라들에게 이런 생각이 들었다. '오늘 세존의 존체를 화장하는 것은 참으로 바른 시간이 아니다. 우리는 내일 세존의 존체를 화장해야겠다.'

당시에는 정해진 장례 기간이 없었던 것 같다. 부처님의 존체에 예배하면서 며칠을 더 보낸 말라들은 7일째 되는 날에 도시의 남쪽에서 화장하려고 하였다. 그런데 여덟 명의 말라의 수장들이 머리를 깎고 새 옷으로 갈아입고 운구하려고 하였지만, 들어 올릴 수조차 없었다. 신들을 훤히 알아보는 천안제일 아누룻다 존자가 신들의 뜻을 말해주었다.

"존자시여, 신들이 뜻하는 바는 무엇입니까?"
"와셋타들이여, 그대들이 뜻하는 바는 '우리는 춤과 노래와 음악과 화환과 향으로 세존의 존체를 존경하고 존중하고 숭상하고 예배하면서 도시의 남쪽으로 운구해서 도시의 남쪽 밖에서 세존의 존체를 화장하리라'는 것입니다. 그러나 신들이 뜻하는 바는 '우리는 춤과 노래와 음악과 화환과 향으로 세존의 존체를 존경하고 존중하고 숭상하고 예배하면서 도시의 북쪽으로 운구해서 도시의 북문으로 들어간 뒤 도시의 가운데로 운구해서 다시 동쪽 문으로 나가서 도시의 동쪽에 있는 마꾸따반다나라는 말라들의 탑묘에서 세존의 존체를 화장하리라'라는 것입니다."

말라들은 신들이 뜻하는 대로 하였다. 꾸시나라에 하수구와 쓰레기 더미에조차도 무릎까지 만다라와 꽃이 하늘에서 내렸다. 신들과 꾸시나라의 말라들은 하늘과 인간의 춤과 노래와 음악과 화환과 향으로 세존의 존체를 존경하고 존중하고 숭상하고 예배하면서 도시의 북쪽으로 운구하여 도시의 북문으로 도시에 들어간 뒤, 북쪽으로 가서 도시에 있는 북문으로 들어갔다. 그리고 도시의 가운데로 운구해서 다시 동쪽 문으로 나가서, 도시의 동쪽에 있는 마꾸따반다나라는 말라들의 탑묘에 세존의 존체를 내려놓았다. 그리고 부처님이 미리 당부하였던 대로 화장할 준비를 모두 마쳤다.

이즈음에 마하깟사빠 존자가 500명의 비구 승가와 함께 빠와에서 꾸시나라로 향하는 대로에서 멀지 않은 나무 아래에서 낮 동안의 머묾을 위해 앉아 있었다. 그때 나체수행자인 막칼리 고살라를 스승으로 하는 어떤 아지와까를 보았다. 그는 7일 전에 부처님이 반열반하였다고 마하깟사빠 존자에게 말하였다. 주석서는 부처님의 반열반 직후 큰 지진이 일어났고 여러 가지 정황들이 있었는데, 마하깟사빠 존자가 반열반 사실을 모를 리 없다고 하였다. 같이 있던 500명의 비구들이 마음의 준비를 할 수 있도록, 일부러 만다라와 꽃을 가진 아지와까에게 부처님의 근황을 물었다고 한다. 갑자기 부처님이 반열반에 든 것을 알게 되면 애정을 버리지 못한 비구들이 극심하게 슬퍼하고 울부짖는다면 사람들에게 좋지 않을 수 있기 때문이다.

그런데 그 회중에는 나이가 들어 출가한 늦깎이 수밧다 비구가 있었다. 그는 "우리를 간섭하던 대사문에게 속 시원하게 해방되었으니 무엇이든 원하는 것을 할 수 있게 되었다"고 말하면서 비구들에게 슬퍼하지 말라고 하였다. 마하깟사빠 존자도 비구들에게 슬퍼하지 말라고 하였지만, 그 이유는 늦깎이 수밧다 비구와 완전히 달랐다.

> 이런 일을 목격하고 마하깟사빠 존자는 비구들을 불러서 말하였다.
> "도반들이여, 이제 그만하십시오. 슬퍼하지 마십시오. 탄식하지 마십시오. 참으로 세존께서는 전에 사랑스럽고 마음에 드는 모든 것과는 헤어지기 마련이고 또 그런 것들은 없어지기 마련이고 달라지기 마련이라고 그처럼 말씀하시지 않으셨습니까? 도반들이여, 그러니 여기서 그대들이 슬퍼하는 것이 무슨 소용이 있겠습니까? 도반들이여, 태어났고 존재했고 형성된 것은 모두 부서지기 마련인 법이거늘 그런 것을 두고 '절대 부서지지 마라'고 한다면 그것은 있을 수 없는 일입니다."

밍군 사야도의 《마하붓다왕사》를 보면, 마하깟사빠 존자의 생각을 짐작할 수 있다. '스승께서 열반하신 지 불과 7일이 지났을 뿐이다. 스승의 육체는 아직 황금빛을 유지하며 존재하고 있다. 그런데 벌써 종교적 쓰레기요, 승단의 가시와 같은 비구가 스승께서 애써 세워 놓은 가르침을 위협하고 있다. 저런 사악한 비구를 처리하지 않고 남겨둔다면 그와 같은 무리가 자라나서 부처님의 가르침을 파괴할 것이다.' 이 사건이 마하깟사빠 존자가 부처님의 가르침을 결집해야 되겠다고 마음을 먹게 된 중요한 계기이다. 이후 마하깟사빠 존자는 비구 회의를 소집하여 교법을 암송하고 승인해야겠다고 결심한다.

화장 준비를 끝낸 말라의 수장들 네 명이 머리를 깎고 새 옷으로 갈아입고 부처님의 화장용 장작더미에 불을 붙이려고 하였다. 하지만 불을 붙일 수 없었다. 아누룻다 존자에게 이유를 물었다.

"존자시여, 신들이 뜻하는 바는 무엇입니까?"
"와셋타들이여, 그대들이 뜻하는 바는 '세존의 화장용 장작더미에 불을 붙이자'라는 것입니다. 그러나 신들이 뜻하는 바는 '그분 마하깟사빠 존자가 500명의 많은 비구 승가와 함께 빠와로부터 꾸시나라로 통하는 대로를 따라오고 있다. 마하깟사빠 존자가 세존의 발에 머리로 절을 하기 전에는 세존의 화장용 장작더미가 타지 말기를!'이라는 것입니다."
"존자시여, 그러면 신들의 뜻에 따르겠습니다."

그때 마하깟사빠 존자가 꾸시나라의 마꾸따반다나라는 말라들의 탑묘에 있는 부처님의 화장용 장작더미로 왔다. 한쪽 어깨가 드러나도록 옷을 입고 합장하고 화장용 장작더미를 오른쪽으로 세 번 돌아 경의를 표한 뒤 발 쪽을 열고 부처님의 발에 머리로 절을 올렸다.

《마하붓다왕사》는 마하깟사빠 존자를 따르던 사람들이 천신이 되어 이런 뜻을 가졌다고 한다. 그리고 천과 솜으로 500번이나 감싸고 황금 상자에 넣어 덮은 상태에서 부처님의 발에 머리로 절을 올릴 수 있었던 이유는 마하깟사빠 존자의 특별한 능력 때문이었다고 설명한다. 마하깟사빠 존자는 부처님의 발이 어디 있는지를 알고 난 뒤에 제4선에 들었다가 나와서 염원하였다. '부처님 발이 황금 상자를 뚫고 나와서 내 머리 위에 올라오기를!'

마하깟사빠 존자와 함께 온 500명의 비구도 부처님의 발에 절을 올릴 수 있었다. 그러자 부처님의 화장용 장작불이 저절로 타올랐다. 참으로 놀라운 일이고 이해하기 쉽지 않지만, 천신들의 힘으로 타오른 것이라고 한다.

부처님의 존체는 표피는 물론이고 속 살갗, 살점, 힘줄, 관절활액이 모두 불에 타서 재도 먼지도 없이 사리들만이 남았다. 그러자 허공에서 물줄기가 나타났고 살라 나무에서도 물이 나왔다. 부처님의 화장용 장작더미의 불이 점차 꺼졌고, 꾸시나라에 사는 말라들도 모든 종류의 향수로 불을 껐다. 하늘과 땅과 꾸시나라의 말라들이 장작더미의 불을 끈 것이다.

불이 모두 꺼지자, 꾸시나라의 말라들은 집회소에 격자 모양의 커다란 통을 만들고, 그 주위에 또 활로 된 벽을 세웠다. 부처님의 사리를 보호하려고 했던 것이다. 그들은 7일 동안 춤과 노래와 음악과 화환과 향으로 부처님의 사리들을 존경하고 존중하고 숭상하고 예배하였다. 《마하붓다왕사》에는 고따마 부처님의 유해에서 한 바구니 정도의 사리가 나왔다고 한다.

부처님의 반열반 소식을 들은 마가다의 아자따삿뚜왕이 말라들에게 사자를 보냈다. 부처님은 끄샤뜨리야이고 자기도 끄샤뜨리야이므로, 부처님의 사리 일부를 가져갈 자격이 있다는 것이다. 아자따삿뚜왕은 부처님의 사리들로 큰 탑을 만들겠다고 하면서, 만약 요구를 들어주지 않으면 힘으로 가져가겠다고도 하였다. 아자따삿뚜왕은 코끼리, 말, 전차 보병으로 구성한 군대를 동원하여 직접 꾸시나라로 향했다. 자칫하면 전쟁이 일어날 수 있는 상황이었다.

웨살리의 릿차위들, 알라깝빠에 사는 불리들, 라마가마에 사는 꼴리야들, 빠와에 사는 말라들도 같은 이유를 내세우며 사리 분배를 요구하였다. 까삘라왓투에 사는 사꺄들은 부처님이 자기네 일족 최고 어른이므로 사리들의 일부를 가져갈 자격이 있다고 주장했다. 웨타디빠에 사는 바라문은 부처님이 끄샤뜨리야이고 자기는 바라문이므로 사리들을 분배받을 자격이 있다고 하였다. 이들 모두는 사리들을 가져가서 큰 탑을 만들겠다고 하였다.

하지만 꾸시나라에 사는 말라들은 부처님이 자기네 땅에서 반열반에 들었으므로 사리들을 나누지 않겠다고 결정하였다. 이때 도나 바라문이 그들에게 말하였다.

"존자들이여, 나의 제안을 들어 보십시오. 우리의 부처님은 인욕을 설하신 분입니다. 최고이신 어른의 사리 분배를 두고 싸움이 일어난다면 그건 좋지 못합니다. 존자들이여, 모두 우정을 가지고 화합하며 서로 사이좋게 분배해 나눕시다. 그래서 널리 사방에 탑들을 만듭시다. 많은 사람들이 눈을 가지신 분께 청정한 믿음을 가지도록."

사람들은 이 제안을 받아들였다. 도나 바라문은 부처님의 사리들을 여덟 등분으로 공평하게 분배하였다. 그러고 나서 자기는 사리함으로 큰 탑을 만들겠다고 하여 대중의 허락을 받았다. 부처님의 사리를 두고 혼란이 생길 수 있었지만, 도나 바라문이 공평하게 분배하여 막을 수 있었다.

뻽팔리 숲에 사는 모리야들이 뒤늦게 부처님의 반열반 소식을 듣고, 자기들도 끄샤뜨리야이니 사리들을 분배해 달라고 요구하였다. 더 이상 남아 있는 사리가 없었으므로, 화장할 때 생긴 숯을 가져가게 하였다. 부처님의 사리, 사리함, 숯까지 모두 공평하게 분배되어 사방으로 전해지게 되었다.

도나 바라문이 사리 분배라는 중요한 일을 문제없이 해결할 수 있었던 것은 부처님이 미리 알았기 때문이다. 도나 바라문이 사리 분배에서 중요한 역할을 할 수 있다는 것을 예견한 부처임이 어느 날 길을 걸으면서 발자국을 남겨놓았다. 도나 바라문이 길을 가다가 아주 대단한 발자국을 발견하고, 발자국을 따라 걸었다. 그러다가 나무 아래에 앉아 쉬고 있는 부처님을 만났고, 가르침을 받고 귀의하였다.

발자국을 남긴 부처님이 이렇게 서원하였다. '도나 바라문이 발견할 때까지 이 발자국이 없어지지 않기를.'

대단한 발자국을 발견한 도나 바라문이 생각하였다. '이 발자국은 인간과 천상에서 가장 위대한 분의 발자국이구나.'

부처님의 사리들은 모두 열 곳으로 분배되었고, 그곳 모두에 커다란

정신과 의사가 들려주는 불교 사용 설명서

사리탑이 세워졌다. 먼저 마가다의 아자따삿뚜왕이 라자가하에 큰 사리탑을 세웠고, 사리를 받은 나머지 나라들이 모두 큰 사리탑을 만들었으므로 모두 여덟 개의 사리탑이 세워졌다. 도나 바라문이 사리함으로 아홉 번째 큰 탑을 세웠고, 삡팔리 숲에 사는 모리야들이 숯을 넣은 큰 탑을 세웠다.

오늘날 부처님의 사리들이 어떻게 지금까지 보존돼왔는가에 대하여 《마하붓다왕사》에 중요한 이야기가 나온다. 이 과정에서 마하깟사빠 존자가 큰 역할을 하였다. 마하깟사빠 존자는 첫 번째 결집을 주도하였지만, 사리들의 도굴을 방지하기 위해 확실한 조치를 마련하였다. 그가 신통으로 사리의 미래를 보니, 도굴될 수도 있다는 것을 알게되었다. 마하깟사빠 존자는 비밀안치소를 만들어야겠다고 생각하고, 아자따삿뚜왕과 은밀하게 이 일을 추진하였다.

당시에 아자따삿뚜왕이 신앙심도 깊고 권력도 가장 강했던 것 같다. 사리들을 가져간 사람들이 공경할 수 있도록 사리를 조금 남겨두고, 나머지를 모두 모아 비밀안치소에 보관하였다. 마하깟사빠 존자는 200년 후에 아소카왕이 이것들을 찾아내서 인도 대륙 전역에 많은 탑을 세워 사리들을 잘 보존할 것임을 알았다. 그래서 비밀안치소의 보관함에 이런 문구를 새겨 놓았다. "훗날 삐야다사라는 이름의 왕자가 아소카라는 이름의 법왕으로 등극할 것이다. 그가 이 사리들을 잠부디빠 대륙 전역에 유포할 것이다." 잠부디빠 대륙이란 인도 대륙이다. 예언대로 아소카왕이 비밀안치소의 사리 보관함을 찾아내었고, 인도 전역에 사리탑을 세웠다.

부처님의 마지막 가르침의 여정을 기록한 《대반열반경》은 사리

분배 이야기로 끝났다. 그리고 이와 관련하여 훗날의 기록이 게송으로 남아 있다. 오랜 세월이 지난 후에 스리랑카의 장로들이 읊은 게송인데,《대반열반경》끝부분에 삽입되었다고 한다.

> 눈을 가지신 분의 사리는 여덟 부분으로 분배하여
> 일곱 부분은 인도 대륙에서 모시고 있다.
> 최상의 인간의 한 부분은
> 라마가마에서 나가왕이 모시고 있고,
> 치아 하나는 삼십삼천이 예배하고,
> 하나는 간다라의 도시에 모시고 있다.
> 깔링가의 왕이 다시 하나를 얻었으며,
> 하나는 다시 나가왕이 모시고 있다.
> 그분의 광명으로 이 영광을 가진 땅은 장엄되고
> 최상의 제사를 받을 자들에 의해서
> 대지는 장엄되었다.
> 이와 같이 눈을 가진 분의 사리는
> 존경할 만한 분들에 의해서 존경받았다.
> 신의 왕과 나가의 왕과 인간의 왕의
> 예배를 받는 그분은
> 이처럼 인간의 왕들로부터 예배받는다.
> 손을 높이 합장하여 그분께 절을 올려라.
> 부처님은 백 겁 동안 만나기 어려우리라.

나가왕은 용왕이다. 삼십삼천이 모신 부처님의 치아 사리는 사연이 있다. 도나 바라문이 사리를 분배하면서 모두가 슬픔에 빠져 정신없을 때 부처님의 송곳니 하나를 자기 머리 장식에 꽂아 숨겼다. 제석천이 사리를 분배하는 과정을 보니, 송곳니 하나가 사라졌다는 것을 알았다. 도나 바라문의 머리 장식에 꽂혀 있는 송곳니 사리를 발견하고, 그것을 제석천이 가져가서 삼십삼천에 예배한 것이라고 한다.

지금까지 《대반열반경》을 읽으며 부처님의 마지막 여정을 함께하였다. 마치 영화를 보듯이 당시 상황을 하나하나 직접 보고 듣는 것처럼 느껴졌다. 사람으로서 어떻게 그러한 경지에 이를 수 있을까, 그저 부처님이 경이로울 따름이다.

부처님이 계시지 않는 지금

착한 벗, 또 좋은 벗들이 세상을 떠나고
스승도 열반에 든 지금은
몸에 대한 마음챙김과 같은
착한 벗은 존재하지 않는다.

이 게송은 아난다 장로가 읊은 것이다. 《소부 니까야》에는 장로들이
읊은 게송을 모은 〈장로게〉, 장로니들이 읊은 게송을 모은 〈장로니게〉
가 포함되어 있다. 이 게송은 부처님이 반열반에 든 후에 아난다 장로
의 심정과 당시 상황들을 엿볼 수 있다.

좋은 벗은 사람만이 아니다. 좋은 수행, 부처님의 좋은 가르침도
벗이 된다. '몸에 대한 마음챙김과 같은 착한 벗은 존재하지 않는다'는
아난다 존자의 말은 몸에 대한 마음챙김을 하는 사람들이 많지 않다는

정신과 의사가 들려주는 불교 사용 설명서

의미이다.《맛지마 니까야》에는 부처님이《대념처경》에서 말씀한 여섯 가지 외에 4선정에 드는 것, 6신통을 얻는 것 등도 몸에 대한 마음챙김에 포함되어 있다. 부처님이 반열반에 든 지 얼마 지나지 않은 그때에도 몸에 대한 마음챙김을 행하는 사람들이 별로 없었던 것 같다.

> 옛사람들은 모두 가고 새 사람들은 낯설기만 하다.
> 나는 오늘 홀로 선정에 들어 머문다.
> 마치 비 오는 날 새가 둥지에 머물듯이
> 나는 혼자 선정에 들어 머문다.

알고 지내던 사람들은 떠나고 새로운 사람들이 왔지만, 아난다 존자는 이런 상황이 낯설게 느껴졌다. 이런 느낌은 아난다 존자만이 아니었다. 〈장로게〉에는 빠라빠리야 장로가 읊은 게송이 있다. 부처님이라는 위대한 인물이 있을 때는 기침 소리 하나 없이 조용하고 여법하게 살았는데, 부처님이 열반에 들면서 생긴 커다란 변화를 잘 묘사해 놓은 게송이다.

> 세간의 수호자이고 가장 빼어난 분인 부처님이 계실 때는
> 지금과 같지 않았다.
> 네 가지 필수품인 음식, 옷, 거처, 약품을 법에 맞게 수용했고
> 마음가짐이나 걸음걸이, 식사, 행을 할 때 맑고 깨끗했다.
> 그런데 지금은 그렇지 않다.
> 번뇌를 여의고 위대한 선정자이고 사람들한테 큰 이익이 되

는 비구들은 적정의 상태에 있다.

그런 분들은 항상 적정 고요한 상태에 있다.

요즘은 그런 사람이 별로 없다.

사악한 기질과 번뇌가 계속 늘고 있다.

지금도 멀리 떨어져 사는 그런 비구들에게는 아직도 정법이

어느 정도 남아 있긴 하다.

비구들이 바른 가르침을 버리고 서로 싸운다.

삿된 견해를 '대단한 가르침이다'라며 따른다.

지금은 음식 먹는 것을 중시하고 잡담도 하고

재주를 중시한다.

자기가 얻기 위해서 남에게 베푼다.

온갖 술수로 재물을 모은다.

부끄러움도 없다.

이제는 법을 위해서 회의를 하는 게 아니라

자기 자신의 이익을 위해서 회의를 한다.

지금은 수행에 힘쓰지 않고 공양물이나 이득에만

눈이 어두워 남들이 자기를 받들어 주기만을 바란다.

옛 수행자들과 그들이 행한 덕을 상기하면서

지금이 마지막 기회라고 생각하고 열심히 수행해서

불사의 경지를 얻어야 한다.

이 게송을 읊을 때만 해도 부처님 당시를 기억하고, 제대로 수행하는 사람들이 남아 있었던 것 같다. 비록 적은 수라 하더라도 그런 기운이

남아 있을 때이므로, 열심히 수행하여 불사의 경지를 얻어야 한다고 한 게송의 내용이 내게는 의미심장하게 느껴졌다. 지금 나는 세속에 살더라도 부처님 당시에 청정하게 수행하던 제자들의 모습을 항상 생각하며 노력해야겠구나 싶었다.

부처님은 반열반에 들었고, 2,500여 년이 지난 지금 우리는 부처님이 계시지 않는 시대에 살고 있다. 그러면 부처님이 계시지 않는 지금 우리는 어떻게 해야 할까. 그리고 누구를 의지하여 어떤 노력을 해야 할까. 부처님이 없는 시대를 살아가는 데 도움이 되는 좋은 방법이 《맛지마 니까야》〈고빠까 목갈라나 경〉(M108)에 있다.

부처님이 열반에 들고 얼마 되지 않은 때, 아난다 존자는 라자가하의 대나무 숲 다람쥐 보호구역에 머물렀다. 이때는 부처님이 입멸하고 장례를 치르고 난 뒤 마하깟사빠 존자를 중심으로 첫 번째 결집을 준비하고 있던 때였고, 아난다 존자는 결집에 참여하기 위해 라자가하에 있었다. 대나무 숲은 부처님이 처음으로 보시를 받은 죽림정사이다.

이때 마가다국의 아자따삿뚜왕은 아완띠국의 빳조따왕이 침략할지도 모른다고 의심하여 라자가하를 요새화하고 있었다. 주석서에 의하면, 빳조따왕은 빔비사라왕의 친구였다. 빳조따왕이 병들었을 때 빔비사라왕이 그의 주치의인 지와까를 보내 치료하게 하면서부터 절친한 친구가 되었다. 아자따삿뚜왕은 자기 아버지인 빔비사라왕을 죽이고 왕이 되었는데, 아버지의 친구인 빳조따왕이 자기에게 복수할 수 있다고 생각하여 라자가하를 요새처럼 구축하려 하였다.

아난다 존자는 오전에 라자가하로 탁발을 가다가 고빠까 목갈라나 바라문을 방문하였다. 탁발하기에는 시간이 너무 일렀기 때문이다. 불교 전통에서 탁발은 무척 중요하다. 비구는 탁발을 통해서 일반 사람과 만난다. 비구를 만난 사람은 자기에게 필요한 것이나 궁금한 것을 비구에게 물어볼 수 있다. 비구들은 탁발을 통해 매일 보시자와 접촉하면서 그들에게 영향을 주었다. 청정한 삶을 사는 비구의 모습만 보아도 일반인들은 좋은 영향을 받는다.

고빠까 목갈라나 바라문은 아난다 존자에게 자리를 마련해 주었고, 자기는 그보다 낮은 자리를 잡고 앉았다. 고빠까 목갈라나는 바라문이었으므로 종교가 다른 아난다 존자에게 절하지는 않았지만, 예의를 갖춰 맞이하였다. 그리고 아난다 존자에게 자기가 궁금해하던 것을 질문하였다. 어찌 보면 지금의 우리도 그와 비슷한 궁금증을 충분히 가질 수 있다.

> 고빠까 목갈라나 바라문이 아난다 존자에게 물었다.
> "아난다시여, 그분 고따마 존자, 아라한, 정등각자께서 구족하셨던 모든 법들을 모든 방면에서 완전하게 구족한 비구가 단 한 명이라도 있습니까?"
> 아난다 존자가 대답하였다.
> "바라문이여, 그분 고따마 존자, 아라한, 정등각자께서 구족하셨던 모든 법들을 모든 방면에서 완전하게 구족한 비구는 단 한 명도 없습니다. 그분 세존께서는 일어나지 않은 도를 일으키셨고, 생기지 않은 도를 생기게 하셨으며, 설해지지 않은 도를 설하셨고, 도를 아시고, 도를 발견하셨고, 도에 정

통하신 분이기 때문입니다. 지금의 제자들은 그 도를 따라
서 머물고 나중에 그것을 구족하게 됩니다.”

아난다 존자가 '나중에 구족하게 된다'고 답하였지만, 제자들이 구족
한 것은 부처님처럼 완전하지는 못할 것이다. 부처님이 삼매를 말하
였고 그를 따라 삼매에 들었지만, 부처님의 삼매와 제자들의 삼매는
엄청난 차이가 있을 것이다. 마찬가지로 부처님과 제자들의 지혜에도
차이가 있다.

　그들의 대화는 마가다국의 대신인 왓사까라 바라문이 찾아왔기
때문에 잠시 중단되었다. 왓사까라 바라문은 라자가하를 요새로 만드
는 일을 감독하러 왔다가 아난다 존자가 고빠까 목갈라나 바라문의
일터에 있다는 것을 알고 찾아왔다. 두 사람의 대화 내용에 대해 전해
들은 왓사까라 바라문도 자기가 궁금해하던 것을 질문하였다.

　왓사까라 바라문이 아난다 존자에게 물었다.
　“아난다 존자시여, 그분 고따마 존자께서 '내가 입멸한 뒤에
　이 자가 그대들의 귀의처가 될 것이다'라고 정하시어 존자
　들이 지금 의지하는 비구가 한 명이라도 있습니까?”
　아난다 존자가 대답하였다.
　“바라문이여, 아시는 분, 보시는 분, 아라한, 정등각자이신
　그분 세존께서 '내가 입멸한 뒤에 이 자가 그대들의 귀의처
　가 될 것이다'라고 정하시어 우리들이 지금 의지하는 비구
　는 단 한 명도 없습니다.”

왓사까라 바라문은 부처님이 열반에 들기 전에 후계자를 지정했는지를 물었던 것이다. 당시 사람들은 부처님을 대신하여 불교 교단을 이끄는 자가 누구인지 관심이 많았던 것 같다. 그런데 아난다 존자는 부처님이 '누구를 의지하라'고 정해주지 않았다고 대답하였다. 왓사까라 바라문은 이런 상황이 이해되지 않았던 듯하다. 만약 부처님이 후계자를 정해주지 않았다면, 승가의 동의하에 한 명의 비구를 정하여 의지처로 삼고 있는지 궁금했다.

> 왓사까라 바라문이 아난다 존자에게 질문하였다.
> "아난다 존자시여, 이와 같이 귀의처가 없다면 무엇을 근거로 해서 화합합니까?"
> 아난다 존자가 대답하였다.
> "바라문이여, 우리들은 귀의처가 없는 것이 아닙니다. 우리는 법을 귀의처로 합니다."
> 왓사까라 바라문이 질문하였다.
> "아난다 존자시여, 이렇게 말씀하시는 뜻을 어떻게 이해해야 하겠습니까?"

왓사까라 바라문은 사람이 아니라 법을 귀의처로 삼는다는 아난다 존자의 말을 더욱 이해할 수 없었다.

> 아난다 존자가 말하였다.
> "바라문이여, 아시는 분, 보시는 분, 아라한, 정등각자이신

정신과 의사가 들려주는 불교 사용 설명서

그분 세존께서는 학습계목을 정하셨고, 빠띠목카를 제정하셨습니다.

한 마을을 의지하여 머무는 우리는 포살일이 되면 모두 한 곳에 모입니다. 한곳에 모여 빠띠목카에 능숙한 비구에게 그것을 외우도록 요청합니다. 그것을 외우는 도중에 비구가 계를 범했거나 위반한 것이 있으면 우리는 스승께서 가르쳐 주신 대로 법에 따라 그를 다룹니다. 우리를 다루는 것은 존자들이 아니라 법입니다.”

하나하나의 계율을 학습계목이라 하고, 그것들을 모두 모은 것을 빠띠목카(pātimokkha)라고 한다. 계율이란 학습계목과 빠띠목카라고 보면 된다. 왓사까라 바라문은 지금 존자들이 존경하고 존중하여 의지하는 비구가 한 명이라도 있는지 궁금했다. 아난다 존자는 그런 비구가 한 명 있다고 답하였다. 그 한 명은 부처님이 설하신 열 가지 법을 지키는 비구라는 뜻이다. 왓사까라 바라문은 아난다 존자의 말에 좀 더 자세한 설명을 듣고 싶었다. 이 부분은 우리가 주목해야 한다. 부처님이나 승가에서 정한 사람은 아니지만, 어떤 것을 갖춘 사람은 우리가 마음으로 의지할 수 있다는 것이다.

아난다 존자가 말하였다.
“바라문이여, 아시는 분, 보시는 분, 아라한, 정등각자이신 그분 세존께서는 청정한 믿음을 내게 하는 열 가지 법을 설하셨습니다. 우리 가운데 이런 법을 가지고 있는 자를 우리는 지금 존경하고 존중하고 공경하고 숭배하며 존경하고 존중하기 때문에 의지하여 머뭅니다."

아난다 존자의 대답은 명료했다. 청정한 믿음을 내게 하는 열 가지 법을 부처님이 설하였고, 이 법을 지닌 자를 존경하고 존중하기 때문에 그를 의지한다고 하였다. 부처님이 설한 열 가지 법, 청정한 믿음을 내게 하는 법의 첫 번째부터 세 번째 법이 계를 지키고 가르침을 배우며 바른 생활을 하는 것이고, 네 번째 법이 수행의 영역이다. 그리고 다섯 번째부터 열 번째까지는 신통의 영역이다. 아난다 존자는 왓사까라 바라문에게 열 가지 법에 대해 차례대로 설명해 주었다.

첫 번째는 계를 잘 지키는 것이다. 계를 잘 지니고, 빠띠목카로 행동을 잘 단속하며 지내며, 바른 행위와 행동의 영역을 구족하고, 사소한 잘못에도 두려움을 보며 학습계목을 받아 지녀 공부한다. 사띠(마음챙김)의 영역이 '바른 행위와 행동의 영역'이고, 다섯 가지 덮개(5개)는 위험한 영역이고 적의 영역이다.

두 번째는 부처님의 가르침을 항상 잘 지니는 것이다. 많이 배우고, 배운 것을 잘 지니며, 배운 것을 잘 모은다. 시작도 중간도 끝도 훌륭하고, 의미와 표현을 구족하여 더할 나위 없이 완벽하고 지극히 청정한 법을 설하고, 범행을 드러내는 가르침들이 있다. 이러한 가르침들을 많이 배우고 호지하며, 입으로 외우고 마음으로 숙고하고, 견해로써 잘 꿰뚫는다. 많이 배웠다는 말은 많이 들었다는 말이다.

세 번째는 필수품에 만족하는 것이다. 출가자는 네 가지 필수품인 의복, 음식, 거처, 병구완하는 약품으로 만족한다. 예를 들어 거친 음식은 거친 음식인 대로 주어진 것에 만족한다는 의미이다.

네 번째는 4선정을 자유자재로 얻는 것이다. 지금 여기에서 행복하게 머물게 하는 높은 마음인 초선, 제2선, 제3선, 제4선을 원하는 대로 얻고, 힘들이지 않고 얻고, 어렵지 않게 얻는다. 선정을 탁월한 수준으로 얻으면 신통이 생긴다.

다섯 번째는 신족통이다. 하나인 채 여럿이 되기도 하고, 여럿이 되었다가 하나가 되기도 하며, 심지어는 저 멀리 범천의 세상까지도 몸의 자유자재함을 발한다.

여섯 번째는 천이통이다. 인간의 능력을 넘어선 청정하고 신성한 귀의 요소로, 천상이나 인간의 소리를 멀든 가깝든 다 들을 수 있다.

일곱 번째는 타심통이다. 다른 중생들과 다른 인간들의 마음을 꿰뚫어 안다. 탐욕, 성냄, 어리석음, 수축한 마음, 흩어진 마음, 고귀한 마음, 위가 있는 마음, 위가 없는 마음, 삼매에 든 마음, 삼매에 들지 않은 마음, 해탈한 마음, 해탈하지 않은 마음 등 열여섯 가지 마음을 그대로 꿰뚫어 아는 능력이다.

여덟 번째는 숙명통이다. 한량없는 전생의 갖가지 삶들을 그 특색과 더불어 상세하게 기억한다.

아홉 번째는 천안통이다. 인간을 넘어선 신성한 눈으로, 중생들이 지은 업에 따라 죽고 태어나고, 천박하고 고상하고, 잘생기고 못생기고, 좋은 곳에 가고 나쁜 곳에 가는 것을 꿰뚫어 안다.

열 번째는 누진통이다. 모든 번뇌가 다하여 아무 번뇌가 없는 마음의 해탈과 통찰지를 통한 해탈을 바로 지금 여기에서 스스로 최상의 지혜로 알고, 실현하고, 구족하여 머문다.

청정한 믿음을 내게 하는 열 가지 법이란 계를 지키고, 법을 잘 알고, 그다음에 네 가지 필수품에 뭐가 주어지든 만족하고 4선정을 얻고 여섯 가지 신통을 얻는 것이다. 부처님은 '법에 의지하여 머물라'고 하였으므로, 부처님이 열반에 든 후에 승가는 이러한 열 가지 법을 호지하는 비구를 의지하여 머물렀다.

아난다 존자의 말을 듣고, 마가다의 대신 왓사까라 바라문은 부처님이 있을 때와 마찬가지로, 부처님이 열반에 든 후의 승가는 대단하다고 생각한 것 같다. 그러면서 아난다 존자가 머무는 죽림정사는 선을 닦는 사람들이 머무르기 때문에 아름답고 조용하며 인적이 드물어 안거하기에 좋은 곳이라고 운을 떼었다. 아마도 그는 예전에 웨살리 큰 숲의 중각강당에서 부처님을 만났던 일을 이야기하고 싶었던 듯하다. 그때 부처님이 선에 대해 여러 가지를 말씀하였고 모든 선을 칭송하였다고 하자, 아난다 존자는 왓사까라 바라문의 말에서 잘못된 부분을 바로잡아 주었다.

"바라문이여, 그분 세존께서는 모든 선을 칭송하지도 않으셨고 모든 선을 비난하지도 않았습니다."

선이란 깊이 사유하고 몰두하는 것이다. 아난다 존자는 다섯 가지 덮개에 몰두하는 선을 부처님이 칭송하지 않는다고 분명하게 말하였다. 어떤 자는 감각적 욕망에 사로잡혀 머물면서, 이미 일어난 감각적 욕망으로부터 벗어나는 법을 있는 그대로 꿰뚫어 알지 못한다. 악의, 해태와 혼침, 들뜸과 후회, 의심에 대해서도 압도되고 사로잡혀 머물면서 이리저리 몰두하고 사유하지만 있는 그대로 꿰뚫어 알지 못한다.

부처님은 이런 종류의 선을 칭송하지 않았다. 반대로 부처님은 초선, 제2선, 제3선, 제4선을 구족하여 머무는 것을 칭송하였다. 아난다 존자가 부처님이 칭송하는 선과 칭송하지 않는 선에 대해 설법을 마치자, 왓사까라 바라문이 기뻐하면서 떠났다.

고빠까 목갈라나 바라문이 아난다 존자에게 다시 물었다. 처음에 자기가 질문한 것에 대해 아직 대답을 듣지 못했다는 것이다. 그러자 아난다 존자가 이미 대답하였다고 하면서, 다음과 같이 말한 아난다 존자의 대답과 함께 〈고빠까 목갈라나 경〉이 끝난다.

"바라문이여, 부처님의 모든 법들을 모든 방면에서 완전하게 구족한 비구는 단 한 명도 없습니다. 그분 세존께서는 일어나지 않은 도를 일으키셨고, 생기지 않은 도를 생기게 하셨으며, 설해지지 않은 도를 설하셨고, 도를 아시고, 도를 발견하셨고, 도에 정통하신 분이기 때문입니다. 지금의 제자들은 부처님의 도를 따라서 머물고 나중에 그것을 구족하게 됩니다."

이 경을 보면서 보통 스승들은 '나의 후계자는 누구이다'라고 하는데, 부처님은 후계자를 세우는 일보다 무엇이 더 중요한지를 잘 아신 분이라는 생각이 들었다. 부처님은 필요한 모든 것을 하였다. 모든 사람들에게 의문이 남김없이 사라지게 하였다. 그리고 부처님의 위대한 가르침을 들은 사람들이 가르침을 외우게 하였다.

삼장 전체에 대한 교설을 잘 구분하여 호지하고, 대부분이 부처님 생존 시 각 부분에서 최고라고 인정받았고, 4무애와 3명(三明)을 갖춘 아라한 499명과 결집일 날 아라한이 된 아난다가 모여 경율론 삼장을 결집하였다. 철저한 관리로 600년 넘게 암송으로 전하다가 문자로 기록되었다.

부처님이 열반에 들어 지금은 계시지 않지만, 우리가 귀의해야 하는 대상은 청정한 믿음을 내게 하는 열 가지 법을 얻었거나, 얻기 위해 수행하는 분이 아닌가 생각한다. 우리 자신도 이러한 열 가지 법을 얻으려고 스스로 노력해야 한다.

자칫 부처님의 가르침이 우리와는 멀리 떨어져 있다고 생각할 수 있다. 하지만 내 나름대로 공부를 해 보니, 부처님의 가르침은 우리의 크고 작은 괴로움을 해결하는 데 초점이 있다. 부처님의 가르침을 그대로 이해하고 실천하면 괴로움은 점점 줄어든다.

나 또한 부처님의 가르침을 만나기 전에는 괴로움이 있었다. 좋을 때도 있었지만, 괴로움은 계속되었다. 이때는 이래서 괴로웠고, 그때는 그래서 괴로웠다. 부처님의 가르침을 접하고 이해하고 실천하니 그런 괴로움들이 사라지기 시작했다. 괴로움 없이 살 수 있다는 희망이 생겼다. 부처님의 가르침은 우리가 살아가는 데 큰 도움이 될 수 있고, 부처님의 가르침은 하나도 틀림이 없다고 확신한다.

정신과 의사가 들려주는 불교 사용 설명서

정신과 의사가 들려주는
불교 사용 설명서
ⓒ 전현수, 2025

2025년 2월 17일 초판 1쇄 발행
2025년 4월 30일 초판 3쇄 발행

지은이 전현수
발행인 박상근(至弘) • 편집인 류지호 • 편집이사 양동민
책임편집 양민호 • 편집 김재호, 김소영, 최호승, 정유리 • 디자인 쿠담디자인
제작 김명환 • 마케팅 김대현, 김대우, 이선호, 류지수 • 관리 윤정안
콘텐츠국 유권준, 김희준
펴낸 곳 불광출판사 (03169) 서울시 종로구 사직로10길 17 인왕빌딩 301호
　　　　대표전화 02) 420-3200 편집부 02) 420-3300 팩시밀리 02) 420-3400
　　　　출판등록 제300-2009-130호(1979. 10. 10.)

ISBN 979-11-7261-134-7 (03220)

값 30,000원